城仲模

八十歲月劄記

自序 「Unto A Full Grown Man」

「永續努力學習成爲一個充分成長有品格的人」

我從童稚時就喜歡學習寫象形漢體文字，逐漸獲致些微的心得。家兄炳模大我兩歲，象棋、圍棋、運動（打棒球）、跑步都比我敏捷、靈活，因爲哥哥確實比弟弟聰明不少；我不甘心上天註定的老二身分就務必要跟隨老大才行，總需努力解套，並以之作爲平衡的槓桿。我想出了一招——在尊長祖、父輩前，比賽寫「字」；果然，敲到了哥哥的拙處，讓我們兄弟兩人親愛精誠、相互依偎地長大。無意中，我的中文寫字、造句、前後上下連結語氣都能順理；所以，自國小三年級擔任班長時，級導老師應記載每天的「教學日誌」就推給我代勞，五年級時蘇承明老師剛從臺南師範學校畢業就來擔任我們永福國小的班導，他喊我過去，當場在教室黑板上要我寫一段文字「耶穌基督疼愛世人」，我照辦，班上同學叫嚷著：「很好笑，城仲模寫的字比蘇老師的好看……」從此，到國小畢業，班上「教學日誌」就成了我被附加的學校功課。眞沒想到，打從十三歲開始，我對於每天的投足舉手、時刻行誼就養成了寫日記的習慣以迄現在，理由很單純，我不甘心讓每日的生活變成雲霧灰褐、消極度過；其間在高三、大一時因爲閱讀了胡適《留學日記》、《四十自述》、《胡適文存》、《蔡元培文集》；梁啟超《飲冰室文集》；林語堂《京華煙雲》（*Moment in Peking*）等上世紀二十年代前後薈萃文學、哲理及世界小說名著，更使我嗜好每日劄記自己的家居生活、學校培育及社會動態集錦，讓我意識到生命的珍貴、須臾不可荒廢的心性；使我天天記載行誼，成了自己對自我鞭策、激勵，今日果眞已惯心反省、交代得過去，可以安然入眠的一種方式。這本拙著劄記之所以難下筆綜理彙整、取捨摘要，最重要的理由是：我每日的心思行止、交談承命、公私生活的記事，是太細緻雜沓了的緣故。

從國外遊學返國已近五十年，其間舊識親朋、相知同仁無數，我經常獲贈這些老朋友的傳記、憶往和回憶錄等的心血專著，每次，我都愛不釋手地翻閱拜讀，就像挖礦一樣的心境，期盼從他們學習更多人生意義的詮釋；至於我自己卻從來未曾想過：也來寫些自己的過往生活經驗公諸於世，因爲下意識明確告訴我：在歷史滔滔洪流裡，個人只不過是「寄蜉蝣於天地，渺滄海一粟」而已。無如，兩年多前春夏之交的一個午後，和Grace在家品嘗咖啡時，她告訴我：你好朋友致贈的回憶錄，我唸過幾本，記載了他們對生命珍惜與社會奉獻諸事，對自己、家庭、親朋、社會都意義非凡云云；我一甲子以來跟隨在你身邊，知道你時時用心上進，爲家國做了不少事，更何況你時刻劄記，鉅細靡遺，若把它有系統地整理，便可留下珍奇的個人資料，讓你的生命過程實錄存藏於臺灣史乘，供人參閱，而不致因留白，空存喟嘆，這不是很好嗎？臺灣俗語說：「聽某嘴，有福氣」；我思索了數日，終於決定積極本書之撰寫。開始時，原擬以半偷懶方式的口述去進行，但試過後，與原先策劃有相當大的差距，實在無法稱心滿意，最後改由親自動腦、查閱全部記載文件、留存資料文獻、系統彙整，手執原子筆勾勒出處已記述清晰的各階段情節，再整修補充，直至最後寫作計畫內涵段落截稿完竣；光陰荏苒，現在，亦已過日日熬夜至三更不等的兩個寒暑又半年的歲月。

本書之架構，採編年體，除最終章節專載李、城間之因緣際會以外，以年代為主軸而注入事蹟綱領，盡是以仲模個人為主體的生長育成及發奮事實經過之劄記，而為彙綜整理成冊。亦即，按我自幼成長時間過程：幼稚班學園、小學、中學、大學、留學日本東京、歐洲奧京維也納、美國威斯康辛大學；返國後在行政院、政戰學校、中興大學法商學院、借調臺灣省政府八年、進入考試院、司法院、法務部、回返司法院；俟辭去公職，創辦臺灣法治暨政策研究基金會、兼任李登輝之友會總會長、群策會董事、臺灣民政府組織籌劃以迄專注於基金會按月周期公開演講，續為建構臺灣的法治社會而奮力。

我自幼，在家裡既乖巧也聽話，很會幫父母長輩的忙，譬如照顧中、大盤罐頭、奶粉、奶油、鮑魚罐等店面保全和上架堆疊各類罐頭使其美觀整齊有序，周日早晨跟隨祖母去延平大菜市場「買菜」（每餐連員工至少三十人份），家中大庭院內外的打掃，很得疼惜呵護。

國小時愈升班級愈活潑、自信、能幹，年年獲推擔任班長，絞盡腦筋服務同窗同學，任由班導老師差遣工作；自己也在學業功課與運動活躍上力爭上游，頗受師長們的稱讚好評。如今回憶這段日子，應屬懵懵懂懂的童稚學習階段，談不上突出或超越年齡的智商表現，但卻也因時代大震盪，讓我萌生了愛護故里家鄉的純真情愫。

中學以後，認眞受教，學習天下事的各種道理，也目睹社教文化、政經財商的瞬息萬變，益發自主思維的種子終於落地萌芽滋長，乃有吃苦求上進（亦即俗稱「愛拚才會贏」）的強烈慾望的形成；易言之，初高中六年，分成兩半，恰恰好前半段教我學做堂堂正正的人，後半段讓我意識到何時需要隱忍不語、沉默是金，更激發我辨別是非黑白、良善邪惡，這些都是栽種在我腦袋裡的激素荷爾蒙，使我比較懂得客觀、公平、正義和擇善固執，讓我逐漸衍生而成爲稍有自己自主思想的年輕小夥子。

大一入學前學校先安排有「新生訓練」的課程，我特別凝視到東吳大學的校徽ＬＯＧＯ，白紅細粗線條、內外循序圈了又圈，細膩委婉、洋溢自信、紋彩純粹、文采緣飾，是我所看到整體構圖最醒目且最能吸引人的徽章，它予人高貴氣質又落落大方，能抒發美感的極佳校徽之創作；這一些只是就外在形式意義的描述，若進一步論及實質的內容意涵，我完全被英文校訓這一句話給「著迷」了——「Unto A Full Grown Man」（仲模謹按：此句語出耶穌基督聖經新約全書以弗所書（Ephesians）第四章十三節——直等到我們衆人在眞道上同歸於一，認識神的兒子，得以長大成人，滿有基督長成的身量），東吳大學開創學校諸前輩，確實智慧驚人——把超越現世、宗教上的語言與神學哲理，改編並翻譯成人間任何人都可以理解的普通白話用語，激勵所有的學子「一輩子都要努力去學習成爲一個充分成長的人」（也可以深入轉譯爲「每個人，都要在生活中讓自己的人品修涵、學問滋養充分並繼續不斷地成長。」）它逐漸地陪伴我成爲終生謹記在心的「座右銘」。至於該ＬＯＧＯ裡還加註了孫文先生於一九二三年提倡過的「養天地正氣，法古今完人」，把它當成是該外文的中文標準翻譯；這個，東方古國文化中經常陷入虛無縹緲的傳統——喜好把玩辭藻、舞弄文墨，連自己都講不清楚、也未必相信的話語；沒人知道什麼是「天地正氣」、「古今完人」的文字意涵，因爲人類文化、歷史上，除了文人的騰雲玄妙之運筆功夫和政治人物的華而不實之宣傳伎倆，並不曾有普遍公認、毫無爭議的這種事和這種人，卻竟然用來和任何人都能體會的「a full grown man」並列作對照！我只能無奈地說：自然機智的天才和托古基因的昏庸相隔僅是一線間！（在臺灣的中學生，看到「正氣」輒會聯想到宋代的文天祥「正氣歌」；看到「完人」字眼，教育部曾告訴學生們「太原五百完人」的故事！）

我留學的第一站是日本東京的早稻田大學。剛到不久，經常到校園各處去蹓躂；看到很多中型學生人群的聚會，不問是在大廳、室內或大樹蔭下，都會有齊唱校歌的雄壯節奏聲音，使人感覺朝氣蓬勃，是非常提神又好聽，但不知的確的歌詞。起初，我不太注意，也沒用心想了解其內容。其後，因參與大學開學始業式，看到唱校歌的諸種附帶配備規矩，二千多名新生在帶頭引領者學長呼號下，齊一雙手、身軀、體魄、兩腿的使勁動作，異常整齊的向心力之呼唱，自然而然地叫我非快一點去學習理解校歌詞句的蘊涵不可。不久，適遇「早慶戰」（日本六大名校棒球比賽），這是全日本，至少是關東、關西及東北地區全民性矚目的盛事；若早大贏了，會在新宿通宵達旦地慶祝；輸了，慶應大學就會在東京銀座狂歡作樂。以我的母校早稻田大學而言，在比賽時，其前、之後或中段，在慶功宴時，整座新宿副都心會變成不夜城；這個時段，聽到的就是著名的早大校歌——分成三首，第一首第五句「毋忘現世，（心存）久遠的理想」，它幾乎像觸電般地打進了我的心扉，讓我莫名感動，也符合我時刻注意的處世態度，因為徒具前者，會使人短視，只重後者，會令人迷惘，而兩者兼具，才會眞正讓人平穩圓融而能柔克艱辛、化險為夷，並進而容易去追尋有意義的人生目標——行為舉止的「眞」、內心意境的「善」、生活品味的「美」，最後抵於我一直在嚮往、學習、修練的「無我」的境界。

在歐美的留學過程，我感受到的不僅是物質生活的富裕，也包括了精神寄託的滿盈。在那一段近約五年的學院理論修習的時光裡，我像個挖礦的人，每天刻不容緩的加工觀察、體會西歐國家民主、自由、法治、環保及人權保障的實踐紀錄；發覺一籮筐先進感人事蹟，這下，更讓我的眼界視角及知識領域提升到古今國際文明與文化的接觸，讓我青少年時受到東方固陋因循教育所牽繫在心靈上的桎梏，得以逐漸地甩開。我開始在法學專業領域以外，用心留意臺灣家鄉大環境的實然現象與應然策略：認定臺灣人的心靈與氣質均需逐步提升，為使臺灣文明及文化的腳程能順利登堂入室，則非策進與全球進步國家接軌不可；為使臺灣這個舉足輕重的孤島得以取得國際社會的入場券，以建構全新憲政制度及法治社會，需愼思參考一八八五年日本教育哲理學者福澤諭吉「脫亞論」、一九八三年臺語學文學家王育德，他生長於臺南市區，留學日本東京大學，對自己的故土有強烈意識與認知，亦有比福澤諭吉更清晰、具體的國家大方針之政治論說；這些主張背後極具深邃意涵的該當時空思維，皆以自信、自主、自立、自強的意志，放眼全球，志在四方不可。因此之故，這三十餘年來，我不顧毀譽，到處暢言、主張、建議：臺灣應請以「英語」為官方語文；深信，假以時日，它會成為解救臺灣的一帖神來之良藥。

這冊劄記自開始編寫，我非常注意要盡可能不去載記不相干的人名、亦不編入政要人物的照片，庶免節外生枝、造成困擾。這冊書，因內子Grace一席話的鼓勵和寬待、臺灣法治暨政策研究基金會執行長謝孟瑤自始以來的編打上網，五南圖書楊榮川董事長應允負責編排出版，使出書變成可能，仲模要在此深致萬分的謝悃。

城仲模

於臺灣．臺北
天母寓所
二〇一九年正月

目錄

第八章 在臺灣省政府任職 101

第十一章 在司法院任職(一) 195

第一章　臺南城氏家族暨我的童稚少年時期

二○○四年二月間，前中央研究院院長李遠哲在陽明大學贈予「榮譽理學博士」學位而向該大學師生發表演講中表示：一度被稱「倭寇」的日本九州人，也曾遷居中國沿海省分居住，據說司法院副院長城仲模就可能是日本九州人後代，等於是「倭寇」後代云云。

第一節　李遠哲博士未經查證說仲模是倭寇的子嗣

李遠哲院長演講內容，是在談臺灣族群的多元性；雖然我的祖先，根據族譜的記載，確實是來自日本九州，也曾在中國福建住過，但我從未說過自己是「倭寇」後代。李院長獲得的資訊，應是稍早時我們共同出席的一場宴會，內人潘秀華與同桌賓客因城姓太稀有閒聊中談到：「是從哪裡移居來臺？日本九州的倭寇吧！」的一句單純玩笑話，李院長事後也未深入探索驗證——明朝時的「倭寇」與清朝時的「移居臺灣臺南城氏」相隔一、兩百年，講話的人卻公開引喻於嚴肅的學術性受贈演說中，再經媒體大肆報導，以訛傳訛。

城姓祖譜中，祖先自城殿起始有資料記載；城殿（早期日本人姓氏後加「殿」字，有身分尊稱或地方諸侯「大名」之意涵。）原籍設日本九州，年輕時常往返中國福建、廣東一帶貿易，與廣東省潮洲府女子結婚，定居於潮洲府范洋縣魚湖都河顯。後遷居福建省同安縣，至今城家在臺有些子孫還誤以福建泉州府同安縣為祖籍，這是認知上的訛誤。

城殿之子城佛送居福建省同安縣渡過橋，他和妻子蘇氏水帶領城光財、城冊二男，於十九世紀初年，即清朝仁宗嘉慶（一七九六至一八二〇）年間（約為一八〇〇年之後）來到臺灣；城光財定居於臺南府戊一五八八番戶（日治時期之帆寮街本町四町目二四三番地），終戰後曾改為正義街，現今是新美街。

城光財育有七子，我家這脈來自排行第七的城江海，我的父親城燦桐，祖父城天壽即是城江海長子。我們這一譜系家族兄弟姊妹總共有八男三女，大哥城炳模，我排行第二名為仲模，下有弟弟益男、崇益（四歲過世）、榮廷、忠志、雙胞胎兄弟（出生後不久過世）、妹妹富美子（美軍轟臺南時死亡）、惠畹、雅惠；是到臺南府城後的第七代。

目前通稱臺南望族的城家，是以城阿全一脈為主導，其父城門是城光財四子，他育有一子三女，長子城貴霖膝下有二子六女，法界知名司法官城璧連是其長女。

第二節 仲模在臺南市區成長，童稚時遭遇親人不幸的悲慘戰禍

我一九三八年十月三十日出生在五代同堂的大家族中，出生地就是「帆寮」，位於臺南市舊城區民權路、西門路、永福路間，赤崁樓附近的巷弄，離臺南地標的武廟很近；大約四歲前後，我曾進入武廟附設的「全臺第一所公立幼稚園」就讀，當時幼稚園是以臺灣話授課，學習內容大多為「臺灣本土及府城文物的稚童」教養。

童年時期嬉遊在巷弄間，街頭巷尾鄰人親切打著招呼，日治時期社會生活深厚的文化記憶，穿越時空的傳承，土地原始的芬芳氣味，對我衍生了潛移默化的深沉影像，但印象最深刻的還是活生生的戰爭洗禮，這對我一生的心志錘煉和世界觀、人生觀啟蒙，都有莫大影響。

一九四五年三月一日，美軍B29轟炸機對臺南進行大轟炸，五百磅的炸彈和燒夷彈恰巧落在帆寮城家老厝。當天早上，我和哥哥到對門魏家玩彈珠，聽到空襲警報聲，立即躲進他們的防空洞。炸彈炸出一個如一般教室大的坑洞，房屋整個被大火燒燬，擺飾在家裡各櫃櫥中的古董、寶器、水晶精品、油畫、水彩畫、掛圖、香爐、燭臺、金庫櫃中的重要證照、地契、錢幣等，頓時被摧毀殆盡；幸好家裡的防空洞很堅固，牆約有一公尺厚，大部分的家人才得以倖免於難。空襲後父親清查時，卻發現我和哥哥、妹妹富美子都不見了，相當焦急地四處尋找。

我和哥哥躲在對鄰魏家防空洞，雖然內部沒有受到災損，但出入口卻被炸彈炸出的泥土與牆壁掩埋住了。我知道家人會到處找我們，防空洞內沒有挖掘工具，有人哭喊卻手足無措，忽然間，我

隱約聽到父親呼喊我和炳模的聲音，因而卯足全力弄出聲響，果然很快被父親聽到了，糾集鄰居幫忙，費了很大工夫，才把出入口泥土磚頭挖開。

當我們離開魏家防空洞時，帆寮整條街是滿目瘡痍，隨處可見缺手、缺腳，或頭顱已殘缺的屍首。我一個六歲半的男孩，看見這種戰爭悽慘的影像，心靈究竟會受到何種震盪、衝擊？即使事過境遷了七十餘年，我只要看電影有戰爭場面，當時的景象都會浮現在我的腦海中。深深烙印在心靈的最深處，有時晚上睡覺作夢時，也會悄然來到夢中，不僅將我驚醒，甚或還會冒一身冷汗、心跳加速。

家被炸燬了，父親抱著我和家族的人，在戰火焚燒中「疏開」到現在西區立人國小近海邊的「大四甲」魚塭寮避難數天，再轉往永康近郊王田，伯公城阿全佃農的三合院宅，暫住了五、六個月，俟老家重建完成，才又搬回。

妹妹富美子的遺骸，空襲時並沒找到，是在老家重建時，才挖出來。對最疼愛的妹妹被炸死，我的感受異常強烈，我更時常要求父母賠我一個妹妹。在小小心靈裡，也因為妹妹的遇害，我有了保護家人、保護家園的意念，隨著年歲漸長、知識漸開、心智愈趨成熟，更有了捍衛這塊土地和生命尊貴的濃烈意識。

第三節　仲模是麥帥指定訓政時期國民政府暫管臺灣的第一代小學生

一九四五年四月日治臺灣到處都在舉辦始學式的入學上課，我卻因爲遷居鄉下避難；八月接到尚由日本人管理的教育局、戶政事務所通知，要我到「末廣國小」（不久改爲進學國小）於九月開始上課。我因爲出生於接近歲暮月分，又是在戶政特別嚴謹的臺南市本町目，依規定無緣於一九四四年四月進入國小接受日式教育。隔了一年，我被編爲中區永福國小二年級以迄畢業。國小的六個年級十二個學期，深刻記憶在心頭的往事，前半段，異常的悲愴：失去最疼愛的舍妹之痛苦難熬、半數以上學校老師的「中國話」（各省鄉音）很難聽懂、就算聽出來了內容，也很多可以立即判斷是胡說八道的「澎風」、「民族教條」、「日本鬼子」、「臺灣人數典忘祖」之類、我姨丈公莊孟侯醫師被誤逮站在卡車上遊街押赴刑場的景象（確定失錯後獲釋返家不久去世）、社會生活的穩定安寧、因文化、民俗、教育、政治、財經秩序的乖悖混亂，已臻史無前例的悲涼淒慘、土地魚塭私有財產被外來政權幾呈強制收購、幣値四萬兌換一元新臺幣的家產蕩然消失、長輩莫名其妙被徵調入伍要去「反攻大陸」、「殺朱拔毛」、「消滅共匪」當炮灰等等極度重創性的家庭生存掙扎事故，一一突然踵至。幸虧，我自家傳的DNA，面對橫逆漩渦更知堅忍審慎；從國小三年級起的學校受教歷程，屢創優異成績：舉凡勞作、唱歌、寫毛筆字得獎無數、擔任級長（班長）、臺南市棒球賽最精強時期的永福國小棒球隊第一壘手（投手是林知海）、游擊手、國小六年級時全校升旗典禮奏樂的總指揮（須跑上司令臺面對全校師生；校長林秋楓）、班上學業成績頂優的，經常是馬志錳、蘇泰夫、曾仁慈和我互爭前茅（級任導師王璟耀）等這些形式上的活躍與耀眼，都還差強人意，也無需父母長輩們的掛念；但是，作爲一個臺灣人的責任意識，卻還是在縹緲、學習凝聚的過程，並未實質穩定的成形茁壯。

第四節　老師教唱「長城謠」、「滿江紅」，激起「府城」小孩對其間遣詞用字的憤懣

小時候接受的教育，其中問題重重，跟我同時代的人應是記憶深刻，歷久而彌新。如「長城謠」歌詞說，「萬里長城萬里長，長城外面是故鄉」，老師教唱時，我說：「不是啦！我家住臺南府城啦！」老師不假思索糾正說：「你這小孩，不對，萬里長城的外面，才是你的故鄉。」當時學校老師們，來自很多不同的省分，浙江紹興、上海、湖南、東北、山東、四川等等，大家都教「國語」，鄉音差異極大，我眞的不清楚哪個才是「國語」？我知道的「國語」是臺灣話，老師們因爲來自不同省分，所以大家說的「國語」都不一樣。老師中眞正會字正腔圓北京話的並沒有，每個人鄉音都很重，這讓我感到困惑，百思無法得解。

童年時候我很辛苦，什麼叫國語我不懂，哪一個才是標準，我不確定。當時講臺灣話，罰一圓！有一位山東來的老師說：「你們這些人都沒見過世面，在山東五里路外，都可以聞到桃子的香味！」我聽起來很自卑，在臺灣兩公尺內都聞不到呢！小時候信他這套，又加上上海來的老師說：

「臺灣這裡的城市算什麼，上海的道路，從這一頭還看不到對街的那一頭！」我想像不到，因而更卑微了！原本以爲公立學校的教育，必然是最正確的、最初步的、基本的知識源泉，老師的教誨一定有根有據、眞實的學識，絕不會像鄉下「王祿阿仙」（臺語）胡說八道、不負責任，亂扯一通；哪知這些逃難來臺的部分「教員」，根本無教師資格、資歷，但很會結黨成群又分派系、省分、地域，分赴各基層學校去「宣揚」國威，把教育事當成「兒戲」來把玩；最後是把我們眞的害慘了，讓我們的童稚時期學習慾望最自然旺盛的青少年華，多少被付之東流。

小五、小六時我是全校唱升旗歌、國歌時的總指揮，站在臺上用力揮舞雙手，但我經常懷疑自己在「起嘯」（臺語，意味「發瘋」），爲什麼要叫這麼小的孩子們「咨爾多士，爲民前鋒（去死）」？這乃讓我小小心靈啟印了永遠無法抹去的傷痕。

再以「滿江紅」爲例，歌詞快結尾時「壯志飢餐胡虜肉，笑談渴飲匈奴血。」那些小孩，大不了小三、四、五、六年級，或初一、二，學唱歌，就要去吃別人的肉，渴了就要喝人家的血，這種充滿野蠻素質的教學內容，讓我很不舒服。尤其，老師指定我去參加音樂比賽，「滿江紅」也是指定曲，那段歌詞改爲「壯志飢餐朱毛肉，笑談渴飲俄寇血」，在完全無知中，我雖然因爲被認定「政治正確」而得了比賽第一名，但至今想來，仍感到羞愧至極！

第五節　初中就讀長榮中學避開政治訓導教條；高中市中卻墜入幾近智障者的神格化教誨

一九五一年因受到基督教家庭長大的祖母之勸諭，就讀長老教會信奉耶穌基督的長榮中學（校長戴明福），晨昏聆聽教義、尊重生命意涵、學習正義公平、社會生活義理、生存尊嚴價值、經常運動鍛鍊體魄、學習競技促進友誼及英、數、理化、物理、勞作等科學課程，和省立中學深受黨政主義教條化教育，截然不同，讓我在充分自由先進的思維下，孕育了日後凡事均需自我思慮沉淨認可後方爲眞實的一套邏輯信服模式，亦即法國哲學家勒內．笛卡爾（René Descartes）理性主義普遍懷疑的主張——「我思，故我在」（I think, therefore I am）的學習、成長、累積法則成爲自我確信之處事態度。這一段在初中受教如何做人的起碼要求之三年裡，確實影響了我的往後生涯；長中對我一生久遠的潛移默化，一是長期參與體育活動所培養的「運動員精神」：勇敢、奮戰直到最後一刻，絕不放棄任何可能獲勝的機會（我在初中三年級時，和陳國華、林崑雄、謝松朗一組四百公尺接力賽更破了長榮中學七十年來的紀錄，我個人手榴彈擲遠五十五點五公尺的成績，數年後也無人能破）。再者，長榮中學由於是教會學校，較不受外來政權政治意識汙染，學校每天升旗典禮後，大家還走進禮堂聆聽四十分鐘由來自各領域國內外的專家、學者、會計師、律師、工程師、醫師、科學家、牧師、傳教士等演講，他們除了教導我們如何信靠主耶穌基督及做人處事，也提供來自全球的資訊，讓我們得以與世界接軌，擺脫「井底之蛙」的宿命。三是自然地避開了其他公立學校千篇一律的黨國封建八股、華夏至尊的洗腦教育，讓我自幼一直維持著自由馳騁於思維清新自主的空域。換句話說，相對於其他公立學校，我所接受的是「如何做一個堂堂正正的人」的教育，我學習的是該如何「修身」，並沒有受到虛假政治宣傳的毒害，更沒有受到利誘入黨徇私惡俗的汙染。

一九五四年六月初中畢業，直升長榮高中，但訓導主任李國澤（我父親小學時同班同學）要我「樂捐」一千元作爲長榮校務基金，家裡長輩認爲沒道理，於是轉考臺南市立第一中學高中部就讀。這是一個標準型、徹底的中國國民黨公立學校：校長謝新周、訓導主任李祥生（後來移居美國）、上尉教官陳正英天天講三民主義是救國的聖經、時時讚頌天縱英明「國父孫中山總理」的豐功偉業、黃花崗烈士林覺民、秋瑾是如何愛國、從容就義、東征北伐統一中國、打敗日寇光復臺灣的世界偉人「蔣中正總統」，也經常騷擾、慫恿我加入國民黨，爲國效勞；這個和長榮中學的教育措施和教學內容，以眞善美爲宗旨的教會學校之風格，確實有了一百八十度的大轉彎；對我這個心中早有定見的人而言，簡直似是「對牛彈琴」的好笑，是幽默極了，因爲我從未將這些幾近智障者的「教誨」，當成是心理正常的人講出來的話去聆聽。還好英語許耀宗、數學陳脈榮、生物黃煥榮等諸老師均係一時之選，除了疼惜學生、教學認眞之外，絕口不談論時局世事，很明顯的他們都和那些「黨棍」型的外來權貴老師沒有彼此談話交集來往的習慣，學校裡的老師們很明顯地，也有一邊一國的狀況；外省老師只有劉顯廉（廣東人，教國文），平日言簡意賅、不苟言笑、心地善良又慈祥，是少有的、很受歡迎及受尊敬的老師。

我自幼讀書涉獵較廣，眼見國內政治氣氛閉塞灰暗，又受到城氏宗親城錦榮、城燦崑等多位叔輩來自美國的鼓勵，因而醉心嚮往國外留學。我在高一、高二很努力學習英文，閱讀、會話及寫作實力不錯。孰料，到了高三時（一九五六年），政府的教育政策丕變，「高中畢業不可以出國」，匆促間，我必須轉而參加聯考。

當時的高中教材，地理、歷史內容全然無關臺灣——除了長榮中學因與英、加等國存有國際基督教長老教會密切關係與聯繫，中國國民黨（KMT）政府尚有顧忌不敢動手查禁而讓開課教臺灣鄉土地理外，公立學校均嚴禁臺灣文史地、方言、民俗等的教學；對學生施教的盡是中國通史、秋海棠大陸地理，還有三民主義原稿，我對於這些實在興趣缺缺。譬如對於三民主義中的一字一句，我常懷疑其學問性及正確性，孫中山先生講：中國的人口四萬萬五千萬人，還不夠，大家還要「增產報國」。從小，我一直懷疑這句話，因爲，除了擴大國土疆域的侵略及挹注農業生產勞力之需，實在找不出高度文化性或文明性的理由，相反地，若再增加人口，我們的糧食、居住環境、生活品質該怎麼辦？由於我具特殊性的政治嗅覺，不相信老師講的很多話，也因爲這些教育成長過程中師長講的話，經常讓我極度懷疑其合理性與眞實性，影響到我往後的日子裡，任何一位老師再如何諄諄教誨，我還是會思索印證再三，探尋文獻資料，然後取捨其言，而非全數接受吸納。因爲對學校教育體系及社會上通行的唯唯諾諾之「一言堂」文化的極度厭惡，我早就被認定是政治性議題的「釘子戶」學生。但是我從親朋好友長輩聽到頗多政府情報官員恐怖指控匪諜案下場的家破人亡事故案例，仍深深恐懼有朝一日，突然會有特務找上門，所以勤寫日記的我，會在不期然的空白處寫下

「蔣總統萬歲」字眼，以備不時之需。

第六節 高中時期，我的座右銘是「吃得苦中苦，方為人上人」

雖然市中校內的學習氣氛有如此巨大的黨務政治介入、外界社會生活氛圍也異常詭譎多變（是白色恐怖時期整肅達於高峰期間），返家後父母長輩們的諄諄告誡都一樣——少說話、不談公共事務、不要帶朋友到家裡來，小孩子「有耳無嘴」云云。儘管大環境是如此風聲鶴唳、風吹草動的國家動盪時期，我依然自信而樂觀地去做自己想做或追求更高的學習境界——跟隨父兄長輩廣泛且深刻的去認識、交遊各方新朋友、每日必做各式激烈運動，包括：單槓、雙槓、跳繩、舉啞鈴、一百、兩百、四百公尺短、中程賽跑、跳遠、三級跳、擲長槍、手榴彈、乒乓球、足球等田徑項目、比賽全身左右腕力摔角、拳擊訓練、世界著名民謠的歌唱，高中三年級時擔任市中全校升降旗立於司令臺的音樂總指揮；經常代表學校參加高中校際田徑及朗讀詩歌比賽。這些都使我自己培養鍛鍊成豁達開朗、信賴快樂，與人為善的人生觀。

高中求學時期，為了砥礪自己，我的座右銘是「吃得苦中苦，方為人上人」，這些自己書寫的字句就安置於書桌玻璃下方，它成了我幾十年奉行不渝的精神支柱與實踐目標。在當時，影響我最深刻的人，正是胡適之先生；到了大一時，《胡適文存》三大冊我已全部看完，胡適之《留學日記》四大本及《四十自述》我也讀熟了，這也是我繼續寫日記習慣養成的關鍵因素。我從小對政治有相當的敏感，前已述及，我的姨丈公莊醫師是二二八的受難者，所以該事件在我心裡也很有震撼性的陰影。

高三時，由於讀了著名奧地利外交家，首相梅特涅（W. L. Metternich, 1773-1859）的傳記，深諳他的國際外交手腕細膩純熟、出神入化，縱橫於歐、美、非諸列強之間，成爲十九世紀世界史上頂尖的政治家。我對外交衍生了很大興趣，大學聯考我的第一志願是政大外交系，第二是臺大政治系，第三是東吳政治系，結果以榜首考入東吳政治系。從此，我不僅離開臺南到臺北展開嶄新的人生新開端，也陰錯陽差發生複雜的轉折與波浪。

第二章　甫進大學即勤讀名著，滋養人生情感並奮發力圖上進

第一節　甫進東吳大學即勤讀世界著名文學著作

一九五七年九月，我北上進入東吳大學政治學系就讀，先是住在迪化街親戚家裡，當時每天早上八時半，我就走路到臺北新公園（今改名爲二二八公園），進入省立博物館右側的大閱覽室廣泛借閱書籍閱讀。我唸了二十本以上的世界名著、小說或傳記。著眼點是爲了拓寬個人視野和了解臺灣以外地方的風土人情。

當時臺灣最好的世界經典小說，如《少年維特的煩惱》、《基督山恩仇記》、《人性枷鎖》等等，以及華盛頓、林肯、俾斯麥、希特勒、史達林、墨索里尼、赫魯雪夫與共產主義（以和平爲名的戰爭）等人的傳記，我都深入閱讀；同時，我也認眞唸世界通史、普魯士、法蘭西、印度、俄羅斯、日本、美國等各國歷史；哲學、理學及時潮經典著作，如《社會主義運動史》、《中國共產黨之觀察》、《共產國際概觀》、《自由與人權》、《到奴役之路（海耶克）》、《東萊博議》、《三國演義》、《孫子兵法》、梁實秋《雅舍小品》、培根《論文集》、*A.V. Dicey: Introduction to* *the Study of the Law of the Constitution*等；就中文書籍而言，如林語堂的《京華煙雲》，因爲原冊、原文買不到，擬增強英文學習鍛鍊的機會沒了，才閱讀中譯本。

我出身於平凡單純家庭，所認識的除家人外，即是鄰居長輩、兒時玩伴、好友、師長、同學，但是十八、十九、二十世紀的外國是如何？社會又是怎樣狀況？年輕人的戀愛，那種火花又是如何摩擦出來？我不知道、不清楚。當我投注到各別的小說時，我就彷彿經歷了一個人生。我唸完一本又一本小說，即相當於經歷了書中描述的一切，十九世紀末的歐洲、印度的生活、宮庭中成長的小孩……等故事都烙印內心，給我許多啟發。我在《京華煙雲》中，頁頁註記心得，原文的一本小說最後一頁，我甚至載明：未來的伴侶就非「莫愁」（女主角）這類型不可。一個十八、十九歲的青年，因爲擁有這麼多從小說中意會到的多姿多采人生體驗與哲理，讓我覺得與一般人已有很大的不同。

胡適曾說：「不要被我牽著鼻子走！」可是我不由自主地被他影響了，就連他的戀愛過程，我也想學。他曾被很多人追求，但他都不理會；最後，他母親說：「回來吧！我已經替你選了一個小女孩，要嫁給你！」他當時已是名滿天下的學者，回到中國才看到他的未婚妻——不完全識字的江冬秀小姐，婚後才開始戀愛，胡適先生耐心地教他的妻子識字及禮儀，終其一生夫妻恩愛故事傳遍社會各角落。

第二節　不期然邂逅，擔任家教，確定成為終身伴侶

大二時，我要找宿舍，有人指點我路去找，我卻轉個不同的彎，陰錯陽差找到她家，租潘家為宿舍，也成為她的家教。潘秀華這位小妞，我大她八歲，但她在我心中的地位節節高升，起初她是我的學生，當時她初一，還是小女孩，我看著她慢慢長大成人。從學生、戀人、女朋友、未婚妻、太太，現在更升格為我的家長、戶長（戶籍上），從兒子出生後一直到現在，我跟著兒子們叫她媽咪。

東吳政治系唸了一年，我自己感覺所學相當抽象空泛；那時我當班代表，辦一個歡送四年級學長的歡送會，那位獲得第一名的學長，一站上臺就說，各位學弟，你們有頭腦的話，請快一點轉系，我四年唸完了，第一名畢業，卻不曉得我唸了什麼東西。自認腦筋動得快的我，因而不畏艱難、在激烈競爭中，與約三十位各系菁英競逐，筆試國文、英文、民法總則、刑法總則，終以最高的成績和同學系、同班同學何曼樵（只錄取二名）轉入東吳法律系比較法學組（五年制第一屆），這是我在法學領域學習的開端。

大五時，我開始思考將來到底要何去何從？我曾有一個人生規劃：留學第一站一定要先去日本，第二站歐洲，第三站美國。要學習這些進步的國家，要從最近的開始，然後歐洲法學的發源地，最後到實用的美國。如此一來，我相信才能夠鍛鍊出比較了解全球性的年輕人。

當時已快畢業了，光想要去日本留學，而日語完全不會，怎麼辦？一九六二年四月一日，我邀

了二、三十個人一起去臺北市中山北路一家迷你型單科補習班學日文。一個禮拜後，變成十個人，二個禮拜後，變成七、八個，三個禮拜後，只剩五個人。造成這般結果，不是教師不好，而是太嚴格要求學習進度及上課前之充分準備，也因爲同來的朋友們前來學日文的指標意向飄泊不定，與我堅定非學好就無法出國去的決意目標有別。

我堅持下去，最後學到一九六二年六月三十日，七月一日參加教育部的留學國家考試。那一年，日文試題相當艱深，有日翻中百分之三十（日本大文豪夏目漱石的作品）、中翻日百分之三十、作文一篇百分之四十；我日文只學習短短的三個月，有很多人笑我：「啊！這種程度也要去參加留學考試！」大家以爲我是狂妄的人，但我心裡有譜，既然確定了這個目標，一定要全力以赴。

六月時，房東的女兒、後來成爲我賢內助的潘秀華，將所有必要證件準備好，幫我報名，七月一日考試時她也當陪考。從那時起，兩人互助合作的默契愈來愈好，她是導演，我當演員，考試結束，她問如何？我說：「還好！」她說：「什麼還好！考不到要怎麼辦？如何出國去？」放榜當天，我胸有成竹，也懶得看榜單，她幫我去看了回來說：「考上了！」我也鬆了一口氣。

第三節　奮發力圖上進，終於心想事成留校擔任軍法教官

考過留學考試後，要先服預官兵役。當時軍法學校，只有東吳、中興、臺大三間學校的學生在那裡受訓，是預官班第十一期，共有一百多個學生，校址位於景美，是全國唯一專門訓練軍法官的學校。依慣例，以第一名到第三名結業的學生可以留在學校當教官，住在營區，可穿便服外出去補習進修，假如不當這種教官，就成為步兵或其他軍法官，要經常出操等等，比較沒有看書學習的機會。因此，我希望留在學校當教官，晚上還可以到臺北去補習語文。

可是，有人警告我：「你東吳沒可能啦！」過去幾年的紀錄，留校的全是臺大，偶爾來個中興的。當時，女友住在臺北，周六、日我一定會出去陪她散步、看電影，有時她邀很多同學到碧潭划船等，這是年輕人應該有的樂趣，所以受訓期間無法在營區中讀書。

想到將來可以利用服役期間，晚上去補習，我下定決心一定要拼到前三名內。過去讀長榮中學的經驗，在任何最重要、最需要超越的關頭，我一定會關起門來祈禱，請耶穌基督加持幫忙！我雖沒受洗過，卻是如同基督徒的虔誠，多少次艱辛、困難，我禱告，卻沒一次成功過。後來深思自省，自己準備了六十分、七十分，不夠的四十分、三十分，只需祈禱，神就會來幫你，那是種偷懶逃避的心理。因而軍法學校三個月預官受訓的結業考試，我狠下心不再祈禱，拋開一切非分雜念，心想：冥冥之中的求神寵賜恩典，不如自己爭氣作主一人承擔，乃下定破釜沉舟決心，往前擠到前三名以內，若仍沒考上就是活該！

皇天不負苦心人，結業時我的「政戰成績」第一名，學業成績第二名，平均後總成績為第一名；曾三次上臺接受獎狀，那時同齡的中興、臺大同學都很訝異。因為有東吳的人突然拿到總平均第一名，石超庸校長還請我回校演講，當時我勉勵學弟，希望他們利用這個機會一鼓作氣，預官第十二期、第十三期也要爭取前三名，留校擔任教官，只是據我所知，後來就後繼乏人了。

在軍法學校一年多的時間，星期二、四、六到青年服務社補習德文，星期一、三、五補習日文，將日文從頭再唸一次。

參加教育部留日出國考試，是匆促決定；考試雖然運用一些靈巧，譬如：將日文白話語氣譯成中文古文體，將漢字的動詞後加「する」使成為日文動詞及背誦日文《讀者文摘》的諸種造句、論著段落，把相關者塡入作文的適當位置等，僥倖獲得高分過關，但畢竟是一種臨時抱佛腳的投機，我的心裡是非常地不踏實；預官一年多，剛好給我時間和機會，重新打下基礎。

由於有軍法學校預備軍官第十一期受訓和績優留任教官的淵源，我留學歸來時，才能進入政戰學校兼課，並在因緣際會下出任政戰學校法律系主任，當時軍法學校就是併入政戰學校，轉蛻為法律學系形式存在。

當時有些「黨外人士」，因為我在政戰學校、警官學校專兼任教書，曾質疑我是不是和蔣家外來政權高層或中國國民黨有特殊關係，對我進行許多人身攻訐，其實這些都是莫須有的，百分之百都是以訛傳訛。我對於這些同儕朋友無中生有的造謠，都是一笑置之。

一九七三年秋季，適法律學系主任秦紹章先生要離職榮調司法院公懲會擔任委員，該校法律學系（軍法學術研究單位）經與軍法局（軍法偵審實務單位）協商決定：第一，繼任者需曾在軍法學校受訓過的一般大學法律學系畢業之預官；第二，需曾留在學校裡擔任過法律教官的預官（即，前三名結業）；第三，需預官役期滿出國去，得有法學博士者；第四，現已返臺並居住在臺灣；此四條件下才能進一步考慮。這時，在臺灣只有二人合乎要求，其一是中國國民黨青工會副主任施啟揚先生，其二是在行政院法規會擔任參議職的我，那時施先生不便離開黨部，最後，政戰學校法律學系就經與行政院協商後，決定邀請我去擔任法律學系主任的職務；但當時軍法局長顧樸先少將卻遲遲不願簽字同意這椿人事令，究竟是何原因梗阻其間，不詳。我心裡已有譜識，確能體察那時黨（李煥）政軍（王昇）各方有力人士尚不擬將此要職交給「年輕的外人」；去留對我而言，是無所謂的，當然不強求，可是一小段時間的「懸案」，對我來說，實在是尷尬事。我就直接提呈報告書請法規會主委高昆峰先生層轉祕書長費驊決定；不意，院長室來電略謂蔣經國有請，那時正值臺灣在「吹臺青」的濃郁社會氣氛下，蔣院長簡單幾句勉勵的話後，即請顧局長會簽而於一九七三年十二月一日逕至政治作戰學校法律學系報到開始任職。

第三章　出國留學目睹法治社會及完成人生大事

第一節　留學日本早大取得學位，再進東大進修；情非得已逃離東京赴歐入維也納大學

一九六四年一月八日我啟程離開臺灣，展開長達八年的留學生涯。先是在日本早稻田大學法律研究所，專攻刑事法學得到法學碩士學位，一九六六年三月轉往東京大學繼續研究刑事法學，祈望攻讀博士學位。

在臺灣時，早稻田大學和東京大學我都有申請，只是早稻田大學先給我入學許可，因而我到了日本，住在戰前在臺南市嫁給三和銀行的同事、日本人川名健治的姑姑城碧環家，就先到早稻田大學進行入學準備。初始時，早稻田大學校方認爲我的語文能力不足，要求我先讀一年的日本語文，再正式入學，幾經交涉，也應我要求做了一次日文筆試，結果校方終於決定讓我入學當正式研究生，附帶條件是同時也應繼續再進修一年語文課程。

碩士班課程讓我印象最深刻的是碩士學位論文指導齊藤金作教授。他是日本刑法共犯理論的第一把交椅名教授，德文造詣很高，使用教材幾乎都是當代德奧刑事法學雜誌裡有關共犯學理的各

種細節或引申論述，教學態度嚴肅緊湊；每次上課研討後，都要學生在十多天內繳交報告作業。每當教授看完報告，經常把其他九位日本同學罵得很慘，反而稱讚我的報告內容豐富、精采，要他們多參考我的報告，但也因此讓我受到其他同學的埋怨和詬罵，因為他們當中一半以上都是在半工半讀，實在無法全神投入，和我拚死決戰似的心緒是不一樣的。

雖然那是五十四年前的時候，但死刑的問題卻已受到關切、爭議，當時許多刑法理論方面，甚至其他法學界裡頂尖的學者，在退休前都會寫一篇探討死刑存廢的論文共襄盛舉，理由無他，這論題涉及法政社會經濟、文化宗教、法理學、法律哲學、歷史地域及國民生活安全秩序等極度錯綜廣泛的問題，很有清楚論列的學術價值。就是因為資料多，又容易取得，我也想表達自幼以來堅定信仰的生存意義與生命無價的宏觀，趁此留學異域擬取得學位之際，亦來摻一腳「大師級」法學者的論辯之林，試試看自己的能耐究竟如何。所以我碩士論文是以「死刑廢止論」為主題，用稿紙手寫上、下兩冊，共七百六十七頁。

我的論文獲得相當好評，根據教授的說法，他們認為我不只是從各種面向深入淺出地討論死刑存廢問題，同時也提出讓大家困擾的解決死刑犯方案。我的建議是死刑犯不要關太久，有悛悔實據者在五十歲前後可予以釋放；而服刑期間，可施予職業訓練，讓他們有生產能力，得以自食其力。工作生產的收入，則三分之一用於養活自己，三分之一用於賠償受害者或其家屬，另外三分之一用於公益性或慈善機構的捐獻，以求沒有嚴重缺憾的達到一箭三雕的圓滿境界。

當時東大教授仁井田陞也來早稻田大學法研所兼課任教，他是中國法制史專家，所撰著《唐令拾遺》（一九三四年）曾榮獲日本天皇特頒「學士院恩賜賞」之崇隆獎賞；每次上課都準備很多中國古代契紙權狀、典讓地契、書信、函件等，紙張已經呈黃褐色，是不堪再翻閱摺疊，但他仍小心翼翼打開來解說，並讓學生研閱細部；教學專注，娓娓道來，以該等文件資料當成學說、說理的證物，頗有研究方法上佐以原始物件令人心服的啟迪作用；那種學究風範，身教、言教都讓我深深感動而心生儀慕。

二年的時間，我就獲得碩士學位，隨即轉往東京大學成為博士班研究生。在東大近一年的參與聽課及研討會裡，讓我印象最深刻的有団藤重光、平野龍一、藤木英雄等三位教授；其中藤木英雄教授英、美法，只是四十多歲就英年早逝。団藤重光以法文講授社會防衛論，他後來成為日本的大法官。平野龍一以德文講授刑法總則，他後來成為東大校長。東大法學院是衆所周知的日本「秀才」薈萃的學習栽培處所，這三位出名的法學教授均係早年東大出身的大學長，主觀上，已是仰之彌高，而客觀上，三位均是準時到課、風度翩翩、滿腹經綸、旁徵博引、禮儀謙沖，執著學術上的確信，像傳教士般地殷殷教誨超越時空的學理思潮；這些都是我返國後教書迄今潛藏在心中的無盡典範。

初到日本，有人問我臺灣的歷史、地理、文化、風俗民情，「君自故鄉來，應知故鄉事」，但我卻對此感覺陌生。怎能說四百年沒有歷史？為什麼教育中沒這些內容？我感到相當羞愧。因而我找到了史明（施朝暉）寫的日文《臺灣人四百年史》，這是我第一次從頭到尾唸完的臺灣通史。讀完後，我了解臺灣先民從中國沿海地域渡海而來的艱辛歷程，以及他們卑微的心願。

同時，為了更深入認識當時在臺灣的執政黨「中國國民黨」，我也到書店買日文剛出版的《中國國民黨史》。閱讀完這兩部書後，我可以和同齡的人談起故鄉事，我幾乎比一般留日學生，都更清楚當時的臺灣及其未來的苦難。

我出國時，身上只帶美金一千元，但這錢我一直沒拿出來用，日常生活開銷，都是自食其力，靠夜裡打工賺取生活費，我的碩士論文就是在東京都中野區阿佐ヶ谷一家生意興隆、非常吵雜的柏青哥（Pachinco）店內二樓機器房撰述完成；這正是個人心智成長的一種鍛鍊過程，也是「吃得苦中苦，方為人上人」的實踐。

有人對我當年沒在日本攻讀完博士學位再離開，感到不解。其實，是有一段曲折的事故，讓我不得不整裝離日赴歐去追求我下一站理想中的學習計畫。

事情是這樣因緣際會而衍生出來的：我在留日學生間的人緣不錯，到日本差不多一年，就被推選為中華民國留日同學會副會長。某日，駐日使館文化參事宋越倫找到我，說會長林恩顯任期已到就要離開了，他已向駐日大使魏道明報告要我準備接任會長。

那位文化參事強調，若我答應擔任會長，會獲得使館經費挹注，要做的工作很簡單，除了會務推動外，就是定期要撰寫報告，將日本法政商圈、華僑社會動態及對其他留日學生的觀察心得，遞交使館有關單位。

我一想，這豈不是要我當「抓耙仔」？在那個時代，有關當局要求交付的任務，是不能拒絕的，否則，一定會出事。因而，返宿舍後我火速加緊申請很多歐洲大學法律研究所，俾為當時的困境「解套」，只要有學校給我入學許可，我就走！所以，眞誠的說，我是「情非得已」被動、被迫逃離日本赴歐繼續追逐留學夢的年輕小傢夥。

我最先收到的是維也納大學的入學許可。一九六七年二月二十四日我搭機路經香港、羅馬，二十六日深夜順利抵達奧地利維也納大學法研所攻讀法學博士。我來到歐洲，身邊也僅僅準備一千美元而已；在那裡，我曾幾次利用寒暑假到大學食堂（Uni Mensa）打晨工自食其力、去搬牛奶及內務性煮飯、做菜、分配各式菜餚給外國來學習語言的學生，從未向臺灣家裡要求寄錢給我。

我的政治啟蒙，是從我的祖母身上獲得的。她是一位基督家庭長大的千金，不識漢字，卻能閱讀羅馬字拼音臺語聖經，有豐富的社會生活意識；十五歲嫁入城氏家庭，十六歲生日當天生了長子，即我父親，母子妥貼照顧，非常相依。二二八事件發生時，我阿嬤的強烈恐懼感，深深地影響我。那時，我剛滿九歲不久，生性活潑靈敏，但對周遭的一切和家人的情感波動，都體察入微、感同身受。事件如火如荼時，我舅公（阿嬤的親弟弟）和三叔燦鉎恰巧結伴到臺北旅遊，且他們都穿著市面上買來的美軍衣服（主要是保暖，但有被誤認係軍人的危險），而我四叔燦樹據悉也前往嘉義機場抗爭，阿嬤無法獲得他們的音訊，心中焦慮可想而知。加上姨丈公臺南名醫莊孟侯醫師也被抓走了，差一點被槍斃，後雖獲得釋放，卻被嚇得精神出了狀況，不久就辭世了。這些都深刻影響我對剛來臺不久的外來統治者的印象。原本我對臺灣、中國、社會主義等不夠了解，後來，讀了《臺灣人四百年史》，對當代政治體制和臺灣處境，才有更深一層的認識。

當年，在日本的臺灣留學生，二千餘名，有不少人投入臺獨運動；臺獨聯盟主席許世楷等人合辦的《臺灣青年》刊物，發行量也相當大，遍及歐美各地，當然也有人邀請我參與和加入相關的組織團體，只是我對他們並不認識，信賴感的確不夠；我內心知曉：只有仰賴獨派在海外活動或文字鼓吹，或恐無法促成臺灣獨立建國；我離開日本到歐洲、美國時，曾以筆名在《臺灣青年》發表對於臺灣應如何擺脫中國國民黨似殖民地的獨裁統治，提出我歸根究柢的看法；強調一定要有個人犧牲的覺悟，有心人宜請不要在國外「出頭」，以免被國民黨特務盯上，全部潛化返臺分散全臺從事心願的任務，另應採取非常的手段，糾合傾力挺臺的國際組織力量，才有可能拯救臺灣。

第二節　目睹歐洲憲政文化、法治社會井然有序，轉攻行政法學並取得博士學位，再赴美國威州大學

在日本唸刑法，但到了維也納，我發現歐洲之所以這麼進步、有秩序，在於公法，如憲法、行政法的高度發展。所以，在維也納大學我轉攻行政法，從學於當代著名的斯學權威學者Walter Antoniolli（其後擔任奧地利行政法院院長）與他的嫡傳子弟Günther Winkler爲指導教授；溫克勒教授年輕有幹勁，對留學生是既嚴格又多方鼓勵，一點也不鬆懈；溫教授三十六歲擔任維也納大學法學院院長，才四十出頭升任爲校長，是行政法總論暨各論、法律哲學、比較法學頂尖學者。一九六七年創辦並主編《*Forschungen aus Staat und Recht*》（國家與法律研究）專業性法學叢書，

他的專著書不下三十冊，論文無數，主持大學學術講座三十年以上；他的門生遍布奧地利、德國、匈牙利、捷克、波蘭各大學教授群、法政經濟社會文化等政界賢能卓著之士難數，也包括其後擔任總統、內閣總理大臣及很多閣員、國會議員等。我在維也納大學經過不眠不休的聽課、參與法學各學科之研討會、發表季節性論著；也參加年度的Uni Ball（大學舞會）、Juristen Ball（法學家舞會）及Opern Ball（維也納歌劇院舞會）；每學期結束時與教授們到傳統古色古香的奧匈帝國時期的地窖餐館靜聆小提琴師來到席邊演奏Johann Strauß藍色多瑙河、Beethoven貝多芬第九交響樂快樂頌，佳餚美食暢飲歡樂（大家各付各的！有時教授包場付帳）。我在維也納讀書時學到的，不僅是法學上的深奧學問，包括爲人處世、作爲一個知識分子應具備的基本人生涵養、認識上層社會貴族式的住居生活態度和禮儀談吐，維也納人的待人接物與溫文儒雅，世界音樂之都極高度音樂藝術品味與人文素養，結識三、四十位來自各邦所學各異的至親好友，諸如Brigitte Boga、Hildegart Neumann、Sepp Flatscher和Helga家、Beatel Müllauer和Olga家、Hans Prammer和Karolin家、Otto Schmidt和Leni家、Peter Aistleitner和Roswitha家、Bernhard Raschauer、Hedwig (Heidy) Löffler、Amos Jakovish、Elerona Langer、Brigitte H、Paul Cheo崔玉植、Karl Wenger、Bernd-Christian Funk、Alfred Kriegler、Richard Novak、Heinz Schäffer……不知不覺間四年的留學歐陸讓我任何行止間受到了歐洲DNA式植入的深沉影響。雖然起手時頗感艱辛難挨，卻也順暢地進行了歐風學術之間的預定、選定課程，在三年又一個月時間就取得博士學位。我自己感覺太一帆風順，心裡充滿不扎實感，很心虛、惶恐，總覺得未學到廣泛深奧行政法的精華內涵，乃申請留下擔任

Prof. Dr. Günther Winkler教授的助理研究員，俟五個月後，才轉往美國威斯康辛州，在威斯康辛大學（Madison），做博士後（Post Dr. Research）研究，將東吳所學的英美法（Anglo-American Law System）、Jurisprudence以及英美行政法，做一個綜合性的比較研究。適於這段期間，我有幸認識該校著名法律制度學者Samuel Mermin教授，從他的授課思維方法與提出的多樣性法治主義相關問題，讓我深刻留意到檢察官、法官職務、陪審制、死刑與否、法庭內合理作業程序、法理學、法的規範性本質、憲法制約、憲法上的司法審查設計、司法權本質、法解釋學之重要意義、法學教育、法律的一般原則、法律考試等諸多法律學與司法制度之疑難困惑。

第三節　突如其來的驅逐令，讓我印證了不健全的美國「法治」，也證明了他們是可以講理氣

一九七〇年九月二十二日仲秋時，我偕同內子離開奧京維也納飛往倫敦，遊經法國巴黎再到荷蘭阿姆斯特丹，轉機抵達美國紐約；輾轉搭乘跨州大型灰狗車（Greyhound）路經費城、芝加哥來到威斯康辛州的第一大城Milwaukee。長榮中學老同學田弘茂教授來接我們，暫歇威大在Waukesha分校的家。十二月六日清晨天候酷冷，早已到處飄雪；我一個人搭車路經底特律（Detroit）車站候車，擬轉往密西根大學校本部所在Ann Arbor小鎮去會晤一位重要師長的時候，突然間兩個彪型大

漢站到我前面，問我「能不能請你到我們設於車站內層的辦公室來一下」，我問：「你們是誰？」回訊說：「我們是安全人員！」去了，我說：「有什麼指教？」他說：「護照給我看一下」，給他看，就跟我聊天、還很客氣請我喝可樂。

他們問這次到美國來是做什麼事情？到哪裡去？我認爲是普通的喝茶談話，不知道他們是有任務的，就回答說：「來美國看看！」他說：「這邊環境很好，你想不想留下來？」我說：「看看嘛，不過，威斯康辛有學校，包括威斯康辛大學想留我在這裡，看看能否擔任教職，圖書館那裡也有人要請我同時擔當圖書館外語特殊部門的管理工作。反正我來這裡先看看。」他接著說：「那很好，留下來也蠻不錯。」就這樣。

三天後，我回到威斯康辛Waukesha住宿處，馬上來一封掛號信：驅逐令，要我二個星期之內離開美國。

我接到這個後，很氣！我是唸行政法的，美國有一個叫APA（Administrative Procedure Act）行政程序法，規定要做任何一件裁斷、決定或其他處置，一定要把理由清楚明列出來——即行政法學上所稱的「強制說明理由」，一定要講清楚爲什麼要把你驅逐出境；結果驅逐令中那幾欄法律依據、事實狀況、證據及理由都是空白。我左思右想，氣得一夜都無法入睡。

翌日上午天尚昏黑時，我親身趕去州第一大城Milwaukee移民局理論。我氣憤表示要見他們老闆，其他人我不接受，他們問：「什麼事可以說嗎？我們請科長。」我說：「不要。」堅持要找主管談。

稍後，他們請了一個副局長層級的人出來，他說，局長不在，有什麼事？我說，我在歐洲唸這方面，也獲博士學位（PHD），我這一次到美國來，是來看看法治實踐狀況後再返國去，結果，這案子沒有任何理由，就要把我驅逐出境，什麼道理？他說，有這種事情嗎？我出示那張驅逐令，你看看！

他去調查資料後說，原來我是B2的護照，來這裡是觀光，怎麼可以來這裡找工作賺錢？當然要被驅逐出境。

我聽了，當場笑出聲來。我問：「你是不是學法律的？」他說：「不是。」我說：「難怪，我是在底特律車站跟你們的安全人員說有人邀約（offer）我做事，我還沒有接受（accept），不是嗎？或者我根本沒有想留在這裡，這趟來美我也從來沒有從美國拿到半毛錢，怎麼說我在這裡賺錢，怎麼說我在這裡工作？難道我內心想什麼，這也違規了嗎？也違反你們的移民法了嗎？一定要驅逐出境嗎？是觸及了你們哪一些法律，請你拿出來看看？有沒有任何一個法律說，我心裡在考慮某一件事的時候，就違反了你們的行政命令或法律？」

經過一番據理力爭，他臉孔紅了起來，怎麼會有這種事情？然後，再去詳查資料，發現我講的沒錯，我沒有賺他們一毛錢！他就說，對不起，按簽證的期限，請我繼續住下去。然後，馬上要我填一個「綠卡」（Green Card）的相關文件。當時，臺灣來美國的留學生要申請持有綠卡的候選人，至少要等差不多五年以上，他們說我的情況特別，要直接給我！

明知不必排隊就可拿到綠卡，但我說：「謝謝！你今天碰上一個很愛自己國家的人，我不會接受你這個東西。」一直到一九七一年四月中旬我從美國返回臺灣，他們這邊的大使館，還在問我怎麼不塡妥寄回？

第四節 仲模和Grace選定在奧京維也納舉行婚禮

再者，一九六八年當時還是我未婚的妻子潘秀華（Grace）大學畢業後，也申請到維也納大學文學院德文系入學許可；她盡速啟程赴歐與我會合。我們於十月九日晚間在我國駐聯合國原子能總署俞叔平代表府邸，與黃越欽、王淑婉，薛宗明、吳紀芳，三對一齊舉辦了婚禮；儀式隆重，賀客盈門，包括大家都非常尊敬的滿神父和我在維也納新認識的當地多位朋友。我於一九七〇年春梢取得維也納大學博士學位；曾與Grace相偕北上捷克、波蘭與德國漢堡，東向匈牙利、保加利亞、希臘、土耳其，再西向英、法、西班牙等國；嗣經詳細思考商量後決定：她暫時放棄維也納大學的學業，將十一大箱書籍、家用等先行以包裹郵件寄回臺灣；兩人一齊適應做進一步未來重大人生的探索。抵達美國威斯康辛州Waukesha定居後，知曉Grace已經懷孕；我不希望孩子在美國出生，也在徵求太太同意下，讓她在尙可安全搭機的時候，於十二月六日清晨從Milwaukee機場送Grace飛經東京返臺待產，我則相約孩子出生前回臺陪伴。這在當時有許多人千方百計要到美國去生個成爲美國人孩子的社會風氣下，確實被很多人視爲異類，認爲臺灣在國際社會極度不安全的局勢下，沒緊抓機會出逃，眞是坐失良機。

去國八載，自始至終，我都自食其力或饋受留學國國家獎學金，凡大學食堂（Uni Mensa）、Tirol邦農家田園、機械工廠乃至銀行保險法律事務（Autofina Wien），於夏冬學校放假時候，均曾留下勤奮打工的身影，如此克勤克儉，異域求學、求知宏願乃得以實現。在深入留學地區打工的歷練下，我也讓自己擁有了五種流利的語言能力，當時在美國威斯康辛大學進行博士後研究，除了在Carroll College擔任暫時義工性質客座講師外，並有幾家大學法學院及其圖書館願以薪級一．五倍擬禮邀我留下來，希望借重我的語言能力，能夠邊授課邊在圖書館兼差工作。這些我都不爲心動，均一一婉謝了。

第四章　在密西根大學Ann Arbor密會彭明敏教授，並拜會美國憲法大師Prof. Paul G. Kauper

第一節　在Ann Arbor雪花紛飛夜晚，傾聽智慧誠懇的宏觀見識

一九七〇年底，透過日本、美國兩地友人居間折衝、聯繫，我有機會與景仰的前臺大政治系主任、國際知名臺獨運動領袖彭明敏會晤，聆聽他的諄諄教誨，此對個人未來要走的路，有深刻的啟迪。由於當時我已決定返回臺灣貢獻一己之力，因而此行相當低調，在日記上更只約略記載要與師長會面，不敢留下可能讓自己受到外來政權打壓的蛛絲馬跡。

一九二三年出生於臺中大甲的彭明敏，國小、初高中教育是在臺、日兩地完成，一九四二年曾考入東京帝國大學法學部政治科，但他在一九四四年四月卻於長崎遭遇空襲，被美國轟炸機投擲的炸彈炸斷左手臂，差點喪命。戰後回到臺灣，一九四六年進入臺大政治系就讀，一九四八年畢業後留任助教。

一九五一年，彭明敏獲中美文化教育基金會獎學金，得以進入加拿大麥基爾（McGill）法學院

國際航空法研究所；由於成績優異，以法文發表論文迭受國際學術界注意，當時擔任中美文化教育基金會董事長的胡適，也以私人身分暗中挹注，彭明敏於一九五三年獲法學碩士學位，繼而轉往法國巴黎大學攻讀博士，一九五四年順利獲得法學博士學位。

學成返臺後，彭明敏歷任臺大政治系主任、公法研究所主任等學術界要職，是備受執政當局培養、拉攏的臺籍學術菁英，彭也多次受邀參加國際性研討會、發表論文，獲得不少國際知名學者讚譽、肯定，他在一九六三年並獲選國際青商會主辦的第一屆十大傑出青年。

一九六四年彭明敏與學生謝聰敏、魏廷朝撰寫、刊印《臺灣自救運動宣言》，被捕下獄受軍法審判，一九六五年被判刑八年，但十一月間又獲特赦，遭特務二十四小時監控、軟禁在家。一九六九年底、一九七〇年初，彭明敏神奇地脫逃到瑞典，獲瑞典當局政治庇護。

彭明敏發表《臺灣人民自救運動宣言》，他自認此舉只是為了引起知識分子、政治人物對臺灣前途的關切、辯論，而刊印出來的宣言，在未對外散發傳播前，已被查扣了；根據美國外交檔案中解密的「彭明敏案」資料顯示，該案的威力等同「核子炸彈」，因為一九六四年發生的彭案和中國新疆核爆，前者打破「反攻大陸」虛構神話和蔣介石政權代表全中國的迷思，後者更註定國民黨政府自此日益走入死胡同。從此美國政策也轉向拉攏中國，蔣政權被當棄子。

一九六八年在臺灣被軟禁期間，彭明敏就曾接獲美國密西根大學及加拿大麥基爾大學聘書，因無保人而未能成行，稍後又再獲密西根大學聘書，也找了保人，但申請出境仍未獲准。一九七〇年二月，密西根大學方面同意再給彭明敏聘書，且希望他四月開始工作，只是在申請赴美簽證時，也是百般波折，他到了九月底才順利抵達美國，擔任密西根大學中國研究中心資深學術研究員兼法學院訪問教授。

一九七〇年十二月六日清晨，我展開了嶄新的人生旅程。先前往威斯康辛州第一大城（Milwaukee）送已懷孕的內子搭飛機往西飛回臺待產；我私忖，太太臨盆，先生卻不在身邊，這是天大不負責的事，任何做丈夫的人絕不可疏忽這一應該體貼陪伴的責任，因此我承諾孩子出生前我一定會回到臺灣，和她一起迎接新生命的到來。隨即，我趕搭跨州的灰狗巴士，目的地是密西根大學的大學城Ann Arbor。

大約是晚上六、七點，我們在古樸的大學城順利碰面。彭明敏教授大我十五歲，他在臺大開的國際公法課，我曾前往旁聽，對彭的學養、見解與堅毅精神，我都十分心儀。當夜正巧下雪，雪花紛飛，路面蒼茫泛白，街景昏暗淒涼；彭明敏身穿黑色長袍，他身材高大，我體態輕盈，兩人形成強烈對比，又走在夜裡昏沉窄小的街道上，彷彿電影中經常出現的場景。

走了一小段路，不久就找到一家古典、雅緻的英國式小餐廳，我們找了位子坐下、點餐後開始交談。據了解，蔣介石曾史無前例任命彭教授爲聯合國代表團顧問，對彭百般籠絡，但他仍然義無反顧地反抗，最基本的關鍵在於臺灣國際地位、主權問題迄未理性跟從國際新趨勢而爲符合臺灣民志祈望的適當解決。

話題從全球性、國際社會地位觀點下，臺灣人應有的努力開展，輕鬆的氣氛中有幾分嚴肅、凝重，彭教授期盼大家要有準備必要時不惜挺身「犧牲」的覺悟，但他也呼籲有心人轉入地下，盡所能回到臺灣做更多事，不要硬碰硬，畢竟那時外來統治者在國際上雖已聲名狼藉，但要對付、整肅幾個年輕人，還是有陰狠手段可用的。

我有三、四個叔伯輩的親戚，一九五〇年代到美國留學，如城錦榮、城燦崑、城東南，在理工領域的名校如普渡大學（Purdue University）獲得博士學位，由於他們的衝撞、激烈批評時政，都被列入黑名單，無法返臺，他們曾透過在日、美親戚傳話，要我保重自己，先把學識實力充沛起來要緊，不要一天到晚想當烈士，要用頭腦、智慧進行長期、有效的對抗。

對於彭教授以疼惜年輕人的立場，強調蔣政權從中國被趕出來，在臺灣倒行逆施、民怨沸騰，但臺灣是彈丸之地，沒有武力革命的條件，因而要採取不同的手段進行操作，我頗能領悟他宏觀的見識，當下也決定回臺後投入教書宣揚西方理念、對抗封建文化的工作，並四處演講，以喚醒更多有心人，投入各自心願的工作。

第二節　拜會美國憲法大師Prof. Paul G. Kauper聆教崇隆學者風範

次日，即一九七〇年十二月七日上午九時十分往訪密西根大學法學院Paul G. Kauper教授，他是非常出色的憲法權威學者，我依約按時抵他辦公室進入書房，一見甚覺是新大陸學富五車的憲法學泰斗，他最有名的著作——《*Constitutional Law, Cases and Material*》（Third Edition, Little,

Brown and Company, 1966），是全美各法學院指定參考的憲法教科書。他看起來比較接近英國劍橋大學教授的舉止談吐，而與美國中西部教授通俗化穿著不完全一樣。他問我留學時，奧地利的情況，主修範圍及此次來美目的。Kauper教授很快進入話題說，公法學上歐陸法與美國法思路並不一樣，前者除近代法國法系獨樹一格重視判例政策外，很強調法學理論上的推敲，歸納多樣化經驗或特別事蹟案例，比較分析，最後綜合研判去找出一般軌跡、一般性原理的方法，含有相當歷史及事實歸納，稱「實質推論」；美國法在方法上、骨子上雖係如此，但特重事前程序正義的詳訂。他說，五百年前從歐陸拉丁語系西班牙、葡萄牙的天主教移民抵達中南美洲，與此時期轉往北美洲的清教徒，信仰、確信及所創法制，南轅北轍，前者深信人性本善，法制上在實質內容之設計建制上異常用心，忽視如何進行程序諸細節，縱使發生漏洞糾紛控訴，就準備好詳密救濟方法以求彌補；後者確認人性本惡，法制上傾力於程序正義之規制，有機性詳密籌織事中過程的諸要件細節，公與私、公與公、私與私之間的法理維繫、權義關係責任清楚明確，故後段之救濟部分就無需詳盡周到，因爲是用不上的。前者的問題就發生在法律關係出了糾纏，在實質部分官僚體系不認眞勵行法治，到了救濟部分又草菅人權，大致得不到彌補；後者因前行的程序規範中已預知人類本質心性上的弱點，故已做嚴密條文掌控，最後會到行政陳情或司法告訴的並不多。就這麼一個出發點上對人類心智的信念與所創法制體系的差異，五百年後證明北美的繁榮進步，中南美的落後混亂。

Kauper教授的話題很寬闊，舉凡司法權對國家社會文化階層的重大平衡穩定意涵、各種自由權的內涵眞諦、正當法律程序的絕對重要地位，以及二戰來自全球各地的移民接續不斷，在在說明美國憲法及法治社會裡人人平等、人人有機會的偉大成就。

我還特別就歐陸，尤其是德奧瑞士公法上實質規範的有機性精密度之詳盡，再配以素質優異訓練精良的公務人員之正確裁量，及優秀法官的審判，則國家社會的安定與秩序，必定如我所觀察，是可保繁榮、安寧、詳和的。只是，臺灣因歷史演進的大不幸，以迄七〇年代，整體而言，現代社會應具備的條件之起碼程度還相去太遠，所以，仍處於法治文化尚滯留於洪荒時期的狀態。

Kauper教授對於我先到日本這浸淫在戰後二十年專心致力於學習西方民主、自由、法治與重視人權的國家社會之改造，再前往文化及文明都紮根很深的歐洲去深造，是一件很有智慧的留學選擇。

今早的拜會和昨夜深談，啟迪了我返國後用心繼續法學的精深研究、認眞教學及爲社會服務的巨大動能。

第五章　臺灣，在風雨飄搖之際，我毅然束裝返國

第一節　在行政院任職；嗣在政戰學校法律系擔任系主任，提升軍法教育學術素質

一九七〇年七、八月間在臺灣發生了所謂「釣魚臺事件」，嗣感染香港民衆並擴散及於美歐等地華人社會，演變成保釣運動；臺灣時局異常混亂、社會秩序頓失安寧，是風雨飄搖、生命生存均遭極度不安全的情狀，許多人想盡辦法往外跑，在海外的留學生也鮮少人想回臺；我卻毅然反其道而行於翌年四月十八日返抵臺灣；承管歐教授之推薦進入行政院擔任參議職務，除了法律實務的參與外，更投入行政程序法、行政罰法研擬、修改行政執行法及中央法規再整理的法制建構工程。

當時，我若留在美國教書兼職圖書館管理的薪水約每月一千五百美金，但回來在行政院任職第一個月領到的薪水是新臺幣四千元整，折合美金約一百元；對此我甘之如飴、無怨無尤。

之所以會回來，一方面是認爲自己所學已告一段落，應該展開人生新階段的轉折，同時，也應該是讀書人對國家、社會強烈使命感、責任感之驅動。我心中的信念是「自己的國家，如果有心人不回來，那誰來替你照顧這個家園、國家？」

事實上，我從美國回來，途經日本東京，當時有不知名人士寫信給我姑媽，請我不要回臺灣，宜留在外國從事反抗工作，否則以我擇善固執的個性，回國會沒命，但我還是按照原先的規劃堅持回到臺灣，做該做的事！

返臺前，我經過深思熟慮，才下定決心要到北投復興崗政戰學校、廣州街中央警官學校、高雄鳳山陸軍軍官學校去教學，因為「不入虎穴，焉得虎子」，俾在別人想不到或不敢想的地方，播下自由、民主、法治及人權的珍貴種子。我在行政院擔任參議期間，很努力在報章雜誌發表文章，到處演講（如扶輪社、獅子會等各種社團）；主題以戒嚴制度、西方政經社會文化思潮為核心，因而很快獲得在政戰學校、中央警官學校兼課的機會，但那時由於交通因素無法前往陸軍官校授課。

一九七一年九月，國立中興大學法商學院法律系、私立東吳大學法學院也請我去兼課。

一九七三年十二月間，政戰學校法律系主任出缺，要找一個人當系主任，這個系主任等於以前軍法學校的校長，我以前受訓的那個軍法學校，被裁併了，轉蛻成政戰學校法律系，比照當時軍法學校校長，系主任等同少將編階，他們之所以請我去，主要是我跟軍法學校有淵源，我在大學畢業軍法預官第十一期受訓，以政戰及學業兩種成績總評為第一名留校擔任軍法學校教官（預官役）。

那個時候，他們選了二個候選人，一個是時任國民黨青工會副主任的施啟揚博士，一個是我。當時軍法局長為顧樸先少將，這個人很頑固，意見又多，他拒絕我去。但後來，因施啟揚在黨部另有職務，而我亦有國外留學回來、得有博士學位之故，只好選擇我。

到任後，我大力改革，政戰學校校長當時是陳守山將軍，他有限度地放手讓我積極改善系務、編排課程、減少「兵學」、「哲學」（即軍事訓練、讀訓孫逸仙、蔣介石父子、王昇建國治國指示等），辦理法律學術暨工商企業界菁英講座，廣邀臺大、政大、中興大學等校名師來校演講，以求敲破校內外間的銅牆鐵壁，創辦法律學系校際足球賽、乒乓球賽，成立法學軍法專業書庫圖書館、閱覽室，並從學校偏遠的木蘭村附近舊校址，遷入國防部專屬將校級莒光班新大樓改其名爲「法律系館」，校外知名教授（如臺大楊日然、蔡墩銘、姚淇清、鄭玉波）、司法院大法官（如林紀東）、最高法院院長錢國成、高等法院院長李學燈、企業界董事長（如富邦蔡萬財、華南銀行林明成）等來系專題講演；一時之間讓「政戰法律」名氣遠揚。我當了系主任一年多之後，許歷農將軍來銜接校長，我發覺氣氛有一點不太對。那時，我出版了《法苑》系報，並親自署名，鼓勵學生寫論文投稿發表，我想當時臺大可以出版類似刊物，政大也可以，我爲什麼不能做？而且這是學術性的東西，第一次版面只是寫我們的消息，廣發各界參閱，替政戰學校法律系宣傳，沒有其他政治性的論說，可是我知曉，系內有一位專任講師即刻通報校長室，許歷農對我在校內如此創意、積極行事風格相當有意見；這或許是頭殼裡充滿西方自由開放、鼓勵創新思維的我和裝滿孔孟儒家秩序君君臣臣威權意識的人之間的矛盾衝突吧。那時，能讚許我這樣做的，只有曾留學美國的新聞系主任祝振華教授。

一九七五年四月五日，蔣介石過世；三天後，我主持法律系務會議，一開始就宣布進入議程。稍後，有人跟我說，你怎麼沒有先默唸一下？我讓這個很特別的軍事重鎮裡頭殼只有「領袖、主義」的人感覺這個人的「政治很不正確」；大概是我不搞也不順從這些，讓別人很不爽。

第二節 轉職國立中興大學法商學院擔任法律系、所主任，將學術聲譽及高特考及格、出國留學成長加速累積

系主任三年任期屆滿，他們急著要塞進對黨國忠貞之人來負責系務，我的態度是無所謂；那時正好國立中興大學法律系主任出缺，校長羅雲平及法商學院院長張書文禮邀我，就順勢轉到興大法商法律系擔任系主任。

回臺後擔任行政院參議、科長、專門委員及（再）訴願委員會委員，我帶進無數國外新觀念與行事盡責的公務員服務態度。我強調若眞要遵照憲法厲行人權保障，則臺灣戒嚴令及動員戡亂體制必須解除廢止，因爲「行憲與戡亂並行」是矛盾對立而不相容的，頂多是一時性政策愚民的政治口號；從比較各國制度以觀，全球找不到適例來解釋這種黨國元老王世杰氏的創意發明！公務員違法行徑國家必須負起賠償責任，這是不久後我寫了一篇長達十一萬字的「行政法上國家責任之理論與立法之研究」法學學術論文（載於臺大法學論叢，一九七五年十月）的緣由；這些都是建構臺灣自由、民主、人權、公平、正義、法治體制的基石。

擔任政戰學校法律系主任時，我以日歐美留學時的見聞體驗所累積的學識經驗、積極奉公的作爲，提升該校的學術聲望，雖然有人私下說我在這種周遭環境如此保守、教條化的軍事學校是很危險，我還是依循理念、踏實初衷，勇往向前。在中興法商法律系擔任系主任及研究所所長時，我也使盡渾身解數，邀請具有深厚學養的教授如臺大楊日然、王澤鑑；政大施文森、施智謀，及司法實

務界重鎮級法曹名流如大法官林紀東、姚瑞光，最高法院院長錢國成、陳樸生、行政法院推事陳計男等到中興執教或開特別講座；開辦司法官律師高考特考及格的學長們（一次約八至十名）來系裡階梯大教室暢談國家考試經驗；我自己則祕將司法官訓練所名師講座講義要旨重編成三大冊「參考資料」（各冊打上編號，不准外流或販售），發給學生精讀，讓中興法律系畢業生，不但參加國家考試，屢有超越其他學校的優秀成果，留學國外的人也遽而成幾何級數的倍增；其他，積極鼓勵同學們運動鍛鍊體魄，我則親自參與院運規劃並加入學生、教師混合隊的短、中程賽跑（我個人得了一百公尺、四百公尺的冠軍），爭取籌劃成立法律系圖書館、大閱覽室，增加無數國內外法學相關書籍、期刊、雜誌與報紙；編纂研究生《法學研究報告選集》（一九八〇至一九八一年）二大冊；創辦法律系法律人校際互訪交誼活動；任何一班我正在授課的班次全體同學到我在天母的家來包水餃、菜餚和玉米湯及酸辣湯（我和內人親自備料烹飪、調製）等休憩活動，和教授、同學們到天母古道登高爬山健行等，以便趁機敘述我留學日子的甘苦經驗談。這一些，都大大提升了中興法律系的向心力、名氣和學術地位。我也因此，於一九七九年度被推舉爲中興法商授課最優、最受歡迎的教授。

第三節　在執教學校開始傳播民主法治自由人權的現代意義與價值；拒絕簽署美麗島事件的黨國奇異「檄文」

一九七七年底「中壢事件」後，臺視曾邀我主持一個闡揚民主憲政、法治人權的節目，用上課的老師與學生之間的問答模式來進行；在節目中我依約全程使用臺灣話，回答學生的疑問，播出後，獲得極佳的正面迴響，或許是言論內容與使用語言和當時統治當局的想法有所出入，有人說是犯了中國國民黨大忌，所以沒多久節目就被停了下來。

稍早在政戰學校授課時，也有類似的經驗。當時有國家安全局主辦的「安幹班」的課程借用政戰學校特設的教室，局長王永樹請我去講國家法、憲法、行政法與戒嚴法，這是全國情治單位最高的一個訓練班，學員甚或有少將軍階者；本來是四小時的課，第二期講七個小時，第三期講十二小時，最後講十八個小時，但是到第六期，有人去密告：這個講座講的話，跟他們這邊的調調是絕然不一樣的，非常自由開放、民主自由法治人權保障云云。某次我在講課時，舉例說：「先總統蔣先生過世時，是四月五日（一九七五年）深夜近十二時未過午時，『雷電交加，風強雨驟』，恰好還算是傳統民俗上掃墓拜神的清明節，有人懷疑這是眞實時辰？也有人問：他到底有沒有繳遺產稅？」我還提到說做一個政治人物，犯罪如何處理的問題，也就是機關主管、部長、院長有犯罪嫌疑時該怎麼辦？我舉了近代許多進步國家發生的案例，逐一分析說明，我沒有影射或指涉的意圖，但聽的人卻認為是在含沙射影、動搖國本，因而第六期以後，就不再找我去講課了。

一九七九年「美麗島事件」爆發，我在中興大學法律系、法研所課堂上，時常直言不諱指點年輕學子注意法律正義觀，我強調政府捉拿那些民運人士的根據，是不具合法性的戒嚴令。對於戒嚴法令及緊急命令制度有頗深研究的我，引經據典、應用資料文獻分析後確信，在臺灣地區於一九四九年五月十九日由臺灣省政府主席陳誠發布的臨時戒嚴令，並未依法經過立法院追認；而十一月二十二日發布的第三次全國戒嚴令，逕將臺灣省納入接戰地域時，代總統李宗仁已離開重慶出國去，中樞並無總統宣告戒嚴令，可知其公布過程有形式要件重大而明顯的欠缺，用這樣不具合法性的戒嚴令逮捕人民，是對憲法賦予的人身自由、基本人權的嚴重侵害。

在軍法學校、政戰學校、中興法律系上過我課的學生，其實都了解、認知戒嚴令不具合法性與正當性，美麗島大審時，就出現臺上指控的軍事檢察官和承審軍法官與臺下的律師團，對戒嚴令看法出入不大的微妙情景。只是在黨政軍特有形無形強迫壓抑、扭曲下，軍法官還是做了無奈的判決。當時，我曾私下協助美麗島大審辯護律師進行法律攻防的推演，在陳繼盛律師事務所對辯護律師團十五位律師講解戒嚴、戒嚴法、戒嚴令及緊急命令等各國比較法制、我國憲法、戒嚴法等相關非常法制的適用情狀；基於法學上追求正義的堅持，我與江鵬堅、陳水扁、張俊雄、謝長廷、蘇貞昌、呂傳勝等菁英人士，在理念上開始交流與共鳴。

美麗島大審宣判前幾天，統治當局由於心虛、底氣不足，開始發動文化界、學術界大規模連署並進行「造勢」，「學界連署保民族千秋的命脈要子孫萬代的幸福，我們對黃信介等叛亂案的看法」，以廣告形式刊登在各大報時，就獲得八〇一位知名學者連署，當時幾乎是任職各大專院校的教授，不乏現在非常知名的學者或指標性政治人物，都列名其中，那時擔任法律系所主任、所長的僅有臺大楊日然教授和我不參加連署。

這是一面照妖鏡，個人的風骨、人格盡在其中。那時，中興大學校長羅雲平親自打電話到家裡，勸誘我參與連署，但我已預知判決結果，先是用溫和話語推遲，繼而不接聽電話婉拒。此時的封建思維依然磐固根深，政治風氣保守低迷，若不連署，可能連系主任、所長都幹不下去，但我仍然堅持不畏強權橫暴的個人信念，迄今想來，仍感因意識、學識、見識而產生的膽識頗爲正氣凜然。

第六章 勇者無懼，全神投入築構臺灣法治社會之契機

第一節 提供法令制定經驗，榮獲十大傑出青年獎

「十傑」選拔活動，是由美國青商會在一九三八年開始推動，一九六二年國際青商會世界總會在香港舉行的世界大會中，通過了一項決議案，要求各會員國仿效美國青商會的經驗，在各自所屬國內推動「十傑」選拔。國際青年商會中華民國總會則是一九六三年正式開始推動中華民國「十大傑出青年」的選拔。

該項選拔的宗旨，在於發掘傑出的青年，用他們奮發向上的案例，不僅作爲現代年輕人學習的典範，更增加社會對年輕一代的信心和信任，進一步培養全體青年人有機會擔負更大的責任，促進社會新陳代謝，加速進步。

「十傑」選拔對象，是從事的工作對社會、地方、國家或全人類具有相當的影響性、改革性或創造性的成就者，且年齡在二十歲以上、四十歲以下。青商總會曾經禮邀我去該會專題演講，知道我在國外多年專攻歐美公法學理，正熱心從事國內各種法制的草擬、整理、系統化，也在各法學院

授課介紹進步法治時潮；乃力薦我參與十傑甄選程序的活動；應允之後，我約略提出十七項具體的作爲，當作參與競爭的理由：

一、一九六三年預官受訓，以政戰、學業兩項總平均第一名結業於軍法學校預官班第十一期，即獲少尉軍法官職階並榮升軍法教官職務。

二、一九六五年留日期間，經駐日大使魏道明親自面晤口試獲選爲唯一代表中華民國之留學生參加「亞洲親善會議」，赴韓訪問三個星期，在漢城（即現在的首爾）青瓦臺總統府晉謁朴正熙總統伉儷暨女兒朴槿惠並蒙設宴同享午餐，其他在釜山、慶州、蔚州、仁川、大邱等地開會參觀，促進國民外交，成績卓越。

三、一九六六年留學日本早稻田大學法學碩士畢業成績獲「全優」（所修任何一科均得「優等」），甚受教授團之賞識。

四、一九七〇年四月維也納大學法政博士學位考試評定爲「優」（ausgezeichnet），外國留學生極少得此成績。

五、一九七一年五月應聘返國就任行政院參議職，院長嚴家淦先生及副院長蔣經國先生分別單獨召見。

六、一九七二年四月因獨力完成「行政執行法」修正草案之撰擬，蔣副院長再度請去詳問行政強制相關的國內外制度意義，備受嘉許。

七、一九七三年十二月奉調政治作戰學校法律學系主任，因教育效果卓著，改進教學方式，深入接觸學生，充實圖書，延聘良師，強化教學陣容，培養讀書風氣及輔導軍法官特考等績效卓著，記功多次。

八、一九七六年九月榮獲政戰學校優良教授獎。

九、一九七三年至一九七四年間，協助原子能委員會李熙謀主任委員有關原子能法規之起草與整理，鞏固原子能科學之研究與發展。

十、一九七五年春季，接受行政院研考會之委託，組織研究小組，主持調查、研究及撰擬「攤販之管理與處理」，以爲行政院暨內政部決定政策之重要參考。

十一、一九七五年秋季參與司法院及立法院「行政訴訟法」之研究修正，所提修正意見，頗多被接納。

十二、一九七五年秋完成行政院國科會特別委託撰寫之「行政法上國家責任之理論與立法之研究」等報告，該文提供了「國家賠償法」成立法案的方向、宗旨、結構及主體內容，故於臺大《法學論叢》發表後甚受學術界暨實務界之重視。

十三、一九七五年起二年間，參與行政院研考會委託研究之「行政制裁制度」研究小組，從比較法學之觀點，提供甚多外國制度，以爲我國立法之參考。

十四、從一九七四年秋天迄一九七八年，參與司法行政部「民法」之研究修改，計每周兩次會議，公推錢國成、金世鼎兩位資深教授主持，每次逾兩小時，工作極爲艱鉅，無論風雨蒞部出席研修，提供新思潮、各國研修法制研究心得。

十五、參與及協助內政部有關內政法規——譬如「國籍法」、「行政執行法」、「勞動基準法」、「警察獎章條例」、「當舖業管理規則」等之制定與修改，所提意見甚受重視，輒被指定撰寫藍本，對於奠定我國法治行政之基礎，應有貢獻。

十六、返國後七年間所發表之學術論著，逾五十萬言，除介紹外國之著名判解大量譯述，對國內法學研究增添了新頁，亦激起了公法學界的新氣象。

十七、一九七五年十二月奉派到東京參加第五屆「世界教授和平會議」，會中並發表撰述之論文「The Meaning and Substance of Peace」，獲與會百餘教授熱烈掌聲，對促進國民外交及世界和平有積極之貢獻。

一九七八年我獲選爲青商總會第十六屆「十大傑出青年」，這也是我自一九七一年返國後，努力拚搏的具體績效之肯定。同年九月二十四日在花蓮市立中山體育館舉辦盛大的頒獎認證典禮，由總會長王明順主持，評審委員會主任委員李國鼎先生持頒當選證書及十傑銅製手指獎座。會中由當選十傑各自三分鐘致詞，我當著祖母、母親、叔嬸、內子面前深表感激養育栽培照顧及師長們長年悉心教誨的憶往種切，三年半前失怙，美軍空襲臺南舍妹命喪情景，一一浮現，頓時使我語結而哽咽，全場拍手鼓勵慰勉，讓我繼續講完。會後十傑佩上彩帶各搭乘吉普車慢速繞行市區，沿途受到熱烈歡呼，場面頗稱熱絡。

經過相當的一段時日之後，我敏感發覺十傑選拔活動及十傑當選人聯誼會，在大環境的影響下有相當政治力介入操作的痕跡，因而並未再參加後續的種種組織性活動。

第二節 勇敢挺身、針砭戒嚴之蠻悍獨裁統治

服完兵役，選擇日本爲第一個留學國家，是因爲我認爲臺灣近代法制化系統受日本影響頗鉅；在早稻田大學取得碩士學位後，即往東京大學進修，前後三年以研究刑法爲重心，但卻發現個人興趣和研究方向需再慎重斟酌調整，因而我轉往歐洲法律重鎮——Hans Kelsen爲代表的維也納法學派（Rechtsstufenbautheorie法律位階理論等）——維也納大學，開始了另一個法學研究的新領域。

在維也納，我拋棄概念性、抽象性的法律學理論性鑽研，一頭栽進了浩瀚無窮的行政法諸法制領域。很快的，在三年一個月餘即取得了法政學博士，但是我提出的博士論文，前半段是介紹整個中國行政法的發展與特徵，後部分則評論歐洲行政法比較研究之問題，例如：德國、奧地利、法國、美國、英國之綜合比較；攻讀學位過程，涉獵雖廣卻不夠深入，因此我主動留校近半年繼續研究。繼而轉往美國威斯康辛大學，重新拾起最初所學的法理學、刑法、比較民法學，做了彙綜性整理；留學生活告一段落返臺，則展開人生的嶄新階段，並將所學付諸實踐。

我於一九七一年四月返抵臺灣，經過一小段時間的家庭團聚、臺北臺南親朋間的酬酢，返國後初步教學的處所、機關服務及家居租賃選擇的諸種配合思慮，乃於五月十七日上午八時二十分準時到達市中心附近的行政院大門口，原擬立即開始上班，但因尚未領取職員證，被擋在外，近九時才有人來陪我上三樓法規委員會辦公大廳；座位在轉角兩面窗口可往外眺望的角落。主任委員是高崑峯先生；一年後，李元簇先生入主法規會，執行祕書胡開誠，曾世雄參議曾留學德法，得有法學博

士學位，專業民事法、損害賠償法，來法規會工作稍早於我；其他有資深參議如詹逸常、彭漢，諮議如呂秀蓮、李聖隆、凌博志、郭威雄、邵怡敦、邱家湖、張昌邦、林鉅鋃、吳英花等都曾是優秀的同仁。行政院訴願會，事實上是與法規會合署辦公，兩會工作同仁均身兼兩種業務。

上班後不久，高崑峯主委突轉知我略謂副院長蔣經國先生要召見我。依約到他辦公室，很快進入話題，問我說，我知道你在維也納大學專攻行政法學，你看我國「法治現況」如何？我們的法制、法令是否太多？答以現階段社會發展所需之各種法制，譬如五院組織及職權行使、選舉罷免、智慧財產、消費者保護、公寓大廈管理、仲裁協議、洗錢防制、更生保護、國家賠償、冤獄賠償、行政程序準則、政治獻金、儲蓄互助、農田水利漁業、當舖業、社會權利、文化資產保存、環境生態保護相關立法、勞動準則法、醫療救治、醫藥製造、青年少年殘障扶助等等，有則陳舊或則未及立法，這些都是一個法治國家急切需要齊備的基本性法律。他說，有人告訴他，我國現有的法規已太多，則古人所稱「法令滋彰，盜賊有多」將顯現於臺灣云云；答以，此次我經美國東部、路經中西部到加州，特地請友人（長榮中學同學莊秋雄）引導我去Berkeley（University of California）及Stanford University（最新型綜合圖書館剛落成不久）參訪法學院專業的圖書部門，驚訝於法學院的圖書、期刊、各重要國家相關藏書、硬體精美、設備、電腦科技應用等的齊全，尤其聯邦及各州法制的一應俱全，令我歎爲觀止；相較之下，我國擬朝法治國邁進，則這些必備的法律建制，眞的還需相當努力加強；「法令滋彰」主要是發生在幾十年來，法律規範太陳舊，與時代無法相容，公務員法治觀念淺薄，又各機構、機關所做法規解釋令率多因循或前後複雜化而有矛盾重疊，令人民不知如何適從。這一次面謁所談，或許就是自一九七〇年行政院法規整理委員會已屆期限後，再繼續運作下去的關鍵所在。一九七二年五月十一日行政院續聘書發出時特別再註明「擔任工作：擔任行政法總則法規之研究起草如行政執行法行政手續（程序）法等以及有關行政法理論性問題之比較研議」。

由於有這麼一個對我國法治與法制巡予呈報當局的契機，讓我更鼓起信念與意志，決定低調、執著、確立方向、按部就班的爲臺灣眞正法治社會的建立貢獻心力。但盱衡當年國內外情勢：戒嚴令及白色恐怖尚天羅地網的密布，懲治叛亂條例及動員亂時期檢肅匪諜條例仍是國民黨手中箝制人民喉嚨的利器，人民寒蟬禁言、消極因應、無生機、不積極反抗，已成風尚；蔣介石已高齡八十四歲，輒有一段時間報章電視突無消息，蔣經國升任行政院院長，黨政軍情特調檢審判傳媒文化教育等等全已牢牢掌控；國內財經尚在慢步呈升，十大國家建設尚未開始。毛澤東尚緊握中國黨軍政獨裁權柄，加以一九七一年十月二十五日第二十六屆聯合國大會第二七五八號強令蔣介石代表周書楷退出組織，納入中華人民共和國，美國原擬採取雙重代表權以保住席位，但蔣取「漢賊不兩立」國家政策，斷送臺灣續留聯合國組織之機運；美國仍陷於越戰泥淖（一九五五至一九七五）極思脫身；日本固然已臻完全恢復國力，但在憲法第九條放棄戰爭、不維持武力、不擁有宣戰權的約束及美國安保條約之下，只顧自身國家利益，不予聞問國際安全紛爭；中共已站穩、進步快速且與蘇聯關係既合作若即又曖昧若離；自由民主陣營，包括北大西洋公約組織（NATO）除局部性經濟貿易與臺灣互有來往之外，國際外交上根本毫無「ROC」存在的空間。在如此大環境鉅幅背景壓抑下，臺灣的未來的確堪憂；我既已選擇歸鄉一途，當然就需要用智慧、靈巧、用心去面對任何人、地、時、事、物的移易變化，並策劃來茲，以達到返臺高副加價值意義。譬如，貫徹誠信、關心周遭、廣泛閱讀、愼交益友；用心參與政府各機關的法規研擬制作、介紹先進各國最新法律思潮與法制、針砭分析批評非常法制對憲政實施的嚴重傷害、發表針對無格政客、學人的高談闊論（法政界留學返國者竟說臺灣實施戒嚴是必要且須持續，有一位前行政院長郝伯村說臺灣沒經過戒嚴哪會有今天的民主；前內政部長林洋港對外公開說：臺灣實施戒嚴僅止千分之三）予以直接駁斥，以防止人民一再地被愚弄成無知；盡一切可能力挽視非常時期、非常法制爲正常的狂瀾，導入於國家承平時期應有之常態，並將參與多種重要法律建制的資訊在電視、報章、雜誌及公開演講會中予以呈現。果然，撫今思昔，這近半個世紀以來，臺灣民智在民主、自由、法治、人權保障、社會關係、國事參與、勇於挺身主持公道議事，是一步步在茁壯成長之中。

第三節　闡揚法治主義維繫社稷之價値

根據我當年對各國社會的觀察和體會，維繫社會的力量，不外乎宗教信仰、倫理道德與法律建制。以宗教信仰爲例，華人從來不曾創建影響全球歷史性的宗教，也不曾有那一種地域性的神祉教義成爲國人共同的信仰，因此社會如要靠宗教維繫，當無法成爲主力。再者，自稱系出華夏後裔的人一貫自我感覺良好、東編西纂，滿腹驕傲的倫理道德，說是尊親、重情、善感性，嚴守君君臣臣父父子子的序列，對天子父母均須忠孝雙全，乖順服從，自修須臻溫良恭儉讓並透大學八條目之至理云云；在當前實際運作下的文化，以及西方文明之衝擊，甚至社會形態轉型、趨向都市化、工業化、全球化，昔日封建農村社會結構等保存已不多，乃在此多元化的社會生活裡，擬仰賴倫理道德這舊時代傳統文化力量以期維繫四維八德封建社會的繼續存立，明顯已受到嚴峻檢驗和震盪。

法律建制才是維繫現代社會的主心骨。但當前我們依然有五大巨石般橫阻在邁進的路途上：其一是，儒家思想根深蒂固地影響到了任何一個國人的心靈思維和行事作息，已如上述；儒術統治下，不一定在法的領域裡有理性，有民本觀念，並沒有民主思想；歷代歷朝偶有明君出現，那最多是開明專制（enlightened absolutism），即是西洋人常說的：「Alles für das Volk, aber nicht durch das Volk」，意即：「全部都是爲老百姓，可是無須經過百姓同意，一切由我當家作主，不要你來插嘴。」其二是，隨時還充斥著法家思想，認爲治亂世要用重典，非常強調嚴刑峻法，重視結果而不留意原因，講求術、勢、威、權等這些治術；法家思想是根深蒂固地在潛移默化，終至儒法交叉揉合於無形，深深影響並指導中國歷史的發展；當今，許多法政輿論的耆碩，輒著文讚許它穩定社會的功能，更荒唐的是讓社會街頭巷尾的人都愛看「包青天」奇異問案的電視劇，我看了眞是驚訝，在這個科學昌明，印證容易的時代裡，竟然還有人贊成古代中國式或現代新加坡式的刑罰重典，可見法家思想是如何深植人心。其三是，近七十年來國家憲政制度未曾被忠實實踐過，似是而非的法律人或附庸權貴學人、政客，創造「行憲與戡亂並行不悖」的遁詞，以維護政權的苟延殘喘，從制憲歷史、本質、品質與其存立的正當性而言，更是一籮筐的疑問，迄今國人生活幾呈與憲法精神及其規定完全無關的狀態，致國家維繫的楝樑無法高舉，人民權利得不到確實的憲法保護；其實現在行之於臺灣的這套憲法，當初制定過程是否夠智慧？是否公正？曾得到全民及各黨派的認同？五權憲法果眞和三權分立精神一致？憲法原本應是全體國民共同凝聚的建國公約、人權保障書，但它與戰後臺灣人民的意志願望又如何能連結起來？其四是，我們國家自上世紀二戰結束以來，在非常時期、戰時、動員、戡亂、戒嚴、白色恐怖整肅「匪亂」之中，烽火瀰漫，國事蜩螗，政府宣導的是國家安全、國權、社會秩序、中央政府、行政權、公權力，與先進國家所重視的個人權益、民權、自由、主權在民、法治主義、地方政府、地方自治、第一次元的主權是以國會爲代表、公義務、公信力等正背道而馳，殊不知這些才是建立現代化國家新秩序的「溫床」。其五是，「立法從嚴，執法從寬」的傳統文化認知延續了上千年，成了傳統法制的緊箍咒，其結果，很自然地，就與法治主義的眞諦南轅北轍；若在正常體制平時立法，人民是無法接受這教父式的峻嚴立法的，又如此立法傳統正是使法律規範與道德規範或其他倫理守則等要求混同的所在，執法者反倒成了實質的立法者，亦即法令可以變成爲行政權玩法弄權的統治工具，執法者上下其手，政府形象暨其政風必然敗壞、違法瀆職納垢貪汙之事必夥；就原則而言，應是「立法從寬，執法從嚴」的立法政策方爲正當。

自由、民主、法治的建構工程，不是說說而已，要起而力行，打破舊有桎梏，重新檢討法家舊思維，吸取西方先進的法律思想是不二法門，我不論是在行政院任職或在學校教書，都大力傳播

「立法從寬、執法從嚴」的新思維。獲選爲「十傑」，可謂是對我的作爲，有了初步的重視和肯定。

第七章　蔣氏中國國民黨入臺後最具危疑震撼時期，仲模慎選應對諸事

第一節　擔任李登輝市長主持的首屆北市選委會委員，盡心協力創新性行政立法策略

一九七一年是蔣氏中國國民黨政權輾轉入臺後最具爆炸性、震憾性的一年：美國國家安全顧問季辛吉（Henry Alfred Kissinger）二度祕密訪中、中華民國（ROC）蔣氏代表在聯合國席次被驅逐、中國取而代之、國際社會尤其日、歐、紐、澳等國家先後與中華人民共和國（PRC）建立正式外交關係、臺灣基督教長老教會發表住民自決的國是聲明等等，臺灣的蔣氏政權已漸呈強弩之末，氣若游絲；臺灣房地產、產業生產、外銷訂單、經濟企營等直直落，人民爭先恐後買取他國護照隨時攜帶身邊或往國外避難，爲的是求生命安全、生活存續。在這種大環境下，我決意返臺，當然是有計畫性且已確立目標。所以，春梢返臺，除了在行政院法規會正式辦公而外，我使盡全力去接觸基層民間、商務企業界及士、農、工各領域人士，也經常在各種報章（《聯合報》、《青年日報》、《中華日報》除外）雜誌撰寫宣揚歐美日民主、自由、法治、人權及批評國內時下法政措施

等相關文章發表，參與社團如扶輪社、獅子會或學校（含各大學、研究所及臺南神學院等）專題演講。很意外地，讓時任行政院政務委員的李登輝先生注意到。

蔣氏外來政權從一九四九年轉進、流亡到臺灣後，雖然在地方舉辦了三、四十年的選舉，但其根據迄未依照憲法程序制定；民智漸開後那些便宜行事的法令、規章，更是捉襟見肘，備受反對勢力詬誶。

一九七六年，臺灣正為「選舉罷免辦法」爭論得很熱切；突然地，德高望重的前司法院大法官林紀東教授在《聯合報》發表了一篇簡短的意見書，略謂：中央、地方各種選舉罷免，若要依據憲法及中央法規標準法，當然須要以法律定之，不容逕縮以命令充當；但若改為以法律規定，則需改頭換面，重整新穎思維的選罷法，因此，若僅把「辦法」改為「法律」，即換頭不換身，是毫無意義的。嗣內政部部長邱創煥先生為研擬選罷法草案，分一、二十梯次，每次邀請近二十位法政學界人士及行政業務機關高層主管開會就有關立法原則、政策、配合憲政體制及當前國家內外迫切需求，鉅細靡遺地研討辯論；我曾被禮邀參與，亦多次以外國適例發言。出乎意外，最後邱部長總結各梯次之會議時，略稱：逾二百位相關學者專家及實務經驗的法制人員之高見，綜合六點立法大原則，正與本部原擬者完全脗合云云。這下我才又經歷了一次行政官僚在非常體制下千篇一律的處理政務風格！

一九七八年十二月十六日「臺美斷交」及其後「美麗島事件」衝擊，外來政權才不得不將「選罷法」和「國會增補選舉」搬上檯面，充當政治改革的樣板戲碼。一九七九年底，蔣經國主席在國民黨中央常會指示：「適時恢復選舉、增加名額！」乃「動員戡亂時期公職人員選舉罷免法」草案終於提請立法院審議通過，咨請總統於一九八〇年五月十四日公布施行（「六十七年增加中央民意代表名額選舉，因美匪建交，爲適應當時情況，奉總統緊急處分令，延期舉行。」），臺北市政府於同年七月八日正式成立選舉委員會，辦理國民大會代表、立法委員、監察委員、臺北市議會議員暨里長選舉、罷免工作。委員會置委員十一人，任期三年，奉行政院令派市長李登輝爲主任委員，羅光、魏火曜、馬鎮方、李德昌、廖兆駿、曾一和、傅宗懋、城仲模、曾陳明汝、葉能哲爲委員（羅校長、魏教授分別大我二十七歲、二十三歲，我最資淺年輕）；爲了趕在年底前的選舉，委員會承此重任，深悉首屆「選舉事務，經緯萬端，事事都有特定完成時限，時時需要預測可能發生之情況……並衡酌本市特殊情況，審慎研究選務工作程序與範圍……將選舉事務進行程序分爲七十九項……」等繁複無比，尤其尚待審議的二十七種相關法規命令及法令解釋，須即開始作業。乃迅自七月二十九日起每二周開會一次，馬不停蹄地分工審查。我遇此從未有過的任務，深感責任綦重，乃非常用心地就法規制作的專業經驗，全神投入積極任事，自動就行政立法策略、法規應有的布局鋪陳、字句簡易明確、前後條文間的交叉連貫等，按部就班地訂定上去，使不生漏洞矛盾；在家裡苦心研擬，終致每次開會，李市長都會等我分析詳述後，照我初步意見通過。我可能是這一段時期的工作參與，讓李主任委員了解了我做事的沉潛投入、一絲不苟之精神。在臺北市選罷相關法規加快效率整備之後傳出臺灣省政府林洋港主席組選委會把臺北市新訂定有關選罷法規亦通盤地參考引進應用上去。以上所述關於臺北市李登輝市長延攬我擔任第一屆市選委會委員及其後工作進行上的切磋情況，無意間就變成了我返臺工作計畫的轉折，以及和這位嗣後被國際推崇為「民主先生」、臺灣寧靜革命推手互動、交集的開端。

第二節　榮膺維也納大學客座教授，順道旅歐體驗法治社會的實踐

一九八〇年春初，維也納大學法學院來函表示擬邀我於秋季開學時到院擔任特聘客座教授；我猶豫了一陣子後，函覆答應，如期前往。但夏季結束，臺灣這邊法學院開學在即，又適逢臺北市選委會成立，繁重會議、研討法規方剛發軔，急需我參與協力；三面難題驟至，確實無法割捨。最後還是擇其最小損傷，向中興法商學院法研所請假，我所開課程「行政法學方法論」、「行政法專題研究」及「行政法」，暫請臺大古登美教授、中興林宗勇講師代課；亦與北市選委會李主任委員情商，讓我分內規劃、草擬、審查工作任務已臻段落時，束裝赴歐講學。李市長欣然同意附條件下的告假。我於同年九月二十三日（中秋節）和Grace及分別為國小二、四年級的兩兒子搭機飛經香港、泰國曼谷、沙烏地大公國阿不達比及約旦安曼，二十六日下午三時五十分安抵久違的維也納；Oma Hildegart Strasser及Opa Herr Neumann兩位等同親人的長輩來接。兩兒子先安置於奧地利南部Kärnten邦Klagenfurt郡的Völkermarket小鎮好友Dr. Peter und Roswitha Aistleitner家，並在那裡的小學入學二個月以求適應；Grace再續註冊於維也納大學文學院德語系，而我依約定開課收學生，並

與Prof. DDr. Günther Winkler合開「Vom Rechtsstaat zum Gesetzesstaat」（從法治國到法律國家的演化），我單獨的課目是：「Grundbegriffe des Staat und Recht」（國與法的基本概念），每周各上課兩小時之外，我爲更加強德文新法學文獻資料之蒐集及學習大師級授課演說之工力風範，也經常參與維也納大學在大演講禮堂（Auditorum Maximimus）名人學術性演說，包括Walter Antoniolli、Felix Ermacora、Günther Winkler、Ludwig Adamovich、Bernd-Christian Funk、Bernhard Raschauer、Heinz Peter Rill等教授的國際暨國內時事法律觀點及歐洲各國新穎法學論說之分析講解。

在維也納大學一學期的客座授課、合開課目及旁聽講學裡，有幾件軼事，殊值載記存參：

一、奧國研究生問我：貴國自稱「自由中國」，卻又長期實施戒嚴統治，這是怎麼說？

有一名選課的奧地利學生Manfred Moschner，每堂課均早到，坐在前排，問起話來及提出問題，均有所本，德語字正腔圓，經常把臺灣、日本和韓國的法律制度混在一齊來發問，顯然他已注意到這三個國家都屬大陸法系，但戰後直接受到美國法制及其法理學理論深重的影響；有一次他問說：「臺灣的憲法是何時制定的？法治推展的情況又如何？臺灣行政院新聞局發行的英文、德文宣傳文書自稱臺灣是『Free China』（自由中國），但卻一直在戒嚴令的統轄箝制？」聰明學生的問題，我當然要據實以對，但要勾勒背景、講明臺灣主權未定、美國把玩臺灣政權數十年仍無放手跡象、中國國民黨在臺灣的諸措施，實在需要有莫大的學識與膽識（仲模謹按：Moschner君得有雙料博士學位，現在奧德瑞士經營大型電子購物中心及法律服務，迄仍擔任董事長，與我有經常的聯繫）。

二、蘇聯研究員懷疑美國眞有民主法治人權及自由開創價値的機會

有一位蘇聯派來在維也納大學再進修的莫斯科大學法律學院副教授Vitali，他既是我的學生又是法學研究的同事，除了上課時問答之間的接觸，他時常來我研究室喝咖啡；閒聊英、法、德、奧法律制度及其背後的歷史文化根基；他絕口不提其母國的今日事，但對東方存有許多疑惑：Taiwan和Thailand有何不同？Formosa（歐洲國家對臺灣的通稱）和日本及中國是什麼關係？（按，ROC在歐陸是沒有人知道的）美國除了軍事武力的強盛以外，果眞是一個那麼民主、自由、保護人權及法治的國家嗎？Vitali的西方法學素養還好，對於到餐廳吃飯可是他的最愛，也因此，我還經常掏腰包請他到各式餐館，我發現他每次用餐分享佳餚時，一定「堅壁清野」，吃個乾乾淨淨「寸草不留」；俟我返臺後曾寫了幾次信給他，年底耶誕節時也必然會寄卡問候祝賀年節，但迄今仍然音訊杳然，不知何故。

三、奧地利的哲學家、音樂家及法學家無數，爲何是兩次世界大戰空前殺戮的引爆國？

我擔任客座教授上課及合開課程、大講堂上課時或下課後，有不少班上外國留學生質疑的話題經常縈繞在心頭：奧地利與德國，同文同種，前者歷史悠久，較屬王宮貴爵型，後者則爲典型以農爲本的國家，到了俾斯麥的普魯士強大以後，德國慢慢地轉變爲工業重鎭國家，而奧地利卻

成了文化及農業最著名的國度；當地人說德國人是Techniker（科技家），經年嚴謹認眞工作，寒暑時分到奧地利花完錢再去工作，奧國人是Philosopher（哲學家，lebenskluger Mensch懂得人生的人），把家園整理得漂漂亮亮，提供德國人來渡假，然後等著下次再來玩！另外，在史乘上，像Carl Menger奧地利學派經濟學家創始了價格理論、生產理論與貨幣理論的分析架構，像Sigmund Freud精神分析學派的創始者，被譽爲二十世紀最偉大心理學家、思想家之一，像Hans Kelsen的純粹法學派被美國當代最負盛名的法理學家Roscoe Pound尊稱爲二十世紀最了不起的實定法學建構者，這些偉大學問的始創者均系出於維也納大學；其他，音樂家像Haydn、Brahms、Beethoven、Schubert、Mozart、Bach、Johann Strauss等出自德奧的特別多；人類音樂與哲學才幹薈萃於此地域，原本應係全球最被高度期待對和平文化再高舉之歐陸，事實上卻是兩次世界大戰空前殺戮引爆的地方，這個道理怎麼分說？

四、仲模博士指導教授G. Winkler勉勵我：五十歲前盡量讀書觀察，其後努力著述

一九六八年嚴冬時分，我通過了必修的數個不同課目別Seminar（研討課程）後，即被核准開始參加Rigorosum（嚴格博士畢業的筆試）I、II，順利及格；我原先擬請W. Antonioli擔任指導教授，但他確實已有年事，謙辭；我轉訪G. Winkler（溫克勒）教授，他欣然同意所請。此次我來奧京維也納大學客座教授乙事，他奔跑用力協助特多；溫克勒教授治學甚嚴，單身，身體健碩，少年、青壯時在家鄉參與農場秋收冬藏，每天需要連續耗費十小時以上的牧草收割、包紮、運送、

存倉，習慣性自我培養了堅毅沉著善於體會人性事故；有一次我們合開的課上完，他邀我到一家老式Keller酒窖餐廳吃飯，他說，我已經忍了二十多年沒想太年輕時寫書（他在二十七歲擔任Universität Innsbruck大學講師Universitätsdozent時出版了轟動一時的《*Der Bescheid*行政裁決——*Ein Beitrag zur Lehre vom Verwaltungsakt, Wien 1956 Manzsche Verlag*》），其實學者未到五十歲的壯年歲月經驗磨練，要寫出什麼創意學理是不容易的，但臻此年齡就須速將所學心得有系統地一一整理成冊留存後人參考，這就是學者做人的使命，也是品格的最高境界。Winkler教授實踐了他的諾言，他於三十五歲禮邀其師W. Antoniolli出面主持，而由他創辦、主編《*Forschungen aus Staat und Recht*》（國與法之研究），迄今逾五十年仍繼續編號出版（Frühjahr, 2018已達183號），他在親自主編的系列叢書中，除了四十歲、四十六歲及五十歲時各出版一冊外，五十二歲起迄今另計出版了二十冊鉅作，揚名於歐西及美加等地。八十八歲高齡時尚出版了《*Das Juridicum*》一書（SS. 315）（Wien 2016, Jan Sramek Verlag KG, ISBN 978-3-7097-01119），將其用心投入組織設計著名維也納大學新法學院工程的鉅細歷程，娓娓道出，吾師完美成就心願的精神力量，令人崇敬佩服。Winkler教授舉手投足謹守學者本分，僅按確信行事：來臺近五十趟，機票住宿自付，協助我國在國際外交（尤其在歐陸）無數困境時的解決；他的學生當上總統、內閣總理大臣、閣員或黨魁，但他堅守於學術機構，一輩子不參與政治性很濃的政黨，多少的禮邀他也沒去過中國。

五、三對來自臺灣的名人伉儷到維也納旅遊，讓人清楚看出他們的人生文化修涵

我在維也納大學客座教授的期間，有三位來自臺灣的名人嘉賓——陳逸松、林天祐、羅雲平來訪，殊值追載軼聞。陳律師出身宜蘭，東京帝大法政學科畢業，文官高等考試司法科及格，擔任辯護士；日本推行「皇民化運動」時拒絕更改名字；一九四五年日本敗戰，與來臺暫管的蔣氏國民黨關係密切，後因一九七〇年臺北美國銀行爆炸案遭限制出境，俟經邱永漢出面說項以參加女兒婚禮爲由，赴美國定居；其後又與周恩來聯繫，赴中國參與代表「臺灣省」的全代會代表、人大政協及中共憲法、刑法、刑訴法研修；女兒陳映雪是出名的生化學者；陳來訪時尙屬中共官員身分，我問此次來奧京重點爲何？答稱，希望看到最熱鬧的歡樂場面、出名的維也納炸肉排（Wiener Schnitzel）及最好的紅、白酒，我聽了之後眞的有點吃驚！只好硬著頭皮陪他到市郊名勝Kalenberg的Grinzing去俯視維也納多瑙河美麗的夜景，花錢招待此位臺灣聞人。一八九五年日治時期臺灣大學附屬醫院創立，完全沿襲日式訓練金字塔架構，在醫療服務及醫事精深研究下，扎扎實實地成長；一九六二年林天祐教授出任外科主任，肝癌手指切肝法及林氏鉗均出自林教授的首創，使臺大醫院暨醫學院外科在教學、研究、服務三大領域揚名國際；林教授伉儷到奧京維也納的旅遊參訪，他是我姨丈公莊孟侯醫師的晚輩學弟，我早已久仰他把臺灣外科菁英群悉心栽培提升的事蹟；會晤後他即打聽維也納歌劇院（Wien-Staatsoper）檔期及門票、維也納大學所在、皇居冬宮（Hofburg）、宮廷戲劇院（Burgtheater）、聖主教座堂（Stephansdom）及麗泉夏宮（Schloss Schönbrunn），頃

刻間讓我肅然起敬，因爲所訊事物均是奧匈帝國國家最強盛時期頂尖建築藝術的重鎮所在，或聳立近九百年的聖教堂，它們維繫了西方國家高度文明及文化藝術之孵育與傳承的精萃，及馳騁於國民彼此間心靈底處的高貴情操；我完整地陪伴林教授伉儷巡禮了一番，深深感受到學界、醫界高尚談吐舉止、學養、禮貌、謙遜、豁達人生的修涵。羅雲平是我當年服務的國立中興大學校長，他在中國哈爾濱工業大學畢業後前往德國漢諾威高等工科大學取得工學博士學位；曾任成功大學校長、教育部長，據悉他結婚後經常告訴太太關於在北德留學日子的艱困辛苦；此次利用行將榮退前特別陪同太太到久聞未曾一窺的德奧學術機構、古建築、文化及美景，來作漫遊一次的另類「畢業旅行」，羅校長伉儷在我到處導遊、享用著名維也納佳餚並酒過三巡後，告訴我說，其實，對於年輕人或外國人應多一點關愛與照料，若有差錯也不宜太過譴責，當年他們從窮困的中國來此進修苦讀，手無分文；乃先到古物商行（Dorotheum）去買超便宜的破舊冬大衣（很大、不合身），然後經常結群到不等的大雜貨店去把啤酒塞進大衣的裡袋，每人每次四瓶，並不付錢，但從未失手，返宿舍後開慶功宴，苦中作樂，歡渡偷竊成功；有一次到一家出名的地窖（Keller）餐館，點菜時，太太堅要品嚐多少年來羅校長一再形容多香醇多鬆脆的德國烤豬腳（Schweinshaxe, Eisbein），我心想：以他倆的年齡確實不宜，我曾建議選擇水煮後稍烤即可的最爲適合，但她仍想那多年來如雷灌耳的燒烤豬腳；上菜之後不到三分鐘，突然地我聽到了牙齒斷裂的「卡啦」清脆聲，飯都還沒吃就匆忙叫車急送羅太太去牙科診所！

六、仲模和Grace帶著小孩在維也納做了一次多重意義的學習暨知性之旅

爲了讓一代比一代更具包容的實力，讓小孩愈早睜開國際視野愈好，也免於看到洋人而心生莫名的奇異，同時使Grace再回維大德文系續讀一小段語文新知，經家裡研究後決定此次國外客座講學半年期間，舉家赴維也納去做一次多重意義的學習暨知性之旅。二年級、四年級國小的兩兒子，先寄住在鄉下小地方，國小入學二個月後再進城繼續讀小學，我和Grace逕赴奧京，她再註冊續學，我則開始未曾經驗過的國外教學初體驗。事實上，我留學於維也納的三、四年間，認識了難以計數的當地友人，他（她）們是那麼的友善、好客、富宗教信仰的舉止關懷；隨時隨地都表現出「最好」的讓我們分享喜悅；十年光陰的蛻變潛移，讓我感覺彼此的情誼——有不少的師長、同宿舍老友、在大學大圖書館閱覽廳（Großer Lesesaal der Universität-bibliothek）熟悉的書卷朋友、甚至各種商號的老闆、職員等，那種用二部車載進送出、訪友敘舊、話當年的糗事、陪我們一家人參訪市郊或一兩百公里外的名勝古蹟——譬如，到Dr. Beatel Müllauer（獸醫）Olga在Pinkafeld的農家大新居，看到他長滿了鬍鬚卻頭頂禿光，他還當場表演手工擠奶，把手從馬後肛門伸進去挖扒的動作；到Prof. Dr. Sepp Flatscher在Tirol邦Hopfgarten家，路經一大片高山森林的壯觀和綠森森、翠油油的山谷原野、澗水潺潺及阿爾卑斯山脈覆雪綿延潔白皚皚的壯觀，客廳寢室布滿數十年以上的波斯著名地毯之華麗貴氣，加上主人家賓至如歸的親切侍奉，都使人終生難忘；Dr. Peter Aistleitner，Roswitha在嚴冬下大雪開車陪我們去Stift Melk、Stift（修道院）Klosterneuburg、Krems、

St. Pölten那一趟，除了高聳巖巔遠眺多瑙河流域的一片皎皜潔淨大地之美而外，延綿十幾公里的雪白森林態樣、小孩下車玩雪戰的自然歡樂情景，讓人幾乎忘光了世俗的憂擾哀悶。當然，和維也納大學教授們及好友們陪著家人，分別參訪、遨遊世界出名的音樂之都：Prater（遊樂園）、Donau（多瑙河）、Donauturm（多瑙河高塔）、Schloß Schönbrunn（麗泉宮）、Belvedere（太子宮）、Rathaus（市政廳）、Universität（維也納大學）、Hofburg（皇居，現爲武器博物館）、Heldenplatz（英雄廣場）、Staatsoper（國家歌劇院）、Parlament（國會議事堂）、Karlskirch（卡爾教堂）、St. Stepfansdom（市中心已九百年古老大教堂）、Naturhistorisches und Kunsthistorisches Museum（自然暨藝術歷史博物館）、Kaisergrupt（市中心皇室陵寢）、Wienertiergarten（維也納動物園）、Stadtpark（市公園，有Johann Strauß鑲金雕像及Franz Schubert雕像）、Schatzkammer（皇家寶庫）、Maria Theresia Ausstellung（瑪麗亞．德雷西亞全展會）、Christkindmarket（市府前聖誕廣場市集，燈火輝煌）；市郊的Semmering、Kalenberg、Grinzing、Wienerwald（維也納森林）、Heiligenstadt（海利根市，貝多芬居住創作於此）、Schloss Laxenburg、Floridsdorfer Brücke、Neusiedlersee（新民湖）等都留下了我們全家人和摯友們再度或初次遊歷載喜載奔的足跡。

七、軼聞逸事幾樁

另外，軼聞逸事幾樁，載記存參憶舊：

㈠奧地利共和國成爲「永久中立國」

一九五五年五月十五日，二戰戰勝國四位外交部長——美國Dulles、英國Macmillan、法國Pinay、蘇聯Molotow及奧地利外長Dipl.-Ing. Leopold Figl在奧京Schloß Belvedere簽定國家契約（Staatsvertrag），國際承認奧地利共和國成爲「永久中立國」；就這一決策而言，對於戰後歐洲直接籠罩在共產蘇聯及其東歐附庸國家的正面包圍、虎視眈眈的奧國，有其高瞻遠矚極富意義的國家安全、文化保存及重大自由經濟發展的價值。爲了這些情況，素來極度關心臺灣如何開拓國際關係的G. Winkler（溫克勒）教授曾不只一次地特別提醒我宜詳加留意。

㈡維也納大學禮遇聘請的客座教授

維也納大學對於禮聘而來的客座教授，表現極爲客氣、禮賢、敬重和禮遇；譬如，有重要校方隆重典禮之觀禮儀式，各學院外聘的客座教授一定被禮邀坐於前面一、二排；若要使用一般文具、紙張、複印，均免費，借書不限冊數且快速優先處理，Mensa（餐廳）優惠百分之二十，小甜點、咖啡、茶免費，客座教授用餐特區、研究室完全自由使用，不加假日或晚間的任何限制。

㈢維也納大學行政作業流程驚人的效能

大學行政作業流程，驚人的效能與效率：我去申請客座教授聘請期間、任課名稱、學生名單證明，由法學院院長祕書逕自簽名發文，前後不到一刻鐘，無需請上層簽核批准；擬提問院長，爲何擬聘時約好的俸給數竟少了約三分之一，即時由祕書說明清楚（包括課稅及失業保險！「若無學生選你的課時……」）打掃清理研究室、快速派人代辦郵寄信件、返國行裝家具等。

㈣闔家分兩次遨遊旅行歐亞

分二次去旅遊：Grace、兩小孩和我，分二次去遨遊各國（聖誕及過年假期，一九八〇年十二月二十五日至一九八一年一月五日，共十一天）從維也納搭快車出發→Venedig（威尼斯）→Milano（米蘭）→Zürich（蘇里士）→Basel（巴斯爾）→Paris（巴黎）→Strassburg（斯特拉斯堡）→München（慕尼黑）→Wien（維也納）；一九八〇年九月抵維也納後以迄於一九八一年一月二十九日客座教授課程全部告一段落；我們舉家遨遊英國（一九八一年九月二日至二月十三日，共五天）；我們從Wien搭蘇聯航空路經Moscow（莫斯科）飛經西伯利亞→東京→臺北（一九八一年二月二十日到三月一日）。

到維也納英國領事館去辦簽證時，因爲持中華民國護照，他們猜想我們一家可能是香港或中國難民要混進倫敦，非要我再持一張維也納大學客座教授新簽證明書不可，且簽證索價超出一般數倍的費用，有了爭吵，我生氣地問：簽證費爲何對臺灣人特別昂貴？他答：Wegen Ihre Päße（誰叫你拿這種護照），我對著非常沒有禮貌的簽證科長說：英國我已經去過，這次只是想帶小孩去實地看看英國日不落國的「走下坡」（der Untergang der Sonne）；她顯然不太清楚我話中話，所以，我再補上一句話：出使德語區的妳，德語文恐需再加強……臺灣來的旅客和香港或中國來的，並不一樣可以讓你們隨意欺凌。到日本領事館簽證時也遭遇刁難，顯然他認爲我既然早年在日本早大、東大，到維也納大學後又飛往美國，此次來奧地利又貴爲維也納大學客座教授，怎會在驗明機票時是蘇聯航空（促銷期間，票價便宜四成）？那時日本正因「北方四島」和蘇聯鬧得很兇，竟然拿我出氣，最後我丟了一句話給他：「我對日本人的印象好極了，但今天竟然會碰上像你這樣沒禮貌的外交領事人員！」另外，蘇聯航空那架四噴射引擎的飛機，大概至少可搭二百五十位客人，但只搭了十二位，服務人員比客人還多，讓我們一家四口心生恐懼，生怕把我們送到西伯利亞哪個集中營……幸虧，飛機越過延綿不絕的皚皚山脈，景象萬千，神祕境界，美麗婀娜，解除了我們心底的疑慮。

（五）德奧人熱愛鄉土、珍惜文化、護衛環境的共識，令人尊敬

奧地利人、德國人自幼自然地培養熱愛鄉土、珍惜文化、風情，令人肅然起敬；是我們扎實學習的典範。一九八〇年十月三十日恰好是我四十二歲生日，又適逢再度回到母校擔任客座教授，摯友Dr. Hans Otto Schmidt（律師）、Dr. Leni Levar（歌劇客串主角演員）伉儷在寬闊的古代豪宅舉辦一場別開生面的慶祝生日晚會，邀請我全家人、他的親友、教授、歌劇界朋友、律師等二十餘人，盡情歡樂敘舊，熱鬧溫馨，一直到夜裡十時半才告結束。我和Grace陪著二位兒子搭上市區電車，安靜坐著，眼看路上雪花紛飛，行人稀落；忽然間，有一位老婦人來靠近我，和藹地告訴我說，維也納人是不會在晚上九時後還帶著小孩在外面逛的，這時應該是小朋友休息睡眠的深夜；我和Grace簡單述說今晚是老友的特別相聚，但還是衷心感謝也佩服她的指教。有一次我們陪著小孩

到維也納郊外遠處Schloß Laxenburg（皇室遊憩城堡）去參訪，遊客如織，在入口不遠處，一對時髦年輕男女幾呈瘋狂地大聲爭吵，我們一行四人看到如此情景，頗覺驚訝奇特；適時有一位老紳士來靠近我說，請你們不要介意，我們奧地利觀光地區或其他街道上很少有這種事發生，我爲他倆一時的衝動，讓你們驚嚇，表示道歉。然後他走過去對那一對年輕人小聲講了一些話，果然紓解了那不悅的爭吵。

南德（Bayern）地域慕尼黑（München）和奧地利沙茲堡（Satzburg）直至維也納（Wien）是地理上甚至歷史上的同屬性區域，文化系統相屬，語文亦同，風光明媚、綠茵如織，湖水青山掩映如畫；一九八一年一月三日我們從巴黎抵慕尼黑，即去參觀Deutsches Museum，翌日去Dachau後趕到Olympic Campus（一九七二年奧林匹克世運場所），此處占地異常寬闊，硬體設備新穎齊全，放眼眺望，碧草如茵，是令人心曠神怡、運動休閒的絕佳競技場域。兩個小孩看到很多小朋友當場買了吹氣籃球大的泡泡球在玩，我各買一個給他們，玩得很開心，東跑西闖時，一不小心，弟弟的那個泡泡球滾進了綠草坪裡去，該處沒設禁入警示版亦無欄杆，小孩子爲了取回該球，擅自踏進約三公尺，此時有位老翁趨前告訴我，任何人不可踏進草坪的，雖未設置禁入版示亦無欄杆，但大家都知道這是不可擅入的草茵綠地；我表示非常抱歉的同時急速離開該區，並對德國人遵守自然法則、維護環境的共識，油然生起了尊敬學習的意念。

第八章　在臺灣省政府任職

第一節　我們一家人從維也納飛經莫斯科、西伯利亞、東京，安抵臺灣

一九八一年二月十五日，星期天，維也納空前大雪。張文賢、顏曉霞伉儷邀我一家人去貝多芬街道小徑（Beethovengasse）閒散漫步；此處草木扶疏、靜謐、幽雅蜿蜒，樂聖故居座落在此小巷弄，他經常在清晨或午後散步其間，因此得名。我們還順路去大家喜歡的Kahlenberg山巔，（可眺望多瑙河及維也納市區），再去近處Grinzing的Wienerwald餐館、Leopoldberg賞景。晚間Hans、Leni Schmidt律師伉儷還來邀我們去參加爲我舉辦惜別的Volktanzen（傳統民俗舞會）；Schmidt伉儷曾是我初抵維也納後因同時去大學註冊選課認識的聰友，他家是在地的顯赫家族——Hans的父親是奧地利著名律師、母親是大學教授亦是作家，Leni雙親均爲大學史學教授，著作等身；我和Grace在維也納四年留學期間多承他倆及其親朋好友的親善招呼，讓我們學到了許多留學生不一定有機會參與使人大開眼界的維也納人傳統生活文化等各種社交活動，諸如，在四季分明、自然景色迷人的時分，一起去爬山郊遊健行，河溪澗谷涉水捕魚、抓昆蟲，春季去踏青看新芽花叢與古堡，

夏季白天在多瑙河畔游泳兼曬太陽，晚上到市區古老幽涼地窖餐館享用著名維也納各式佳餚美酒，秋季去阿爾卑斯山末股山丘Semmering欣賞滿山遍野的天然金黃彩豔，冬季必然的賞雪景及滑雪運動等等，都讓我和Grace在留學奧地利時的艱困學習生活中點綴如夢似幻的形影。二月下旬全家從維也納國際機場Schwechter搭機飛往莫斯科後再東飛，經西伯利亞，數個小時的高空梭航，地表上盡是皚皚山脈起伏蜿蜒，深邃無垠，幽藏若虛，景致秀麗有如另一端的神祕宇宙；令人永不忘懷。抵東京後稍做數日停留造訪親友，於三月一日下午安抵臺北。翌日上午十時即上班去，並開始上課，儼然像拼命三郎，一日也不停留地開始了異常緊湊的上課、上班、演講、各種機關擬訂法規、審查訴願之會議、各研究所研究生的畢業論文指導、撰述再遊歐心得與專業性公法相關新議題（譬如「合作國家」內涵的全新探討）的發表。

返臺後隔日即接到臺北市長主祕電話，略謂市長李登輝先生約見，訂於三月十二日下午四時半在市府謁見，但因李市長臨時來了外賓，改在同月十六日上午九時半在他辦公室。李市長對我近半年在維也納大學擔任客座教授及歐洲政經社會文化多所垂詢，也講了不少市府近期間所作音樂、文化、市容及區域性（水流）改造計畫的執行情況。七月二十一日再單獨於中山堂堡壘廳請了我去深談歐洲民主、法治發展的近況；忽然間，李市長問我：你有沒有公務人員的身分、職等？我據實略答，大學畢業時石超庸校長單獨會面時嚴肅告訴我：「一流頭腦的人是不會參加國家考試甄選的」就這麼一句話，影響了我一輩子從來沒有去參加任何國家考試（包括那時盛行的「甲等特種考試」可以一步「登天」的取巧捷徑，我都不去參與）云云；李市長聽了之後說，市府副祕書長可以做不少事，會是很忙，請你思慮一下。我當面報告，我返臺的初衷是希望在法學領域裡去「傳道、授業、解惑」；還是非常感謝市長的抬愛；市長說，這個職位，現在爭破頭的人無數，我原擬借重你的法學專業及嚴謹工作態度來幫我在市府裡建立井然有序的內外務制度……這事，就如此停下來以迄其後李市長奉調臺灣省政府主席，沒再提過。

第二節 從學院校園被動涉足政治場域的不歸路

一九八一年十一月五日蔣經國總統（中國國民黨黨主席）發表重要人事調動，臺北市長李登輝（一九七八年六月九日到任）轉任臺灣省主席（一個月後就任）。李先生旋即通知我，從國立中興大學法商學院研究所所長職位借調省政府委員，也請我速辦該有的轉職手續。約經一周後消息傳出，中國國民黨中央常務委員審查李先生新擬省府委員名單時，有人說閒話，並持反對意見：「城某人是黨外人士」；隨即從名冊中刪除。其後改提臺大法研所楊日然教授，並即順利通過任命。

一九八二年五月底楊教授被提名擔任司法院大法官；李主席於六月一日午後急電上課中的我請速覆電，匆匆告知擬再提名我去擔任省府委員職務，俟我應允後，即刻再送中國國民黨中央黨部審理，晚報及翌日日報很快揭露我再次被提名省府委員之消息；晚間奉詣造訪李主席（臺北市大安路二段七十六號），他交付了一句話：「請你速去拜訪中國國民黨的陳履安副祕書長」，我反問：「爲什麼？（因為他早已認識我）在何處？（家裡或辦公室比較適當）目的？該準備什麼文件資料？該講什麼話？」李先生僅只說一句話，去看他就是。我和陳副祕書長見了面，他一再稱讚我對法政開明改革意見、宜解除戒嚴的論斷分析及我在各方面人緣甚佳等語；果然，六月三十日中國國民黨中常會就通過了任命，我於翌月一日就任臺灣省政府委員職務。

我在省政府李主席麾下合計近兩年（一九八二年七月一日至一九八四年五月十九日）；期間，每周一早上十時搭臺鐵自強號五車二十五號（我固定的車位）自臺北至臺中站（十二時二十分），進臺中餐廳，省府委員一齊用餐後，專車趨赴中興新村臺灣省政府所在地出席李主席主持的府會，自下午二時三十分起至四時三十分結束；有時隔日周二上午亦有加開多種審查會，亦有不定時的指定專案由各省府委員奉指定一人擔任召集人，三、四位省府委員連同和該當案件有關之廳處長組成審查會後整理完峻再呈報府會討論，主席裁決執行。

將近兩年在省府服務，對於我這個久蟄於學術界工作的人而言，確實大開眼界；主席裁決時的深思熟慮，讓我日久而累積了人際間互動的純然與艱險，更見識了官僚系統的因循苟且、縣市鄉鎮鄰里等實施地方自治的雜沓（尤其是林洋港前主席裁決執行的新竹縣市、嘉義縣市管轄分立後無解性之人事、財務、土地等紛爭），執政黨省議員的跋扈隨興，僅占少數黨外議員的無耐抗衡力爭、財稅、警察、人事及教育從中央到地方一條鞭作業，對地方自治的箝制壓抑、外來統治者及其附隨的大小跟班黨工的迂腐倨傲。

一九八一年十二月五日李登輝先生就任臺灣省政府主席，其前他為謹慎籌組省府重要幹部及專業性分工團隊曾邀我參加省府委員職務，但在中國國民黨部會議中被指為「黨外」分子（已在前揭文中述及，恕不再贅言）而暫時作罷，改提楊日然教授接替。約半年後，楊教授奉調司法院大法官，李主席再堅持我去幫忙協力；這段跌跚的任命過程，讓我意識到執政黨用人的本質——不看你的學識能力，只注意是否信仰「吾黨所宗」，更讓我開闊了視野，證實在形式上「五權分立」之外，最重要的是黨中央才是政治權力分贓配置的總樞紐。

第三節　臺灣省李主席的施政與績效

李主席在省政府主政二年半，最讓人津津樂道的政策與施政，包括有八萬農業大軍的組成、德基水庫大甲溪上游一百二十公頃草原的清除，強力推行礦場安全措施、南迴鐵路修復與整建、農產品適區栽種與促銷、酪農養殖生產的精算、農村及沿海鹽分地區的醫療設施、積極改善農民住宅及促進農村現代化，提供興建新農舍低利長期貸款、用心整頓省府各廳處局公務人員積極服務及工作態度並主張「泵浦原理」以激發公僕的潛能（包括拒絕「八行書」的私下人事請託），鼓勵宗教信仰，啟用中高階女性主管，用人不分黨籍、省籍，對於各縣市地方自治執行之公務，李主席追蹤考核相當嚴謹，在省訓團、中興堂親自講述日本、美國留學見聞、宣導民主法治自由人權觀念及音樂欣賞，但強調公權力的執行絕不可有「軟腳蝦」現象等等。李主席的統御帶領哲學是用人不疑、放心放手、部屬按照計畫執行成果主動呈報，他既細心又負責；對於臺灣各地域，因爲有農復會走透透工作過的豐富經驗，從農田、水利、耕作、種植、產業道路的接連、縣與縣或與市的寬窄溝渠之貫通等鉅細事項，都一清二楚；幾次跟他到各地視察，有時會問到專業者也未必知悉，這點常令我異常驚訝。曾引聖經裡的故事：一頭羊也不能讓他平白走失，務必尋回歸隊；七十七位省議員曾有調查統計，哪一位臺籍省府主席最得人心、最接近也最喜歡？李主席都被膺選「第一」，因爲他到處「笑容可掬」、「出口臺語——吃飽了沒？」或以臺語交談繁複公事；他處理政務明快果斷、禮貌體貼、沒有官僚氣焰，沒看過他疾言厲色，讓人頗感親和力十足。

一九七一年春初留學返國後，專職學術界服務十年，突被借調臺灣省政府任職；這是我原本擬訂畢生要從事教書規劃的異數。還好，他亦與我誠摯關懷臺灣國內外法政發展的初衷，相去不是太遠！我初入省府親自淌了這池「渾水」，體驗了政治場域的烏煙瘴氣、勾心鬥角，但也有機會就近體察到政治家與政客的微妙關係分際。與李登輝主席在省政府約二年的公務職涯中，有不少軼事值得記載存實，並可旁證李主席的政治胸襟及異常複雜的黨政在地方政府裡扮演的特重角色。

第四節　李省府主席團隊裡所謂的「四人幫」

李登輝省府主席奉喻組成臺灣省政府「新的小內閣」時，除了侯金英（政大銀行系主任教授）、城仲模（中興大學法研所長）、黃昆輝（前臺北市教育局長）及余玉賢（美國普渡大學農業博士）被指爲「四人幫」之外，其他新舊省府委員尚有劉兆田（兼祕書長，國防研究院結業，曾任青年軍政治教官）、李厚高（兼財政廳長，曾任省稅務局長）、鄭水枝（兼建設廳長，曾任主任委員，省府委員）。余學海（兼人事處長，曾任省府委員）、張賢東（前省議會五、六屆議員）、陳如根（陸軍中將退役）、黃福壽（前花蓮縣長）、華加志（臺東排灣族，曾任省議員）、李雅樵（前臺南縣長）、王述親（中國國民黨黨務工作者）、陳孟鈴（前臺中縣長）、陳正雄（前基隆市長）、林保仁（前新竹縣長）、柯文福（前屏東縣長）；我因中國國民黨中央黨部中央委員會審查名單時，被認爲係「黨外」人士，未被獲准，其後另由楊日然遞位，約半年後楊獲選爲司法院大法官；我於一九八二年七月一日獲准就任原擬職位。

侯省府委員專業於金融、銀行、財稅，阿里山車站至觀日出處所之輕軌鐵道專案係由她負責開發拓建竣工的；高爾夫球技甚佳，輒與陳如根委員等友人同組球敘。黃省府委員兼任教育廳長，教育學理論及實務均上乘，在李市長時期擔任臺北市教育局長，甚受市長信賴；網球功力頗佳。一九八三年八月二十四日豐原高中大禮堂崩塌致學生死傷事件引發引咎辭職。余玉賢省府委員（兼農林廳長）早年於中興大學農學院系所及其後留學美國普渡大學均以農業、農村及農民生產、生活、生態一體爲其研究及推展之主要目標，冀能調整農業結構，步步往上提升。他於廳長任內受同行前輩李主席之影響頗深，諸如農民健康保險及年金制度之草創，即其顯例。侯、黃、余、城四位省府委員是李主席指定來省府堅固團隊中的專業能力，期盼一鼓作氣調整過往比較無效率又官僚的民間暨媒體之評判；又，在祕書處裡黃大洲先生奉派爲副祕書長，事實上這個職位也是一起爲「省府中興」任務須負起責任的重要人事安排；黃的專攻係農業經濟與農村社會經濟，與李主席有師生暨同窗同學之情誼，關係匪淺。其他省府一級成員，均由執政的中國國民黨中央指定，李主席全數恭敬循例任用。

一九八〇年代的臺灣仍然瀰漫著白色恐怖、軍警特檢調教，乃至司法機關、媒體等的肅殺氣氛，本段的上述記載，只是希望讓時代歷史背景眞實還原，知道臺灣地方發展的腳鐐是被重重緊鎖，非入其境參與工作，是難以想像其政府環境的險惡！爲此，李主席特別從臺北邀請來省府參與基層建設的所謂四人幫，雖各憑其學識、經驗上的專業，分工合作共襄各自擬扮之任務，勇敢地、默默地去按照各自的臺灣意識程度努力實踐理想；但我們的每一舉手投足或話語節制，均可想像是如何地小心翼翼。

一九八三年十二月底耶誕節前的一個禮拜六午後二時，我和黃大洲副祕書長相約在臺北市中正路（後改爲忠孝東路）假期大飯店二樓（Holiday Inn）靠路邊的窗口座位喝咖啡，話題集中在省府李主席主政下的諸種施政成果之得失利弊，其後話鋒一轉，即進入爲李主席思索：離開省府後究竟往哪裡去才是正辦？因爲政治消息已經傳到滿天飛，衆口鑠金，說李主席會升往經濟部長、農委會主任委員、行政院正或副院長，甚至被拔擢爲蔣經國同組的副總統候選人云云。我們兩人知稔李主席甚深，討衡國內外政治走勢，細微處尚包括軍方、黨部、全臺盤據的大小政治文化社會媒體，甚至是蔣經國總統的健康狀態。我們的結論是：李主席是做事的人，有極精緻的美、日、德農經理論與全臺走透透的經驗，似宜先做事不必當大官；以後可以稍微加速地從中央部會到院級甚至負責統籌全國總體性的策劃。眞沒想到翌年（一九八四年）二月十五日，以臺灣省主席職位被提名爲副總統候選人，並於三月二十三日經由國民大會選舉當選，五月二十日與蔣經國先生分別就職爲正副總統。我和黃大洲副祕書長兩人都很用心、細心替國家、社會帷幄運籌，理性推敲，只是最後我們都跌破了眼鏡。

第五節　仲模被暗喻爲印第安人

我奉調到省政府擔任省府委員職務，表面上說是接續臺南市同鄉年邁退休的侯全成醫師之職缺，事實上，是李主席自北市長時挑我擔任首屆選委會委員注意到我工作態度及看到我發表於報章雜誌、電視中的論理談話等，深知我的情況，希望我在省府幫他籌建新省府團隊的精良法治紀律。我深知責任綦重，接任後即全神投入，認眞觀察研究省政府的今昔與圍繞著的環境傳承風格等；每周一下午二時半固定的府會大疊議程資料必定在前周四送達。當天，周六及周一上午十時自強號五車二十五號往臺中（共一百三十分鐘）車程，是我全神貫注三次研閱會議相關問題的時刻，務求達到每一案均詳盡其來龍去脈乃至細微文字表達、圖表數據等，無一不再三研讀推敲。發現問題時，我會在開會前先告知該當廳處署局長疑點在何處，我不曾等到正式開會時用突擊方式給對方難堪；

李主席也經常採納我的建議而爲裁決，久而久之，府會時每案討論的最終意見，究竟城某人的囊中見解是什麼，成爲要緊的謎題。如此這般，印第安人之說就自然地傳了出來。

第六節 仔細觀察到的省府李主席

李主席於二戰後從日本京都大學返臺進入臺大農學院農經學系，畢業後曾任職於母校、農復會、二次赴美留學進修，得有康乃爾學農經系博士學位。一九七〇年代初期榮膺行政院政務委員，其後出任臺北市長，再奉調省主席。他薈萃學術理論、政策釐定及實務經驗於一身，日語等同母語，中文、臺語、英文及德語均通，但他不是很善於滔滔雄辯逞口舌之人；府會或專案會議的裁決，異常謹慎而有條理，政策一貫、言行一致，他的主政及爲人風格，寡言多做，不吆喝頤使，亦未出口批評別人，使人當場難堪，掛不住尊嚴；他如此領導部屬的特質風範，正是我揣摩因果、認眞學習累積的絕佳機會。

自我返國從公服務，第一位追隨的臺籍首長是政戰學校的陳守山校長（時任中將職），第二位是李登輝（市長）主席；這是我懂事以來寤寐以求的職場期待，希望眞心誠意全力盡一臂之力協助他們爲桑梓策劃來茲。

德基水庫（又名達見水庫）位於臺灣中部大甲溪上游處；原始設計預定得使用約一百五十年，

但一九七四年全部完工按照預定蓄水、發電、灌溉等多功能順利持續運作後，卻發現更上游的梨山附近多種蔬果，且農民濫伐墾作造成大量沙土流入水壩及其他相關石岡、谷關等重要水庫，嚴重縮短並影響水庫（水壩）壽命及預期效能。省政府屢次勸告節制並派經動會主委解顯中（中將退役）前往疏通勸諭無效後，李主席決定全體委員暨廳處局署主管親臨梨山坐鎮召開省政府委員會，並邀請具代表性的當地住居民與蔬果農民、榮民、榮眷參與溝通當面勸勉，請依法縮小耕作面積，改善土石往下傾洩倒入溪川等等不法墾作方法，或轉作其他較不破壞山坡地環境之作物等，成功達到息爭的政策要求。這也是李主席見識與膽識決斷下祭出的一次鐵腕策略。

一九八二年八月十日下午一時半，李主席邀我作陪坐他轎車一齊到中部軍團司令單位正式拜會訪問。行經蜿蜒曲折山路，爲避免座車隨扈聽到主席和我交談內容，全程用日語小聲細說，我爲了注意聽主席的每一句話，也習慣性地留意他的動作、眼神及手勢；在車行約二十分鐘後深山溪澗小徑時，知道已受不了頭部左右頻頻轉動所引起的嘔吐。突然間我請主席叫住停車，很快速地下車在路旁叢木間一再作嘔；此時，主席很快下車，左手扶住我身體，右手頻拍我背脊，又眼明手快，掏出衛生紙遞給擦嘴，並頻問是否舒服；隨車的前導已直駛不見蹤影，後車隨扈三人亦下來察看清楚。一下子我的情況快速好轉，上車後主席還不停地關心我的健康狀況。這一次讓我深深體會到李主席對部屬刹那間頭暈不適時刻親自細心照料的眞實自然。

第七節　政治現實下官場哲學的各自風格

一九八一年十二月五日李登輝省府主席履薪就任（在南投省政府），當時他最疼惜的獨生兒子李憲文已辭去報社記者工作，暫時在臺北住家（徐州路四十六號市長宿舍）療養休息，但身體欠安狀況不是很穩定，使李主席心懸公私兩端，甚爲辛勞。翌年春初省議會總質詢開始，是傳統上議員們首次要對省主席問政「下馬威」以便其後「好辦事」的最佳表演場域，每一位省議員都是磨刀霍霍。總質詢在議會裡持續進行間，省府機要人員突然異常慌張地進入議場，遞紙條給李主席，略稱：憲文情況欠佳，需請主席即離中興新村省議會驅車逕返臺北……當然，該有的請假流程已在進行。議長高育仁正在主持議會，聞訊後裁示：議員總質詢正熱烈進行中，省政府領航者李主席不宜請假離開會場……這件事留下許多的議論，正反或稍做通融裁示等意見紛紜；但留給李主席的，可能是一輩子的親情無法揮去的遺憾。

一九八二年十月二十五日，循例是臺灣省慶祝「光復節」的日子，省議會都會在中興會堂辦一場盛大奢華的酒宴，來自各國的使節、臺灣各地域的政經社會文化名流紳士，必定會盛裝趨前做形式禮貌上的共襄盛舉，場面必然熱絡歡欣；大門口站著的迎賓行列依序是高育仁議長伉儷（慶祝會的主人）、李省主席伉儷、議會祕書長，有份量的少數幾位省議員、省府委員、各廳處局首長等；在這樣行禮如儀的政治性社交禮讓上，議長的站立位置因移動彈性較大，來去穿梭笑迎來賓按理應係極自然的情景，只是議長經常會不太注意到跟嘉賓握手寒暄時擋住了李主席，頓時主席只能以笑顏目視迎迓嘉賓而難與對方伸臂握手；我和三、四位省府委員在兩、三公尺近距離親眼看到如此情狀，甚覺議長確實有禮貌不周到之嫌。

一九八三年春暖花開之際，省府會議時交通處魏巍處長嚴正提案，略謂：臺灣省鐵路管理局所屬中南部鐵道橋樑百分比逾六十以上均已逐漸老舊，有必要現場逐件視察以確定是否立即整修或做第二順位的修繕工程；其中有部分已嚴重鏽塌變形，正在整繕者也都未達預定工期進度，情況非同小可，請府會重視並予適切進行改善云云。我心知交通處如此的正式提案，必有其複雜難言不易著手逕予處置的棘手苦衷，更何況事涉人民交通安全，有急迫性特質，乃提議主席指定省府委員及相關權責機構人員立即成立專業小組，劍及履及快速南下視察研擬對策。主席旋即裁決：請城仲模、張賢東、李雅樵、陳孟玲、柯文福五位省府委員、財政廳長李厚高、交通處長、主計處長林鎧藩、研考會執行祕書江清馦組成專案督察處理小組，由城省府委員擔任召集人。我們先請工務技術專業人員分頭測量、察視、拍照、檢驗、鑽測樑柱、鐵軌枕木及撰寫編輯相關資料（包括估算）、評估工程費用，召開審查研討會後，與當地選出之省議員、地方政府、議員鄉鎮民代表等座談，聽取多方意見和意欲（有很多對工程承攬、承包方式及沿途黑道的介入嚴厲批評）。全案在三個月內提報省府委員會議，我公開說明了全案的詳情及往後循序依會計年度預算改善的計畫後，我報告說：尚有一些特殊情狀俟會後，我與張賢東委員（當時被稱爲黨外委員）擬逕向李主席報告；主席聽了之後，一瞬間有點訝異，但還是點頭認可。因爲本案辦理研究過程，有不少「密函」寄來，都說：有問題的橋樑修復工程，已全爲省議會某政黨高階有力集團從源頭執掌了相中的幾家投標建設工程公司云云；此事若在府會公開說出，再經媒體渲染，恐會發生臺灣省政府與議會關係的大地震。

第八節 公務員是公僕，應爲人民著想，果眞公權力高於民志

我初到臺灣省政府即對省法規制度及訴願實務非常注意。正好這兩項業務的負責人同是林昌明先生（福建人，似是臺北行政專科學校，其後改爲法商學院公共行政學系畢業，曾是李登輝先生擔任臺北市長時的法規會主委，傳聞他很會算命，尤其精於紫微斗數），在那個年代（戒嚴時期白色恐怖的專橫暴虐時代），他雖非法律學系出身，但業務已很熟悉，仍可在職務上稱職，不致有罣礙，加上他爲人謙和有禮，亦講漳州話（臺灣話的一支），所以在林洋港主席時即已是省府內重要的法規單位主管。楊日然省府委員來了之後，以楊的法理功力及日本東京大學法學博士的學養，其廣深度暨現代法學理論思潮，當然要遠遠地高過林主委，使得林在省政府法制問題上一言九鼎的地位就立即受到了影響。俟我到任之後，一來是李主席指定要我來協力的關係，二來我正是行政法法規及訴願制度的專業學者，又在行政院相同業務擔任籌劃整備及重要核稿二年八個月以上，經驗非無累積；林主委當然需要面對學界的全球性新學識與法治時代重視人權的變遷需求，去敬謹融入新情勢和與時俱進自我調適。果然，省訴願會的撤銷率在我到任時的百分之六左右，經我無數次的說理力爭之後，進步神速，從百分之十、十五、二十五直達百分之三十一強；在府會時我比較國內外

訴願制度並報告如此佳績的法政意義，係在引領各縣市政府需重視法規質量的立即重整，也讓他們警惕到省政府具體依法行政、保障人權，提升政府公權力機關劍及履及、說到做到的新實踐態度。此時，平時少開口的劉兆田省府委員（兼祕書長）突舉手講話，表示如此高百分比的訴願撤銷率，是他從事公職迄今所看到最驚人的超高百分比，會嚴重傷害到縣市政府的「公權力威信」，宜請多做節制云云。劉祕書長（中國江西省人，中央大學法律系畢業，國防研究院結業，曾擔任青年軍政治教官，任職於國民黨中央黨部）生於軍閥割據、「軍政蠻橫時期」，「訓政時期」接受黨國、民族主義法學教育，眼看政府困頓、法治無期；他雖然爲人處事，彬彬有禮，待人接物，雅人深致，但他奉派駐守臺灣省政府必有一定的特殊任務，加上當時國內外的情勢極爲緊繃，教條思維充斥；他的立場與發言，我可以完全領會。可是爲了省府創新性的法治化、要求各縣市政府留意人權的捍衛並樹立人民對公權力機關的信賴感，我毫不猶疑地立即起立發言稱讚訴願會依法撤銷縣市政府違法處分的適切創舉，是短痛卻優於長痛的省政府措施等正相反的駁斥意見，幸虧得到李主席的支持贊同。

臺灣農村的聚落有著漳州、泉州、客家、原住民或平埔族裔及後來的中國撤退來臺之各省軍民眷村等，各別瀏覽固甚純樸自然，但總體觀察並比較日本、歐洲各地鄉村農舍、巷衖蜿蜒、整齊乾淨、深藏文化之印象，則甚覺雜亂參差，大部分農家生活頗似在討生存過日子的窘狀，缺少對生命禮讚的高度氣質；尤以臺灣地處亞熱帶北回歸線南北延伸，氣溫、濕度、降雨、颱風、地震、海嘯、高山峻嶺、丘陵、平原等等自然環境變化落差極大，歷次外來政權苛徵田賦與法規政策要求輒做修改，加上務農者彼此經濟財物能力各殊，村莊地理位置頗大起伏差異，更使有識者極切地期盼有計畫地改造農莊以求安居樂業並配合觀光事業的依序成長。爲此，我在府會建議住宅及都市發展局蔡兆陽局長研究、規劃、設計農村莊舍標準建構圖樣，依五十、百坪或更大等，至少三十種以上樣式草圖供農民免費（尚有補貼）參採改建使用。蔡局長是林洋港主席身邊重要的幹部，但李主席依舊信賴有加；從蔡局長迅速完成整體綜合姓的規劃來看，他的確不負衆望，也顯現他能力的不凡。另外，我也注意到臺灣西部沿海線，長達三、四百公里，應是極爲寶貴的自然景觀地域；可是向來極少有相關縣市長注意到：海岸沙灘向內陸延伸的一百到五百公尺不等的地域——尤其是臺南、高雄、屏東、臺東一帶，經常有人違章蓋了二樓至四、五樓不等的新款鋼筋洋房，致車行在海邊公路上，無法觀賞到波濤洶湧的沿岸海濤；我建議住都局一併留意修改法規，嚴格執行海岸線淨空政策，蔡局長也成功地完成了這項艱難的景觀任務。

第九節　無私無我襄贊李主席麾下省政

從一九八〇年夏季臺北市選委會成立前後以迄一九八四年五月，李登輝市長、省主席北上就職臺灣國家副總統的四個年頭裡，是我襄贊李先生：私誼交換意見心得、家庭聚會、陪同參與演講會、公事交付、指定撰寫文稿、留守待機詢問法律疑義、國內外重大事件或爭議，甚至人事決定時的聽取、垂詢等等、交談、座上賓、面晤、飯局、同車研擬公事、人事等頻率最高的時期。試舉數例資做印參：

- 一九八〇年九月十九日（五）李市長伉儷在臺北市大安路二段七十六號官邸（宿舍）餞別我和Grace赴奧地利維也納大學客座講學半年。
- 一九八一年三月十二日（四）李市長約我下午四時三十分在市府見面，因有外賓來府，改爲三月十六日（一）九時三十分市府會面。
- 一九八一年六月二十一日（日）晚上六時李市長約我於中山堂堡壘廳，談我是否具公務人員身分？
- 一九八一年十一月五日（四）蔣經國總統發布李登輝市長調臺灣省主席人事命令；翌日，李先生電話通告擬借調我去臺灣省政府擔任省府委員（但在中國國民黨中央委員會中沒通過）。
- 一九八一年十二月十日（四）及十二月十四日（一）李市長在三周前已決定邀我在市府演講關於新制國家賠償法，及歐美日法治之理論與實踐。
- 一九八二年六月一日（二）李主席急電再邀我借調去省政府服務；當天晚上於臺北官邸召見，請我速訪陳履安（六月十八日（五）我往訪陳，六月三十日（三）中國國民黨中常會通過，七月一日（四）行政院通過任命案）。
- 一九八二年六月二十二日（二）李主席在臺北市大安路官邸召見，諸多勉勵赴省府服務相關之事。

•一九八二年六月二十三日（三）李主席伉儷在太平洋CLUB（臺北市敦化北路）夜宴梁國樹夫婦、王作榮夫婦、城仲模夫婦。

•一九八二年七月五日（一）仲模在省府大禮堂宣誓就職（上午九時），府會後（午後二時三十分至三時十五分）李主席邀我出席新聞記者會，並接受Q＆A。

•一九八二年七月二十四日（六）李主席設宴歡送楊日然教授夫婦，仲模夫婦等作陪（重慶南路一段三十號二十二樓，一銀）。

•一九八二年七月二十六日（一）府會後，李主席邀我在辦公室談話（晚上四時五十分至六時）；其後（六時十分至八時十分）在南投省主席官邸用餐談公事，包括黃大洲、雷秉章（顧問兼機要室主任），席間李主席表示：1.希望每個月至少一次這樣的餐聚談公事；2.九月將在省議會講話四十分鐘，請仲模研擬講稿。

•一九八二年八月十三日（五）李主席指定仲模擔任省法規重整專案召集人，晚上九時在臺北開會。

•一九八二年八月十六日（一）府會後，晚上六時至八時在李主席官邸和夫人、黃大洲晚餐，其後李、黃與我談公事。

•一九八二年十月一日（五）美國在臺協會處長James R. Lilley選中秋節在臺北市龍江路四十六巷六號夜宴李主席伉儷、仲模和Grace等。

•一九八二年十月四日（一）府會結束後，五時至五時四十分李主席、黃大洲、雷秉章在辦公室詳談劉猷民政廳長主持小組所提地方選舉之利弊。晚上五時四十分至六時四十五分李主席邀仲模同車到臺中高爾夫球場，參加臺中扶輪社五社聯合例會演講會；晚上九時李主席送我回臺中大飯店；返程中，李主席建議我利用省府小高爾夫球練習場打打球，此後可與主席同一組打球運動，因爲自己人比較單純，可避免中部不少商社公司老闆另外邀約打球造成不必要之困擾；我報告說：每夜習慣讀書至二、三點才就寢，又因上課、演講、參與各部會法案研議、指導學生寫碩博士論文、寫論著，家裡也沒幫傭，實在沒空！他說：我當主席都可騰出時間打球做運動，你當委員沒時間？我回以「爲了教書上課，我需要充分研閱相關法學文獻資料」。

- 一九八二年十月十三日（三）李主席午宴德國著名政論家**Dr. Jürgen Domes**，仲模等留歐年輕學者參與；席間，**Dr. Domes**對李主席的農經策略、學理和經驗，如數家珍，多所稱讚。
- 一九八二年十月十五日（五）至十一月一日准我請假赴歐（德、法、奧地利）考察地方自治、政務及黨務，由陳履安領隊，同行尚包括許智偉、謝瑞智、洪文湘、桂學穎等十名：1.十月十六日（六）參加德國基民黨（CDU）在**Frankfurt am Manz**全國大會，黨魁**Dr. Helmut Kohl**（內閣總理大臣）主持，特別請我們上臺亮相介紹說是來自**Formosa**（臺灣）的貴賓，盛況空前，印象深刻；2.十月二十一日晚間七時至十一時，西柏林市長**Lummer**、內政部長**Schmidt**等五名（都曾來過臺灣）政府官員在一郊區嬌小溫馨德式小菜館請陳履安、許智偉與我赴會，全程喝強烈**Volka**酒，直到深夜我發現他們都已經差不多到達了飲酒界限，**Lummer**及**Schmidt**爲報「一箭之仇」（在臺北被陳及吳伯雄灌醉）要求大家（我和許除外，因爲他們確信我不會喝烈酒）各喝啤酒杯的滿大杯Volka，我見狀心知：陳已無法撐住，明早尚有重要參訪，我跟主人表示：「你們都不需再喝了，我一人獨自喝一滿杯」，Lummer市長知道我不會喝烈酒而敢單挑，他自己也知道已不行了，所以就順我意，看我二話不說，像喝水一般，一氣喝盡；此時，我已看到德方已三人不行了，趴在桌面，而我卻像喝了一大口礦泉水似的，完全沒有酒精發作的態樣，因爲我趁他們吵來吵去時，已盡速吃了一大片沾了厚厚牛油、乳酪黑麥麵包！

- 一九八二年十一月三日（三）晚上九時至十一時李主席在臺北宅邸召見仲模：1.告訴我省政府、省議會既成組織成員之詳細配置狀況、傳統上府、會的互動及必要的公關、向來省議員在省政推動上的特質；2.請我思考：主席在即將來到的省議會總質詢（十一月二十二日至十二月三日）前，主席施政報告的主軸思維方向宜定位在何種新創意上？
- 一九八二年十一月二十三日（二）上午李主席機要室主任雷秉章奉諭通知我：省議會總質詢期間除非有特殊情況，請勿離開中興新村（隨時待機）。
- 一九八三年一月二十二日至二月一日李主席核定仲模請假赴美參加美國總統Ronald Wilson Reagon於二月三日在華府DC舉行的早餐會；我們這一團的成員包括有陳履安、仲模、章孝慈、鍾榮吉、馬英九，在華府我國代表是錢復；除了早餐會之外，尚有三次分組的專業性（法律制度、國際政治及國際關係情勢等）的討論會，期間認識了不少美國國內外學者、政治人物。
- 一九八三年二月十六日（三）省府及省議會在中興新村中興堂新春團拜（九時）；上午九時四十分至十時三十分李主席邀約仲模單獨會談（關於此次訪美觀感，李主席也告訴我近日省議會監督省府諸事）；午間十二時至二時十分李主席留我在官邸和夫人、媳婦張月雲、女兒安娜、安妮、女婿賴國洲等李家闔府一齊餐敘。

- 一九八三年三月九日（三）午十二時，李主席邀約省議員蘇貞昌在臺北市敦化南路尚林鐵板燒餐敘，請仲模作陪。
- 一九八三年三月二十一日（一）李憲文逝世周年，晚間七時三十分在李主席臺北大安路官邸舉行家庭式小規模的追思禮拜，邀仲模參與其間。
- 一九八三年四月二十七日（三）晚間六時三十分，李主席在臺北一銀總行邀請司法界大老級數的首長：汪道淵、王任遠、錢國成、褚劍鴻，姚瑞光，范魁書、洪壽南、石明江、王甲乙、趙既昌餐敘，也請仲模作陪。李主席這次餐敘，與省府業務幾無直接關聯（高檢首席檢察官須列席府會），主席拉仲模與會是否另有意涵，不得而知。
- 一九八三年八月二十七日（六）晚上八時十五分至十時五分，李主席返抵臺北官邸，邀我去談省府及省議會諸事。
- 一九八三年十月三日（一）府會結束後，李主席邀我去他省府公館一齊用餐，談臺灣近日中央至地方政經社會文化發展諸事，並談到德、奧、瑞士總統制、內閣制及委員制實際運作狀況。
- 一九八四年一月九日（一）省府委員會後，李主席邀仲模到中興新村官邸，和夫人、長女安娜一起午餐（午十二時至一時五十分）。
- 一九八四年三月二十七日（三）李主席自二月十五日被中國國民黨主席蔣經國提名為副總統候選

人後，開始積極留意憲政、憲法相關問題，乃即請我先就特赦、大赦的學理及各國實際適用統計狀況提出研究報告一份（很可能是蔣經國總統指定李先生研究提出的），當日晚間仲模到臺北李公館面呈。

• 一九八四年五月十九日（六）省府委員會全體委員歡送李登輝主席，明日正式升任國家副元首；仲模低調參與於行列中。

以上所列近三十例，是我從日記簿及小手冊記載以誠信轉述而已；其他，李主席因公直接或間接交付，私下垂詢意見，乃經常之事，在此不擬多贅。反過來說，他不到三年的省主席任內卻能把臺灣的農業大軍、森林、覆育、防洪、疏洪、排水、灌溉、水產、養殖、農產品分配促銷、醫療設施等，逐步建立起來，確實是功不可沒；他爲人甚爲謙和，更受普遍傳頌。省政府委員會合議制裡的我，除了全神貫注被交付的具體個案及府會上極用心地研閱各廳處之提案、發表有創意的建言之外，是不能有個人突出表現的作爲，其道理和交響樂團團員操作各種樂器必須服膺指揮、和諧一致發出優美共鳴的效果是一樣的。

總括而言，不到兩年近距隨緣附從共事，一來讓我眞實地見識到李主席的深廣學識、經驗與胸懷，二來把我從學究的閉塞意識裡開啟了無限寬廣的社會視野，三來教我更謙遜聆聽大庭衆廣下臺灣人民的祈願，四來也使我看清了政黨或統治階層撒下綿密的管控網狀，無德乏術的官僚邪佞在省府、議會裡興風作浪、謀取財富之劣蹟。

第九章　驚滔駭浪的政治海嘯，仍須尋覓國家存立生機

第一節　時序流行「吹臺青」

一九七〇年代初期至一九八〇年代末稍，蔣經國總統主政時曾流行「吹臺青」（善口才的臺籍年輕菁英）被起用擔任中央或地方政府重要職位職務；這是蔣氏父子帶著「ROC」招牌來臺，並於一九七〇年代伊始不久，代表蔣介石在聯合國的席次被趕出，蔣氏所稱中國合法政府的正當性瞬間消失，乃蔣經國趁組閣時，政策上非引進臺灣人新血不可，即史學上所稱「革新保臺」時期。那段時間中國國民黨內享有四大公子：陳履安（父陳誠）、錢復（父錢思亮）、沈君山（父沈宗翰）、連戰（父連震東），這幾位都已有崇隆職務，但臺籍的林洋港、邱創煥及李登輝三位也已逐步往上顯露，成為繼謝東閔之後檯面上要緊的政治上明日之星。林洋港，南投頭社魚池鄉人，年紀最輕（一九二七年次）也跑得最快，被「外省掛」認為心細、有智慧，具野心家的胸懷，曾一度被臆測為蔣經國的傳承人，但在關鍵時刻上不了行政院院長寶座；邱創煥，彰化田尾人，苦學出身，忠誠幹練，進階的方式均紮實仰賴國家各式考試制度，直至國立政治大學碩士畢業，奉公服務

自比公僕，黨政資歷完備，但仍被視為精明幹練，雖曾被考慮為副總統、閣揆或黨主席人選，終未成眞；李登輝，臺北縣三芝埔頭坑人，早歲在日本京都大學，戰事結束返回臺灣大學，專政農業經濟，畢業後曾在母校服務，入農復會全臺走透透，是農業經濟專家，兩度赴美留學（愛荷華州立大學及康乃爾大學），獲農經博士學位，觀察力、綜合判斷力及規劃執行力堪稱上乘，好學不倦、學問基礎廣博，蔣經國組閣時乃決定邀李擔任政務委員等以迄副總統。

一九八四年六月至一九九〇年六月，邱創煥先生在歷任了內政部長、行政院副院長等中央政府要職後，接續李登輝擔任臺灣省政府主席。未久，報章雜誌電視顯著報導邱先生率親族祭拜祖墳的消息，隱含：1.「臺灣省」政治地位的崇高（幅員及資源有限的院轄市臺北，不一定可以比擬），未來再晉陞的機會是無可限量的，客觀上吾人可以推敲此一新職，在邱主席心目中的主觀認知是何等重要的政治性進階象徵；2.在臺灣農村出身，僅靠自己勤奮毅力卻絲毫無財資家勢或官府長輩的特意加持，而能獲得當前的崇隆，當然要遙祭先祖庇蔭、告慰宗親；3.臺灣是一個信仰完全充分自由的地方，任何宗教都有存立發展機會，各地域普遍的民俗風尙雖各有差異，但「道教」式的祭祖拜宗敬畏神明之儀式排場則大致雷同（基督教、天主教、佛教及回教除外），邱主席的祭祖感銘方式，顯未脫離傳統的恭敬肅穆之儀典；4.二戰結束，盟軍西南太平洋戰區統率麥克阿瑟將軍指令中國戰區蔣介石派員到臺灣和美、英、蘇四國代表共同主持在臺日軍降伏典禮並暫時管領（另一指令係派虞漢率二十萬大軍至越南北緯十六度以上暫時管領），從陳儀以次（尤其是一九五〇年三月蔣氏在毫無民主、法治主義正當程序下，發表自己「復行視事」總統職務以來），歷任臺灣省主席均係「抗日」、「剿匪」、「戰功彪炳」或與蔣氏家族有相當淵源又絕對忠誠可靠之人，才夠資格坐上主席寶座，邱主席竟能經蔣氏經國任命為省主席脫穎而出，顯非突異或使人跌破眼鏡的泛泛之輩，自然受到矚目。

當然，站在外來統治者的立場，在臺灣經謝東閔、林洋港、李登輝之後，又交付邱創煥續接，亦有謀略性讓這幾位臺籍菁英心中映知「載舟覆舟」非忠耿依附我不可的明顯政治意涵。

一九八四年五月三十日（三）午後三時方剛發表為臺灣省主席的邱創煥先生親自來電，內子接話說通話人是邱主席本人，要找城委員；內子很婉約答以「仲模已於三天前，即二十七日赴美參訪（仲模謹按：係美國在臺協會（AIT）理事主席邀請赴美一個月，同年七月一日經日本東京返臺）他人不在家，不知邱主席有何吩咐？」邱主席說：「現在從中央到臺灣省政府正在做重要人事、職務的調整，怎麼恰於此時到國外去……我想請城教授繼續借調在省府幫我主持省政，因為大家都很稱讚他……」內子告訴邱主席：「仲模出國前已經跟我說過，他要回大學教書，不擬再繼續被借調……」邱主席答以：「哦，那再看看，謝謝。」內子乃於通話後不久，急電美國華府告訴我說：「我已替你婉謝了續任省府委員的職務，此後就不再需要經常於夜晚辛苦地從天母的家去等公車、再搭國光號到臺中了，並且可以完全甩開那一些你不喜歡的官場文化、政治性人物和事務。你要再買什麼書籍、看什麼報章雜誌或寫什麼論著，從此就可自由解放了。」但，事與願違，未久省政府這俗稱「小內閣」的新府會組成（和「中華民國」實際管轄的地域幅員，除臺北市、金馬地區外完全重疊），又邀我去當馮婦續任省府委員（我正職身分依舊是國立中興大學法律學系教授借調臺灣省政府服務，有義務上教授級階鐘點課，每周八小時）。

一九八四年六月上旬邱創煥接篆臺灣省政府主席（仲模於七月返國後，擇定同月二十四日（二）上午九時半宣誓續任省府委員，儀式隆重），以迄一九九〇年六月十五日由連戰接續，邱轉任總統府資政。六年省府主席的任期，除謝東閔當年情況特殊外，比臺籍前任林洋港及李登輝主席都要長很多，推敲其道理，略作三點分析如下，或可提供治史者對臺灣這一段政治發展背景的正確把握：

一、邱創煥主政下的這六年，省政沒有發生重大人為失誤或自然災變；開創有限，固守有餘。八〇年代中後期也正是臺灣經濟富裕直衝到頂佳的狀態，號稱「經濟奇蹟」、「臺灣錢淹腳目」，國內民主自由開放的曙光尚在積累混沌昧明之時，國際金融經濟尚未呈現極大危機事件，而中國的政軍經國力也還在剛開始往上衝升的階段，無太多的閒暇來火急搞臺灣的統戰。

二、邱主席在農莊地區苦學出身，成年時接受到中國傳統醬缸文化、國民黨忠誠教育的栽培以及從基層公務員幹起的閱歷，原本即已滿足於按部就班步步被拉拔，復加仰賴寵恩、未必具備自主思維創意的性格，又行事風格穩健而不衝撞，黨意及上司眼神都是存活發展的關鍵，一向奉命行事，誠實清廉，是蔣氏統治下最欣賞的樣版典型，更何況歷經了中國國民黨中央委員會副祕書長、內政部長、行政院副院長，後來到省府主席，眼看著前主席謝東閔、李登輝均躍升成為國家副元首，當然，在任何地方政府的言表、思緒、行止、策略，是極度愼重嚴謹、務求四平八穩，符合上意的期待，絕不貿然踩到紅線越雷一步。因此，會長期延續性地深得掌權者放心信賴。

三、太平洋戰事結束，中國國民政府奉盟軍命令派陳儀率行政官僚及武裝部隊來臺；一九四七年二二八事件發生後，臺籍菁英多數人罹於死難；「半山仔」政府官員如謝東閔、連震東，黃朝琴、黃國書、林頂立等人充當國府占領臺灣的先遣撫平人員，發揮多角作用，幫了國府很大的忙，這些人暗地裡做了不少義理不容的事；亦有確實是極優秀的知識分子穩健對應時局而存活下來，如楊肇嘉、游彌堅、徐慶鐘、高玉樹、郭雨新、吳三連、許世賢、楊基銓等人，其後這些人隨著歲月刮刷流轉，也陸續凋零作古，都可說是壯志未酬。時序緊接而來的是附著於中國國民黨或該黨擬培養的新一批人，如辜振甫、黃啟瑞、周百鍊、張建邦、黃尊秋、林金生、陳守山、阿港伯、登輝仙、邱主席等人；再其次是「吹臺青」新中生代政治人物的上場，如張豐緒（一九二八年生）、許水德（一九三一年生）、高育仁（一九三四年生）、施啟揚（一九三五年生）、連戰（一九三六年生）、黃昆輝（一九三六年生）、吳伯雄（一九三九年生）、蕭萬長（一九三九年生）等人；更其後則有著名的中國國民黨革命實踐研究院三個梯次國家建設研究班的開設（一九七六年蔣經國擔任黨主席不久），每梯次二十八人，共八十四名，講習訓誨期間三個月，以培養繼起的高學歷知識青年成爲鞏固政權的核心分子爲目的，避免隔代斷層憾事發生，細數之，「外省人」和「本省人」各爲七比三（仲模謹按：在那個年代說：臺灣已演變到逐步「在地化」，是眞是假，可資印參），第一梯次甚至嚴重違反司法權本質上應遠離政黨、政治操持的普世官箴守則，徵募了正擔任司法院大法官職務之人入院受訓，使其長期側身於司法界。邱主席主政省府的中期，適逢蔣經國總統逝世，李登輝繼任中樞成為國家元首，也順推成為國民黨主席；這段期間，黨政社會各界及國際間注目的眼光，聚焦在李登輝一人身上，但，事實上的政治客觀環境——外來政權的老壯派卻對於國家大位及中國國民黨舵手的座位，意見堅決，絕不輕易放手予「非我族類」，國祚情勢驚濤駭浪，重大人事晉用也頓時陷於泥淖的政治漩渦之中，在這青黃不接的政黨陰霾裡，邱主席的任期乃一延再延，直至政情稍穩，才由出生於中國陝西省西安市的連戰出線。

第二節 仲模不同意「經國橫貫公路」的提案

一九八八年一月十三日蔣經國總統遽逝，幾天後十八日周一下午府會上按照慣例由主席請大家起立、默唸後，即應依通常會議程序進行，但坐在中後位置的交通處長林思聰（中將退役轉任）突舉手表示：總統經國先生對臺灣的偉大貢獻，尤其是帶著退除役官兵在中部崎嶇高山峻嶺間開挖出橫貫公路，備極血汗辛苦，大家有目共睹；今日府會宜請盡速討論我的提議——將該公路改為「中部經國橫貫公路」，若通過則來得及趕上晚報，連明日早報也必會以頭條新聞立即傳遍全臺，以追思紀念蔣經國總統的豐功偉業……接續林處長的發言建議案，在座省府委員、廳處長猶如點名及唱名狀地起立盛讚這是睿智愛國情操下的創意建言；眼看全場出列席人員均已表白肯定並絕對尊重這個「英明的意見」，此刻，我卻強烈反對這種流行於官場裡歌功頌德「搶頭香」似的阿諛諂媚之舉，尤其要從我現正服務的省府帶頭發起，我更無法接受；邱主席往我這座位轉過頭來說：「城委員你的意見呢？」此時我注意到全場人都在注視，我很凝重的起身、臉帶嚴肅、目光炯戒、心神毫無猶豫地表示：「第一，現在在場與會同仁，約百分之八十五來自臺北、無人不知北市有一條大馬路編號達三千戶號，為什麼？那條路叫中正路（即現在的忠孝東、西路）、蔣介石雖已去世多年，依然沒有回歸正常把它和幾條同質性極高的仁愛、信義、和平路分段改編？主要是對政治人物的心存敬重，不宜『分斷切割』，現在，蔣經國總統方剛逝世，屍骨未寒，竟要把它改稱『經國橫貫公路』、『要腰斬⋯⋯』對我們而言，這是一個重大情勢的面對，宜請各位再謹慎斟酌其適當性；第二，事實上，從七〇年代（西元）開始未久，經國先生擔任行政院院長時即已決定興建國家十大建設，這些才是經國先生對臺灣積極而眞實的貢獻，今日臺灣的門面——桃園『蔣介石』紀念機場、舒適迅速安全的臺灣南北向『中山』高速公路等即是，我倒是想應改成『經國』機場、『經國』高速公路，才是正心誠意紀念經國先生；以上兩點初略意見，謹供諸位參考，並請主席卓裁。」這時候，我發現與會各單位主管都在交頭接耳，目光移轉到主席方向，似是緊張又好奇地在等待主席接續下去可能的動作。主席左右環顧，並不遲疑地宣稱：「本案係會前臨時動議，等下次再審愼研究處理」。

第三節　運籌帷幄解除高雄永安、彌陀居民抗爭

一九八〇年代臺灣的經濟發展已臻極高速的成長，需油、電、煤、天然氣等工業、交通、民生所必備的各種基本資源非常急切，向印尼或中東地域原油購入，礙於國際社會及中共作梗，絕非源源不斷。經濟部研議設計報請行政院核准，選擇在高雄縣永安鄉、彌陀鄉（現已改制為市、區）附近地帶海濱陸地交接水域，擬興建兩大座入海三分之二、出土三分之一超大石油原油儲藏巨蛋。工程進行時，每日經過這一帶的超重母機、工程作業各式吊機、大噸位卡車載著土石運進輸出的車隊，二十四小時絡繹不絕，致無數房舍倒塌，無法翻修；這一帶地域偏偏又是沙地堆成，地基極不耐震，附近漁場又已近枯竭（沿岸海底盡是違法傾倒的煤渣及垃圾）；於是，民眾抗議、堵車、遊行、私自架設加刺網鐵馬不准卡車通行，到臺北中油總公司（總經理關永實）、台電總管理處（總經理陳振華）、經濟部前丟雞卵咆哮、紮布幕圍籬，成為大眾傳媒每天必定出現的話題。為因應處理此等棘手的抗議群眾，經濟部及臺灣省政府都曾組織動員了談判協商高手，如部長陳履安本人、省府委員施金協、張賢東、李存敬（兼建設廳長）、林淵源（高雄縣本地人）、鄭水枝（兼建設廳長）連續數個月召集相關人事開會，但因這些官員們習慣性地確信「為公益而稍犧牲小老百姓的私益，算什麼！」的傳統心態而從事談判，沒意識到人權高漲的今日，已非比昨日；當然終究會吃了閉門羹而以破局收場。邱主席憋到無計可施，最後在府會中指定我組織小組展開不成功絕不退縮的工作團隊。我們非常用心地規劃進度，秉持：1.合理滿足居民賠償、補償要求；2.放下身段深入

探求民瘼；3.拜訪居民要角充分說明建蛋的民生與國防意義；4.附近適齡居民工作就業兼差機會的開發安頓；5.民宅居所坑陷、傾斜、牆壁剝落等應予修繕；6.改鋪堅固臨時馬路、回復供電並予夜間燈光設備；7.已遭破壞的自來水管需快速重新修復供水；8.其他因公共工程進行中發生的事故及平時必要的睦鄰接濟措施，需個案具體調查後列印時間表一一貫徹解決。以上這些都經籌劃、預估經費、通過預算審核後，我擇定於一九八九年四月一日（周末）上午十時在永安鄉公會堂召開代表大會；那天，平時西裝筆挺的我改穿樸素便裝，早到三十分鐘趁機與陸續來到代表寒暄致意，準時宣布開會。我拿起麥克風以當地臺語（地緣上，永安與我生長的臺南市區相距不到八公里）感性地說明：我是各位的隔壁臺南人，我今天在貴地面對各位鄉親，不是以省府委員而來，而是和大家一樣，完全站在諸位的立場和利益著想，各位數年來被中油與台電搞到生存、生活都成問題，我一定替大家出一口氣，按照我們已計畫好，大家也都看過的諸種開出之條件，一一來徹底執行，我的公私電話都告訴各位，有任何意見想法，請隨時逕自賜電指教，我一定盡快來履行責任……永安鄉代會主席薛句（鄉長陳東柏）聽了我的講話之後，起立開口：「城先生的令尊我都熟識，是府城的人格者說話必定算話，就照事前已協調好的來執行就對了，大家若無特別意見，就這樣可以了。」這次會議原擬排定二小時，眞沒想到竟能在四十五分鐘裡圓滿散會。事後，我深自慶幸，「結果」的成功，實在是「種因」早已安排插播——不是官員的君臨高壓，而是平庸同鄉平輩朋友身分，並以未曾有的鄉音臺語（在那個年代，公共事務協調大會是沒有人講方言的）誠懇表白而獲得信賴。

第四節　苗栗市快速道路案終於順遂通過

我從學術單位被借調到臺灣省政府工作，才報到沒多久，人事處即派人來告訴我說：每位省府委員均須選定一至二縣市作爲行政監督、督導及聯繫業務用的責任區域，繼之，祕書處來傳話說：李登輝主席比較期望我選在北區，如臺北縣，作爲我的督導行政區；我即刻去向主席報告：我被借調來府工作，但還需義務上課教學，每周至少三、四天，研究所碩士、博士生指導，而臺北縣正是地上橋樑、大馬路及地下水道、暗管、電線大舉土木工程興建當中，這恐非我學法的人所可於短期內學習克服的差事；最後我選了南投、臺中，以及比較近的農業縣苗栗，一直到我八年後離開省府，還是負責這裡的督導聯繫業務。邱主席上任後不久，苗栗縣內因已有經國路，是否尚需把有限預算經費用來開一條大約局部平行的「經國快速道路」？苗栗本地沿途居民贊否意見兩歧，爭吵了近六年，最後仍然由邱主席於一九八九年春稍指定我組成專案小組負責協調溝通。正巧，當時縣長謝金汀（司法官出身）及主任祕書黃銀煌（我大學同班同學）都是熟知老朋友；我就以永安鄉順利達標的方式，盡可能讓爭議點逐漸化解來作爲我的手段，我對雙方懇切說明：苗栗保留有最原始自然的風貌，各種果園、菜圃、花卉、古厝、文化遺跡、寺廟建築、雕塑藝術作品等特別豐富，請爲縣民一代又一代留下清純的大地悠閒空間，讓苗栗南北向縱貫路之外，多加後龍、苗栗、銅鑼、公館、大湖的東西向使稍微曲折大馬路得以綿密連貫約十公里，完成苗栗人都期待的交通流線網，沿途可以看到後龍溪漣漪波瀾、聽到潺潺流水，遠處又有聳立青翠的巒嶺，成爲臺灣南北兩地人最喜歡的乾淨公園、觀光休憩區，其自然清新美輪美奐的意境畫面，都可以預想得出來。我這個提案及說法最得到眞正內行人原工業局總工程司、時任交通處副處長張彤先生的支持。本案以情說理，完全爲苗栗的現在及長久的未來利益和幸福著想，也就迅速議定了這快速道路的興建工程。

第五節 仲模被提名爲第五屆大法官，被中國國民黨剔除

湖水平靜清澈卻突起漣漪。我自幼秉承家教、長榮中學基督教自由啟迪教育的深刻影響，無時不以關注臺灣國運發展的職志；留學返國後敬謹安分以教書栽培啟發傳遞年輕人民主、自由、法治、思考自尊、自信、深刻提升文化生活氣質及認同自己是臺灣人作爲堅定從事的目標，亦即常關心故土臺灣，但不直接捲入中國國民黨統治下政治醬缸漩渦裡。當茲突然情勢急轉，軌道翻鋪，既已應李前省府主席——今爲國家副元首之邀借調來省府工作，而今又是在邱省府主席——前內政部長、行政院副院長麾下擔任省府委員，協力省政更臻精進；當然會受到社會各層次的好奇猜測，尤其那號稱無冕王、段數精密無孔不入的傳媒記者，更讓人敬畏三分：

- 一九八五年七月中旬陸續有報紙傳出我可能有異動，可能往中央機關。
- 一九八五年七月下旬司法院院長黃少谷請祕書處來電要我提供個人學經歷證件、資料及自傳兩份。

• 一九八五年八月十二日（一）府會後，邱主席請我到他辦公廳，面告有關機關擬提「大法官名單」中載明有我名字。

• 一九八五年八月下旬前司法行政部長王任遠（因經常指名我研究部內相關法案而對我了解頗多）來電告知：他與黃少谷院長已談過我被提名大法官之事，請我靜候佳音，同時告訴我他即將赴美探親。

• 一九八五年九月四日（三）第五屆大法官提名十六位，已經中國國民黨中常會通過，原未列入者陳瑞堂（一九二八年生）最高法院法官入列，城仲模俟下屆再說。

⊙仲模謹按，事後知悉：副總統李登輝、中常委王任遠亦肯定並支持我，但李因公奉派當天上午已出國去、王任遠亦於早幾天赴美，中國國民黨中常委洪壽南（南投人、中國國民黨革命實踐研究院第二十四期結業，一九七九年擔任司法院副院長、一九八七年總統府資政，洪是日本京都大學法學院畢業，是李副總統不同學系的學長；二二八事件發生時，同樣日本法學院畢業的臺灣菁英多罹死難，唯獨他在司法界蒸蒸日上。陳瑞堂是洪的中部鄉親並曾是洪的部屬；洪是王栽培的臺籍人士，明知王鼎力支持我，亦無視李副總統），趁兩人不在，逕向黃院長薦舉陳瑞堂，城某人可等下一屆云云。關於此事，王任遠返臺後知道了詳情，曾深深地搖頭嘆息；李先生對我此事的變化從未再講一句話。

⊙對於司法院第五屆大法官提名乙事的全程，我除了被動提供私人資料給司法院參考外，未曾走動造訪任何一位相關的黨政人士；正式名單發布後，我的公、私日記上均未把它當作一件值得記載的過往生活紀錄或作任何解說評語。

第六節　報載仲模擬被提名法務部政次，中國國民黨祕書長不接受

- 一九八九年十月臺灣日、晚各報開始刊載了仲模可能被提名法務部政務次長的消息，來源卻略謂：自總統府及國民黨中央黨部得悉。
- 一九八九年十一月十日（五）臺北《自立晚報》第一版登載仲模擬被提名爲法務部政務次長。
- 一九八九年十一月十一日（六）《中國時報》連仲模照片都一起刊載，並稍作分析學歷、經歷、背景介紹，肯定擬被提名乙事；國內外親朋好友聞訊來電、電報、來家祝賀者不少。
- 一九八九年十一月十八日（六）《中國時報》創辦人余紀忠董事長（其女兒余範英是我留學日本早稻田大學法研所時，在大學部商學院剛入學的晚輩學妹）來電略稱：已電訊老友行政院長李煥關於仲模調任法務部政次工作乙事之消息是否正確？李煥院長答稱：我知道城教授，但不熟，以前我在黨部工作時，也都沒機會接觸；很多人告訴我說他是黨外人士，思維很前衛……余對李說：這位年輕人在日本留學時跟範英很熟，城先生也有多次在《徵信新聞報》（《中國時報》前身）發表長篇報導日、韓見聞記事，這人很不錯……李對余說：最後決定權在李登輝總統。
- 一九八九年十一月二十七日（一）臺灣省政府府會於三時半即告結束，邱主席請我到辦公室，略

稱：已向李院長再次表示城……若到法務部必能承擔責任……但，李院長告訴邱主席人事案已初步解決，林錫湖由常次升政次，常次由臺南高分院檢察署首席檢察官翟宗泉接任（據聞：翟係前一陣子鐵腕處理飆車族違規事，很得到長官的賞識）；我在日記上寫「仲聞之，平心靜氣離去，並坐國光公路車返北，下午四時三十分至七時。」本案俟中國國民黨中央黨部核定同意後即可由行政院正式發布。

• 一九八九年十一月二十八日（二）上午九時三十分李總統有其他要事在總統府召見；十一時三十分李總統再次召見吩咐研究十二月國民大會投票分析及國內政治情勢評估、展望。

• 一九八九年十一月二十九日（三）今日午間電視播放全案已定。當天，我的日記記載：「仲模：平氣する（即心平氣和）甚至可說如釋重負的喜悅。只是，很多法曹同學（學生）、親朋一定很失望。我想：1.李總統今日在中常會（只開四十分鐘）一定爲我的事，很複雜（心情），甚至心痛（這已是第二次，第一次副總統任內推薦我當大法官沒成）；2.有關我的事，李以後，也許一不做、二不休……幹了，除非明春總統落選。」

• 一九八九年十一月三十日（四）行政院正式發布人事命令：法務部政次林錫湖、常次翟宗泉。

• 一九八四年至一九九○年邱主席全勤於臺灣省政府，我也於同時期勤務於此機關，那是國內政治發展最關鍵的動盪時期，也是我人生過程中極關重要的壯年潤身及物時段；我因爲是被借調的關係仍然要義務授課；也因爲相當的一段時日經常提供我法政專業上蒐集的文獻資料給李登輝先生（臺北市長、省主席、副總統、總統）參考斟酌；所以，我雖然運動神經敏捷，愛好各類身體鍛鍊，但我實在不擬參與時下大家都很夯的打高爾夫球，完全不理這種球敘可能帶來豐富的社會關係連日動之附加價值。簡賅鋪陳，記如下節。

第七節 國內政治發展最關鍵的動盪時期

- 一九七九年十二月十日高雄美麗島事件，臺灣國內外聞訊震驚。
- 一九八〇年二月二十八日林義雄家發生滅門血案。
- 一九八〇年四月十八日軍事審判判決：施明德無期徒刑；黃信介有期徒刑十四年；姚嘉文、張俊宏、林義雄、林宏宣、呂秀蓮、陳菊等處十二年有期徒刑。
- 一九八〇年六月二日臺灣各大報傳媒，刊登全國各大專院校的教授學者合計八百零一名簽署「我們對黃信介叛亂案的看法」，主張爲「保民族千秋的命脈，要子孫萬代的幸福」，「對於任何別有用心，歪曲事實的惡意批評或干預……絲毫不猶豫的嚴正拒絕與駁斥」。當時，臺北的中興大學法律學系主任城仲模、臺灣大學法律學系主任楊日然拒絕那份聲明的連署。
- 一九八一年七月三日旅美學者陳文成返臺省親，卻被發現陳屍於臺大研究生圖書館外側地面上。
- 一九八四年十月十五日作家劉宜良（筆名：江南）在美國舊金山達利市自宅遭槍擊死亡。
- 一九八六年五月十九日黨外運動人士於臺北萬華龍山寺以「綠色行動」集結眾多人群，籲請徹底解除戒嚴。

• 一九八六年九月二十八日「一九八六黨外選舉後援會」於「下午三時在圓山大飯店一樓敦睦廳舉行推薦大會典禮，向社會各界公開推薦一九八六年黨外參加立法委員、國大代表選舉候選人」，後援會召集人游錫堃、副召集人顏錦福、蔡龍居；實際上，該會的集結是設計為「民主進步黨」成立大會。

• 一九八七年七月十五日在臺灣的戒嚴令解除（從一九四九年五月二十日起接戰地區戒嚴令實施、共歷三十八年又五十八天）（自一九七九年十一月二十五日我在《臺灣時報》第二版發表「臺灣地區戒嚴問題之平議」起，有關實施戒嚴、解嚴、新制定國家安全法等直接、間接相關論文計有十餘篇）。

• 一九八七年十一月二日開放在臺灣的人民得前往中國探親。

• 一九八八年一月十三日蔣經國逝世，李登輝繼任總統。

• 一九八九年三月三日臺灣省桃園縣觀音鄉鎘汙染案嚴重，府會指定仲模為召集人負責查明處理；這是以後我擔任法務部長時「國土保持」政策的濫觴案件，亦是該國土保護政策靈感的起源。

• 一九八九年四月七日鄭南榕（《自由時代雜誌》負責人）拒國民黨警總的逮捕行動，引火自焚身亡；（附註）一九八九年六月四日中國北京天安門事件。

• 一九九〇年三月十六日至三月二十二日臺灣學生運動（又稱臺北學運，或野百合學運）六千名全臺大學生集結在今自由廣場，提出四大訴求「解散國民大會」、「廢除臨時條款」、「召集國事會議」、「政經改革時間表」。

第八節　壯年潤身及物尚可爲社稷展翼鴻猷的時期

我與中國國民黨、民主進步黨等黨政無任何交錯關聯；原本我就不擬參與任何政治性活動，卻異常用心關懷臺灣發展成西方高水準社會生活文化或日本條理井然的社會生活秩序的可能機會；加以留學時孺慕西方歷史上諸哲人賢士所主張之民主、自由、法治與個人基本人權思想，乃經常爲文對於國府偏安臺灣，依然貫徹黨國不分的中國傳統獨裁統治、持續數十年的接戰地帶戒嚴令毫不鬆手等大加撻伐，也響應聯合國人權宣言中住民決定的核心權利思維；再說，我個性不含「奉承」、「鑽營求取官位出頭天」的DNA（可能和少年時就讀基督教長老教會興學的臺南長榮中學之教育啟迪有關），亦無「低俗的窮困人」之「收禮」或殷富商賈作爲釣餌的闊綽「送禮」習慣，致身邊左右上下親朋長輩對我叫好之聲不少，仲模終究是與當時臺灣經中國化徹底洗腦的時代背景和大環境無法苟合融入，擬用力薦舉我的人也只好龜縮消極一途。一九九〇年六月連戰接任省主席，雖事先來電略謂我們都是臺南市同鄉，許多人稱讚我做事有條不紊亦都很稱職等，而禮邀續爲省府服務，當然被我婉謝。

第九節 「城老師被選爲熱門教授」的驚諗

這是一件我根本未曾注意過，也沒有特別欣喜過的軼事。時間大約是在一九八七年春梢，全臺各大學學生組成精選各自大學裡「熱門教授」（即最受歡迎與尊敬的教授）的創意活動。事前，各大學教授無人得悉消息，也未知如何評比選出，其條件、學科、項目、配分、標準、類比等均不詳。似是當時的《中國時報》記者黃寶萍的調查採訪所發表的記事消息（剪報是學生寄來的，未註明哪一報紙、版面及日期）。標題：「國立中興大學，吾愛吾師㈤中興法商」，廣受學生推崇的熱門教授有法律學系的城仲模（當時我是被借調臺灣省政府，有義務返校上課）和社會學系的陳皎眉（陳教授系政大專任，來中興法商兼課）。易言之，全法商學院合計二百多名教師中，竟然僅相中我——一名借調外勤的教授？黃記者載稱：「一位已畢業又回學校聽課的學生站起來對全班同學說：城老師被選爲熱門教授了，這眞是實至名歸，我們爲他鼓掌吧！熱烈的掌聲響起，城仲模才知道自己是學生心目中的熱門教授」。

黃記者寫道：城說，教書十六、七年，每堂課結束前，我一定自問，今天是否盡職，使學生聽懂了？如果自覺有一點不盡心，都會使我很慚愧。「就是這份責全心理，城仲模每周在法商學院上課時，不僅中興法律系的學生來修，也有外系生旁聽，就是已畢業、甚至已爲人師的學生都來聽他分析各有關行政法的案例」。法司四黃惠芬說，其實城老師的課，必須戰戰兢兢地做好課前預習，否則根本無法聽懂，但是大家依然期待上課，他不僅傳授了知識，更讓學生感受到學法律者應有的責任感和使命感。從來不蹺城老師課的徐玉玲認爲，他的課既不風趣也不幽默，可是，他的教學對學生獨立判斷能力的培養相當有益。本篇記事的大標題是：「未必風趣幽默，卻傳授精髓」。

「城仲模對於自己爲學生所做的一切，都視爲當然，他說：過去我在大學裡沒有得到的我都要給學生，即使我現在借調省政府服務，我仍然認爲，教書是我最重要的事業」（黃寶萍記者調查採訪我之後所記載的文字）。

我早年遊學日本東京早大、東大，歐洲奧地利維也納大學及美國威斯康辛州威大校本部麥迪森，合計八年；目睹這些國家憲政法治文化根基深厚，普遍民衆對民主、自由及個體化權利意識潛藏在生活習俗中，深受感動。返國之後，乃決意幫助臺灣從根部做起，盼望在大學裡盡一介知識分子的良能善意，也排除了多少親朋摯友熱心薦舉參與政治選舉等建議；無如竟意外地參與了實際的政務，吸取累積了寶貴難得的書籍未必可盡詳述的政場複雜瑣碎百態。但我依然未泯初衷，於省政府借調八年中，盡心實踐教學、寫作與社會服務，也爲了透明、公開我自己，每學期或學年必邀學生們到家裡包水餃，我三更半夜開始烹飪煮出兩大鍋玉米湯和酸辣湯（我親自準備材料、調味、製作），餐後上樓在大臥室席地、坐床上開講人生經驗或留學軼聞（有一次竟容納了六十三名學生），午後三時許下樓到院子玩手臂摔跤、照相等；我的用心無他：讓學生們彼此和老師融匯生活、學習在一起。我不因借調其他公務機關而忘了決心履行培養年輕世代的責任。到如今憶起這一些往事，還是覺得很心滿意足，因爲我跟學生們之間的情誼、他們之間各自的事業成就等都會跟我保持相當的聯繫。

第十節　奉諭專程去香港爲臺、中關係探路（或係第一梯次「祕使」）

一九八八年接近歲暮冬初時分，我仍然全神貫注在省政府的公務、中興大學法商學院的教職、家裡小孩尚未成年還是需要照料陪伴，內子在東吳大學文學院德文學系兼課亦忙碌異常，而我還是經常被李登輝總統請過去「官邸」研參國內外急速蛻變的法政問題。年初，李總統接任國家元首及執政中國國民黨主席時，正值國家政治萬端驚險、經濟盤整未發、財稅金融亂象叢生、國防軍務低沉消極又呈懷憂喪志、黨務特務家臣遺緒、企圖翻轉克紹箕裘，警總無厘頭地到處壓抑、社會民心茫然搶著外移、教育文化一而再地繼續扭曲本地傳統、大衆傳媒擴大爭霸盤據、國民群體感情陷入溝壑等歷經了近四十年戒嚴、白色恐怖血腥專制威權統治後的空前劇烈震盪之際，又逢國際關係極度險峻，臺灣與中國問題究宜如何清理總結國民黨、共產黨歷史糾葛，好讓絕對多數與中國未曾有過恩怨情仇的臺灣人，從此擺脫那命運多舛的他人之間歷史共業宿命作祟的打結情勢；我走我臺灣的陽關大道、你做你中國的霸業大夢，各享和平安居。仲模有幸親眼看到李總統每日如履薄冰應對如此未曾有過的立體性、多元性——承擔過去、面對現在及改造未來的世事時局。李總統在就任後才五十一天，就風塵僕僕應邀赴新加坡共和國訪問，可以窺知他胸懷鴻圖、運籌帷幄，積極準備爲國家所遭受的桎梏尋覓解套線索。基此，乃於極機密籌劃後決定派出李身邊成立未及一年的四個智囊團（1.法政教育組；2.經濟財稅金融組；3.國際外交組；4.臺—中關係組）的混合組四名，專程赴香港爲臺—中關係探路之旅，這是我所知道未經公開過的「第一梯次祕使」軼事。

一九八八年十一月十九日（六）上午本組搭中華航空抵達香港（高雄—香港 CI831 九時三十分至十一時；十一月二十日返程CI830 十九時四十分至二十一時十分抵臺北松山機場）。午後二時半即刻開始會談臺、中關係及今後和平發展之策劃與措施；對方領隊是中國揚名國際的農村民族社會學元老費孝通教授（一九一〇年生），名片上正面僅寫「費孝通」，背面「FEI XIAO TONG PH. D. (London University) Huxley Lecturer RAI Honoury Fellow LSE.」，費氏自一九八五起任職北京大學社會學研究所所長，中國人民政治協商會議第六屆全國委員會副主席，他似是汪道涵（一九一五年生）在上海時的前輩，也是江澤民（一九二六年生）的大前輩；副領隊李慎之（一九二三年生），一九八五年任職中國社會科學院副院長兼美國研究所所長，李氏曾於一九五四年至一九五七年隨同周恩來參加過日內瓦會議及萬隆亞非會議，亦曾陪同鄧小平出訪美國。中方隨行教授及祕書四人。這次雙方的接頭敘談，外界無人知曉；在仲模日記上只記載：「HK」，任何接觸的人名、職務、旅館、時與事及詳細談話內容，均未留下隻字片語紀錄；交換的名片，除費、李外，全數銷毀，以免滋生「文字獄」之災，當時臺灣社會尚存在的肅殺之氣是如何的嚴峻，由此可見一斑。雖然，該次的會敘意義非凡，一切的情景、彼此互動、語氣遣詞、眼神交會及笑容或驚奇，都不因三十年前的往事而煙消雲散，是歷歷如昨的清晰。我們是隔天清晨，午後再各一場的敘會；對方由費引導開口，李循序接下發言或答語。開始時很制式地問「你祖先來自福建或廣東何方？遷臺第幾代了？是信仰媽祖或關羽（關聖帝君）？有沒有去中國大陸旅遊過？」費、李交叉話題主軸，全場皆以「都是中國人」、「炎黃子孫」、「中華民（國）族」、「民族大義」、「血濃於水」、「兄弟情分」、「歷史文化相連」等為核心基礎；再兼談臺灣問題事實上已於二戰末期「開羅宣言」、「波茨坦宣言」、日本降書時，明確議定，回歸中國；一九四九年十月共產中國建立政權時起，中華民國即已從中國政治歷史中消失，蔣介石父子確是利用戰後國際情勢渾沌，逃過追殺、竊據臺灣，負嵎頑抗中國統一大業云云。我方強調臺灣人民對民主制度、個人自由、國家法治和維護人權的信仰與奉行，非常執著，是極度反共反集權的思維；臺灣民族相當多元和諧，被殖民統治的經驗記憶是長期累積凝聚愛臺灣情感的膠著劑，數百年來的遞嬗創造而形成嶄新的文化生活價值觀，做人處事誠正踏實，不貪贓枉法，謹守社會生活秩序，已然有別於舊中國醬缸文化；阿Q不實的幻夢強國民族史觀那一形態的思緒，早已遠飆到太平洋的泛泛海濤裡；我們對今日的中國，因歷史蛻變，既無任何關聯亦非常的陌生。印象中我們的談話論列，我方有兩場半是勝券在握，即提出的論點及臺、中關係在國際交涉、條約、會議文獻資料上，均讓對方語結或難予駁斥（對方看起來不大像土八共的不學無術，是可以講理氣的；只是，那幾個祕書、隨扈手措緊張、表情嚴肅，如臨大敵的情狀）；最後，他們發現我很堅持自己站在臺灣人民主、自由、幸福生活的確信與立場，絲毫沒有退縮，因此而另找下臺階的洞口，笑著說：「我們回去，三個月內把在福建，你的宗親城姓家族祖籍親屬相關資訊詳盡告訴你。」此話一出，我心裡在私忖竊笑：中國最經常、拿手、簡易統戰臺灣人的法寶竟然可以這樣沒有時代進化觀、科學性、不分皂白毫無差別性地搬出來想要說服任何一個有尊嚴的臺灣住民！一直到半年後，仍然音訊杳然，沒能等到回函告訴我福建方面「城姓宗親」的信息；這是我早已預料到的結果，因為我的祖先城殿並不是福建當地的人！

第十一節　府會指定召集開會懲處陳定南縣長

一九八九年臺灣國內外政治、國安及社會依然動盪、血腥或和解——奧林匹亞委員會硬要臺灣或ROC改為「中華臺北」（Chinese Taipei）名義，鄭南榕、詹益樺分別於四、五月間自焚殉道，中國北京六四天安門鎮壓屠殺民主學運人士、十一月德國柏林圍牆倒下、捷克首府布拉格（Prag）發生「天鵝絨革命」、十二月美國總統喬治・布希與蘇聯領導人戈巴契夫在馬爾他舉辦高峰會結束冷戰、同月東西柏林布蘭登堡重新開放、東西德總理莫德羅・科爾相互迎迓構合促成德國統一。中國國民黨統治下的臺灣，雖號稱強人已逝、戒嚴已解除，但動員戡亂時期的嚴厲習癖、肅殺網羅依然持續；八、九月酷暑盛夏天候極不穩定，省府委員會議時，民政廳主簽提出一個專案擬懲處宜蘭縣長陳定南，請討論公決。當即由邱主席指定仲模召集，組成專案，研究查究。緣起於這位無黨籍縣長頻頻下令：1.裁撤人二室及學校安維祕書；2.銷毀公教人員「忠誠資料」；3.取消縣內電影院播映國歌；4.辦理二二八事件追悼紀念活動；5.撤除公共場所懸掛蔣介石、蔣經國遺像（尚留孫文遺像及只懸掛當今李總統肖像）；6.辦公處所升降旗有危險或不方便時，得將國旗永駐桿頭，不必因夜晚或天候變晴時又恢復升旗。陳縣長的這些措施指令，被人二單位或國安政戰機構層報到省府；尤以第5.、6.兩項，被視為已違背法令，應依公務員服務法移送行政懲處。仲模謹按，「中華民國國旗國徽法（一九五四年十月二十三日修正）第八條：室外懸掛國旗之時間，自日出起，至日落時止。第十三條：天雨時，除特殊情形，必須懸掛國旗外，應將國旗降下。雨停後，再行升上。

第五章附則，無違反時應懲罰之規定。」另依「國旗國父遺像及元首玉照懸掛要點」（內政部行政命令；一九八八年五月二十日修訂），機關學校團體應懸掛國旗、國父遺像、蔣公遺像，蔣故總統經國先生遺像及元首玉照（但自二〇〇二年七月一日開始，公共場所只需要懸掛國旗、國父遺像與現任元首即可）。我是個急性子的人，凡經手負責審查的大小案子，都會盡快詳查、開會、討論、研擬結語轉報府會最後公決；本案在中興新村召開第一次會議、在臺北杭州南路糧食局二次會議，從八月底以迄十月，甚爲冗長的研議，席間，除張賢東省府委員自始表示「無懲處必要」外，主管廳積極主張必予處理衡酌處分程度，委員及其他廳處主管、代表大致隨之，只一、二位不表意見。我心裡有數：1.這是國民黨故意找碴，擬欲影響陳縣長年底參選第一屆增額立法委員之聲譽；2.陳縣長的言行舉止是曾得罪了不少人；3.絕對多數的參與會議者均是國民黨長期以來所培育出來的忠貞幹部，當然不輕易放過這「無黨派的黨外人士」；4.法令所要求於公務員者，當然須厲行，這叫「法治行政」，陳縣長故意違悖，倒行逆施，是須予以一定程度的處罰，以免「破窗理論」的擴大；5.兩蔣對臺灣今日的經濟繁榮、社會安定，尤其是經國先生才過世不久，不予懸掛遺像，是與「永懷領袖」，感銘故總統之「全民意願」背道而馳；6.黨國官僚教育早已入心附骨的人認爲：中央政府若有官員或主管是如此放肆，已是無法容忍，何況地方政府官員，仍須懲辦，以昭鑑戒。

本案之研議，我始終思慮到該法律制定，命令訂定的時代背景、本質、普遍適用及特殊情況的變通、民選地方首長的行政裁量權，以及法令內涵字裡行間的文意和釋義學上的解讀，尤其當時有法規會代表提到公務員服務法之該當性，更讓我小心翼翼，耐心地予以解說。「公服法」第五條：「公務員應誠實清廉，謹慎勤勉，不得有驕恣貪惰，奢侈放蕩，及冶遊賭博，吸食煙毒等，足以損失名譽之行爲。」第七條：「公務員執行職務，應力求切實，不得畏難規避，互相推諉，或無故稽延。」第二十二條：「公務員有違反本法者，應按情節輕重，分別予以懲處，其觸犯刑事法令者，並依各該法令處罰。」本法制定於一九三九年十月，是政治史上「訓政時期」倫理教條文化的產物；時空演化，人事全非，這種舊官僚體系，不少人曾是中國國民黨地方民選首長績優而被延攬到府會擔任委員或主管的，依舊緊咬這與時局完全不搭嘎的空泛、意涵不明確的早期守則，準備據之而加以懲罰民選地方首長的行政裁量，還以爲有殺雞儆猴的教訓作用，確實是不可思議，也不厚道。

我把府會交付的專案會議稍加緩慢地從省府本據地拉到臺北來開會，有意冷卻與會人員的騰騰霍霍，並配合增額立法委員於十二月的選舉；終於如我所料，陳定南縣長高票當選了立法委員，他要在同月二十日任滿離職，我即刻搞定最後一次會議時間，與會人員果然冷靜了下來，都不多講話，或講些無關緊要的意見。我最後總結本案不予處分；呈報府會順利通過。

第十二節　借調省政府八年期滿歸建

一九八一年二月臺北市長李登輝奉派轉調臺灣省主席，他邀我一齊去，幫他整飭建立省府新法治處務風格；但在中國國民黨中央黨部關鍵性的審查會中有人嫌稱「他是黨外的」，乃從省府委員新名單中除名。半年後因爲有出缺，李主席又請我送件審查，通過後於一九八二年七月一日從國立中興大學法商學院法律學系借調臺灣省政府擔任省府委員；旋於一九八四年五月二十日李登輝先生躍升爲副總統，邱創煥先生接續省府主席職務，經他禮邀留任再當馮婦；時光荏苒，一晃即又六個寒暑，一九九〇年六月我婉謝了新任主席連戰的邀約，歸建返回興大法研所繼續執教法學研究。那八年的借調行政實務是的的確確捲入了「政治漩渦」誤闖了沼澤叢林，致使學術研究鑽探的力道稍微緩了下來，那是我極度掙扎痛楚的負面事實；但臺灣地方政府實務情狀卻很鮮活跳躍地展現在我每日公務行程的各個角落，讓我親身閱歷到了「政治眞可怕」、「官商勾結」、「拜金主義，苞苴公行」、「民主法治洪荒原始林的瘴癘」、「普遍低度文化水準及避秦慌亂保命之流顯露原形的窘狀」，以及「方領矩步」、「不愧不怍」堅守崗位呈現優秀品性的部分公務員，商賈事業經營者之敬業行誼等等，累積起來對我人生學習成長過程的重大影響，應是難能可貴的另類收穫。

我在邱主席六年間的省府公務生涯裡，印象中比較深刻的經常性公私難釐之歷程，除了以上已載記詳述者外，尙包括有陪伴主席：與臺灣中部或北部地區大商賈的酬酢、在南投中興新村省府所在地資料館接見來訪外賓或全球各地返臺訪問的僑領、留學生、學者，邱主席邀請省府委員高爾夫球敘（仲模未曾參加過），每年一次全體省府委員到各事業單位視察及旅遊，各委員就其負責的縣市均須定期或不定期督察訪視，去桃園慈湖、大溪頭寮一帶的「謁陵」、「祭拜」（仲模多次告假未參加），偶爾被邀到中興新村環山路七十號主席公館午餐或晚宴，適時商討公事或垂詢法學學術界的國內外新學理發展，而一年兩次邱主席領銜在省議會的省政總質詢，及一年一度省政府統轄全省各縣市政府，事業機構、金融銀行單位等的預算審查會（主持人是省府委員兼祕書長），這兩者均是主席、各廳處主管及各事業機構的「重頭戲」時刻。省議員的猛烈問政、批判遣詞用字的尖酸刻薄、出口如雷轟、語言又詭譎、眼神似寇讎，都讓人留下極深刻的影像；那時，口才最便給者如鄭逢時、林宗男，黨外省議員聯合質詢如蘇貞昌、游錫堃、謝三升，都有如電影中英國下、上議院的辯論一樣的精彩。至於預算會，會中各機構、單位首長、主管最「恐懼」的人是呂芳契省府委員，他對預算的增刪取捨因其在臺北縣議員、議長二十餘年的豐富經驗，深諳箇中微妙分寸，知道如何使用泵浦原理，逼迫或要求下個會計年度達到兩倍或三倍成長目標，被審查人幾乎都是顏面極度嚴肅地吞下呂委員「再造佳績的苛刻勉勵」。那一、二十個機構單位，絕無遁逃、轉彎、迴避的機會，那種「恐怖」增加年度收入、刪除非必要編列等要求，迄今想起，仍感嚴苛肅然，但非無理由，因爲各機構、單位主管，很多是退休退職後改派「肥缺」的公私（黨政）合營事業單位，「官僚心態充斥，輒無專業技能學養，得過且過混日子的情形可不少」。

一九八二年七月起以迄一九九〇年六月梢，我被借調臺灣省政府擔任省府委員職務，中興大學法商學院的授課依法規尙須上課，我經常超過教授八小時已滿足的時數，直至增長十三小時一周（連夜間部）；八年的借調超鐘點授課及六年一次的公定休假一年，我仍然連續上課的總時數，至少二千五百小時，我都沒向中興法商申請半分應得的鐘點費款；只是我覺得省府的薪俸已夠家用，不必多做計較。教授同仁爲我叫屈，我卻一笑置之。一九九〇年七至八月，我的教職身分是歸建在中興大學法商學院法律研究所，但此際大學已全面進入暑假，興大及法商學院除必要校內或院內會議、新生入學活動等公務外，並無授課或其他暑期附加業務。

一九九〇年七月六日（五）中國國民黨中央黨部常務委員陳金讓先生（公職：國民大會議長）和仲模面晤，他以嚴肅誠懇態度對我表示：他經與黨部相關人士研究尋覓之後，決定由他出面（陳係我大學時法律學系的學長）禮邀我到中國國民黨組織工作會擔任副主任……我以「政治、政黨組織業務，實在缺乏參與意識和意願」為理由，婉謝了他的好意延攬邀約。

第十章　在考試院任職

第一節　監察委員對「準考試委員」的嚴厲口試（審查）

一九九〇年七月二十五日（三）報載仲模將被提名擔任考試院特任考試委員（仲模謹按：當天上午中國國民黨中央黨部中常委開會，其中有一議程內容涉及試委提名人事案，日昨已洩漏了這「機密」消息）。果然，隔日總統府祕書處一局來電請仲模提足學、經歷證件；二十八日（六）午前我親自送件到府。八月十六日（四）監察院全體監察委員從上午九時起在大會議廳按排序面對面審查被提名人；仲模被排於十一時二十分至十二時三十分以口頭直接答對審查。至少有十二位問仲模關於大學、留學、返國服務迄今的學經歷等諸事；印象最深刻的問話是：1.你一口氣留學日本、奧地利再赴美國，歷時八年，這在當年是很少有的紀錄，你是自費？還是公費？獎學金或半打工等，以何種方式完成學業的？2.你在早稻田大學的碩士論文是「死刑廢止論」（指導教授：齊藤金作），我國有這種條件嗎？3.你在東京大學再進修亦是跟日本最著名刑法學者團藤重光、平野龍一及藤木英雄等教授學習最新犯罪學、刑法學、社會防禦論、刑事政策，爲何依然去註冊跨學門田中二郎教授的行政法總論？4.什麼理由促使你離開日本遠赴歐洲奧地利維也納大學？尤其是何故改學行政法？5.很多臺灣的留學生到德語區是選南中北德，你有無特別緣故選擇了維也納大學？6.你在日本早大約兩年得到法學碩士，在奧地利維也納大學三年多得到專業行政法學博士學位（Dr. rer. Pol.）這種速度是平均，還是快了一些？為什麼？7.你還遠赴美國威斯康辛大學（Madison校本部）做post doctor research（博士後進修）？你的學習計畫似在一直延續而未完了，你的「雄心壯志」目標在何處？8.一九八〇年代，中國國民黨政府為廣招歸國學人或各界年輕知識分子加入公務員行列，在考試院舉辦了甲等特種考試，國內外許多菁英分子報名參與，以你的情形，只要提出碩士、博士論文，料必順利通過，你為何沒報考？9.一九九〇年代，我國國內在白色恐怖案例：如「孫立人兵變」疑案尚在軟禁監控中，「泰源事件」震撼爆發等依然籠罩全臺各角落，人心無比畏懼，而在國際外交，政經、文化、科技、運動及對日美關係均步入最艱危的時期，你是懷抱如何信念與決意，和時潮顛覆而返回臺灣？10.你返國至今已近二十年，其間在行政院法規會，政戰學校法律系，中興法律系所及臺灣省政府從公或教書，有無學以致用，協助桑梓建立更紮實的法治宏觀？11.你對於我國多年來實施民主政治、法治行政所獲致的成果，持如何的看法？

仲模對於監委（絕對多數具中國國民黨黨員身分）之提問，均以誠實、學理及自己的確信，言簡意賅地答覆。一來一往之間彼此態度亦算眞誠用心；大致言之，年紀較大的監委只是提問題，卻不太注意我回答的字斟句酌及內容意涵，而由省議員選出的監委，地方經驗豐富，問話淺顯直接，比較喜歡我講些國內外的對照分析及我個人的見解。

第二節　不參加國家考試的人竟被任命爲考試院考試委員

人生旅程曲折婉轉，世事變易眞難捕捉。猶憶，大學畢業行將離校時，石超庸校長請我面晤，勉諭我說：「一流頭腦的人是不會去參加國家諸種考試的……」我一輩子奉守這一句話，從不參加任何考試院舉辦的國家考試，因爲我能完全領略石校長（是讀書人，耶魯大學法學博士）的心底語意（他洞察時局的智慧與眞誠）：臺灣在中國國民黨統治下舉辦國考，是在延續中國明清兩代上京赴考科舉八股文似的統治術，好讓全國菁英專從其中討生活，而不鼓勵人類原生的創意能力，甚至策略性地磨滅、壓抑對專制統治的反抗；從考試院組織的那一批委員人馬、考試規範、必考三民主義、國父遺教、蔣總統訓詞、嘉言錄、中國歷史、地理、中國法制史、國文，甚至法律專業科目的出題方式（申論題）、典試委員的邀聘、採分標準等，均係在篩選方矩已被框成中國國民黨教義下同質性特高的一群人，這樣的組織環境中你即使榜上金名被提了，也只是預告你一輩子平庸俗氣地白忙而已。到如今，我卻通過了國家制度所規範監察院（相當於民主國家之國會——釋字第七十六號）監察委員的審查，被總統任命爲特任考試委員。

一九九〇年八月三十一日（五）是考試院第七屆考試委員任期屆滿之日；我們第八屆方剛被任命的十九位考試委員：

- 于惠中（籍貫山西）臺大理學院教授，父爲國防軍事將領。
- 譚天錫（廣東）臺大理學院教授，專業普通動物學。

- 王執明（黑龍江，女）臺大地質學系教授。
- 曹伯一（浙江）中國國民黨黨工，王雲五學生，專研中國共產黨政權。
- 王曾才（山東）臺大文學院教授，專研世界歷史。
- 洪文湘（安徽）中國國民黨青工會副主任，專研會計學；總統府鄭彥棻祕書長女婿。
- 陳水逢（臺灣、嘉義）中國國民黨中央黨部副祕書長，王雲五學生，專研日本史。
- 郭俊次（臺灣、臺南）立法院特任祕書長、立委、專研政治、公共政策及組織學。
- 陳炳生（福建）行政院人事行政局副局長。
- 余傳韜（湖北）中央大學校長，副總統陳誠女婿。
- 張定成（湖南）監察院長辦公室主任、參事、書法家、國學教授。
- 城仲模（臺灣、臺南）行政院參議、中興大學法律學系所教授、系所長、臺灣省政府委員。
- 施嘉明（臺灣、嘉義）行政專科學校、政大、王雲五學生、臺灣省政府民政廳副廳長、考選部政次。
- 周何（江蘇）臺灣師大國文系主任教授，專研中國古典文學。
- 張鼎鍾（雲南，女）臺大圖書館學與資訊科學教授、監察院副院長代院長張維翰之女兒。
- 何世延（四川）清華大學教授，兵工工程學院化學系（即中正理工學院）出身。
- 耿雲卿（河南）臺灣高等法院法官（原軍旅出身）。

- 田維新（陝西）中央大學英美語文學系主任教授。
- 劉疍（江西）總統府第一局長、東吳外文系教授。以上除有八名外，均得有國內外專業博士學位。

經協商合議擬於今日午後五時首次一齊會聚在玉衡樓對面辦公大廈大廳並安排孔德成院長與林金生副院長蒞會；祕書長報告試院經常的各式會議、審查會，試委辦公房間的抽籤決定，考選部及銓敘部、行政院人事行政局等機構的業務內容等，然後由院長簡單致詞歡迎第八屆考試委員的到院首聚。緊接著是各位新任試委三分鐘爲度的自我介紹；大家循序客氣且節制地講了話。可是，問題來了：張鼎鍾委員雙手緊握麥克風，滔滔不絕地講述她旅美在印第安那大學學習圖書館資訊學科日子的艱辛與喜樂，不管已講了近十分鐘，話匣子一轉進而對國內相關研究的不盡理想橫加批評，要求改善；此時站在一旁的郭俊次委員似已按耐不著曾身爲立法院祕書長的脾氣，暗示張委員宜請收起話匣，換別人講話，惜並無效，郭委員見狀乃使出物理性方式要求她節制；把麥克風拿了過來，由郭委員按序簡述自己……我在旁觀察情狀，私下非常確信這起事件的背景緣故：「我在這時、地多講幾句話算得了什麼？」、「我有民意基礎，也曾維持過偌大的國會（立法院）秩序，顯然這種欠同理心的行爲，實在不宜今晚大家初見面時來發生」；很明顯地，這是爭取今後的話語權，是心態及意識幽游出現的時代劇。

這是一九九〇年代起手式的開端，也是蔣經國過世已近兩載，而總統李登輝先生的民主改革列車已發軔的時期；看看這十九位委員中，臺籍的四位已是歷屆破紀錄的多（自一九四九年中國國民黨政府來臺灣，臺籍人士每屆次擔任試委的僅只一名）；回溯一九四五年迄今已近半個世紀，臺灣的現實政治、社會、文化、教育情狀、特任公務職位是否已臻公平配置等眞是不言而喻。

一九九〇年九月一日至一九九四年九月三十日仲模服公職於考試院，擔任第八屆特任考試委員。初始，院長孔德成、副院長林金生（兩人均特任，無考試委員身分），一九九三年一月五日孔、林任期未滿，提出了辭呈，同年四月二十四日兩人榮退；孔德成係孔子第七十七代嫡長孫，第一代大成至聖先師奉祀官（歷史上最後一位世襲有給職特任官員）並任總統府資政。一九九三年四月二十九日（四）邱創煥院長、毛高文副院長（兩人均未具考試委員身分）到任召開第一次考試院院會。

考試院創設於一九三〇年一月，下置考選部與銓敘部（其後增置保訓會及基金監理會），職掌國家考銓事務，合稱「考試權」，其係依據孫文三民主義學說，除行政、立法及司法之外，另增考試權及監察權，通稱「五權」以與西方三權分立制度比照對稱。學理上（其後根據「中華民國憲法」）其係全國最高考試、銓敘等文官制度的總樞紐，就考試舉才而言，早期甚至有人稱考試院是翰林院，是西方國家所無之中央建制機關，因此，不少知識分子趨之若鶩；但隨著時代的進步及政黨起伏輪替、用人策略政治操作之庸俗化，現代化社會普遍的觀感認知，今昔已不能同日而語，輒有撤廢之議論[1]。根據史料所載，考試院考試權固曾在舊時代發揮了捍衛帝制專擅壓抑民智自由自主的思維創意，爲政者確信它尚可用，卻不顧時代的腳程已變，而仍愚民式地宣傳它是中華文化的精華，荒唐的理論一大堆，竟也入憲了。其後仔細觀察它的發展，凡擔任院長以次考試委員之類的，數十年間都沒兩樣，通通都是特殊官宦、權貴同類性質的人，不是來做事而是被安置來養老或終老的黨國大老元勛；雖然偶爾也有眞才實料者得以機會進入這「大觀園」，但是實在寡不敵衆，無濟於脫古改革再造機運之宏願。只是，它既是憲政制度下的國家中央五權機關之一，其設置功能尙在經常運作，任何一位國民就不能不對它關注有加。

轉任考試院後，我異常用心去研讀它的史緣、歷屆人物、制度性功能及院內院外事務互動、院部局的文官政策和推展狀況；嗣已大致掌握了他的總體運作靈動後六個禮拜，亦即一九九〇年十月十一日（四）院會時，我首次舉手發言（並擬此後每周四院會時有系統地提出一連串考銓策略性的建言）：「1.行政院郝柏村院長表示，明年動員戡亂時期終止後，要在考試院外設一個非常態性的人事機構，隸屬行政院，其是否與五權憲法精神有違背？考試院是否需要基於憲政制度發表我們的立場？2.考銓人事法規相當龐雜，且多已過時跟不上時代，是否組成一專案小組，對老舊、或將要新置的院內機構，譬如公務人員保障暨培訓委員會組織條例之研擬等，做長期性的研討？3.一個多月來，本席認眞、仔細觀察院（試委、祕書處）部（考銓）局（行政院人事局）間的縱橫彼此聯繫關係，非常不理想，是否需尋覓如何改善以臻『實質文官制度總樞紐』的建置目標？4.考選部每年舉辦的各種特考、高考、普考、檢定考試等等極夥，其中對於『制式』必考科目，如國父遺教、三民主義、中國史地、中國法制史、國文作文等，是否可以相應遞減其配分表上的百分比，而增加專業性的新知科目；又如採分評比的方式，亦請精密、愼重衡酌等級標準，以免因分數給予不精確、不公正，辜負了莘莘學子的辛勤，影響其前途。」

我語畢坐下，滿懷期待孔院長一言九鼎的具體回應；眞是意料之外，他和藹地對我說：「感謝感謝，多謝，其他委員有無意見？」、「沒有，那我們繼續研議下一討論案。」剎那間，院會議堂上氣氛非常凝重，總覺得院長確實是在注意聽取我的建言，可是怎麼不裁示處理？此時孔院長身邊的祕書急步往我貼近，小聲耳語：「對不起，城委員，孔院長聽力有障礙，沒能聽清楚你完整的意見；我都已經記錄下來，會後會詳細跟院長報告說明。」隔了兩天，祕書特地來辦公室看我說：「院長已經完全了解了，他會處理。」從此，這件事便就「音訊杳然！」這次的事情經過，給了我嚴重的衝擊：孔院長今年七十歲，林副院長七十四歲，剛獲留任，可能還有一段時間的共事，但是那麼重要的院務會議無法立即反映處理，此後每周四我還來出席院會嗎？兩老確實是好人，各有中式及日式的禮貌與客氣；可是，我這麼要緊的年齡體能時段，就如此虛耗在這種政情大環境態勢體制裡？湊巧在這時候，消息傳來：「孔林」兩位續任不會很久（事實印證，一九九三年元月五日前後提出辭呈），邱創煥資政並非絕對不考慮來院擔任院長（邱院長於一九九三年四月二十四日到任）；讓我想起了禪宗六祖慧能：「一切萬法不離自性……自性能生萬法」、「非風動，非幡動，仁者心自動」的哲理，我就「隱忍一小段時間吧」，其他，我就採取「天行健，君子以自強不息」，並加「自力救濟」，靈活一點，積極自動找事做吧！

根據我日記簿上的記載，第八屆考試委員在孔德成院長兩年八個月的領銜下，大致上並無特別革故創新的考銓績效，大家的日子變成很好挨過；試委的業務工作內容，就是每周一次的院會，各種國家考銓相關的會議非常的多，各類典試委員的輪流擔任、全國性及全省考試時，分區蒞場負責管制、院內特殊案例與法案的銜命召集或參與審查（譬如：行政中立法、公務員基準法）並彙綜整理提出院會報告、擔任各種考試時的閱卷採分典試委員會召集人，院部會間人事上必要的應酬交際，年度預算審查時難免與相關立法委員有酬酢往來。但是，就在這段時間裡，我個人的生活並不輕鬆：1.須在中興大學法商學院（現已改制爲臺北大學）及東吳大學法學院授課；2.需經常在報章雜誌上撰文發表及接受新聞記者的各式採訪（含上電視及廣播電臺）；3.經常要去總統官邸研討，研擬重要國事備忘錄，並銜命撰寫專業性憲政改革的制度面暨法律意見；4.李總統「智囊團」法政教育文化組成員的經常性聚會研究問題；5.新聞評議會（王洪鈞、潘煥昆等都曾擔任理事長）的定期審查會（祕書長是賴國洲）；6.每月一次或隔月一次與我所創辦或參與的各種朋友聚會（或餐會），譬如：金石會、名仕會（Ambassador Club）、臺北大同扶輪社、青松會、三八會、歐洲聯盟研究協會、日本早稻田臺灣稻門水曜會、臺灣行政法學會、東亞（含臺、日、中、韓）行政法學會、臺北市臺南市同鄉會、臺南市城氏宗親會等；7.家裡庶務不少，內子曾在淡江文理學院、政戰學校德文系及東吳大學文學院德文系兼課，兒子正值高三、大二時期需父母關照生活學習諸事，內外庭院的整理、除草種花、修剪各式大榕樹樹型、杜鵑花叢等（我返臺迄今，從未聘請過幫傭料理家務事）；8.次數頻繁地在中央各機關或地方政府幫忙審理法案，訴願及法學相關演講（含大學、中學、民間社團的專題演講會）。

第三節 孔、林正副院長任內發生的幾樁軼聞

孔、林正副院長任內，即仲模在考試院前半段期間，有幾件事情亦頗值載記存眞並供憶往參考：

一、考試院內機構主管不諳法規時局的移異

一九九〇年十月二十三日臺灣省公務人員特種考試入闈；仲模來自臺灣省政府，碰巧在考試院到任約一個月，經公開抽籤膺任該次考試典試委員長。這一個省級考試是試院僅次於中央年度高特普考規模最龐雜、應考、錄取、動用人力、物力堪稱最大宗的國家地方考試。省政府及各縣市地方政府都樂見仲模負責試務，也認爲必將可以放心、信賴考試事務都能在合情合理適當情況下進行，我個人也全神投入試務、按序愼選各組別召集委員、決定本年度考試基本策略與錄取標準，召開典試委員會（我特別注意到臺灣省基層公務人員法治素質的提升與公務倫理誠信人品的道德要求——譬如：絕不容許考試作弊等）、典試會我致詞時提到典試委員閱卷時謹愼準確採分。兩天的筆試，全省考場分布相當綿密（盡量方便考生）；我自己主持在臺中一中的考區考場，上午九時正在考國文科時適遇附近大運動場有熱鬧的校際運動會，致詞、音樂、節目進行時的廣播分貝超量，我立即請人事處長李博士（留英學者）處理，他立刻轉請部屬同仁：快一點去「警察局」報案並請速消音或降低分貝……我馬上跟李處長細聲說明新法定主管機構是「環保局」！這件事讓我吃驚，印象

深刻——法規的修改變革與人民的習慣認知，竟會發生如此的落差，更何況是級階已到簡任官的處長，對於時時在變化工作分配的機關職務功能，依然沒有敏銳的觸角去領略到；法規發布後因宣導不足法治教育怠忽，這叫普羅大衆如何去守法及適用國法？這次考試的循序進行，直至試後閱卷、計算分數、評定錄取直至放榜，均順遂達標，參與試務的很多試委、典委及院內外同仁、教授，得到不少的敘獎。

二、考選部諸種試務，問題仍一籮筐

關於考試院，考選部的諸種試務，多年來雖已逐漸有革固及新創的績效，但亦有多項迄今仍無解的狀況持續存在：1.應考科目的調整；2.誰來出題及出題形態；3.典試委員等人的適格選任與閱卷速度、評分標準、如何閱卷點記（曾有五、六百份國文試卷在兩、三天內評分完畢，或法律專業科目一包約三十五份當中，百分之九十是一題二十五分僅給一至三分，理由是沒有按照閱卷典試教授教科書的學術性見解回答，亦有典試委員不加逐句細點紅筆記號，只逕採分數等）；4.典試委員、襄試委員在規定閱卷期限即將來到，便趕緊在異常火速時間內全數試卷點記完畢，顯然是極度草率、不負責任的行徑，若予以客氣警告仍不聽勸，下次可不再延攬；但問題卻出在本次考試，必定有不少考生因閱卷委員怠忽責任的態度而影響了被錄取的機會；這種事態經常突然發生，迄無法完全改善；5.考試院是一個「老衙門」，是五院裡最沒受到一般民衆普遍關心注意的中央機關（唯一座落在「荒郊野外」的院級機關），當憲政組織，制度在設計時原已乖離各先進國家甚遠，因此，工作同仁不分高低階層（政務官除外），移動率極少，又因專業職務性質的緣故，是相當蔽塞的公務系統，欲求其具創新性，談何容易，宜如何改造體質，本就問題一籮筐。

三、五權分治國家一級機關設計功能、效率淩亂雜沓

另外，考試院偌大的國家最高考、詮、保訓、監理機關組織，試委十九位均爲特任、獨立行使職權，該院政策及有關重大事項需經院會討論，但回首探尋歷屆院長、試委，要均「黨國元老」、年邁老臣居多（愈是早期愈是如此），該院年編預算根本無法與行政院人事行政局（現在已改制爲「人事行政總處」）比擬！這也難怪一般民衆大致知道誰是局長，院長是誰在擔任少有知悉。每周四上午九時開會時，人事行政局長是「敬陪末座」，也較少發言。用正常的思維，這是一個無法用常識理解的國家一級機關功能精準分配下之組織，任何人一看即知：是非常缺乏效能和效率的機關制度安排。

四、考選部王作榮部長被安置於錯誤職位

一九九〇年九月一日考試院考選部長是新任王作榮先生，銓敘部長陳桂華續任；而考試院正副院長孔德成、林金生先生亦係續任，第八屆考試委員十九位也於此日就任。八天之後，即九月九日（日）午後六時，李登輝總統親身來電略稱：你剛從臺灣省政府轉調來試院，諒已漸漸習慣試院公務……考選部王作榮部長是一位政策經濟學理論與實務經驗極爲豐富的兩棲均佳的讀書人；個性耿

直，講話了當，常在無意中得罪人，但秉性善良，沒有私心，我特別禮邀他出任部長，也希望有一番創意性的試務由他推陳出新，請你特別幫他，也支持他……一九九〇年十月十一日（四）午後四時半考選部王部長親自接待孔院長及全體試委，例行性地做了簡報，王部長除了報告考選部向來的業務內容、社會各界對於國家考試試務的建言之外，僅說接篆未久，未來鴻圖尙在愼審研擬云云，但話鋒一轉，卻對五院憲政運作、試委中欠缺財經專業人士、甲等特種考試嚴重破壞文官制度及院、部內僚氣太重，阻礙了朝向現代化的可能機會等，大肆批評。簡報時，滔滔不絕地論說意見，眼神並不投注到院長或試委；此時，我私忖：這一定會有後遺症，我也無從插嘴爲他減緩試委們心中的不悅。從此以後，在院會中，只要有考選部的議案、議題，或媒體報導考選相關疑案而試委稍加質問時，立刻會有相當尖銳的攻防辯論，甚至拍桌還擊試委的情事。我心裡明白，這是事出有因的：謹按，本屆組成前，報端諸多揣測：以王作榮先生和李登輝總統間的私誼共事經歷，王可能被提名爲其他行政院重要財經首長、至少考試院副院長，無如，最後發表爲「非核心」處所的院部主管，王先生實在也難免心生「壯志未酬」的嘆氣。一九九一年元月三日（四）上午十時五十分院會結束後，孔、林正副院長被動邀集全體試委在另一中型四樓會議室召開「祕密會議」，探討如何對應讓大家「極度頭痛」的王作榮部長；因爲他口舌犀利、主觀傲骨、個性太強又直來直往、耿介敢言、心直口快；在院會裡，對考銓制度設計裡的眞正主人——考試委員，絕無退讓或聊表敬意，場面經常是互不相讓的僵持著，孔院長年邁重聽，輒不知如何調處化解，致院內的政策釐定、會議研討效能發生嚴重停滯，僵立失措。試委當中有幾位是家世顯赫之後裔、或本人即是中國國民黨的要員，在本次會議中發言表示：務請孔院長逕予王部長傳達試委們對他在院內合議制開會中一意孤行的講話態度、重批考銓業務一無是處等宜做必要調整改善。會議中大家所列舉有關王部長的「不是之例」，要均大家都當場看到，感知得到的事實，我曾發言：請各位試委同仁將心比心，從王部長改革心切之善意稍做必要之容忍，也從他經歷過的行政院美援會、農復會、經濟策略釐定之艱困，乃至《中國時報》總主筆筆鋒銳利之表現、屢次仕途多舛的遭遇等去體諒他「現在的脾氣」，或許大家尚可稍加緩和彼此的心境。我對於王部長惹出的這一些事端，心裡頭真正的想法是：有關當局是把他「放錯了可以貢獻心力、展現才華的位置」，但是，我一時尚不方便講出口；這次的會議結果，就如預料：只是讓本屆新試委們四個月來心中的鬱悶找個宣洩的出風口而已，若以孔德成院長、林金生副院長及王部長三人均已年逾七十歲以上，體能顯已衰弱的狀況而言，開一次「密會」即擬解決長年累積養成的狂傲性格問題，當然是會以落空收場的。

一九九一年五月二日（四）上午十一時二十分院會結束後，十一時三十分至午後三時，全體試委開了一個「祕密會議」，深刻檢討院長、副院長與祕書長三老（均無考試委員身分資格）已無能力應對當前頻頻發生，卻也正需急於處理之事，更甭說對於考試院未來新創意展望及執行能力。試委提出的諸多批評，率多落在對人、對院會裡所提問題的處理藍圖之落實執行；最後是發現彙總了諸多試委的建言卻全部被封存在他們各自的書櫃裡日月累積塵埃。乃又於翌日，五月三日（星期五）下午四時十分，由陳水逢、城仲模、郭俊次、施嘉明、張鼎鍾、張定成、于惠中及譚天行，八位試委特邀孔、林正副院長出面溝通協商今後試院擬予奮力施展鴻圖的大計畫；會中結論諸項，兩老均無異議並承諾答應負責貫徹推動。其後方知，開會結束曲終人散時，一切期待力行實踐的重大試院考銓事項，均亦被封查存參、告終完了。一九九一年十月十七日（四）上午考試院院會中再發生了前所未有的試委和王部長間意見不合的巨大爭吵，雙方均重拍會議桌面以示嚴正確信己意與不苟同對方，王部長甚至在氣極下提到對方前曾發生過的往事，場面的爭鋒相對、音量破了分貝；此時，我站了起來走往右邊六、七個座位處的王部長，請他坐下稍事冷靜息怒，好不容易終告一切回復肅靜的議場，突然間大家看到王部長緩慢地站了起來，對剛才的失態點頭表示歉意。王部長的考銓政策、督導等職務，經邱創煥院長，直至一九九六年八月底，翌日九月一日轉任監察院長。

五、軍人轉任公務人員考試的奇異情景

一九九一年四月十五日（一）考試院考選部舉辦國軍將領轉文職退輔會公務人員面試（軍法官已考過國家特考及格取得公務人員資格者除外），試委和外聘專業教授五人合爲一組，只口頭甄試；參加之將官至少五、六十名，分十餘考場進行。必考必問的，包括憲法、行政法、民刑法及訴訟法大要、國際公法與國際組織；每場分二小時，上下午各二場，均著西裝。我所主考過的（有一位官拜中將的應試者，一進場即以「標準軍禮」對我大聲的叫出「老師好」，一時讓我非常訝異），以及其後大家共議決定分數與錄取標準，大致均認爲平均程度甚爲不理想，有時連該科ABC程度都茫然不知，經常遇到的回答是：軍事部隊用不著這些，因此，比較少注意或甚荒廢了。但，放榜的成績卻全都及格而順利通過了出任國家公務人員的資格。這種情形，被傳媒通稱爲

時代變遷下的國家政策；我個人在如此嚴肅的國家考政上所採取的態度是：按其口試的答對內容和綜合程度、考量公務機構（譬如：退輔會、各縣市民衆服務站、農牧漁水等會、上中階公務所需等）基本知識需求而爲判斷裁量以求合理適當與合法，我所採的分數均在及格七十分之階層，更高分不可能，再低分會造成一部分人入社會生存生活面的籌維拮据，這樣的分數標準當然也隱含：新的春天也尙須多加充實。

六、郝柏村院長的「英雄本色」？

（這裡的載記是按照編年時序順，故事的發生與考試院無關）

一九九一年六月二十八日（五）上午七時四十分，我搭機飛抵夏威夷檀香山（Honolulu）擬即赴彭明敏教授將於七月一日至三日主辦的國際學術會議「臺灣政局的發展：變數、課題、抉擇」研討會議場；入境驗關時，我把早在飛機上塡妥的入境單交給一位男性白棕色驗關員，起初他面帶微笑，他看了表格、抬頭瞄我一眼，把單子退還給我，僅用手勢掃了一下表格國籍欄位置，輕輕地說：「這裡寫錯了」，還順手遞給我一份入境塡卡；我仔細察看，原塡單子並無錯誤，但還是重塡了一次，再遞給他；這一次，他有點火了，說：你職業欄寫著「Professor of Law」，怎麼還寫著我們美國人所陌生的ＲＯＣ（TAIWAN）？他一氣之下，自己再抽出一張入境塡卡，在國籍欄上要我只寫「TAIWAN」。這一情景，排隊在我後一位的立法委員謝長廷伉儷都目睹了；我們同行的還有翁燦燃教授、高英茂教授、高育仁立委、張榮豐董事長等及幾位眷屬。返國後，謝長廷立委在立法院國政總質詢時當面向郝柏村院長告知「有一位政府特任官」在夏威夷驗關時的遭遇，若閣揆你本人遇上此種尷尬事，因為事關國家名稱與國格在對外國際社會或友邦的通融度，非同小可，你會怎麼辦？郝答覆：「我一定會理直氣壯，堅持再寫ＲＯＣ，一直到他理由放行」；行政院郝院長在其過去長期軍旅生涯裡的英雄本色氣魄眞的是顯露無遺，但其嚴重欠缺國外私人旅遊實務經驗及國家國際外交處境艱困程度是如何的深重，因長期窩在臺灣國內軍部裡，外頭環境、國際情勢險峻危殆，或尚懵懂無知而成狀況外，一仍舊慣在臺灣國會殿堂裡公開講了那缺乏普通常識的話，造成隔日報紙轟動的大新聞。

七、仲模初任試委不久，即已看出不適宜久待

仲模在考試院任職的前半段，係指孔德成院長以次自一九九〇年九月一日迄於一九九三年四月二十四日和林金生副院長離職期間。因國家機關設置、組織建構、人事配置及業務內容乖違先進國家的常態化措施等，我在初任時不久，即已看出非常不適宜在此久待。因此，在前半段中後期，我除了熱心投入院部各種法律專業的主持或參與研擬、修正，譬如：公務人員基準法、行政中立法、退撫新制文官制度改革案、組織法相關的修正研究。其他尚有要緊交誼活動等需予載入存眞的，如：

- 一九九二年三月十九日（四）六時三十分至八時四十分，《中國時報》余紀忠董事長請吃飯，單獨就國內外情勢交換意見，發現他思維進步中帶有中國古文化思緒的根本想法；仲模和余董女兒

余範英是一九六四年初在日本、早大學日語時認識的學妹。

- 一九九二年三月二十一日李憲文忌日的十周年，翌日下午七時三十分至九時零五分在李總統官邸家庭禮拜，仲模夫婦被邀參與，總共不到二十人，場景肅穆，異常靜謐，充滿追思。
- 一九九二年四月十九日（日）民主進步黨（DPP）大遊行，二十日（一）占領忠孝西路火車站前，二十四日（五）上午四時至八時民主進步黨火車站前示威，群眾被驅離。
- 一九九二年五月二十三日（六）仲模由高天生、魏耀乾陪伴兼辦手續到臺北土城看守所特別探望因政治立場與中國國民黨對立的張燦鍙以及郭倍宏。
- 一九九二年五月二十七日（三）教育部，仲模被相關委員會公推出任全國最高教師申訴會主席。
- 一九九二年七月六日（一）下午四時，孔德成、張維一（祕書長）、洪文湘委員與仲模四人，詳研周何考試委員個案。
- 一九九二年九月二十三至二十八日與少數幾位好友赴美國參加民主黨總統正副候選人柯林頓（Clinton）、高爾（Gore）在NY Watson家小型酒會裡會晤，及隔日在全國黨員大會與他們鄰座。
- 一九九二年九月二十三日（四）有一位高醫出身的人士來訪，希捐款贊助民主進步黨重要數位愛臺政治人物，請仲模轉告親遞。
- 一九九二年九月二十九日（二）約三個月期間，自由時報創辦人林榮三、長子鴻聯，總編輯顏文門、義美公司高志明等人經常在我家、林府及佳佳保齡球館辦公室，探討政經情勢與人事安排等。

• 一九九二年十二月二十三日（三）晚間七時三十分至九時十分，李總統家庭禮拜，邀請參與人：張學良夫婦、謝森中夫婦、黃大洲市長、楊三郎夫婦、吳炫三夫婦、仲模夫婦、簡又新夫婦等。

• 一九九三年一月一日連日來各報紙紛紛刊載揣測仲模可能轉往監察委員、也有說是法務部長、教育部長適當人選。

• 一九九三年二月一日下午七時至十時五十分，彭明敏教授、吳慧蘭祕書來訪、晚餐，仲模和秀華開車親送他們返淡水彭寓所。

• 一九九三年二月十日（三）李煥祕書長辦公室祕書王小姐約仲模於二月十八日（四）下午十二時三十分至二時四十五分，兩人在世貿大樓三十四樓單獨談論家、國諸事。

• 仲模自一九七六年搬入士林士東路八十九巷自宅以迄二〇〇二年搬離，屋內、院子、花草、樹木、草坪等，都是仲模利用周末或周日親自整理：包括四棵大榕樹一年三次的修剪。

之外，因國內時局特別地動盪、李總統領銜呼籲策動下脫古以迎合新時潮的必要措置，源源不斷地湧出，我必須分心投入國家邁向民主、人權改造行列，貢獻能力於襄助登輝總統解決國家所面對「保守勢力」的杯葛抵制，更重要的是用心去思考普遍人民欲求的滿足以及跟循國際時潮所趨而為嶄新的推展，這些，事實上花了我極大部分的工作時間（這種情狀始於一九七八年以迄二〇〇〇年以後，其詳容後細數）。

第四節 邱創煥、毛高文正副院長履新，試院氣象煥然改觀

一九九三年四月二十四日（六），歷任內政部長、行政院副院長、臺灣省政府主席、總統府資政的邱創煥先生奉李登輝總統明令派任為考試院院長；副院長毛高文曾任國立清華大學校長、教育部長，祖籍浙江省奉化溪口，與蔣經國前總統有親戚關係。在臺灣，這個老氣橫溢的考試院，如此的新陣容調配之結合，一望即可預期或將有一番革故鼎新，比較有果敢脫穎而出的嶄闊恢弘氣象。

一、試委組團到歐洲考察研究的主題架構

臺灣政治、社會、文化、媒體傳播各界，對考試院第七屆雖有比較多一點的嘉許，並略謂：「本屆考試委員之精神、特色，除上述犖犖大端而外，即以開會次數及通過之議案法規而論，亦為歷屆所遠不及。」但考試院組織態樣——國家考試及全國人事之詮衡，以考試院會議為決策機關，考銓兩部為執行機構；考試委員十九人及兩部長組成之院會，執掌試院政策及其有關重大事項，全部以會議議決行之，院長無最後裁可權，是故，若干年來都未能發揮五權憲法的積極功能，甚致一蹶不振而成為人所戲稱的「橡皮圖章」……[2]

其他，諸如：

1. 歐洲有無國家中央一級機關只辦考試銓敘業務？
2. 國家人事制度，含陞遷、保障、退撫、養老等政策、法制的總樞紐掌握於內閣以外的同等

憲法位階之其他中央機關？

3. 另外，在內閣裡再有一個人事行政總局之設置掌握至少有百分之八、九十百分比之全國公務員，而其首長卻要參加考試院院會聽命於試院委員對文官制度政策性之決議。

4. 中央公務人員與地方公務人員是否宜分別建立迥然不同之體系關係？

5. 「公務人員基準法」、「行政中立法」有無立法之實用意義？

6. 臺灣在一九六八年以迄一九八八年，共二十一年間舉辦了「甲等特種」考試，總共計有一千八百五十名報考、一千八百三十四名到考，及格四百九十一人（約爲百分之二十六點七七）這是特別爲某些黨國族群接續政權而設的仕途陞遷捷徑（至少在公務生涯可節省十八年的時間），從已公開的網站裡可以查出宋楚瑜、錢復、馬英九、陳沖、毛治國、徐立德、王志剛、胡志強、李大維、尹啟銘、李述德、陳庚金、張哲琛、伍錦霖、趙守博、章孝嚴（後改姓蔣）、李煥子女慶中、慶珠等人可數（陳履安與連戰未曾參加過「甲考」，仲模曾在士林連宅親自聽到連震東夫婦對我說：試委不少是政場失意人士，他們對我有太多偏見，所以，我絕不會讓兒子去參加甲考而被修理出局云云。）這種騎龍登天術的甲等特考，在歐洲有無類似之例？是否符合公正、平等原則？

7. 考試技術，分階段分級考試及人員的培訓宜如何精進改革？

8. 是否宜有題庫之類的開創性措置，以求更臻國家考試的公平適度。

基於這些緣故，試委中多人建議組團到歐西各國去考察；乃由郭俊次、于惠中、耿雲卿、曹伯一、何世延、趙其文委員公推仲模爲團長，於一九九三年九月十六日至十月四日啟程前往土耳其、希臘、義大利、教廷、奧地利、瑞士、法國等國考察相關制度。沿途，我對於上陳八個大哉問謹記在心，在正式拜會、研討會、散步、宴會、搭車移訪時，都沒有放過機會，一再追問至問題的核心交界；私下利用休息時或晚上返回房間勤作紀錄、發抒感想。總體而言，詢問諸疑惑，被訪者均甚好奇驚訝：反過來垂詢，貴國的國家公務員等人事制度，究竟是學自哪一國家？或自國的創意發明？全球文化制度國情訊息，已臻如此快速與普遍，我們大家齊聚在關起門來的國內，不問時間的迥異，還無時無刻地歌頌「主義」的思想偉大、「遺教」是天縱學理，明眼人一瞥即知那是一再自我麻醉沉淪的表徵。本團返國後仲模曾於考試院第八屆第一四三次會議中詳作報告考察情形與感想。在中南歐旅次上，倒是感受到一些、見識到一些「事蹟」，記錄下來，資作往事回憶與警惕。

㈠對自己國家的敬愛、自信與自尊

土耳其人及希臘人各具濃厚的回教與東方正教信仰，目睹各該國清真寺、教堂上崇拜者的影像與背影，彼輩的篤信皈依，一絲不苟，令人印象深刻；尤其因宗教緣故而興建的大殿堂，極爲宏偉又壯觀，揉合建築科技及藝術美學，直臻至高神靈境界，令人嘆爲觀止。可是上述兩國及義國羅馬以南諸地，是比較屬於經濟落後的均窮區域；伊斯坦堡古城令人追憶歷史過程的幽懷，到處都是千年以上文化、藝術、戰禍古蹟，年輕人的熱情達觀與友善，雅典城墎內外的整齊、高度文化氣質的談吐，對待旅客的眞情流露，讓人流連忘返、留戀不捨離開，羅馬以南各地是外地來客最顯顰眉蹙額的地區，雖然名勝古蹟無數，但治安秩序隨時使人提心吊膽，火車抵達羅馬時，心情才稍感放鬆而不那麼地繃緊，俟離開米蘭，車行進入奧地利國境，才眞正感覺舒暢愉悅。雖然，訪察過的七個國家之公務機關，事先充分準備排場及文獻資料，自然流露的簡報答詢，都可感受到他們對自己國家的敬愛、自信和自尊。

(二)羅馬年輕貌美女生來當「義工」導遊

我們考察團從希臘雅典搭上大型旅遊郵輪，經著名蔚藍海天一色一望無涯的的愛琴海，橫渡逕達義大利東南岸海都布林迪西（Brindisi）上陸，改搭快車前往西邊龐貝（Pompei）廢墟古城，而後抵達美不勝收的拿坡里（Napoli）漁港城鎮。我雖身爲團長，在參訪遊覽中卻遇上了三名從羅馬來的年輕美貌遊客，她們原以爲我是日本人，所以講出了幾句日本話問我來自日本哪裡，她們曾在東京、京都旅遊半年，稍懂日語，經我告知本團來自臺灣，她們依然熱情地跟我們全團人「搭訕」，或說英語、也講日語，直到快車抵達羅馬，她們還是跟我們搭上中型巴士，當起了導遊的地陪義工，除了語言上的稍有不便而外，確實比我們特聘的導遊（留意臺裔學生）更熟悉這世界著名的羅馬古城。這三位義大利女生對陌生的我們（都中年以上）是如此天眞浪漫地陪著大家、介紹義大利的歷史典故及現代文化藝術歌劇的進展，偶爾也反過來問臺灣的相關人文故事，讓我印象極爲深刻，也開啟了我對西方人年輕一代的大方開闊、四海一家人生觀的新體會。繼之，本團亦走訪在歐洲僅有的建交國：梵蒂岡聖彼得廣場（Città del Vaticano, Piazza San Pietro），再驅赴翡冷翠

（Firenze）、比薩（Pisa）、米蘭（Milano）、威尼斯（Venezia）而後進入奧地利（Österreich）南方名城克拉根福（Klagenfurt）。本團曾經由我國駐教廷大使館的安排進入聖彼得大教堂（San Pietro）及駐在主教辦公廳，與兩位中階宗教主管談論在東方天主教教義推展的困扼，當然他們指的是中國方面的自主自立作風，讓教宗的全球性策劃屢遭挫折，卻盛讚臺灣宗教信仰的自由開放與政經科技文化的穩健進步；只是，我強烈感受到：教宗聖若望・保祿二世（Kard Józef Wojfyla）雖承認在臺灣的「中華民國」為邦交國，但一直在關注與中國的建交，所以幾次國外正式巡訪，從來都是跳過臺灣而不來叩門打個國誼友善的招呼；所以，連本團的正式拜會都沒派出外交使節高階主管出面。

㈢有人偷雞摸狗闖出糗事

當我們初抵土耳其伊斯坦堡住進一家四星級旅邸，總經理很客氣地出迎本團，並對我說：貴團方離國門，難免想家，若需利用國際電話，本旅邸特別優惠：電話前四十秒不計費……我把這個好消息即刻轉告諸團友（一九九三年九月十七日晚間）；嗣隔日下午結帳時，有一位軍旅出身，當過司法官的考試委員來跟我說：我的電話費怎麼那麼昂貴，計需一百零五美元！我即去交涉，總經理出面說明：這裡的電話付費制度是旅客在房間裡拿起電話筒、轉動輪盤時即予開始計錢……本團試委同仁卻很聰明，拿起電話筒，轉輪盤號，打臺灣區域及家裡電話，等到家人來接、通話約三十八秒時立刻切電，幾分鐘後他再同樣打電話回家，就這樣一個晚上打了十幾次家裡電話聊天。另外，又發生在同一位試院同仁的小故事：當我們的中型巴士行經曲折蜿蜒的義奧邊界時，（一九九三年九月二十四日）已近午時需下車進去一家大型豪華休息餐廳，我經大家同意，每人發三十美元當午餐費；若選擇在有服務生殷勤服務的小館，一餐平均就是那樣的費用，若去自助餐部門，則十至十六元已頂不錯，全團都很節省，選擇了buffet lunch（簡易午餐），個人去取麵飯、肉類、沙拉、菜餚。每位手推菜盤撿菜平放盤上，循序到收費員處計價算帳；突然一直排在最後一位的試委與收費員爭吵了起來，我立刻從前頭折返試圖調和，那位試委說：每個人都是十五元左右，為何她要我付三十五元？收費員很客氣的用當地話（德語）告訴我：這位先生盤子內撿了兩大塊牛排，一大塊鱒魚，其上是用義大利空心麵遮蓋，所以，我據客人撿了的內容收費，若他不想那三大塊魚肉，可以當即退掉兩個，結果這試委三個全不要，她說：這只是八元的菜麵，請再撿一點東西，或要一點飲料，因爲最低消費是十元，他堅持不肯加，要逕付八元……此時那位原本笑容可掬的收費員似有點無奈（客人不少，似有壓力），請他全盤放下，不必要在本櫃消費，最後才心不甘情不願地多撿一些，付了十一元。堂堂一個國家特任官在歐洲高度講究誠信禮儀的社會商業慣習裡，只因個人不小心的兩椿行誼舉止就闖出了這種糗事，眞叫人羞愧難堪。

二、中國國民黨祕書長子女兩人政治嗅覺顯非「甲等」

一九九四年二月二十四日上午九時考試院會準時開議，全體試委在邱院長、毛副院長及考銓王、陳部長等均照例參加；大致翻閱重要、機密議案案由後，我已感知大家都心緒非常凝重嚴肅。

李慶珠於一九八八年曾經參加考試院舉辦的甲等特種考試及格，擔任僑委會第二處處長職務，因被檢舉所提論文「我國人才外流與回流之探討」疑係抄襲陳聰憲的碩士論文「我國輔導留學生回國服務之研究」而引發，該甲考審查教授為黃昆輝及吳子丹，於審定時，均沒注意有抄襲之情，亦都給予高分及格過關。本案在院會中一經提出，院長邱創煥當即指定「由副院長毛高文主持審查會，全體考試委員、王陳兩部長與會參加」，並請盡速……旋即於當天下午二時三十分至六時三十分經過冗長縝密之思辯，最後，認為依據公務人員考試，李慶珠使用「不當方法」、「使考試發生不正確結果」，由考試院吊銷考試及格資格。審查會裡，因王曾才、曹伯一兩位試委出國未及參與；主張依事實及證據精算抄襲百分比而後認定者（含主持人）共五人；明顯找理由護李者（譬如：認為陳聰憲所提供者係論文手稿，當然無法依著作權發明審查規則註明出處云云）亦有五人；持中立不表示意見者三人（以上所舉十五位均係考試委員）。審查會的翌日，各大報均稱：全院審查會成員幾與院會成員是相同，除出國者外，餘均出席審查會，並一致通過上述決議文云云，與事實過程有間；只是，審查會中並不動用表決，而是確認是有問題，非撤銷及格資格、吊銷考試及格證書不可。一九八六年李慶中甲等特種考試亦曾被揭發：原本不及格，後經考選部次長傅宗懋介入協助又復活及格；其後因事態流傳於巷弄之間，報章雜誌、電視報導評析踵至，乃倉促辭去行政院環保署副署長職務而免去社會各界的議論側目。

事實上，李慶中、李慶珠兄妹參與「甲等特種考試」能於一時之間圓滿「及第」，都是時局情勢所造成，易言之，都與彼父李煥有直接或間接關係；三、四十年來，李煥是蔣經國總統黨、政、反共救國團裡頂尖的左右手，栽培、提攜、獎掖、拉拔、任命重要官職者，不計其數，向來在儒術傳統文化裡「有恩報恩」已是普遍周知之事；但是，一九八六年（蔣介石總統死亡相隔十一年）、一九八八年（蔣經國總統死亡的當年）及其後的一段歲月、人事遞嬗，已乾坤百折千變萬化，雖然，李資政曾經突於一九九三年二月十八日十二時三十分至下午二時四十五分單獨禮邀仲模在世貿大樓三十四樓，闢一面對窗外風景宜人的密室，一起用餐，天南地北談論臺灣政經、社會、文化、教育、黨務、團務，就是完全不提其子女甲考之事；可是，這種中式古老聯繫籠絡方式，對一個身歷東瀛、歐美人格教養成長的我，並不具起死回生的作用；李府成員的政治嗅覺顯非「甲等」，因此，醞釀這些不堪的事故。

三、毛高文與仲模闢室「書生談公」論政，各有堅持

自一九九三年四月下旬考試院邱院長、毛副院長履新，即有旋轉孤寂靜默的老衙門官府之氣勢；院長苦學出身、宦海一步步踏實上進，已在跟前眼眶旁見過無數的沉浮經驗，所有的裁決都可看出那是累積堆砌而成的精華；副院長從臺大畢業、留學美國加大柏克萊分校、卡內基邁倫大學化學工程博士、曾任清華大學校長、教育部長等職，應對進退之間，和顏悅色，談笑風生，偶爾會來室閒聊古今文官態樣，話鋒一轉也會深表對國政移異、社會浮躁及政策作爲的褒貶，與人的印象是親和力頂酷的蔣家親戚。有很多機會由他主導而開創出來：常邀夫人、女兒和我、洪文湘試委一齊吃西餐，甚至洪委員臺大的學生張華禎、李紀珠等人也被邀約參與，毛副院長有時刻意禮邀仲模、

陳水逢、郭俊次與施嘉明小聚。一九九四年一月二十六日（四）午後三時，邀我到他辦公室做了個Coffee Break，他依然是笑容可掬，但我已從其眼神的積極篤定判斷他單獨約我談事，必有其嚴肅面的眞實在後頭，果不其然，問我：最近是否依舊常和李總統碰頭研商憲政改造、政情起伏的勵精圖治諸事。確實，他的「閒聊」是直接了當，言簡意賅，一方面問我意見，他方面卻也自己先表白了他的想法：1.最近大衆傳媒寫了不少李慶中、李慶珠「甲考」弊端相關諸事，你的看法？這事應該可以簡單處斷，依事實內容抉擇，不要因身分而壞了考政大事；2.你曾幾次提到考選部所定應考科目應全盤調整以因應新世代公務人員服務能力，譬如：司法官特考須加「行政法」，律師高考亦是，我非常同意你的見地；3.郭俊次委員提議試院組成一專案小組研究「行政中立法」？我覺得該法案眞的成眞，對執政黨將會有相當負面的震撼效果，也會發生許多節外生枝的困擾，我是不贊成的；4.你一直耿耿於懷的國考中必不可免的「三民主義」、「國父遺教（含部分總裁遺訓）」、中國史地、中國法制史、國文（不得少於六十分）等，事實上已再做必要的調整，一下子全免試，或許會有頗大的阻力，可否考慮一步步往著目標改進，（同年四月二十八日（四）下午二時三十分毛再邀仲模討論廢考三民主義、國父遺教乙事）仲模回以，史地法制史等已改善，但遺教部分，與時代已太遙遠，他只是獨裁專制時期的遺緒，早該廢考，不宜著附在自由民主法治人權的臺灣屋簷下，讓明眼人恥笑，並繼續戕害青年學子的心智；5.金門馬祖地區的公務人員特考，是小地方又小事一樁，但事涉國家考試的公正、公平、一致性，是需要有嚴肅政策釐定的思慮過程；6.最近大家都在熱切地討論國家元首（總統）的「委任直選」或全民直選的問題，我看你在電視、報章上都已在呼籲後者盡早實踐成眞，可是，現存的政治大環境是如此的詭譎複雜，恐怕還是須要謹愼思慮。

彙總了這些有意義的公務性意見表述，我返回自己布置典雅的辦公室，四顧謐靜，仲模持續在玩味方剛一、兩個小時的「書生談公」，自己總得出了一些主觀的理解：一個在傳統農村文化孕育出來的年輕人，雖然得天獨厚有機會遠赴美國名校留學，學習理工自然科學，見識了浩瀚的西方社會及文化底蘊，但總難免自幼以來籠罩在周遭身邊大環境的無形影響，依然保守有餘，認清當前、放手一搏的識志仍是難伸，尤其黨國的培植就如同桎梏般地環伺，使毛副院長這麼一塊不俗的珪璋終究無法脫穎自顯。

四、金馬地區公務人員考試，仲模擔任典試委員長：被稱讚符合人道及法治精神

一九九四年六月一日（三）下午二時在八樓會議室召開關於金馬地區各種考試會議，依循慣例，各試委被排序抽籤決定典試委員長由城仲模擔任，六月二十日以（八三）選特字第三六六七號發布八十三年金馬地區現職公務人員詮定資格、公務人員升等暨公立學校職員升等考試典試委員名冊：國父遺教及憲法組陳水逢爲召集人、文史藝術及外交組劉垕等、政治組郭俊次等、法律組耿雲卿等、教育心理及新聞組張鼎鍾等、人事及企管組陳炳生等、交通及土地組織施嘉明等、財經及會審組洪文湘等、建築土木水利及測量組陳清泉等、物理化學及印刷組何世延等、電機機械及資訊組于惠中等、農林組余傳韜等、漁牧組譚天賜等、醫藥衛生組織戴東原等及測驗組王執明試委；總共七十一位（含典試委員長及第二次增聘命題兼閱卷委員；考試院考選部試務相關人員未記入）。

仲模在考試院服務期間，自一九九〇年九月一日至一九九四年九月三十日，約莫四十九個月，一千四百七十天，擔任過典試委員長（含臺灣省基層公務人員特考及中醫師特考）、主試委員等，不下十餘次，爲何特以專節來記載此次考試？主因在於這三合一的金馬地區考試，形式上或內容上，尤其涉及史緣背景的異常，仲模作爲典試委員長，是特任官亦是政務人員，責任綦重，務須遵守法律要求、合法，又須合理、合情，注意到公正、公平、公開與客觀上的法治主義之要求（參典試法第十四條，憲法第八十五、八十八條）。謹按，一九四三年東亞戰況，日軍銳氣開始消殆，一九四五年盛夏，日本突遭狀況判斷失誤的杜魯門總統下令丟下兩顆原子彈於廣島、長崎，日皇宣布降伏；這下子讓國民黨的國民政府蔣介石主席極度慌張失措，因爲他沒有能力去接收終戰後在中國各地的敵營日本軍團，加上中共大舉南下，全國戰亂失序，民不堪命，聊生無著，乃大量沿海地區之農漁百姓，扶老攜幼渡海漂泊至金馬附近列嶼諸島，大夥襁褓幼孩，男生女童跟隨鄉親「避秦」登陸並和中國國民黨政府一起幹活度日。這樣俟過了三十餘年，許多人雖稍識漢字，但現代學識基礎，是無法和臺灣本島同日而語。這些人打死也不會、不能返回中國共產黨統治下的原鄉，亦無特別謀生能力，當然有不少並未具公務人員身分資格，這種情狀下一、兩千人如何去安置？（含公務人員詮定資格、年資累積升等及公立學校職員升等考試）。經過兩次試委員會開會討論，最後裁決由多名典委、各組召集人、謝孟雄監試委員與典試委員長親赴金門深入了解情況而後坐陣舉辦的考試並巡視考場（一九九四年六月二十五日至二十七日）。考試終於圓滿結束，在開始閱卷採分之前，我要求務須再開一次全體典試委員、閱卷委員等的祕密會議；緣起於我用心去了解因戰亂而顛沛流離失所、背井離鄉，長年困頓依靠在公家單位服勤打雜為生的眾多國家考試參與者而言，其生存權與工作權是一個現代文明國家政府起碼應予尊重與負起責任的施政內容。本於人性中的眞愛、理性與知識分子的基本認知，仲模決定稍寬認定的閱卷採分原則，但此次考試及格人員僅能就地服務，不能轉職到臺灣地方或中央政府，亦即貫徹適用「特考特用、限制轉調」原則。事後諸多研討，猶憶往事都稱讚這是一次成功符合人道精神又能依法進行的考試政策斟酌裁量之典範性國家考試。

第五節 期許法治國，豈可不在關鍵時刻加考現代行政法

種類龐雜的國家考試，偶爾可以看到「行政法大要」、「行政法要義」、「行政法概要」等加考科目，但這些幾乎全係四、五十年前在中國訓政時期或烽火瀰漫的「憲政伊始與動員戡亂並行不悖時期」之教科書，其內容輒與「行政學」、「政治學」、「行政組織法」、「公共行政學」，甚至很接近「三民主義」、「國父遺教」、「民權初步」等，教師們多是早期立法委員、青年團的教官，中國國民黨黨工人員，在中學教「公民」的法、政系畢業生；因此，一九七〇年代以前，在大學法學院開的「行政法」是選修課，教師不可「檢覈」成律師。這是考試院非常盡責的把關決策，否則，不曉得會有多少連法學緒論、民刑實體與訴訟法都很陌生的閒雜人會闖入律師界擾亂社會與

司法。

一九六四年至一九六六年，我在日本早稻田大學師從刑法共犯理論宗師齊藤金作教授撰著《死刑廢止論上、下冊》，一九六六年至一九六七年初春轉學到東京大學跟隨團藤重光（講授法國刑法上社會防禦論，氏曾任最高法院法官），平野龍一（德國刑法總論，氏曾任東大校長）及藤木英雄（英美新刑法論，含訴訟制度）教授持續犯罪與刑罰學之研究；其時，我眼見日本戰後社會秩序的井然循序，民主自由法治與人權的健康轉折致國力成長迅速，我也意識到日本實踐法治主義一絲不苟，既細緻又認眞；於是我趁機去旁聽人稱當代日本行政法泰斗田中二郎教授的大講堂授課。我觀察到這麼多「秀才」（日本人對東大生的尊稱），聚精會神地貫注於宗師對歐洲德奧瑞法逐步型塑法治國的精闢講述，深入肯綮，讓我萬分動容而深思改學法治理國之學。

「余溯自負笈東瀛，即特別留意彼邦接受歐美行政法制之經驗歷程；繼之遊學於奧京維也納，幸得機緣從學於當代歐洲行政法名師Walter Antoniolli，並承Günther Winkler教授誘掖獎勵，漸窺現代歐陸行政法學之堂奧及其體大思精；及再遠適美國，乃刻意於比較行政法之鑽研，冀藉他山之石以攻玉，並爲我國法規整建暨法治學步貢獻心智。」[3]

「行政法係具體之公法，亦爲憲法之試金石。行政法研究之風氣與品質，攸關法治主義之植根；國人對於行政法之關切程度，輒與國家法治前途成精確之正比。歐美日等諸國，爲貫徹其現代化憲政理念，莫不潛心愚公法學理之闡微，並力促其爲爲具體之法制，用作實踐之典範；而行政法適首當其衝，其發榮向頹，乃成爲『先進』或『落後』國家之表徵。」[4]「國人向來特重人情，鄙夷崇禮尚法，乃上千年如一日，至今仍未脫離勢術威權等人治禮法思維的桎梏，有識之士輒引以為憂。」[5]

「行政法是法律學的一環，屬具體公法的體系；行政法將法律關係當事人的權利與義務之內涵予以制度化，使國家與人民間互動作用均有客觀可信賴的規範足資準繩。職此之故，學界向來即認行政法與法治國家的成立、法治行政的推展與憲政秩序的穩固，有著唇齒相維的依存關係。百餘年前，東瀛為維新國政派員赴德習法，尤重憲政法治之觀察，稍後清廷派遣人員赴歐學習科技；不出數十年，彼邦國勢日振，而中國依舊式微如故，足徵藉由行政法的提倡與風行，是國家政務邁向現代化的不二法門。」[6]

仲模自一九七一年四月返國，即不分晝夜，孜孜矻矻於行政法學的著作、教學、演講、呼籲成立行政法學會，可謂殫精竭慮、鍥而不捨。「我國繼受德國日本行政法體系後，因戰亂與實施動員戡亂體制之關係，行政法學與法治的發展有近半個世紀陷於停滯狀態。民國六〇年代起（尤其是七〇年代之後），由於歸國學人引進新思潮、司法院大法官相關解釋的影響，以及終止動員戡亂時期後政治自由化所帶動的行政法制革新等因素，使得我國行政法的發展終於等到了『遲來的春天』。」[7]

一九九〇年孟夏，臺灣省政府改組，新任主席連戰來禮邀仲模繼續協力省府繁重業務；但我已在省府服務八年，法學學術研究稍有鬆弛，乃決意返回興大法商學院法研所，婉謝了續任的邀約。無如，此際報端各路消息卻盛傳仲模將被提名擔任考試委員。緣由起於第七屆考試委員任期將屆至，七、八月裡須把新試委名單送交總統府，乃各方熱心人士又一再提到我在公家機關服務的績優紀錄，希望在不嚴重影響學術研究亦能襄贊考銓文官制度的長足發展，積極推薦我赴任。仲模心想，考試院可做的業務看似靜態，但眞要進步脫古改造並非不可能，何況我心中一直有兩件極重要的思維縈繫，非在考試院院會中講述、爭取同意不可；終於正式結束了教職，於一九九〇年九月一日轉任考試院考試委員。第七屆考試委員有不少係社會科學專攻、法政專業的學者，對我經常在報章雜誌、廣播電臺或電視中傾力主張憲政文化、法治社會之建構、法治國原則之闡揚、法治主義之內涵與價值，諒多知悉，乃有一九八八年秋季由考選部議復關於特種考試司法人員考試乙等推事檢察官考試專業考試科目增加「行政法」科目一案，擬提考試院院會核定後分行之發布（參《考選周刊》第一六七期，一九八八年十月十一日第一版）。這一擬案卻撞擊到「本國歷史」及「強制執行法及國際私法」；幾經研商協調，終於在一九九一年秋季司法人員特考時「行政法」成爲應試科目，並事隔一年之後，律師高考亦加考「行政法一科百分之七十，國際私法百分之三十，合計一百分」。

以國家考試導向某一科目蛻變成爲顯學的現實社會環境，眞的是極度無奈的現象。我因爲「行政法」終於從夢想而成眞——司法官及律師國家考試的必考科目（當然，國家公務人員的資格考試，亦然），此後這一學門必然普遍受到重視，法治主義的推展普及，料將指日可待。心中竊喜：我國的法治社會之期待或將神速展開。可是不期然地，仲模突然接到了某位學者，現任大法官（曾擔任過考試委員）的電話，很客氣地表明了上陳「行政法」必考科目的異軍突起，壓縮了「國際私法」的必考及成績百分比的顯著地位，該科目以研學法律科系的人而言，是極其重要，故三、四十年來司法官及律師國家考試，不是單列爲一科，至少也和「強制執行法」各占百分之五十並列；所以，今年的已經成案，勢難挽回，但希望明年國家考試再回復到向來的原貌；我也非常有禮貌地表示再愼思斟酌。事實上，客觀理性地沉思一下：二十世紀已接近尾聲時，臺灣的國際地位、主權問題、全球性對臺灣的認知度，國際私法的國家間之承認、反致法、準據法等的正常適用，亦是艱困重重的。

另外，在大學校際間又傳出了許許多多的「雜音」，說與大法研任教的那位行政法教授，擔任了考試委員後，竟然霸氣十足地把他的專業訂進了國家考試法曹關係各類必考科目，顯然這是爲了寫書賣書謀求一己之私利的行爲，利用國家公器在徇私的學人云云，這時也包括私函、耳語等貫穿在法學界裡，其後甚至寫信到考選部來表示：「人性尊嚴」這種題目根本不是憲法、行政法範圍的東西，怎可當作考題？仲模立即以最迅速的反應，對外公開聲明：仲模絕不寫行政法教科書（**Verwaltungsrecht, Lehrbuch**）；我立即與三民書局董事長劉振強、五南圖書公司楊榮川董事長廢棄了寫行政法大學專用教科書的簽約，而原已答應爲臺北市公務人員訓練中心及臺灣省省訓團編撰行政法講義教材的約定，也一併註銷。至於，國立大學法學院學生學習公法時仍未注意到何謂「人性尊嚴」（**Menschenwürde**），那只好去問：教他（她）公法——憲法、行政法的教授是誰？

「行政法，民刑訴訟法相較，是一門新興的主要法律學科，他的史緣嚴格的說，還不到一百五、六十年；因爲他是政府和人民於執行公務或遵守公的秩序時應依循的法令規範，是國家與人民權利義務關係對等衡平的全『面』性『制度』，非若民事法上個人與個人間或刑事法上國家刑罰權的行使之『點』狀關係。因此，一般民衆、公務員、司法人員等，在任何時空裡，都無法逃避它隨時可能而來的適用。行政法遂逐漸成爲探索一個國家是否實施憲政體制、建立起法治行政制度的最重要探路石。」[8]

「德奧公法學者在轉述重要論述時，經常不厭其煩地描述十九、二十世紀行政法學發展的軌跡。國內學者陳新民寫過一篇『德國行政法學的先驅者——德國十九世紀行政法學的發展』，這是一段德國行政法學萌芽、茁壯過程很關鍵的時期；林紀東教授寫過上世紀前半段『五十年來行政法』及『五十年來之中國行政法』；下半段我個人也寫過『四十年來的行政法』，其期間的起迄爲一九五〇年至一九九〇年，含蓋國內行政法學、法治行政、法制及實務之梗概與遞嬗發展。這一些，並不是單純的顧念緬懷，而是想讓人們知其來路時的種切，以便墊好行政法學認識論上的基礎，爲當前做最佳的設計安排適應，並爲將來多做些未雨綢繆。」[9]

第六節　仲模放膽運作把「三民主義」、「國父遺教」從國家考試絕對課目予以刪除

「知名管理學大師彼得杜拉克（Peter Drucker）拋出一個很有智慧的觀點，認爲時代變遷快速，預測二十一世紀會讓人目瞪口呆，而快速變遷的本身並非必然存有危機；但是若還想用過去

的邏輯、所學或其他舊方法來應對，那才是眞危機。舉例言之，在此時此刻還想用『三民主義』、『建國大綱』來救臺灣，其結果不難逆料。這就是爲什麼十年前，個人在考試院服務時贊成將三民主義——國父遺教從各種考試科目中移除，而將其時數拿來讓學生學習一些新時代的新知識，例如網際網路。將遺教之類的研究工作，交給學有專精的民族社會學、經濟學或其他法政學者去闡揚。每一種學理必皆有其時代背景，俟時空移異，面目全非，新課題又源源不斷，此時，就必須有新構想、新創意，以求新對應。俗話說的好，上個世紀的偉大發明，本世紀只會是生活中的點滴而已；前世紀的哲學，而今只不過是常識。現代人，不能沒頭沒腦地聽信幾呈江湖術士般的時代混混，繼續講些老掉牙的古訓或政治囈語來耗損我們的精神或傷害我們的自尊。」[10]

仲模自留學國外，即集思、用心、沉浸於行政法理論暨實務上諸多繁雜問題之間，深想日本明治維新之後國力的茁壯、歐西國家法治主義盛行而造就井然有序的國家社會安寧穩定秩序，若得引進自己的國家，逐步仿行，必將大有可期之日。但礙於臺灣除日治五十年間稍可透視到法治推展的曙光，自一九四五年經一九四九年國民政府及「行憲、戡亂並行」的白色恐怖之施政，實質上，這種東方帝制獨裁統治行狀是與法治理念與精神極度脫節且陌生的。易言之，迄自一九九三年政治性言論自由被當局開放之後，臺灣的法治國理念才能從荊棘叢生、藤捲莖繞極度惡劣的政治社會、黨政軍警特大環境中得到一點點苟延殘喘的機會。就在這一段期間裡，行政法終能成爲國家考試重要科目之一，各式多樣的行政法教科書、理論篇、實務篇、判例集暨行政法院最新改制、地政、財稅法庭的建制，行政法規的一再重新整備等等，就如雨後春筍地滋長競生，甚至被稱爲法學新秀裡的「顯學」，過去，言必稱堯舜孔孟，現在的口頭禪則為「依法行政」、「法律保留」、「比例原則」等等。如今，仲模看到留學時寤寐以求成為法治國度的臺灣，已一步步地趨向形式上的達標，心中欣喜是如何地無以言喻，當然不在話下。

打從一九四五年入秋時分，臺灣住民又繼續橫遭外來黨政軍特經社文化的脅迫：當年十月二十五日蔣介石派遣來臺接受日軍降伏的陳儀，在全島廣播中宣稱，臺灣行政長官公署絕不會「偷懶、欺騙、揩油」，立即引發全民的茫然與驚恐，因為日本五十年的統治經驗，從來沒有正常掌權者會說出這種話，特別是「揩油」一詞，臺灣人完全不懂其深層的隱語意涵，那個遣詞不像是官方對善良人民的意思表示，反倒像土匪對被打劫地域住民暫時性的安撫告諭，這是臺灣人和中國來的官宦之輩初次的接觸與烙印，立即顯示出彼此觀點、思維、文化程度的重大落差！緊接著，南京國民政府即刻宣稱「十月二十五日是臺灣光復日（節）」，六百萬住民一夕之間改換成中華民國國籍（這兩件事，前者嚴重違反國際公約，後者也違反中華民國國籍法；此處不擬多贅），致同盟國英美澳法蘇等國均甚驚訝，臺灣知識分子、社會菁英亦不以為然；（一九四九年十月一日中華人民共和國成立）一九四九年十二月十日蔣氏父子搭乘專機匆促飛離中國偏安臺灣臺北（對內、外宣稱：中華民國遷都臺北），此時，國家已進入憲政時期蔣介石亦早已下野，並無總統職位與身分，只剩中國國民黨黨魁名分，但這家庭的活動、行止、話語、宣諭等卻猶如君臨天下的布陣，翌年三月一日蔣介石更自行頒布「復行視事」，續任中華民國國家元首，戰後的臺灣，與中國國共內戰而發生了被稱為「連體嬰」的複雜政治牽連，即是此時醞釀而成，也就在臺灣的這兩年裡公布了「懲治叛亂條例」，一九四九年六月二十一日施行，一九五〇年四月二十六日「總統」修正公布施行及「戡亂時期檢肅匪諜條例」，一九五〇年六月十三日「總統」令公布施行，臺灣歷史上所稱「白色恐怖」時期，即是因這兩條例而發軔，一直到蔣經國逝世後約六年才告形式上的段落，不論是臺灣住民（the people of Taiwan）或從中國來的軍民、公務員（the people on Taiwan），上萬人受害之悽慘情狀，史書可稽；一九五〇年六月二十五日韓戰爆發、中共五十萬大軍介入、蔣介石在臺灣對自由陣營宣稱堅決「反共抗俄」、「反攻大陸」、「消滅朱毛驅逐俄寇」、美國杜魯門總統發布「臺灣國際地位未定」之說，美國第七艦隊進入臺灣海峽、蔣在臺灣喊口號：要「一年準備二年反攻三年掃蕩五年成功」、一九五四年十二月二日美國與蔣訂立「美臺共同防禦條約」、蔣經國成立「政工幹部學校」、「中國青年反共救國團」、蔣宋美齡設「中華民國婦女聯合會」公開強行全民認捐等一連串的政治、軍事囈語充斥在臺灣空域與社會、學校、軍隊。這麼一些還不打緊，從幼稚園開始就教愛國歌曲、小學灌輸中國史地文化、中學要上三民主義課、大學必修「國父遺教」（含蔣總統訓詞），做法是鋪天蓋地、宣導天無二日，舉凡事涉政治，人人禁若寒蟬，頂多是道路以目傳訊心語。這段時期，仲模適在高中就讀，訓導主任又兼班導成天慫恿勸誘仲模加入中國國民黨，幾近強迫逼人，我未曾屈服從命，但心中對於如此的教育環境、天羅地網的思想控制，固蔽年輕人心靈的極權統治劣政，讓同學們失去了自由思索問題、創作思緒、目標、夢想開闊未來的無限願景之機會；對於這一些，我是非常厭惡的，也經常在思考：總有一天需有膽識地振臂一呼去改造它。

一九九三年「立法院二屆立委第三會期法制委員會做成決議，要求考試重視檢討高普考普通科目考國父遺教、三民主義的必要」[11]。仲模看到了這一條不被重視的報導，異常興奮歡喜。因為多少年來一直夢想讓「三民主義、國父遺教」光榮退隱的起碇良機時刻，已在微風中讓我發現大有可為。緊接著，我即在考試院積極探訪理念最接近的委員，表達我的基本想法：1.孫文學說已完成其時代的存在意義；2.該等學說已號稱入憲，既考憲法就無需再加重疊；3.國際間，學術界或政評媒體，對它並不特別積極呼應；4.臺灣正在急速於民主、自由之改革，全國上下若毫不反省、檢討地繼續信奉、統一人民思想，將使臺灣在國際競爭下轉為後段班；5.過去，「訓政時期」叫「黨義」，必考；「行憲後已入憲政時期」，改為「國父遺教」，凡高中生必讀三民主義、民權初步、建國方略、建國大綱、蔣總統訓詞、經國先生嘉言錄等，到了大學、部分研究所、教育部留學考等，又須再來一次，前後一轉眼，一甲子已飛逝，人民已清楚那是政治思想的桎梏、心靈的嚴重禁錮，它已不是新時代國民必修的唯一學問；6.臺灣年輕人資質才華橫溢，已是全球皆知之事，當滋恰正更需磁吸現代文明科技新知，普世價值文化及關心國際情勢蛻變之時，應該非常有效能地應用教育資源於先進國家社會進步酵素的吸納，而非像鴕鳥般地把頭栽入沙丘裡，等著大自然來把牠收拾；7.本屆考試委員集學術菁英於一堂，應力挽狂瀾：為臺灣青年這幾十年間橫遭極不公允、不合情理、殘酷政治環境消融掉的潛在創新能力負起脫古改造、除去其障礙的啟後責任。我持續去拜訪考試院玉衡樓的各委員，也包括考選部長王作榮和銓敘部長陳桂華。王部長很快地答允所請，陳部長（人稱他是經國先生的文武智囊）則語帶玄機，但告訴仲模一定會深思這議題；委員們至少已有半數以上表示肯定。

對於這個具有時代爆炸性的議題，邱創煥院長始終鼓勵仲模說：「城委員你若能說服過半數以上的其他委員，我會順其自然，不會反對」，平心而論，以邱院長在黨政各機關的歷練，能夠持平而信任我推動本案，我是由衷感謝的，因爲他意識到時代巨輪早已機動移異，乃拋棄長年以來諸多師長恩寵栽培之厚德，只問正當性與公益性，異常勇毅地承擔未來再進階時的可能風險，巧妙地支撐我的主張；毛副院長眼望國際，基本上對仲模所提諸種說理，都笑著深表贊同，但他特別叮嚀：「臺灣政軍情勢及人心向背均甚複雜，尤其在經國總統過世後，山頭林立並各據一方，民粹言論併發」，所以還是要請我謹慎小心。對執政的中國國民黨來說，這個曠世大案幾呈思想上的反動操作，是民國以來政治八股的拆架裂解，也是鞏固領導中心、壟斷政治資源的致命寇敵。各種大衆傳媒也跟著一齊起鬨，時常發表不同意見，以致嚴重干擾到考試委員全院審查會的進度，也讓爭議一直持續（總共開過七次會議）；直到一九九四年七月二十六日（二）毛副院長主持審查會，再次表決，主張廢考者十一票而過半數通過，但耿雲卿委員保留院會發言權，其後在院會時，再遭耿委員及余傳韜委員的嚴厲批評，而創下院會退全院審查會決議的先例。一九九四年九月八日（四）上午考試院院會時，邱院長宣稱：國家考試普通科目取消「國父遺教」、「三民主義」兩科，贊成者就請舉手；此時全場肅穆靜寂，我眼尖一瞄，看到對座右邊的銓敘部陳部長以強勁有力的右手握拳高舉，表示贊同；表決結果，全體與會委員（含兩位部長）無異議通過（此時，耿雲卿考試委員已轉任司法院公務員懲戒委員會委員）。翌日，國內各大報幾均以第一版最重要國政大事詳細刊載相關記事併附新聞方塊評析，譬如：《聯合報》（一九九四年九月十日二版）黑白集「歷史與人」裡寫著「中國近代史走入了新的一頁」；《中時晚報》（一九九四年九月九日三版）社評「回歸常態憲政運作」裡稱「象徵著政黨意識形態支配時代已進入歷史……可能會讓一些固守黨國一體的守舊人士不滿和反彈，但是在我們邁向民主化過程中，傳統的舊包袱也到了必須過濾揚棄的時候，讓政黨的運作納歸在體制下而不是超越體制，這是不可抗拒的時勢潮流」；《臺灣日報》（一九九四年九月十一日十三版）「孫哲生基金會上書總統，建議重新考量取消國父思想、三民主義做法……中共也恪遵國父遺教中規劃的建國宏規，逐漸完成……揚棄此建國寶典，動搖國本……特呈請李總統登輝先生睿察，飭屬改正……祈盼收回成命，從善如流」；陳立夫親筆逕寄書函給邱院長，言明「見報載貴院將待院長作最後決定，弟意如憲法為必考之題目，則三民主義應在其中，不必單獨提出，惟國父遺教包括建國大綱與建國方略，凡屬國民，理應了解，似不宜去除，以應民進黨的要求也」（八三、七、二十二）；但也有《臺灣時報》用社論方式標明高中三民主義課程應予廢除（一九九四年九月八日二版）：「中國國民黨厲行一黨專政時代，統治全國軍警公教人員、專門職業及技術人員的思想之手段，名為鞏固中心思想，實為進行法西斯極權統治，而很諷刺的是，這種極權統治模式正如與孫文的民權主義理論背道而馳。同時，也和五院制政府設考試院的旨趣不合」。院會通過本案後，仲模緊接著去「謝票」表示感謝支持。讓我特別感激的是據聞可能轉任中國國民黨擔任祕書長的邱創煥院長，和經國先生有姻親關係的毛高文副院長，前中國國民黨副祕書長陳水逢、其後辭職擔任親民黨副總統候選人宋楚瑜競選總部總幹事的郭俊次委員、曾任考選部政務次長的施嘉明委員、中國國民黨前青工會副主任洪文湘、前臺大外文系教授田維新委員、王執明委員、于惠中委員、劉垕委員、何世延委員、王作榮與陳桂華部長。當仲模去禮貌上拜訪陳部長時，他眞摯地告訴我說：上次你專程拜訪我時，事實上心底已決意支持，但時機未到，沒能講出來；我實在是因爲親屬晚輩參加教育部出國留學考試，前後兩次，專業科目均高分及格，卻都敗在「國父遺教」這一科沒能通過，讓我直接感受到它的繼續「存在」對現時有才氣思維的人來說等同是一種桎梏綑綁；時代確實是移異變遷了，廢止它趁勢讓出多一點的時間與精神去關注學習其他有興趣的學術領域，並無不好。

本章註釋

【1】單看考試院各年度總預算，就一目了然該院徒稱五權之一，但工作內容之局限性即可知其組織存在的制度性意義及國家級機關建構時之荒謬。
【2】參《法律評論》第五十六卷第十二期，一九九〇年十二月一日出版社論。
【3】引自拙著《行政法之基礎理論》自序，一九八八年五版，臺北：三民書局。
【4】同上註。
【5】引自拙著《行政法之基礎理論》自序，一九九一年增訂版序，臺北：三民書局。
【6】同上註。
【7】吳志光，《行政法》，二〇一七年修訂八版，新學社，頁一八。
【8】引自拙著〈四十年來之行政法〉，載於《法令月刊》第四十一卷第十期，一九九〇年十月，頁六四。
【9】引自拙著〈二十一世紀行政法學發展的新趨勢〉，載於《法令月刊》第五十二卷第十二期，二〇〇一年十二月，頁九二五以下。
【10】同上註。
【11】參一九九四年九月九日，《民生報》，二十版。

第十一章　在司法院任職(一)

一九九四年十月一日至一九九八年七月十四日，仲模轉任司法院大法官職務。

第一節　司法院第六屆大法官的甄選任命

一九九四年四月下旬大傳媒體、雜誌、報紙等社會各界開始傳訊十月第六屆司法院大法官可能人選名單；我的姓名被明顯地提出來品頭論足，包括出身臺南、學歷、經歷、法學專業及社會生活關係。此際，仲模好好的在考試院任職，也正沉潛於被任命主持研究、改革全面性文官制度的翻新；四月二十八日（四）院會後，毛高文副院長還特別在下午二時半約仲模在其辦公室深談刪去「國父遺教」、建立「行政中立（法）」制度及考選科目增刪、銓敘退撫、基金、行政院人事行政局與考試（文官）院之憲法關係等犖犖大的問題。是完全沒有要移動工作崗位的心理準備。

一九九四年五月二日（一）午後一位在司法界工作的老朋友來電，告訴我司法院第六屆大法官部分名單中包括了我云云；同月二十日（五）正式消息報導：總統府組成新屆次大法官資格審查小組，李元簇爲召集人（副總統）、陳樸生（曾任最高法院院長、司法院大法官）、林洋港（司法院院長）、蔣彥士（中國國民黨中常委、總統府祕書長）、洪壽南（中國國民黨革命實踐研究院二十四期結業、中常委、曾任臺灣高等法院首席檢察官、高院院長、司法院副院長、總統府資政）、陳金讓（國民大會議長、總統府資政）擔任。七月二十日（三）下午四時至四時三十分，李召集人與蔣彥士祕書長約仲模在總統府面談：1.在考試院工作又要兼課教學，必定很忙碌了吧？你也經常撰寫法政相關論著發表，你時間是如何安排的？2.你稍早留學日本專攻刑事法，嗣赴歐洲奧地利維也納學行政法、憲法等公法理論制度，其後又在美國威斯康辛大學作博士後學習法理學等，大法官的釋憲業務也以此爲最大宗，你是最適合、也最能發揮專長的；3.國民大會代表，人才齊聚，法政社會科學專業的人無數，又富政治經驗，各種不同立場的國代或許會挑剔你的見解，你應該可以自然地應對如流吧！4.李召集人最後說：提名與否，是李總統最後決定的，李先生是了解你的學識與經驗的。蔣祕書長送仲模退場到門口時，還特別對仲模說了一句話：「監察院院長陳履安經常提到你豐富的學養，爲人謙沖好禮，卻又把身體鍛鍊成運動健將的結實。」七月三十日（六）李登輝總統召見全體大法官被提名之候選人，仲模被排序上午十時四十分至五十分，總統告訴仲模：李副總統與蔣祕書長對你和他們面晤時的應對進退、對答如流又富創意的談話，很稱讚滿意；李總統也說，改天要邀施啟陽院長和翁岳生大法官，由你們三位一齊來談論司法改革的擘劃藍圖，又這次第六屆大法官再被提名人翁岳生，我會請他多和你商談總體司法的事；再不久，國大代表在行使同意權之前，將會有一番政治立場不同者（當時稱爲「非主流的中國國民黨黨員」）的詰問，請善自對應，回答質問也不必「太衝」。李總統曾在一個銀行保險業務改制的問題上私下垂詢我的看法，那時我告訴他說：這一方面，政大施文森教授是該制度研究的主稿人，施對早期政大法律學系大刀闊斧的人、事、物等整頓，居功厥偉；乃在此次施教授晉謁時，李總統直說「很好很好」，五分鐘未滿就ＯＫ了！顯然，李總統對本屆次所擬大法官被提名者是覺得很滿意的。就在今日，晚報已經將司法院大法官第六屆被提名人詳細報導了出來。

日治時期中、後段期間，臺灣已逐漸開拓了住民政治、經濟、文化、產業活動等的法治、民主化學習之旅，其中頂重要的是「選舉」舉才的西方式規律秩序與方式；由最基層往上至中高階，都有選舉的存在與習慣，人民也因普遍憨厚、誠實、守紀律的性格，從來就沒有在選舉活動裡發生違法亂紀的事件。一九四六年四月十五日國民政府公布「省參議員選舉條例」、「省參議會組織條例」在臺灣有效實施，乃由臺灣共十七縣市參議會間接選出三十名臺灣省參議會參議員。同年六月再由那三十名參議員中（間接）選出十七名制憲國民大會代表，於一九四六年十一月十五日遠赴南京，在這一連串不同層級的選舉中，賄選傳聞甚囂塵上，尤以制憲國代之出爐與金錢等利益輸送相結合，已是人盡皆知之事。政治性活動風紀敗壞、公然行賄以求參與政治進階行列，擠進「訓政時期」、「黨國官宦俱樂部」，再於「憲政與戡亂並行時期」坐上權勢寶座，漂白身分，魚肉善良的普羅大衆。就僅指出這一點短短八個月政權交替之際的翻天覆地之重大政治秩序的惡化，當可讓人深刻領悟到政治、社會文化的優質培養是何其艱難。話說一九九四年八月開始的三個禮拜裡，

「準大法官吃喝吹捧拜票……記者曹永志陽明山中山樓報導……臺灣不良選舉文化全盤汙染大法官同意權行使……由於國大次級團體（仲模謹按：國大代表裡有主流、非主流中國國民黨、有民主進步黨等，各政黨內尚有派、系、會、社、幫、小組等五花八門大小圈圈，其成立宗旨殊異的組織）數度揚言將拉下數位大法官被提名人……據了解國大代表之間的邀宴已令許多國代厭煩，但對另一些習於吃喝吹捧文化的國代，似乎大法官被提名人不請客則過不了關……整個大法官同意權審查會就如一場鄉鎮民代表選舉手段粗魯，訴求不明。」[1]其實，據我所知，十七位被提名大法官候選人沒有自己主動邀約設宴請吃喝的，而是國大代表裡有不少故舊同學、同事、親戚、好友或學生自動出面，盛情邀宴；被提名人中也有多位不勝酒力，不慣天天應酬交際、不喜逢人嘻笑「拜託」如此疲於奔命的「拉票」、「拜票」專講空心菜且毫無眞誠感的市儈文化。八月四日九時三十分國大祕書處舉辦總統推薦大法官介紹會，十四時三十分再續開以迄接近黃昏。翌日十五時五十分仲模緊急接到某一機構首長來電，略稱：國大草山聯誼會及國大聯誼社成員各不少於三十至四十名，頗有助成或毀傷的組織實力，宜請特別留意，會長及社長分別是蔡重吉、郭伯村兩位國代云云；此事我於三天裡經其他國大（學生）的引薦直接見面，認識並成莫逆之友！八月十五日（一）下午三時抽籤決定審查詢答時間表，仲模抽中下周二④號，即二十三日上午九時至十二時，要面對已報名三十二位國大代表的當面審查質詢；十五日晚間七時弘政會會長郭素春國代特別爲仲模設宴於仁愛路敘香園，席間非常誠摯地介紹了多位國代，如同心會劉顯原、馬愛珍、翁興旺、林長勳、洪隆昌、松柏會趙玲玲、謝隆盛等，告訴我國民大會裡人際、派系、背景、政黨傾向等，讓我更明確、清晰地去掌握所有可能的事態發展之脈絡；張富美、蔡明憲、陳菊、鄭寶清、張川田、許瑞峰、劉輝雄（學生）、陳鄭權（學生）、劉一德、李念祖（學生）、王雪峰、陳忠作（大學同班同學）國大代表也陪同仲模到處訪友，獲得了許多珍貴的友誼。

仲模係依司法院組織法第四條第一項第五款：「研究法學，富有政治經驗，聲譽卓著者」而獲得提名。「應考得先陪考，大法官被提名人，現任考試委員城仲模可說是最用功的考生，國大臨時會今天上午才審查城仲模的資格，但他已經悄悄的在會場內旁聽兩次。昨天下午在被提名人楊慧英資格審查時，會場二樓旁聽席有一個人聚精會神，專注的聆聽詢答內容，並不時低頭做筆記，幾乎沒有人注意到他就是即將要上考場的城仲模。他是被提名人中基本動作做得最好的，除了簡歷、自傳、論文題目、財產、納稅資料一樣不缺外，他還在每一項聲明下面簽名蓋章，保證沒有參加任何政黨活動、沒有雙重國籍等。」[2]一九九四年八月二十三日上午九時至十二時在陽明山中山樓大會議廳開始審查被提名大法官的城仲模；審查會前由國大祕書長陳金讓及總統府第一局局長顏慶章等人陪同下，逐一與在場朝野國代握手、寒暄；國民黨、民進黨籍國代也和仲模愉快交談，並不時傳來笑聲，氣氛和諧[3]。審查會正式開始，我進場坐定後，望著前面座位上有一排並不陌生的臉孔，只是第六感告訴仲模：小心這七位並非主流的中國國民黨國大代表，包括高惠宇、郎裕憲、趙良燕（主席）及僑選國代范揚盛，因爲他們的眼神、臉孔及交頭接耳的注視被審查人，馬上讓我一目了然。俄頃間，主席趙國代（高雄眷村選出）排除其他人，衝下詢問臺席座，開始以質疑的語氣詢問仲模：大家都說你是李總統法律及修憲重要智囊，這一層關係是否會影響日後執行大法官任務之中立性？我們經常在大傳媒體報刊中讀了你對法政的觀察，此時請你說明「國家認同」，民進黨臺獨黨綱與新國旗、國歌是否危及中華民國存在，構成違憲，應予解散？你在日歐美留學八年中，有沒有參與過危害國家生存發展的任何組織或團體？[4]趙國代已問了不少尖銳的政治性「質詢」，最後還意猶未盡地問：很多人都知道你一直在鼓吹國家元首「總統直選」的理論，若是，那我國憲法明定的國民大會是否就成跛腳，你終極目標是廢除國民大會？你提供國大公開閱覽的著作中有兩大冊日本早稻田大學法研所碩士班畢業論文「死刑廢止論」，你主張廢止死刑嗎？「鄭寶清及陳鄭權國代指出：城氏是國民黨最早提出直選的始作俑者，不知倡議背景為何？李念祖詢問：釋憲最重要的發展是否為人權保障？民進黨國代也破天荒對城仲模採取禮遇態度。劉一德讚許其理念與民進黨不謀而合，希望他成為民進黨與李總統的溝通橋樑；陳茂男國代並詢問總統倡議『主權在民』說，是否出自你的獻策？許瑞峰國代則要求仲模以行政執行法專家身分，評論新聞局七月三十日抄臺事件是否違憲？」[5]「國代林銘德表示，城仲模今年初在某座談會曾說，總統應該今年底或明年初提前直選，而且最好單獨舉行，不要合併；但報載高層有意在八十五年元月舉行總統、立委、國代三合一選舉，不知你的看法如何？仲模綜合答覆表示：1.我愛這個國家、這個生長的地方，否則不會放棄美國的高薪回國服務，二十四年來，我站在公平立場，在社會上難免講一些心中的話，想什麼就眞誠的說些什麼，動機和方向都是為國家好，為國家法治及憲政秩序的發展；2.政黨是現代化民主國家發展的必要環節，任何主張都不會違憲，若落實為行動、觸犯憲法，則有必要研究，視其是否牴觸憲法或法律而定，但在法律上明定那些行為與憲法牴觸，可能造成爭議，因此，政黨的空間應該大一點，並多所討論，盡量予以前瞻性考慮，這是應走的路；3.我國到今天爲止，還沒有全民直選總統的經驗，對此牽涉國際觀瞻的事，希望總統直選能百分之百成功，若有其他因素加入，可能會有影響，對國家並不好，因此我主張總統直選，而且單獨選；4.對於單一國會問題，我認爲：單一國會的定義需要研究清楚，採一院制或兩院制除了學理外，還要配合國家傳統及歷史文化背景，很難一概而論，但若把這個問題當作焦點研究，將來會有很好的答案；5.對於死刑，我認爲唯一死刑的規定不是國家處理犯罪問題的積極行爲，尊重人民生命、提升生活品質、充實生存條件，才是國家的積極作爲，請不要迷信行亂世需用重典的古訓，歐西許多國家的研究已經的確告訴我們說，廢止死刑並未發生社會更動亂的科學研究成果，死刑制度是國家政府未盡責任在先、卻應用死刑以宣稱國家已盡了淨化社會責任的推托之詞；6.仲模強調，憲法是慢慢成長的，憲政的發展不是靠憲法中短短的文字，而是靠人民的憲法教育及法治教育，例如英國沒有成文憲法，卻是憲政母國，美國憲法只有數條，再加上二十多個修正案，但卻運作得十分好，這不是因爲憲法寫得好，而是慢慢成長的；憲法不只是學理研究的結晶，還要與時代、空間及人物結合，如果缺乏這種時間、空間結合的觀念，在解釋憲法時會有很大的問題；7.仲模若能順利獲得國大同意我將就司法權運作、司法組織、司法官工作份量、尊嚴維護及待遇等事項進行研究，爲第六屆大法官開創新局[6]。國民大會就十七位大法官被提名人資格審查時，國大代表蒞場聽取問答對話的人數極少，造成了超大議場的空曠稀疏，幾呈無人狀況；仲模在被審查後，留下來觀看以下幾位被提名人的審查，情況更是糟糕，乃極度嘆喟地當場寫下了幾許現場感言：「若大廳堂雕龍鳳，人煙依稀空盪盪；國會審查竟如此，浩歎社稷怎昇華」。

今日國民大會對仲模行使同意權的審查會全程狀況，翌日《聯合報》載記：國大臨時會昨天上午進行對城仲模的資格審查，對他提出問題的達二十多人，城仲模也是少數既受國民黨代表歡迎，又不被民進黨排斥的被提名人；昨天上午他一早向民進黨籍國代拜會時，受到相當「客氣」的對待，原來包括鄭寶清、劉輝雄等民進黨國代，都是城仲模的學生，因爲這層師生關係，他果然輕鬆過關。《民衆日報》刊登的照片說明：在昨日大法官審查會中，曾擔任多位朝野國代老師的城仲模在報告時，吸引了國代的仔細聆聽，宛如一幅師生上課的情形；「國王的人馬」實力驚人，國大難得和氣；早先部分國民黨非主流國代醞釀欲行杯葛，國民黨主流爲護航全力動員以防萬一，但昨天杯葛動作都未出現；被提名人城仲模由於與「層峰」關係密切，又是總統法政重要諮詢對象，本身學識紮實，桃李滿天下，學生遍及朝野國代，所以在整個審查過程中出現難得「一團和氣」的審查景象。

一九九四年九月二日上午九時起國大代表投票行使對於司法院第六屆大法官被提名人同意權，國大代表總共三百二十一名中實際蒞會投票者共二百九十位，仲模獲同意票二百四十票，名列第三；其他被提名人：翁岳生、劉鐵錚、吳庚、王和雄、王澤鑑、林永謀、林國賢、施文森、孫森焱、陳計男、曾華松、楊慧英、戴東雄，蘇俊雄，獲同意出任司法院大法官。其中，節外花絮，較成話題的，是劉與戴兩位因一九八〇年五、六月間，參與連署「保民族千秋大命脈，要子孫萬代的幸福，我們對黃信介叛亂案的看法」，在審查會時（分別排在⑤號及①號）受到非中國國民黨派系國代強烈質疑彼等「當年落井下石」、「不重視人權」、「立場極度保守」，故民進黨揚言「封殺」[7]。

任何一個人在受到任何他人鼓勵、肯定、協力或加持，應當誠摯感恩致謝，此乃臺灣人在民俗生活上很珍貴自然的文化性禮儀。國大審查會結束時，仲模即刻想做的事是寫信給全體國民大會代表及積極關心並付之行動的諸多親朋好友；我整整寄發三百封親筆署名的感謝函，其間特別勞累了助理呂桐蕊的打字，摺紙入封及付郵，終告峻事，了結一件多日來特別掛在心頭的人情世故。

第二節　施啟揚先生專任司法院院長，辭去黨政職務得尊讚

一九九四年盛夏時分，總統府提名施啟揚先生為司法院院長；八月十六日九時至十二時，十七日九時至十二時，十四時三十分至十七時三十分由國民大會代表陳瓊讚擔任召集人審查被提名人，於八月十八日順利通過後；九月一日在風雨交加時就職，嗣即聲明辭去中國國民黨中央常務委員暨國民大會代表的職務，一時之間社會各界，尤其是法律、司法相關各行各業，奔相走告，大傳媒體比較傾向肯定，欣讚施院長為「保守、陰暗、封閉、欠信」的政治大環境及司法機關開啟了一扇開放、明亮、公正、尊嚴典範的大門。九月二十一日（三）午後二時施院長暨副院長呂有文（二位均無大法官職稱，都曾任法務部長）邀請十六位方剛通過國大審查的大法官被提名人召開首次會晤與

詳細介紹院內各種軟、硬體設備，大法官會議時辰，分案審查程序等；午後四時半，抽籤分配四樓大法官各自專屬辦公室，各約十二坪的空間；嗣後我即於兩天內布置完畢，最得意的是把臺南名畫家陳輝東先生一大張「西班牙古城——托雷多」風景油畫，掛上會客室燈光鮮明處的牆上，好讓法學的堅韌正義和藝術的柔情萬種有個溫馨和諧的風雅調理。

第三節　大法官依法定職務開始各就各位，從事最高司法權機關業務

一九九四年十月一日（六）的前天，即九月二十九日（四）仲模參與在考試院最後一次的院會（第八屆考試委員，第一九二次會），十四時三十分出席毛高文副院長主持的文官制度改革專案的綜合研討成果報告；一日當天，我於十時準時到司法院報到，其前車行接近總統府、司法院，眼前見到附近方圓八百公尺範圍內憲兵、警察人員配置出奇地嚴密，仲模透徹理解：執政的中國國民黨內外主流、非主流鬥爭激烈，尤其來自中國唆使的各類藏鏡人紛紛出籠，及國安、軍、警、特、憲、黨團尚奉行「永懷領袖」等積極固執、封閉的義和團族群蠢蠢欲動，抵死反對民主化改革，政治情勢內訌外緊；當然，以總統府爲核心的四周重要機關如外交部、司法院、賓館、臺灣銀行、廣播電臺、立法院、行政院、監察院（含執政黨中國國民黨中央黨部）、臺北火車站等，均成嚴緊戍衛狀況。仲模把午前尚留的一個多小時，以辦公室電話向施院長、副院長及大法官同仁請安致意，

彼此都很有大法官的談吐風範，客氣、謙遜有禮貌地對話打招呼；其中有一通電話雖僅僅一分多鐘，卻讓我永難忘懷，也更加重了我對司法審判系統法官身心思維，為人處事態度的深沉認識。仲模大約於十時五十分按列名大法官辦公室電話打給一位新任大法官：「喂——我是城仲模，先打這個電話問候致意。」對方：「哦……哦……有什麼事嗎？」我說：「沒有沒有，你是否在忙？我待會兒再撥。」對方：「哦……哦……我沒事，可以不用了。」我說：「釋憲工作責任重大，我來自學界，司法審判實務陌生，以後請多指教，你何時方便，我到貴辦公室去討教。」對方：「我都很忙……啊……啊……司法實務，待一段時日，自然會通曉，沒什麼大學問。」聽到這麼樣的電話中彼此的對話，心想：我的善意可能是多餘的；這通電話寒暄就告結束。

一、大法官在公文書上排序，有人主張需按司法倫理

一九九四年十月三日（一）上午十一時全體大法官在總統府「介壽堂」宣誓就職；翌日上午十時召開預備會議，由大法官書記處再次仔細報告釋憲申請、分案、三位一組初審申請案的配置（仲模和另兩位大法官固定成一組）、會議中的程序流程、表決受理、不受理或稍修原案文字等等。其中關於大法官釋字某號正式對外公布命令時，大法官姓名排序方式宜如何出列，稍有不同意見的討論，仲模建請用最自然的姓氏比劃，林永謀大法官建議以年齡由稍長者往下排列，翁岳生大法官強調建立司法倫理，由資深大法官帶頭排列下去；往例則是解釋案件經大會議決司法院發布新聞時，由值月大法官領銜，其餘大法官則以大會之簽名先後為序。一時之間，施院長莫衷一是，仲模提

議：這種排名乙事，並非大法官釋憲工程中的關鍵疑難，請無需用表決方式解決，小事一樁，謹請今日即定案；結果，施院長宣稱延後再決！隔日，翁大法官來室（我們的辦公室恰好是隔壁）溝通，從十一時十五分至十二時三十分，天南地北地閒聊釋憲甘苦談，仲模明白表示：公文書上列名順序乙事，我的淺見來龍去脈已就奧德美日等先進諸國清楚舉例說明，翁大法官你和施院長研商要如何定案，我都予以尊重。過了一個禮拜多，在大法官會議議場，翁告訴我說：施院長對於第六屆大法官釋憲案公布時如何順序列名乙事已有腹案。一九九四年十一月十一日，司法院釋字第三六七號解釋（院臺大二字第二〇六二一號）的排列是主席施〇〇，其下是大法官翁〇〇、劉〇〇、吳〇〇、王〇〇、林〇〇……蘇〇〇；至此，初到司法院的我才恍然體悟「司法倫理」尚包括屆次連任者主動爭取排名在前端是一種倫理，其與司法並有關聯。此種方式在我們這一屆次及其後一小段時間都是如此安排處理。

二、施啟揚、呂有文正副院長，謙沖豁達、經驗純熟，議事順暢

司法院大法官審理案件法第二條規定：「司法院大法官，以會議方式，合議審理司法院解釋憲法與統一解釋法律及命令之案件；並組成憲法法庭，合議審理政黨違憲之解散案件。」

第四條規定：「大法官解釋憲法之事項如左：一、關於適用憲法發生疑義之事項。二、關於法律或命令，有無牴觸憲法之事項。三、關於省自治法、縣自治法、省法規及縣規章有無牴觸憲法之事項。前項解釋之事項，以憲法條文有規定者爲限。」

第五條規定：「有左列情形之一者，得聲請解釋憲法：一、中央或地方機關，於其行使職權，適用憲法發生疑義，或因行使職權與其他機關之職權，發生適用憲法之爭議，或適用法律與命令發生有牴觸憲法之疑義者。二、人民、法人或政黨於其憲法上所保障之權利，遭受不法侵害，經依法定程序提起訴訟，對於確定終局裁判所適用之法律或命令發生有牴觸憲法之疑義者。三、依立法委員現有總額三分之一以上之聲請，就其行使職權，適用憲法發生疑義，或適用法律發生有牴觸憲法之疑義者。最高法院或行政法院就其受理之案件，對所適用之法律或命令，確信有牴觸憲法之疑義時，得以裁定停止訴訟程序，聲請大法官解釋。聲請解釋憲法不合前二項規定者，應不受理。」

第七條規定：「有左列情形之一者，得聲請統一解釋：一、中央或地方機關，就其職權上適用法律或命令所持見解，與本機關或他機關適用同一法律或命令時所已表示之見解有異者。但該機關依法應受本機關或他機關見解之拘束，或得變更其見解者，不在此限。二、人民、法人或政黨於其權利遭受不法侵害，認確定終局裁判適用法律或命令所表示之見解，與其他審判機關之確定終局裁判，適用同一法律或命令時所已表示之見解有異者。但得依法定程序聲明不服，或後裁判已變更前裁判之見解者，不在此限。前項第二款之聲請，應於裁判確定後三個月內爲之。聲請統一解釋不合前二項規定者，應不受理。」

從上揭條文的基本規範即可理解爲何歷年來大法官解釋案件，約四分之三都跟公法、憲法及行政法密切相關；但聲請釋憲案件理論上遍及法律、一般法律原則、命令、處分的全部領域，所以，每個屆次被推薦成大法官候選人時，均須就其學歷、經歷、專攻學科等斟酌再三（理論上應該如此，但不排除會有相當政治性、黨派因素、學校別及人際關係等的考量）。司法院第六屆大法官十六位，分別是（依姓名筆劃順序）：

- 王和雄：（專業暨經歷僅提一種，以下同）國家賠償制度法務檢察
- 王澤鑑：民法教授
- 林永謀：刑事法司法審判
- 林國賢：刑事訴訟法司法審判
- 施文森：商事法教授
- 吳　庚：行政法法務檢察
- 城仲模：行政法教授
- 孫森焱：民法司法審判
- 翁岳生：行政法教授
- 陳計男：民事訴訟法司法審判
- 曾華松：行政訴訟司法審判
- 董翔飛：政府組織教授
- 楊慧英：民事訴訟司法審判
- 劉鐵錚：國際私法教授
- 戴東雄：身分法教授

• 蘇俊雄：刑事法教授

「司法院接受聲請解釋案件，應先推定大法官三人審查，除不合本法規定不予解釋者，應敘明理由報會決定外，其應予解釋之案件，應提會討論。」（大法官審理案件法第十條第一項）

「前條提會討論之解釋案件，應先由會決定原則，推大法官起草解釋文，會前印送全體大法官，再提會討論後表決之。」（上揭法第十一條）

大法官在司法院四樓各有專屬辦公室，每周三下午三時至五時，周四及周五上午九時至十二時是固定審查討論聲請案的時段；但每周至少舉行大法官會議一次，通常於周五舉行。第五屆大法官續任至本屆者有吳庚、翁岳生及劉鐵錚三位，故開會伊始會呈現雜沓，各顯身手的情況；所幸施啟揚院長謙沖和藹，無私豁達，行政公務經驗純熟，大法官們也都是法政司法菁英，彼此尊重、自我節制，審查會議之進行大致都很順暢；只是，在學理上就難免有大小的「據理力爭」毫不鬆勁。最後當然是根據各類解釋案件可決人數來定奪：

1. 解釋憲法，應有大法官現有總額三分之二之出席，及出席人三分之二同意。
2. 宣告命令牴觸憲法，應有大法官現有總額三分之二之出席及出席人過半數同意。
3. 統一解釋法律及命令，應有大法官現有總額過半數之出席，及出席人數過半數之同意。
4. 是否受理及解釋理由書之議決，依出席大法官過半數之同意行之。

但，果若有大官對於解釋文草案尚存質疑或不滿意時，當然是可提出協同或不同意書：

1. 大法官贊成解釋文草案之原則，但對其理由有補充或不同之法律意見，得提出協同意見。

2. 大法官對於解釋文草案之原則曾表示不同之法律見解，得提出一部或全部之不同意見書。
3. 前揭兩種意見書應於解釋文草案及解釋理由書草案經審查會審查通過後五日內提出。

三、大法官解釋文不易讀，活像馬賽克鑲嵌出來的；同仁間「感性的話」不多

本屆次大法官會議主席施啟揚爲了讓每位寶貴法律見解均能、均有機會融會於解釋文及其理由書草案裡，儼然像是文辭、文句、理念思構、各種法律科別不太一樣術語、遣詞用字等的「馬賽克」鑲嵌在一起的結構文體；因此每一號釋字內容、文字、句法及其彙綜發表，明眼人一拜讀立即有感其係「堆砌」成章的，故閱讀理析時會倍感艱辛，但是至少大法官的意見精華率多有被納入解釋文之中，仍能維持著每一位大法官的學術尊嚴。在施院長的任內，亦即第六屆大法官任期的前半段，寫不同意見或協同意見的，並不普遍，其後，跟著時代的腳步及無形巨輪的往前挺進、法學學術國際化的精進與參考文獻的豐富，大法官的這些「場內」研討發現的法律問題，也就在相互觀摩激勵下，紛紛養成撰寫不同或協同意見、發抒法學創意、編纂成書對外發行的風尚習慣。

從仲模不少的書札、剪報、記事本或簡牘裡所記載的存檔，驚奇發現：學法律的人，尤其已擔任釋憲的大法官這種職務，每一位是完全獨立自主的個體，除了開會前在大法官休息室喝咖啡或全體同仁的宴請應酬，是極少話中有「感性」的，要講眞率話，可是談何容易，也就除了大法官裡有師生關係、同學同期別、同校共事或司法機關內的認識及業務關係的互動往來已很熟稔而另有私下聯繫之外，大致上，要跟我在其他機構裡同事間彼此友誼、情誼緊密、無所不談、聊天閒話家常

或當前政經社會文化或甚國際重大消息等等這些，在大法官終日伏案研讀案情、相關文獻、資料，已耗盡精神體力之情況下，是不大可能有一絲「雷同」的機會。換句話說，彼此的互動尊重，「嚴肅」面十之七八、政治大環境及自己的政治思維絕不貼身成為話題，真心話回家講；這一點和我過去在行政院法規會、大學授課、省政府及考試院任職時同事間交互往來的經驗，是截然有別的氛圍情狀。

四、大法官書房座落在危樓；仲模在同仁間極度低調

我的書房位於司法院四樓，即大法官言詞辯論大會議廳的斜對面處，這個地方的地板是二戰時被盟軍轟炸擊中的頂樓，後來簡單整頓隔間而成，是不容藏書太多以避免過重壓垮，眞可說是「坐鎮在危樓」上，院內總務主管再三叮嚀：遇有地震，最好立即離開房間。從一九九四年十月一日起至一九九八年七月十四日，我的辦公室（「勉強室」讀書間）就在此處，偶爾會有老友、學生或司法界同仁來看我。轉勤到司法院時，恰好遇到臺灣政治地殼爆發大轉型的關鍵時刻，其前一段相當期間，我經常會在大傳媒體上發表我見我聞我思的論著，新聞記者也會「無孔不入」地報載一些主觀判斷下的臆測，甚至說仲模是某某人的「民主改革智囊」，推斷我是自由主義者、是反對威權專制統治的學者、推論我未來的進階去處等。因為這一層關係，我在司法院裡頭，不問任何場所的聚會談論，都是極低調的形狀；就舉例來說吧，會議當中恰好有省政府地方自治關係的案件，有國家考試、銓敘問題的爭論，我很冷靜地眼看有人滔滔不絕地發表高論，形似他是來自這個機關，事實

卻不然，此時我會很尷尬的提關鍵意見供大家參考，而絕不去直陳他的偏誤。

五、司法院大法官角色功能曾被黨國政治文化侵蝕

有人曾撰文指出，司法院大法官的司法角色與功能，約略可區隔爲：1.法律顧問時期：第一屆（一九四八至一九五八，釋字第一至七九號）；2.功能萎縮時期：第二屆、第三屆（一九五八至一九七六，釋字第八〇至一四六號）；3.人權萌芽時期：第四屆（一九七六至一九八五，釋字第一四七至一九九號）；4.憲政轉型期（告別威權）時期：（一九八五至一九九四，釋字第二〇〇至三六六號）；5.功能發揮時期：第六屆（一九九四至二〇〇三，釋字第三六七至五六六號）；6.穩定發展時期：無界別大法官（二〇〇三至迄今，釋字第五六七至六八九號）。（仲模謹按：這是回憶錄型性質的寫作方法，雖然文獻資料來源齊全，爲了節約篇幅，以下非有必要以外，全不加註釋。）這種主觀的分期區隔，曾有不少的異見，但至少點出了首屆大法官在將近三十年以後，該組織的功能才有對於基本權利萌芽長大的機會。司法頂尖的大法官釋憲機關在政治大環境中的遭遇竟然如此的不爭氣，也難怪人民對司法整體性的印象，又經過了三十餘年歲月，還是沒有特別的信賴感與起色；也讓我在司法機關工作，心裡頭蒙上了一層莫名的陰影，因爲它嚴重受到傳統黨國政治文化的箝制，因此，就直覺我這個職務是無法撥雲見日、直闖青天的。話說第六屆大法官稍有被肯定的釋憲業績，但在一九九七年十月三日釋字第四三六號卻瀟灑又突兀地帶出了一句：「應遵守憲法第二十三條之比例原則」這在我專業的人來看，它的確是很令人震撼的一件公法學公案。

六、大法官部分釋憲案例，果眞可以完全信賴（以「比例原則」爲例）

仲模謹按，憲法第二十三條究竟在標示什麼立憲精神與意旨？查遍制憲原件紀錄，也包括在臺灣可以找到的薩孟武教授政治學，林紀東、管歐、劉慶端，涂懷瑩教授等相關著作，從來沒有提到憲法第二十三條是「比例原則」！一九六四年十月七日釋字第一〇五號第一次引憲法第二十三條只標明「必要情形」，一九八五年十一月一日釋字第二〇〇號載明「增進公共利益所必要」，是隱含憲法第二十三條意旨，但未明指該條；一九九〇年一月五日釋字第二五〇號認定第二十三條即是「法律保留」的憲法依據；打從一九四九年一月六日大法官釋字第一號以迄一九九七年十月十三日釋字第四三六號，總共四十九年間，司法院大法官經過了六個屆次，從無「憲法第二十三條比例原則」的直接思維表明或其他學理上的闡發，卻自一九九七年以迄二〇一四年四月十八日釋字第七一九號解釋，十七年間公布了近六十號依據「憲法第二十三條比例原則」的大法官解釋，前後對照比較，眞讓人幻覺似是前後不同屆次大法官的「革命性」創見！上百年以上，我國法政學者有言必稱德奧瑞士法的現象，但各該國之基本法或憲法並未明文制定「比例原則」，我國「憲法」第二十三條亦無比例原則的條文化，則這六十號司法院大法官究竟爲何必欲從該條中的「必要」二字，把它當成「等同」比例原則的制憲原意？是爲捍衛人性尊嚴、徹底保障人民基本權利、引導法治主義憲政秩序而使出的良善苦衷？甚至，或係大法官會議中因非專業，不很熟悉現代法治進步國家公法原理者的人云亦云？若是如此，大法官可否藉憲法中某條某語詞而做極度擴張性詮釋，以滿足這部憲法亦爲當代全球之最的風雅興奮，讓司法院大法官經由解釋憲法而扮演實質「修憲」或依時代重大變遷以爲可以「私底下」趁機就並不完整的條文文字做必要的相應塡補與反映，來硬撐、歌功制憲者的遠見睿智？司法院大法官會議係採合議制的多數議決，係各自獨立依其學識、經驗及確信去行使職權，果眞亦有「解釋政策」的存在或成分？因而在沒有節制的釋憲當中，將「司法解釋政策」置根於沙丘上來炫耀！我國「憲法」係採五權分治各院平等相維之體制（其與歐西、美國、日本所採「權力分立制」在根本架構及精神上的checks and balances制衡是完全異類的兩碼事——仲模加註，其詳容後有機會再論），權限職掌分際各自節制，毋使逾越，乃法理所當然，司法院大法官既稱是憲法之維護者，可否在我國民主化及法治主義尚在學習建構中的九〇年代後期，逐漸轉舵去闡揚憲法在其前尚無人提到過的號稱憲法位階之「比例原則」？比例原則在法律層面上已有極清楚的制定法定義內容（容後即予析說），實不容司法機關超越法律，自身利用釋憲之方便，改變國會立法權暨其定義，因爲這樣更擾亂了法治主義的基本精神，對人權保障，也可能被拿來誤用。

關於解釋憲法之事項，前揭審理案件法第四條第二項明定「以憲法條文有規定者爲限」，而事實上並未曾作明文規定（expressis verbis）；若以拉丁法諺所稱：「省略規定之事項應認爲有意省略」以及「明示規定其一者應認爲排除其他」比較參照衡酌，則自一九九七年十月三日釋字第四三六號解釋以後，總共不下六十號有關明指憲法第二十三條爲「比例原則」（的憲法依據）的大法官相關解釋即成疑問；但若另外引用拉丁法諺：「clausula generalis non refretur ad expressa」，

（一般語詞並非僅只已明示的事物——A general clause does not refer to things expressed），其結果或可釋疑。簡言之，大法官在一段時期裡突發法政學構想，稱第二十三條的「必要」二字，即指稱那是比例原則的憲法明定，是可有大哉問的疑義，均尚待客觀、學理、公正、合理的推敲解惑。以我的確信而言，第二十三條的文字「必要」，是與比例原則有沾到邊的成分意義，但非其本旨即是比例原則的宣示，順勢言之，當然就無發生違悖第二十三條比例原則的「違憲」問題。

一九八〇年初始的幾年，有公法學者先進撰文稱：「比例原則在國內尚無共識」，認為時下主管行政法令之官員只把它當成是注意規定的違反而非違法問題。尤有甚者，在一九八〇年代以前，遍查當時最重要行政法教科書或公法學專論性刊物，尚未有人提過法源理論中一般法律原則的「比例原則」之詳細介紹論著文獻。但是，事實上，一九七二年六月《政大法學評論》中第六期刊登了仲模的「行政強制執行序說」曾提到「行政機關依據各該案情之狀況而為裁量時應遵照……比例原則……而為決定」；在臺灣行政法學界首次將此原則搬上草擬的行政實定法的，係一九七四年六月我在東吳大學《法聲》學報所載「行政強制執行法修正草案初稿」第二十三條「比例原則」的條文化。關於此點，確實得到斯學者公開為文引申敘述。當一九九九年一月二十九日司法院大法官第五度在公布釋字第四七六號解釋時，已明知我國最嶄新的「行政程序法」全部一百七十五條條文內容，四天後即二月三該法經總統令公布，並於二〇〇一年一月一日施行。該法第七條規定：「行政行為，應依下列原則為之：一、採取之方法應有助於目的之達成。二、有多種同樣能達成目的之方法時，應選擇對人民權益損害最少者。三、採取之方法所造成之損害不得與欲達成目的之利益顯失均衡。」非常明顯地，大法官那第五度公布的釋字第四七六號早已嗅到、見到行政程序法第七條「比例原則」的國內外相關學理、法制與實務經驗，故稱「倘與憲法第二十三條所要求之目的正當性、手段必要性、限制妥當性附合，即無乖於比例原則」。既然如此，即為何其後依然故我，一而再、再而三地指稱「憲法第二十三條的比例原則」？精準正確的答案恐將「石沉大海」永無正解之日。也難怪有一位非公法專業、審判實務界出身的大法官對仲模說：「要不是我參與了司法院大法官釋憲討論會，否則，我將不會知道憲法第二十三條是比例原則的根據條文！」我立刻告訴他：你的新發現、領悟、理解不一定會是確論。

憲法文化、法治社會的建構工程，司法院大法官應擔負起的責任是何其深重；眞意料不到卻在上揭所指十餘年間，無視「比例原則」結構要素（Die Strukurgrundstoffe）另外尚有「適合性」（Geeignetheit）及「比例性或稱狹義比例性」（Verhältnismäßigkeit im eigerem Sinne, Proportionalität）兩原則的一體合成關係。自憲法第二十三條裡根本未曾明載，就算擴張解釋仍難免會有牽強而無法附麗的缺憾。仲模以上的簡賅論斷與疑惑之緣起，係從以下思考出發：

1. 嚴格站立於法學事理邏輯演繹方法與經驗觀察的角度。

2. 司法院大法官解釋文連環般地指陳憲法第二十三條比例原則，卻未能做普世性價值的學理說服性之簡要分析，反倒是使用「說了算」的聲威性語詞或引申國外相關文獻以求理論上的正當性與合適性等，仍難令人折服。

3. 民主法治人權的成熟度是進步國家國民長期培養的文化生活結晶，臺灣與歐西國家各自的歷史淵源與發展迥然不同，學界與實務界，在戮力學習、闡揚德奧瑞相關法學及制度時，除了滿懷主觀的確信與對該等國法的信賴而外，似未客觀留意足資撼動基盤的異質性——制憲年代的時空環境、經濟混亂、政軍紛爭狀況與對文明國家憲政知識尚呈貧乏等諸種因素。

4. 擁護民主法治制度及保障基本人權，無疑地是現代社會裡，國民馨香祝禱之鵠的，但總須引領填具開創性的憲法理念實質保障範圍細緻化析說，而非經常同種幾個法律原則整串性的引用、約略極大化（großmögliche Effektivetät）而舉憲法第二十三條作爲護符之分說。

仲模轉勤到司法院已四個月，這期間用了很大力氣去翻閱相關文獻資料，接觸最高法院法官法官、庭長、觀察閱報資深司法記者各個角度的分析評斷報導以及過去一段相當時間與司法、法務機關頂高層的政務官、特任官的座談、迎宴等，終於對臺灣當前司法的實務運作有了較以前更爲清新、明確的概念輪廓。近三十年來，我等同小客卿在司法院、法務部充當相關法制研究委員會擬定草案、修法或法規、訴願委員會等的成員，是有積極的參與其間，可是都不深入到其底蘊，尤其對於法官審判、檢察官訴追等更是陌生。這下子，我在司法院大法官席次上，思索臺灣目前的制度與實際予人印象：最高法院在司法院之下、○○法院○○檢察署、民眾上法院、檢察署猶如古代抵進衙門的忐忑不安，未來如何亦像極了到寺廟卜卦，縱使有兩、三位大律師代理訴訟等之進行，依然是勝敗懸空難卜，社會普遍的觀感是「B-」（極不佳），司法官坐計程車到辦公處所前五十公尺需先下車（以免暴露身分），更甚者包括司法人員、各種司改會成員的品操、律師來源、辦案能力和收費以及嚴重的直接間接黨國思維（影響升遷的要素）作崇等等。我只要稍作一下留學國和臺灣司法相關實情的客觀比較，可眞是有天壤之別的差距。一九九五年二月七日（二）李總統在臺北總統府賓館設宴接待德國法政界領導人伉儷兩對，請仲模與會；會中我曾就臺灣司法的前緣、今世與來日簡予介紹，然後當場建議：臺灣的司法非徹頭徹尾地改造不可，其工程也絕非一蹴可幾，需花數十年有計畫地積極努力從事不可；理由是我們沒有西方文化中官民尊重司法審判制度的傳統！

第四節　大法官不宜僅窩在象牙塔，應斟酌放眼國際、關懷社稷

其後，總統直選的日子僅剩一年，司法改革的話題可眞響徹雲霄；政府在脫古民主改造的過程中，西洋的「司法」這一塊被中華文化當成是「奇異」的制度，竟成了衆矢之的。仲模在一九九五年二月九日（四）施院長的應允下，負責招考八位大法官（王和雄、王澤鑑、林國賢、城仲模、孫森焱、陳計男、楊慧英及董翔飛）專任助理（報考資格，至少大學法學院法學碩士畢業），以協助大法官蒐集資料、初步分析案情以及助理間信息的互通；其目的在增強大法官處理與日累積的申請釋憲案，這件任務很快的圓滿達標，仲模在七位大法官按其專業特殊性而挑走了七位之後，朱蕙瑛女士（政大法畢，留美碩士）就成了我的助理。

一九九六年二月二十六日（一）因全天大雨傾盆，打消了大家到南部出遊的院內計畫，改爲召開司法院院會，從午後三時至五時半，都環繞在「法官終身職（做到老死？）及其禮遇金（退養

金）」的切身生活、金錢利潤的個人私益上兜圈子，最高法院王甲乙院長、高等法院鍾曜唐院長、行政法院林明德院長及公務員懲戒委員會葛義才委員長等都參與爭辯和爭取當中，一致要求百分之百的禮遇金；但施啟揚院長再三重複大家都已講好，以原案百分之八十一為度，不可能再高。司法首長一投足一舉手之間，其言行表意均足徵其他司法晚輩的平均與普遍想法，則為這客觀上已足夠退職後生活養廉之用的差額要求，竟然花了一百五十分鐘的寶貴時間而不再談其他司法權犖犖大者等建設性之意見。這是司法界很令人嗟嘆的另一軼事。

一九九〇年入秋時分開始，臺北天空政治、黨務烏雲密布，但民主化及本土化「專車」亦徐徐啟動。各種派別、政治立場、國政主張紛紛出籠，甚至不惜與中國國民黨及中央政府互別苗頭，組織新政治性團體者，所在多有。其中一個看似柔性概念但卻關係臺灣國家發展最具根本性、關鍵性議題：總統直選或「委任直選」，卻也逐漸地變成了茶餘飯後或大傳媒體的「民粹」性話題。我身處司法高塔上，關心臺灣國家未來進展，從不稍闕；從一九九三年開始努力去查閱相關文獻資料，到年中已胸有成竹，乃強調愈快愈好，盼望在一九九四年前舉辦臺灣總統直選。一九九六年元月相關稿件寄送邀稿的「理論與政策雜誌社」刊登於一九九六年春季號《理論與政策》（*Theory and Police*）第十卷第二期三月初版，頁三至一九。題名「總統直選與憲政發展」，題綱：「壹、前言；貳、我國憲法關於選舉總統的制度性設計；參、國政發展與選舉總統方式之抉擇；肆、總統直選與未來憲政展望；伍、結語」。這篇論著，在當代時空已陷入極度紛擾、各類政治立場毫無節制地主張要求「萬世一系」的托古還原、保守至極之「委任直選」（即不讓國民直接票選國家元首之間接選舉）等甚囂塵上時，頗具論理與實際說服性與代表性；茲將該文重點逕予摘錄，期盼青史存眞。

※總統直選與憲政發展

一、前言

國家元首的地位，不問是屬於何種國體或政體，要均係居於國家統合象徵的要津；當今世界各國，莫不將其如何產生的方式明定於憲法或其他國政基本規範裡，冀求確立國家組織結構體的上樑方位，垂爲國家長治久安的制度。

憲政制度或其規模，通常是漸進成長的，它很難用創造的方式，突然之間賦與生命力，縱使有之，亦屬假象，不易得到共鳴，更難信守不喻，持之恆久。一個國家憲法的誕生，是很難用類如工業原理製造火車頭的方法，將各種憲政理論及他國憲法制度予以擷精去腐，成套繼受即可順利完成；因爲憲法不是裝飾品，不是單純理論推敲的結晶，而是制憲當時政治力量推移折衝類如拼圖般的產物。

我國現行憲法制定於二次世界大戰甫告結束的翌年，時值戰後復原期間，國事蜩螗，黨派紛爭異常，財經凋敝，民不聊生復不堪命，由制憲政治協商會議所定憲草修政諸原則（三十五年一月三十一日）以觀，妥協的成分特別突顯，使這部憲法涵攝有當代歐美諸國基本憲政原理，乃至蘇維埃式國會結構及中華固有的考試監察等制度，並進而融洽於一體，於憲政根本體系究竟何所類屬尚未釐清時即在（三十六年）匆促之間公布施行；約半年後，即三十七年五月十日，動員戡亂時期臨時條款這個足以改變憲法關於政體原定精神的補充性規定正式發軔，且每六年就按時修改一次，直至六十一年才因人的因素而劃下休止符。其間，所謂戡亂、戒嚴並行憲政體制，亦告確立；中華民國臺灣地區乃邁入憲政學理不易分辨的時代。這種立憲、行憲過程，明顯地係對於當代憲政思潮的輕忽，相反地，卻對於特定個人與主義信仰採行無條件的崇拜遵奉，對於實踐憲治的眞誠仍然頗受各方質疑，並將一切的失措歸咎給政治性對手與時局演變的必要。直至七十年代的中後期，才開始有回歸憲治及對其爲循序漸進的憲法之增修。

總統究宜如何產生，牽扯輻射的層面非同小可；其犖犖大者，至少包括有現代國家主權在民的民主生活方式的抉擇，法治行政責任政治理念能否成功推展的關鍵性淵源，國民大會與總統間、總統與行政院、立法院間縱橫關係，即我國政體究係總統制、內閣制，或其他制度之分辨，當今中華民國在兩岸及國際關係上特殊處境的抒解，臺灣地區久蟄人心及爭取尊嚴、安定與繁榮進步的呼喚等均是。爲此，本文擬簡約地就我國憲法關於選舉總統的制度性設計，國政發展與選舉總統之方式、總統直選與未來憲政展望等，略抒所見，冀爲歷史存眞並作見證。

二、我國憲法關於選舉總統的制度性設計

(一)（略）

(二)（略）

(三)（略）

(四)（略）

(五)文化傳統輒與其國歷史上久遠的政治背景結合併進。憲政法治觀念或人民選舉國家元首，在我國數千年的歷史裡，是聞所未聞的事，甚至是違反禮教主流或造反背叛可誅九族的罪孽，這種倫理性或政治性傳統隨著時代的變遷逐漸轉化爲文化性傳承並時時探植人心。殆民元前後，部分知識菁英分子，受到日本明治維新的啟示與鼓舞，乃急起直追，仿效唯恐不及。但整個民性文化的蠕動，原本即傾向保守，全民在未受西風教化之時，委實仍舊是「日出而作，日落而息，鑿井而飲，耕田而食，帝力於我何有哉」的人生生活意境。故縱使民國肇造，東西方之人民對於憲政思潮之認知，其間之差距仍有驚人的遙隔；間接選舉國家元首之方式，長久被奉爲圭臬，或根本不用選舉卻以推定代之，或民國四〇、五〇、六〇年代在臺灣地區仍可戡亂與行憲並行且容許所謂「萬年國會」之繼續執掌其職權等，皆成爲環繞在吾人周邊經常出沒的歷史過程。

三、國政發展與選舉總統方式之抉擇

（略）

(20)八十三年八月憲法再增修，其第二條明定中華民國總統、副總統由自由地區全體人民直接選舉之；(21)依據八十四年八月九日公布之總統副總統選舉罷免法，已定於八十五年三月二十三日舉行國家正副元首的全民直選。

茲就國政發展及其與總統選舉方式之抉擇相關者，摘要臚陳如下：

(一)「二二八事變」發生在國府來臺一年多之後，是臺灣本地居民對於貪汙腐化無效能的官僚統治者最直接的情緒反映；結果死傷累累，多少個歲月才得望見培育出來的無數本地現代化菁英分子，遭遇空前浩劫。官民間之對峙、省籍問題、知識分子或投機者的行爲取向，以及對「祖國」的了解，重新調整。

(二)自從中華人民共和國取代了中華民國在聯合國的席次後，在國際間，寄隅臺灣的中華民國，無論在法律上或事實上，都被聯合國參與國認爲不再能自稱代表中國；在國內，卻繼續向國民宣示前此正統中國代表者的立場。惟伴隨其後國家經濟與國民教育的快速成長，國外旅遊的熙攘蓬勃，在國內的政治性圖騰，已日漸褪其全面監控的角色；而人民對於自己國家的定位與前程，卻也從此開始進入新的苦悶期，移民潮亦開始顯著併發。

(三)介石先生在任二十七個年頭，曾宣稱要將中華民國憲法完整攜回大陸，卻四次修改臨時條款，四次連任總統（含五任未滿）；於其威權統治期間，臺灣地區經濟貿易、工商企業逐漸熱絡，政治自由、法治行政及國內重大建設等，卻仍未見明顯進步；其逝世象徵著一個時代的結束。

(四)中壢事件緣起於人民認爲縣長選舉中，執政黨有投票曖昧情事，引起數千憤怒民眾聚集翻車燒車攻擊員警等事，情況緊急。其係臺灣地區繼二二八事變之後二十年來首次對執政黨威權統治的直接挑戰之警訊，亦是呈「暴動」狀態的第一件民眾抗爭事件，被評爲係臺灣人民自主性要求政治改革的啼聲初試。

(五)環顧國際局勢之發展，美國與我國斷交雖謂必然來到之事，但由於我國國防、外交、經濟仰賴美國之處過鉅，斷交消息傳來，舉國不安，人心恓惶，並立刻進入非常狀態。連數日後即將舉行的立法委員選舉，亦被迫停止，房地產慘跌，人民對國家未來抱持極其悲觀態度，同時又引發了另一次更嚴重的移民逃難潮。

(六)美麗島事件及其後之審判，被認爲是臺灣現代史上爭取政治自由、國政改革最重要的一役。黨外菁英分子領導群眾向正在召集中央全會的中國國民黨要求眞實的民主政治及徹底的國家定位；結果十餘人被軍法單位以叛亂罪起訴並判刑十二、十四年確定發監執行，全國各大報亦於六十九年六月二日同步刊登全國大專院校八百零一名教授措詞強烈譴責「數典忘祖的叛國行爲」。從此，一連串的民主改革之火花在臺灣地區普遍燃起。

(七)「一九八六黨外選舉後接會」以游錫堃爲召集人之名義，發函邀請各界人士於九月二十八日下午在圓山大飯店一樓敦睦廳，期能共襄盛舉。會中突然宣布成立民主進步黨：而其前數日，包括內政部長、法務部長等相關首長，一再嚴詞宣達，表示政府必定「依法辦人」；肅殺之氣瀰漫全島，但該黨終於順利發軔。

(八)臺海兩岸經過三十七年的隔閡，終於有限度地開啟了大陸探親的門扉；這是維持兩岸和平相處的政治性期待，是尋求互助互利的經濟性策略，亦是本諸仁道主義的倫理性措施。八十年憲法增修條文第十條「自由地區與大陸地區間人民權利義務關係及其他事務之處理，得以法律爲特別之規定」及八十一年七月「臺灣地區與大陸地區人民關係條例」的制定公布，均係經由這理念而發展的法制性規範。

(九)戒嚴制度係國家處於非常狀態（如戰爭或叛亂發生）時不得已的措施；諺言所稱「刀劍之下法律沉默」，其意在此。歐美先進諸國，無不審愼其適用，也必然在極短暫時間內實施。我國於民國三十七年十二月宣布全國戒嚴令（分華北及華南各爲接戰地域及警戒地域，臺灣地區未受影響），臺灣省於三十八年五月宣布戒嚴令；史料顯示其發布與戒嚴法所明定之程序要件未必相符；其實施期間復長達三十八年餘。這是國人乃至國際間對我政府詬病批判最多之處。在臺灣地區長期實施戒嚴的結果，使自由、民主及法治的憲政理念及其實施，遭受空前的扭曲。

(十)經國先生早年赴俄，目睹共產制度的實施；來臺後組成青年反共救國團，在軍中成立政工（政治作戰）系統、涉及四十六年三月發生的「劉自然事件」與省主席吳國楨、陸軍總司令孫立人將軍及行政院長陳誠間之糾葛頻傳。惟其籌劃建造橫貫公路、推動國家十大建設、邀同李登輝先生參與中華民國第七屆正、副總統選舉，並於逝世前一年餘啟動國政改革，譬如默認民進黨的成立、開放大陸探親及宣布解除戒嚴等，對國家的現代化之推進有重大意義。終其一生，褒貶互見，仍有待青史留痕敘實；但可確切地說，是一個舊時代的結束。

(土)登輝先生長於大變革的時代，目睹日人治臺，戰爭結束，政府來臺接收，國人辛勤與苦楚；讀書涉獵廣及文哲法政科學。早年留日又赴美，農業經濟學有專長，任職農復會、政務委員、北市長、省主席期間，足跡遍及臺澎各鄉鎮村里。經國先生猝逝，登輝先生依憲法所定以副總統身分繼任中華民國總統，一時之間成爲國內外關心我國政局發展者矚目的焦點；其治國理念、統合策略、政策方向乃至言行舉止均成跨越國境的重要新聞。

(十二)中國國民黨有其創黨艱困奮鬥、創立中華民國，及其後坎坷爭權分裂式微重挫離開中國大陸、在臺重振旗鼓並與中華民國歷史重疊難分等百年以上的政治性淵源。在國家政治資源上，該黨有舉足輕重的支配地位。除孫文先生創黨任總理期間而外，蔣先生父子前後分別擔任總裁與主席逾一甲子年，故登輝先生是否續往擔任黨主席，曾有疑慮。嗣該黨盱衡情勢，公推先生爲主席，復因時移而勢不擬異，發生「路線」磨擦，舉黨之運營乃益形困挫。

(十三)過去，固曾有人質疑：時移勢異，在大陸時期制定之憲法所定選舉總統方式是否合於民主時潮及臺灣地區特殊之環境。但在威權統治下，由國民大會間接選舉國家元首，仍一任續一任的做下去，人民除了低著頭哼著「心事誰人知」之外，實在莫可奈何。第八任總統之選舉，仍然是由制憲第一屆國民大會擔鋼挑樑並選出了李總統，舉國浸淫在歡欣無比的氣氛籠罩裡。可是，也在此時，人民於經過了十餘年積極的「生聚教育」，探知「愛拼才會贏」，權利是爭來的；終於對準可以信賴並充分理性溝通的登輝先生，強勁且放膽地要求國事之民主化與本土化。

(十四)國事蜩螗群情沸騰，國家定位渾沌，憲法之不合時宜，益形顯露；有識之士亟待新任總統大刀闊斧，革故鼎新，乃有聚集海內外各黨派、社會賢達、各界菁英於一堂，共策具體國政堆展方略之國是會議的召開。該會議又分五個分組進行議題討論，登輝先生並數度親臨各分組旁聽箚記。其總結報告及國會（含國大、立監兩院改造、中央政府五權體制、總統與國大、總統行政院及立法院、地方制度選舉風氣、行政區域重劃等國家根本制度重大變革之提案與建議，就中尤以七月四日最後總結（總結報告三、第四頁）所稱「絕大多數認爲現行總統選舉之方式應予改進，原則上應以民選方式產生……第三次全體會議……宣讀以下共同意見：『現行總統選舉辦法必須改變，總統應由全體公民選舉，其選舉辦法及實施程序則經由各界協商，循法定程序制定。』」（但尚有異議）最受注目。

（十五）七十九年六月二十日司法院大法官釋字第二六一號解釋謂「中央民意代表之任期制度爲憲法所明定，第一屆中央民意代表當選就任後，國家遭遇重大變故，因未能改選而繼續行使職權，乃爲維繫憲政制度所必要。惟民意代表之定期改選，爲反映民意，貫徹民主憲政之途徑：爲適應當前情勢，第一屆未定期改選之中央民意代表除事實上已不能行使職權或經常不能行使職權者，應即查明解職外，其餘應於中華民國八十年十二月三十一日以前終止行使職權，並由中央政府依憲法之精神、本解釋之意旨及有關法規，適時辦理全國性之次屆中央民意代表選舉，以確保憲政體制之運作」。這是一個頗具爭論焦點的政治問題之法律解決；解釋公布時，曾受到學界、輿論及民眾相當的肯定。

（十六）動員戡亂體制起源於政治性、軍事性及法制性目的。緣自三十六年公布施行憲法之初，即有不少黨政人士堅持異見；爲此乃有翌年三月國大集會後，提出增訂「動員戡亂時期臨時條款」賦予政府「緊急應變之權力，俾可適應緊急時勢之需要」之提案，與五月國民政府就該條款的公布施行。自政府於三十八年播遷臺灣，此地區即受到戒嚴及動員戡亂相關法制的嚴重箝制；人民不知中華民國憲法爲何物，卻感同身受猶如在戰時狀態的心靈恐懼及自由民主的約束之中。政府宣稱，這種非常時期體制是爲了徹底防止共匪的滲透及積極準備反攻大陸（其後稱「反共抗俄」，再後改稱「三民主義統一中國」）所必要的措施。終止動戡，意謂國共敵對狀態的解除及和平相處的期待；臨時條款的廢止，宣示遵守憲法規定，建構平時體制的憲政常軌。兩者雖係一事之兩面，但在我國現代化國家邁進的過程中，它卻係一個極爲重要的轉捩點。

㈦介石總統希望要將中華民國憲法帶回大陸之願望，既已形勢比人強，無法付之實現，只好遵循民主法治原理，將不合時宜的國會成員之組織及其產生方式，作必要而合理的增修；同時亦將總統發布緊急命令的要件，國家安全會議、國家安全局及行政院人事行政局之設置、及兩岸人民權利義務關係等之憲法依據，於增修條文中予以明定。這一次憲法增修，被認爲雷聲大雨點小，國是會議結論未獲尊重：充滿妥協色彩，只是一個過渡性、延續性及程序面的必要調整與對應而已；與人民原本對憲治的期待以及對政治環境求變心切，難謂相當。但亦有人稱讚其穩健可行，兼顧理念與現實；是一次難能可貴、適時宜地的修憲。

㈧事隔僅僅一年，即又對憲法及增修條文再予修正，足見各方意見紛歧，政局難穩之一般。此次增修，雖只八箇條文，惟其變革幅度頗大；舉凡國民大會、總統、司法院、考試院、監察院、地方制度及國家基本政策等均經修改，人稱國大被削權卻又擴權，司法院大法官組成憲法法庭審理政黨違憲之解散事項，考試院之職掌有重大限縮，監察院被改制爲非國會性質（司法院大法官釋字第七十六號解釋參閱），樹立地方制度之新法源；惟最令人關注者莫過於規定自八十五年第九任總統、副總統之選舉「由中華民國自由地區全體人民選舉之」，至其方式則另「以憲法增修條文定之」（第十二條）。謹按，此際執政黨內部已呈現該黨創立以來最爲嚴重的政治路線之爭，派系對決早已呈白熱化，黨的分裂症候復因受到日韓政黨分合之啟示，已爲不可避免。

㈩臺灣地區自三十四年秋後，逐漸實施與大陸地區同樣的教育——包括悠久歷史文化、幅員遼闊、偉大民族、革命先烈、三民主義、英明領袖、萬惡共匪、殺朱拔毛、反攻大陸、解救水深火熱苦難同胞等，與日治時代的人文修涵、法治精神、科學方法等截然不同的教育內涵。人民除了二二八事變外，尚經過了漫長的白色恐怖之驚駭煎熬；大部分的人變成很馴良、認命、勤勞的被支配者，此時，有一部分政治支配者及其附庸，卻猶得意忘形於高枕無憂的朝廟殿堂之上。自六十年代開始，中產階層逐漸有實力直接或間接關懷政治發展，尤其七十七年初經國先生逝世、登輝先生承繼國家元首及黨主席，開始鼎力改革，一連串民主進步的腳步，使百年老店的中國國民黨內部發生重新洗牌的效應，尤其省籍認知上的匪同，意識形態的南轅北轍，終至分裂爲主流與非主流，後者內部之積極或極端分子，更組成新國民黨連線，進而仿學臨近東瀛等國，另立門戶開啟新黨，冀能實踐彼等之主張。

㈪憲法之基本理念與其規範重點內容，須與時而俱進、與地相銜接、與事能相容，並與人共成長。我國憲法的再增修，事實上是將過去兩次增修共十八條文予以綜合歸納整理成十個條文，依序爲：國民大會、總統、立法院、司法院、考試院、監察院，國會成員之報酬或待遇、地方制度與國家發展之基本政策。其中，最受關注的則是第二條第一項所定：「總統、副總統由中華民國自由地區全體人民直接選舉之，自中華民國八十五年第九任總統、副總統選舉實施……」執政黨憲政改革法制分組於七十九年十一月二十九日討論有關總統、副總統選舉方式時，表決結果爲：主張採㈠委任代表制者十一人，直接民選者二人，改進之法定代表制者五人：不到四年的時移境遷，政治發展竟能倏忽倒轉，進步神速：誠令人難以置信。那時的「直接民選說」，直如風雨雞鳴，如今卻成爲全國人民雀躍歡欣的憲政制度，白雲蒼狗，嗟詠不已。

㈢我國歷史上，政治領袖眞正由選舉制度所定而產生的事例，是絕無僅有的事；而國家元首由全體國民一票接一票直接選出者，更是連做夢都不太會發生的事。民國肇造，戰亂頻仍，烽火連天；斯時雖有人民均爲皇帝之說，但那只是政治人物的囈語。直到八十年代伊始，因爲仍有憲法明定，總統、副總統由國民大會代表選舉（第二十七條第一項第一款），故憲法第一次增修條文，對於總統選舉之方式，未曾另爲言及，且執政黨仍以「委任代表制」、「改進之法定代表制」，或「委任直選」等爲主軸，進行全國性之宣導。八十一年方剛開始，輿情對於國家元首如何產生之討論，熱烈迴響，臺灣中南東部民眾要求直選之態度更爲積極堅定，乃有三月初執政黨轉向「總統直選」之傳聞。此時，該黨內部流派主張，各執立場，在隱忍妥協下，制定了上揭二次憲法增修第十二條第一項及第二項「前項選舉之方式，由總統於中華民國八十四年五月二十日前召集國民大會臨時會，以憲法增修條文定之」的曖昧條項。迨八十三年第三次憲法增修時，執政黨內部異議人士已另組新黨而離去，中國國民黨藉國大代表乃得以團結固守黨之政策方針，完成了總統直選的憲法上明確依據。

四、制憲時採用間接選舉的時代背景

國政發展及其遞嬗軌跡，已如上所述；若欲細析總統選舉之方式，首先，實有必要大體了解當年制憲過程採用間接選舉的時代背景：

㈠當時中國人口總數約有四億五千萬，估算有投票權者至少二億六千萬，且幅員遼闊、户籍制度闕如、資訊交通不便、直選顯有困難。

㈡當時人口百分之八十以上是文盲，更多的人民，缺乏民主、法治的基本認知，何謂投票、如何投票等，政府於倉卒之間，根本來不及宣導啟教。

㈢戰亂頻仍，擁兵自重，割據一方，互不相讓，黨派歧見非常嚴重，致國家存在都成問題；且規劃中的軍政、訓政、憲政三階段，亦未得循序而進，人民直選總統的客觀條件未臻成熟。

㈣就學理而言，憲法上所稱之國民大會，與歐美之國會職掌（不問係眾議院或參議院）並不一樣，就當時可能的職權行使而言，倒像是一個選舉人團，且其組織形態有強烈蘇維埃的影子；它設計上原本就是專為選舉總統、副總統而來。

㈤以國民大會有限而固定的人數來間接選舉，並以當時比較脆弱的中國國民黨而言，至少可以達到預期規劃，不致因選舉結果的生變使政局亂中加亂。

五、當今臺灣情勢及條件已迥然改觀

四十八年後的臺灣地區，情勢及條件等均與當年截然有別，分述之：

㈠二千二百萬的人口結構裡，合格選民約有一千三百五十萬，百分之九十六以上受過義務教育。

㈡臺灣幅員有限，選務作業易於掌握，電訊、交通等資訊科技、資料傳送、人民知識水準、國際觀、當家作主意願、政治判斷、分析能力、平時對於候選人的觀察機會，都相當進步、足夠，符合世界水準。

㈢四十餘年來，行使投票權以選舉人民團體領導人、選舉中央或地方民意代表及各級政府機關首長等不一而足，選舉乙事，稀鬆平常，已蔚爲表達意願的重要途徑。

㈣國民大會組織、職權範圍已有重大修改，其原本成立之歷史淵源，政治背景及設立理由，已因時移勢異而不復存在。

㈤臺灣省省長、北高二市市長，皆採直選方式產生，其中省長當選人得票數近五百萬，屆時若國家元首仍由國民大會代表間接選出，得票既少又無直接民意基礎，將如何統合、統治並代表國家？嚴重者甚或肇政局動盪不穩。是故，唯有總統直選，才能鞏固國家領導中心。

㈥國家元首採間接選舉，無法滿足人民期待與要求；蘇俄、南非．菲律賓、韓國等遠近國家，人民生活程度、知識水準，似均不逾臺灣，而其國家元首卻皆採直接選舉，可見其已然成爲不可抗拒的世界潮流。

㈦從民主政治、政黨政治的落實之角度而言，讓全民珍惜自己掌握的權力，以負責的態度及承擔成敗的決心，直接催生總統、副總統，並自我訓練民主素養，培養民主風範，監督政府，這對國家現代化的紮實累積與社會民主教育的普及，必定產生深遠的影響。

(八)總統直選眞正符合主權在民的精神；人民在體制內正當合法的關心國事，將使民眾對於國家向心力日益堅實。

(九)有直選及民意基礎的總統，能使兩岸關係發展更穩定；中共黨對黨談判的預期，或武力犯臺的威脅，或文攻武嚇的心戰效應，都可減至最低，相對地，臺灣對大陸的談判，亦可增加籌碼。

(十)在當前國際外交尙須積極開展的此時此刻，總統直選有助於改變國際觀瞻，贏得國際友人對我民主政治進步神速的肯定；其對於我國國際活動空間的開拓，可得到無法估算的助力。

(十一)我國傳統文化和政治習慣，過去一直存有祈求「天子」的心態，故從政局穩定而言，臺灣從威權統治過渡到權力分立的民主政治，其過渡期也應有適合斯土斯民的國家領導中心，方爲上策，而總統直選將是開創新局不可或缺的激素。至於有人擔心威權體制再次崛起的疑慮，事實上，依目前憲法架構整體設計與政黨政治制衡力的日趨成熟，不論從憲政體制或實際政治運作，或潛藏著的巨大人民力量，應無昔日半封建式強人政治再現的機會。

(十二)過去曾有人拉高嗓子及聲音分貝，主張非走「委任直選制」不可，其說以我國當前各方面的進步情況以論，並無歷史性或學理性的正當合理之必要理由；更何況其制度本身仍有甚多窒礙難行之處。其不但對於委任國代的選舉、罷免等投票行爲難以眞誠反映民意，徒生擾攘，而且委任與法定代表混合的身分，其本身就學理而言，原本即有其基本矛盾，且無法使它並存不悖。

自民國七十七年元月登輝先生繼任總統以來，我國朝向現代民主、自由、法治、平等、尊嚴等憲法核心主軸問題之改造及踏實奉行之程度與速度，遠遠超過過去四十年的總合，而且還在以驚人的速率，從質量上在蛻變興革之中，眞正開啟了一個我國歷史上空前的民主進步之序幕。過去數十年裡，全國人民雖然都曾經接受了「很糟糕」的歷史、文化、法政、教條、思想等教育，所幸這數年來，國人觀光旅遊歐美日先進諸國及中國大陸、年輕學界留學後返國服務、外國各行業人士來臺觀光或從事貿易、資訊快速穿梭傳達，早已將心靈及知識久被困囿的圍牆予以戮破推翻，讓大家重返理性，自然、眞實、合理及愛護鄉土關懷國家的情操裡。這種客觀情勢的重大轉變，顯然已由不得政治人物再企圖用任何方式，可以說服人民再去相信所謂的間接或委任選舉；易言之，人民當家做主之能力與決心，已臻成熟，選舉總統之方式，早經抉擇，它沒有另一條道路可走，人民只想用一張張累積起來的選票去接生歷史上是第一位、且在未來四年裡自己所能信賴的國家元首。

六、我國總統直選後的憲政展望

（略）

㈠（略）

㈡（略）

㈢總統係國家元首，直接選舉有「主權在民」的象徵意義，嗣後全民政治、民意政治、責任政治等必將接踵成長而成熟；我國的政制是否即可謂爲「總統制」，或「內閣制」，或與法國第五共和憲法下總統內閣混合之制度（有謂「雙首長制」）相當，或仍含混地稱爲「五權憲法的五院制」？憲政制度發端於歐西，本非吾國所固有；如今仿學已近百年，卻仍振振有辭且仍難斷其爲

「何種制度」？國外學術著作迄無法歸納說明其究爲何物！吾人實非反省不可。增修後總統之職權與責在，有無呈衡平狀態，輒成各方質疑指摘的焦點。以現制設有嚴密國代之選舉產生方式、總統須向國代報告國情，又，罷免、彈劾、總統四年任期、不得再連任、職權行使須受相關各種法律重重之規範節制及相對刑事豁免權等，再加上民權意識升高、人民知識水準高標化、國際間自由來往頻繁、資訊豐富又快捷及大傳輿論的無孔不人，則是項疑慮攻訐是否合理正當而有其必要？

(四)我國憲法第五十三條規定行政院爲國家最高行政機關。在過去三次憲法增修條文，未曾有過將行政院組織或職掌等作爲修正對象而成爲「單獨」之條文者（民國八十年五月第一次增修第九條第二項「行政院得設人事行政局」是唯一的特殊附加款項），這其中必有修憲者新憲政思構之意圖；質言之，冀行政院維持制憲時的權責效能，調整總統與行政院間之國事分工，讓總統職掌治國大政方針、行政院長及各部會首長策劃並執行國政之實施，以建構一個堅實有力、穩定推展「行政」事項的國家組織體之重要部分。如上之推敲果若無大疵錯，則顯然修憲者係有意朝著改良式的「總統制」或稱「準總統制」之方向邁進；但行政院面對總統，並非橡皮圖章，有責無權，凡副署權之行使、國家緊急命令發布時之決議與否、代行總統職權，或行政院長提請總統任命副院長、各部會首長、不管部會政務委員、行政院關於法律案、預算案、戒嚴案、大赦案、宣戰案、媾和案、條約案及其他重要事項之職權、及院長主持行政院會議、綜理院務、指示策略並監督所屬機關等，均經維持，故與法國第五共和混合制之基本特質並不相當。

㈤立法院爲國家最高立法機關、由人民選舉之立法委員組織之，代表人民行使立法權（憲法第六十二條）。我國憲法三次增修過程，除了立法院與國民大會在國家組織體系中之定位、國大存廢、職權歸屬及立法委員任期擬予延長爲四年之議論外，基本上並未對於立法權實質內容有所懷疑；而增修結果，只有民國八十年五月第一次（第二條）及民國八十三年八月第三次（第三條）的增修，對於立法委員選舉之人數及分配有所規定，餘皆依憲法所定（尤其第五十七條、第六十三條及第七十一等）或因應時局需要，修訂於增修的其他條文之中，譬如：民國八十三年八月增修第二條第四款「行政院院長之免職命令，須新提名之行政院院長經立法院同意後生效。」第五款：「總統發布緊急命令，須於十日内提交立法院追認，如立法院不同意時，該緊急命令立即失效。」第六款：「總統得設國家安全會議及所屬國家安全局，其組織以法律定之。」第八條：「省縣地方制度，以法律定之。」第十條：「兩岸人民權利義務關係及其他事務之處理，得以法律爲特別之規定等是。」由上所述，我國立法院之制度性設計，係學理上所稱具有實質國會功能的國家重要機關；其與行政院間有錯綜複雜的國家權力之行使與監督的關係，卻與總統無直接關聯。爲建構全面性及衡平性的國政權責組織，乃有單一國會一院制或兩院制、廢除國民大會及立法院，建立新的單一國會之提議等。對於立法院宜如何做實質上的根本變革或組織上的分隸分工，恐非支支節節的局部修補所能盡其全功，而須視憲政全部架構設計，方能評其優劣得失。

臺灣地區自民國七十六年解除戒嚴令後，那長年被抑壓的政治自由與民氣項背的新指望，即如酷暑裡溫度計的直線上升一般，到處洋溢。其中，有識之士對於中華民國憲法本身的結構組織與四十餘年的實施狀況，抨擊批判者遠過於讚頌者；且自民國七十八年十一月林義雄先生提出「臺灣共和國基本法」草案，接踵而至的尚有民國七十八年二月無黨籍國大代表的「中華民國基本法」草案、同年六月臺北律師公會憲政改革委員會提出「十項憲政改革要求——正視國土分裂事實，徹底重建憲政體制」、同年月民進黨的「民主大憲章」，民國七十九年秋後至民國八十年春稍執政黨邀集相關各界人士積極研擬適合國家發展所需要的小幅度憲法增修案、民國八十年八月「人民制憲會議」的「臺灣憲法」草案、同年九月民進黨研擬的「臺灣憲草」、同年十二月國家政策研究中心研擬之甲案「中華民國憲法改革案」（內閣制）及乙案「總統制憲法草案」等，綜合此等有關草案擬議之精髓，主張小修憲法者，為數較少（如民國七十九年執政黨內所研擬者），應顧慮現實環境而做必要之中修（如前揭無黨籍國代案）、大修（如國策中心的憲改兩案）甚至「制憲」者，頗受注目。

（略）

我國囿於歷史背景的特殊緣故，向無自發性的憲政思想，更無相關理念的孕育。三十六年的憲法，復係在極其複雜政治環境、國人無經驗、黨派妥協以求偃旗息鼓於爭鬥旋渦，並祈共襄盛舉推行憲政制度，於倉促間公布施行；斯時，民智普遍低昏，民權概念尚無所悉，民生疾苦僅足偷生，又是共產大軍策劃渡江並往華南進逼之際，舉國硝煙瀰漫，是學理上所稱毫無條件與機會推展憲政之狀態。奈何時局特殊，政治勢力逼迫的一方與承接的一方之間，形同打軟硬拳，你要我放，你打我殺，爾虞我詐，彼此根本未臻以至誠遵守憲法制度之時，即匆匆結束軍政而進人憲政時期。時曰：戡亂與行憲並行。迨政府播遷來臺，偏安之局勢初定，中共強敵之對峙與威脅已略紓緩，但因戒懼臺灣地區於二二八事件及土地改革過程遺留的危險性反彈，亦爲了順利政府行事，乃藉口共軍渡海攻臺之可能，及隨時枕戈待旦「反攻大陸」準備上之必要，持續實施戰時體制之非常統治，視臺灣爲「基地」，致我國邁向現代化國家全面性開發進步的良好契機，竟成四十餘年時鐘的停擺。當茲僅僅十年不到的時間，我國卻能在和平、不流血的大改革中順利轉型，由強烈人治傾向的威權政治踏人自由開放的總統直選以符主權在民之全民政治的新境界，確實可稱其爲另一種形態的「政治奇蹟」之顯現。

七、結語

國家元首的產生方式究竟與國體、政體、憲政發展有如何的關聯？其正反之說、肯定否定之辯，迄今仍爭論不休，且各能引經據典，舉例詳述，振振有辭。其實，彼等相互聞之依戴作用，是無法用純科學實驗方法予以釐清的；要詮釋它們之間的關係，首先就必須了解時、空與人、事間的關鍵性結合要素以及所滋生的新現象。在五十年前的中國大陸，人口據知有四億五千萬，高中或大學畢業，有現代起碼的知識水準者，恐萬千仍不得其一；當茲臺灣地區近二千二百萬人口裡，受過高中大專以上教育者遠逾半數，可謂人文薈萃，遍布菁英，加以資訊方法快速傳遞、政黨競爭激烈、選舉習慣及其認知、選舉文化等，已逐漸地自然地形成爲民主社會生活的一部分，並在國際間與國觀摩學習的互動影響下，事實當可證明此時此地，正是吾國歷史上實施總統直選與發展憲政制度的最佳契機。

總統、副總統直接由全國公民一票票的累計，以較多數的一組爲當選，無需用間接委任的方式付託不一定認識亦不完全可以信賴的人去代爲決定，乃今日時代進步中全民的共識，人民深信那是往後國家元首產生的不二法門。但是若客觀比較觀察，在臺灣地區長年浸淫在中國式威權掛帥的政治氣氛中之人民，迄今對於歐美日經久演化漸臻成熟的民主政治，是尚在學習吸納滋養領悟過程而已，距離目的地仍有一大段的路程，實在難以自詡已可與人並肩同步，榮登眞正民主、自由與法治之堂奧。爲此，進步諸國所採之內閣制，恐非即可接受的政治體制；亦即可在現行「制度」的基礎上，往「雙首長制」或總統制之方向策劃擬制。俟行之有年，人民對於現代文明與文化之接受漸趨成熟，對於憲政秩序之眞諦、對於斯土斯民的關懷與疼惜已夠深切，以及國民自尊心與自信心之培養已臻水準時，自然水到渠成，可順勢改造選擇斯時最容易被接納的新的國家政治工程之藍圖。

任何社會科學或憲政制度，若與自然科學的容易移植來相比較，明顯是截然不同的；質言之，人類在世界各地區經悠久歷史的進化之洗禮，已各自順其地緣而創造了固有的文化習俗以及形成國家統治組織的制度宏觀，除非用武力作後盾去強迫或兩相懸殊的文化力量間原本即呈現莫之能禦的情形，否則，是不太容易用自律的方式去全盤接受或用他律的方式去強制別國承受其文化或制度。我國數千年歷史裡，未曾有過近代憲政理念與體制的顯現；如今卻一廂情願地期待於一朝一夕之間，改變傳統觀念，拋棄固有典章制度，誠難望有成功之機會。幸虧，百餘年來，對於西方先進諸國國家法政制度的學習模仿，至少在一知半解的過去，以及近二、三十年間在臺灣地區積極的西化，尤其近十年來的實踐民主，已使吾國憲政發展初露曙光。爾後，人民、政黨及政府，若能普遍對於民主意涵有更多的體認，對於法治主義有更多的心得，對於權力分立制能更深領悟，權責衡平責任歸趨能更臻制度化，則未來我國的憲政發展，卜將朝著先進諸國的軌跡莊嚴地馳向成功的前程。

總統直選與憲政發展，恰如撞球臺上帶動的母球與形形色色的子球間之關係一樣；前者可爲決定性的牽引動力帶領局面之勝負，亦可毫無技巧，不生作用，不太能影響全盤進程結果。許多足堪典範的國家之憲政發展史實，已夠吾人振聾發瞶：憲法的生命力與規範力，不僅僅符身於條文字裡行間的邏輯與文義而已，更重要的是舉國人民已生共識，願意培養高貴的社會生活氣質，並且正心誠意崇尚憲法精神，服膺憲政原理，遵守憲法秩序，俾求仰無所愧，能擔負歷史傳承任務，並且有尊嚴地存立於國際社會。

第五節　首屆總統民選，李登輝先生高票當選；即刻關心司法改革菁英之凝聚

一九九六年四月四日上午九時三十分李總統官邸來電略稱：今天是清明放假日，明天是夫人生日，傍晚時分這邊有小型聚餐，有請你也一齊來。仲模於下午四時四十分抵達，大家客氣閒聊一陣子，開始輕鬆愉快的用餐。餐宴畢，總統邀仲模到他書房，關門後他立刻說：全民直選剛過，百

分之五十四的高票，國民付託，責任綦重，爲了讓政府煥然一新，贏得國民信賴，五院院長是非動不可的；過去司法院院長除了王寵惠、謝冠生及戴炎輝是學法律以外，諸如田炯錦、黃少谷及林洋港所學均非法律，還是一樣可以逐漸整頓司法、一步步邁向新境界；王作榮部長之夫人范馨香是司法官出身的大法官，他們的家還有相當一段時間設籍住在司法院裡，王對司法制度及審檢系統等的了解深廣；你看王作榮部長來做司法院長如何？要不然，邱創煥院長也很想「動」，他來如何？仲模回以：王、謝生長在極度混亂的軍政、訓政時期，是所謂黨國元勳，來臺後的司法院，實際上是一個「司法行政院」而已，一九八〇年以前，司法院的管轄權涉足不及臺灣高等法院及各地方法院（係由行政院司法行政部統轄）；至於戴院長，原係臺大法學院身分法及中國法制史教授，一介學者置身於中國國民黨黨政軍氛圍的司法體系裡，究能發揮多少「學法者」顧好「司法」這一塊國權領域的角色，不問可知；國外新思潮分秒吹襲臺灣，時代大環境也在急速變遷，大量栽培有認同感的後起之秀，讓他們發揮智慧才華，或係是當前的要務之一；總統你說五月在就任後，五院院長需愼酌更替，我覺得其他四院如何，不方便多所置喙，但司法院施院長確實開創了司法與政黨關係脫鉤的事實與膽識，和大法官及各級法院隨時溝通疑難、解決困惑，代表司法院接待國內外法學者及審判機關首長、呵護司法審判獨立等，均相當著力，各界頗多稱讚；至於司法改革的進度與如何的內容，在如此這般的黨國教養下之大環境，絕非一蹴可幾……此時，總統打斷了我的話，說：我已再三交付，這一年多來，施院長並沒有交出什麼績效進度給我；司法應重視人權保障，贏得普遍國民的信賴，但法官依舊經常引用司法內規辦案，而非遵照相關法律之規範。

一九九六年五月中旬，傳媒各界盛傳施啟揚院長有倦勤的風聲。二十四日（五）十時二十分，施啟揚院長奉邀到總統府謁見李登輝總統，半小時後返院，即召集副院長呂有文及祕書長朱石炎密談行政措施上如何應對可能的變局。當月二十七日（一）十時五十分院長室傳來：請大法官到施室一敘，若沒在辦公室的大法官則不勉強趕來。九位尚在院內的大法官共聚在院長辦公廳；施院長稍帶笑顏，卻也嚴肅地開口說：近日報紙講了幾次說我即將辭去司法院長職務云云，其實一年九個月以來，我已盡心在崗位上工作，各方面反映不錯，只是法律人、法學者大概都比較刻薄，只講壞的，卻不揚善舉，若他做不好而更有能力的人要來，我很願意辭職離去，當個普通國民了卻肩膀上的重責大任，不是很好嗎？一、二年來，司法獨立已經做到，再沒有人敢來說項關說，影響司法的公正；司法是不可能急速改善的，它不可能速成；第六屆大法官之績效，是三十餘年來最好的……同日十一時四十分翁岳生、孫森焱及林永謀大法官再到仲模辦公室續談事情的來龍去脈，請我代向層峰表示施的為人處事及兩年來各項改革事務的持續推展。我也說出了真誠心裡頭的話：施院長被發表出掌司法院時即刻辭去中國國民黨黨務黨職，這是史無前例的決心壯舉，改變了許多社會各界心頭的疑慮，的確讓人敬佩；可是，不能否認的，司法院在大傳媒體、國會（立法院）以及院內軟硬體設備、員工照顧等方面是尚須加強；「司法改革」卻先去請外界的人來說三道四，沒有先從內部緩速溝通，做法或可改進；施院長已從李總統得到保證給他當靠山，卻在這近二年中，沒能將改革乙事向李總統回報。施院長今日的談話，內容及表情都有異於平常的溫文儒雅。最後，王澤鑑大法官今日僅有的一句話：施院長不會有事！

一九九六年五月三十一日（五）十六時三十分，仲模在司法院辦公室接到院長室祕書來電略稱：施院長訂於六月十二日午後六時在其官邸設宴邀請全體大法官餐敘。這突來的邀宴，大法官們議論紛紛，甚至有人揣測莫非是「惜別會」徵候。六月十二日（三）上午李總統再度約見施啟揚院長，明確告訴「續任」之決定；晚上的餐宴在瞬息間變成「慶祝會」，所以非常特別地提供了一大甕陳年紹興老酒，希望今夜大家暢飲、輕鬆歡喜。施院長心情愉悅，很興奮地拉高嗓子並敬酒說：今後四年裡我們三個人（施、呂及朱）希望能續為諸位大法官更作最佳品質的服務。施啟揚院長處事公正、為人和藹，經過這次職務變動與否的冷暖轉折，眞如洗了一次政治性的「三溫暖」。

第六節　時序進展中的三篇論說

一、愛臺護鄉的另一面人生：令人感懷的生意人、創報人——林榮三先生

時間、人物、地點、關注之事，分述如下：

- 一九九五年八月二十日（日）十一時三十分至十二時三十分，《自由時報》創辦人林榮三與仲模在電話中。
- 一九九六年三月八日（五）九時二十分至十一時三十分，吳阿明、俞國基與仲模在《自由

時報》創辦人林榮三辦公廳。

- 一九九七年十月十五日（三）十時至十一時，林榮三、仲模在長榮集團總部張榮發總裁會客廳。
- 一九九七年十月十八日（三）十七時十五分至十八時十五分，《自由時報》創辦人林榮三與仲模在報社會客廳。

其他，尚有多次仲模與林榮三創辦人及張榮發總裁的接洽討論司法情狀，不擬另贅。

- 務請仲模堅持「國家元首由臺灣住民直接選出……民主自由法治與人權是一條人類的不歸路，請多支持李總統勇毅的改革方向……」。
- 一直到今天，那些極端保守派，如馬英九、余紀忠、聯合報王家、郁慕明、李勝峰、施啟揚、趙少康、擬選總統的林（洋港）郝（伯村）組、陳（履安）王（建煊）組等人都還在主張「委任直選」，請我用心為文解析，好讓民眾知悉其中的奧祕及臺灣人應有的認知，要請彭明敏教授的這一組候選人千萬不要去無謂的攻擊李連組。
- 林創辦人非常憂心李總統改革之路被處處布下天羅地網的阻撓，張總裁特別強調臺灣對中國應盡速開放三通，因為中國方面是完全沒有惡意的，對岸自改革開放以來是非常歡迎臺灣人過去經商賺錢的。
- 張總裁認為林創辦人對房地產的經營，非常優異，也有驚人的慧眼可以預卜開發後的獲益率，若林願意過去造鎮，張極願意參與股東加重投資，因為中國地大物博人衆，臺灣過去那邊是「一筆一漲」的。林很無奈，消極、無力，臉色不好，雙手常攤開……他說：爲什麼張總裁這種人會這樣？是重利！有錢了再增加財富有何用？還不快一點爲臺灣做一點事。現在三臺電視（臺視、中視、華視）不快一點換人不可，當總經理的必須疼惜臺灣、勇敢，不要怕「沒頭路」；林創辦人夫人常對林說：你這樣爲臺灣、爲李總統賣命，又有何用？你會愈走路愈窄。林答以「還不是爲了臺灣的安全、安定而爲，要不然，我現在什麼都有了，又何苦這樣子拼；我每天午、晚都在報社吃便當，沒空去應酬。」

林創辦人告訴我說：我小心翼翼地體察中國的歷史、文化、地理、孔孟老莊法家陰陽諸術，讀孫子兵法，總括一句話。是吃人的、騙人的居多；國家衰弱時，人民當奴才又何妨，一旦強盛起來，必然走向帝國專制，並四處擴張領土、侵呑政經利益；上千年來只有一再地改朝換代，也曾二次全面性的被外族征服而告亡國；迄至二十世紀初期，才有一個統合但雜處硬湊拼合的國家名稱，叫中華民國，一直到一九四九年的共產中國國旗也當眞標示出五族聯合組成的中華人民共和國；所以，臺灣人呀，應堅定地認同自己的國家、愛護先祖留下來的這一片美麗島，把自己紮實地強壯起來，才有本錢跟別人爭個長短。

一位原本做生意經營事業，並跨界堅持辦報宣揚自由、民主、人權理念的人，竟有這種致富後救國拯民的抱負與品格，連同這番語意深邃的話，讓仲模感佩不已。

二、民粹化「關說」的眞正意涵

「關說」意指利用人情或權勢進言疏通，或代爲說情請託，或請人從中疏通說情。「關說」原係爲一種事實，中性語詞；在字典或其他詞彙裡是無法找到它有「負面」（negative）的意涵的。在漢文裡，和它意義接近的語詞，尚有「關切」、「陳情」、「關心」、「關懷」、「關照」（照應）、「打通關節」、「關注」；和英文裡的canvass（奔走拜託、遊說）或concern（掛念、擔心），lobby（代表商界的利益去遊說議員）的意境是有某一程度上的雷同；和日文上的「勸說」、「活動」、「運動」（日語裡沒有「關說」兩字）的意思則只有一點點的相仿。茲以眞實案例分說之：一九九七年七月八日（二）九時三十分，教育部審查暨甄選○○大學新校長，任命孫○、城○○、夏○○、王○○、吳○、楊○○、羅○○七人爲委員，並聲明該名單需保密。當天下午及晚間，候選人之一即電請我支持；翌日十四時十分仲模在司法院，施啓陽院長找我略稱：某某人對你非常稱讚，他跟你很要好，是跟政大校長李元簇一樣，學法律的，這樣的人來主持大學校務規劃和發展，應該是非常適當的，請仲模兄支持他；施院長也曾向甄選委員會吳○請託，冀能給某候選人機會。同月十一日（五）上午，該某候選人又多次來電，表示要親自到家裡去拜訪；翌日晚上十一時再電請支持並擬即來家看我。同月二十四日（四）十六時四十分施院長再找我，稱他已知道教育部長甄選校長乙事已告完竣，謝謝仲模兄；最近政治大環境非常詭異，宋……郝……教育部對某大學校長人選的審查暨甄選會新當選人，事實上並非某委員告訴施院長的那一位，因爲當時只是初步意見，仲模對於施院長是守口如瓶，絕不輕漏任何風聲；直至八月七日教育部才正式發布新聞刊載新校長學歷、履歷和治校新方向。

中華文化最突出的特徵之一，是人治觀念的瀰漫，欠缺法治精神的奉行。臺灣在日治時代，除了民間社會的活動之外，未聞公權力之下，彼此有關說的情事發生。中國文化大舉入臺之後，七十餘年來總統府與五權各院之間、地方政府議會與民間組織、公司行號等等，人際間的關說滿天飛舞，不問是關心、關懷、關照或關注，甚至西方所稱「lobby」（遊說議員、立委等）要均被大傳媒體通稱為「關說」，且普遍認定其係非法、違法營鑽，甚至是犯法、破壞社會的正常生活行徑。這是嚴重的社會文化偏斜，也是黑白、是非、對錯、良惡無法釐清的淵源。久而久之，也逐漸養成了極普遍、偏差的社會印象、觀感：認為被指「關說」某事，即是暗地裡的違法、犯罪勾當，該人即是十惡不赦的法政社會壞蛋。憲法第八十條明定：「法官須超出黨派以外，依據法律獨立審判，不受任何干涉」；在最需要公正持平不偏不倚的法官而言，尚有可能「被干涉」或被關說，此時，嚴格要求的是法官的品操持正、不受任何負面影響而已。何況在幾乎浸淫在東方傳統文化社會生活裡的人情世故請託，是那麼普遍且成無孔不入，哪有可能像西方文化上千年來的個人主義傾向，無法容許沒節制的人情關說！法律法制都已明定關說相關的規範，所以，愈進步的都會城市裡，各式各樣的公關公司愈是林立且必需必備；竟連國際間愈富強的國家，公關公司輒成為外交調停、戰爭息止，經濟斡旋、國際貿易、武器交易、金融匯兌及文化藝術交流等等，極重要的環節。

上舉案例，施院長與仲模之間私下的交談，他因摯友親朋的請託，把話轉傳到同事，我覺得毫無引起負面影響的可能，因為只要我堅守「保密」及客觀公正審查甄選，就已夠了，哪怕是誰跟我一再關說；但候選人自己一再來電請託，雖無違犯法律，但在道德義理上似欠了節制。臺灣社會，這些年來經常假藉「關說犯法的通念」作為政治上打擊不順眼對手之事，層出不窮；最出名莫過於總統馬英九指控立法院長王金平、民主進步黨立委黨團總召柯建銘的「關說案」，這是一樁混淆了民意代表服務選民的職責（據當年法務部矯正司（現已改稱「署」，主管看守所及監獄行政）的統計，一九九八年中期到年底，前後約五個多月，國民大會代表及立法委員的「陳情案」（亦被稱為「關說案」），就有二百零四件之多）、臺灣社會文化蛻變過程中必經的反常風尚，哪會毫無節制地丟出了那麼嚴重犯罪指控的黑帽，企圖讓對手屈服認罪。

三、仲模在總統府介壽堂演講

一九九七年十一月十一日（二）午後四時總統府祕書處來電，稱：下月二十五日行憲五十周年紀念日在總統府介壽堂紀念月會上有請仲模專題演講，時間五十分鐘。當天我的演講全程，載記如下：

※專題報告：「提升憲法文化建構法治社會」

總統、副總統、諸位先進、各位女士、各位先生：

今天是中華民國八十六年十二月二十五日，也是憲法施行五十周年紀念日，仲模有機會在這個憲政發展史上重要的節日，就「提升憲法文化建構法治社會」提出專題報告，深感榮幸。論題之內容及若干觀點如有不周之處，尚祈多加指正。

壹、前言

溯自遠古以迄當代，歷史的經驗紀錄告訴我們，支撐或維繫國家、社會恆常運作的眞實基礎，不外是宗教信仰、倫理道德及法的建制。在我國，皈依或信仰某種宗教的人，在總人口比率不高，又，在西方新潮文化、新穎文明衝擊下，固有倫常綱紀正日趨渙散式微：爲此，在二者均難寄予獨撐振衰起蔽的可能期待之情況下，於是，如何建制法的規範功能並培養權利義務衡平的經常觀念，乃成爲有識之士普遍關懷的焦點。

憲法是有關國家政治體制、人民基本權利義務、國權分配、重要政府機關組織及其相互關係的基本性法規範；其制定率多係當時政治實力堆砌起來的總和，而非學理邏輯探求的結晶。憲法存在的現象是具有生命力動態的「活的東西」，因此，它於生成後即呈現成長的生理特徵，並和該國的歷史文化、民俗感情及教育、社會、經濟等輻射出來的人、地、時、事、物緊密銜接成一體；今日歐美諸國的進步安定，不僅是經濟財富國防力量所能單獨撐持，而且是長年憲法文化的培養有以致之。

法治是指由國家立法機關匯聚人民公意制定法律，以法律來治理國家；其對稱是人治或「德治」。法治的根本理念在建立制度，法治是實踐民主的方法與手段，其本身並非目的。實施現代法治理念的國家，必須遵守立憲主義下以憲法爲最高規範的法的位階秩序，舉凡行政機關執行政策推展職務或司法機關審理案件裁判曲直，均須忠實執行或適用法律之所定，而立法機關更須在憲法規範的拘束下制定法律，並定期接受民意的監督。法治是人民相約成俗以營社會生活方式之選擇，它已然成爲文化體系的一環；放眼世界，任何國家、社會之富強穩固或積弱動盪，多與尊崇或鄙夷法治有相當的關聯。

貳、厚植憲法文化與憲政精神

我國自行憲以來，所採民主立憲政體，有其靜態外觀的形象面與動態精神的內涵面；二者均需要憲法文化及憲政精神的經常不斷地注入補充，方能見其茁壯成長。憲法條文固然有骨幹的價值，但必須等到它潛移成文化及表徵成憲政精神時，才讓人感受到有血肉的身軀，而成爲具有生命活力的國家最高法規範，否則，只是印在紙張上的憲法典或掛在牆壁上的裝飾品而已。

憲法文化是指國家憲法的存在事實與人民日常生活貼切的結合，使它成爲與其他文化素材一樣，持續而多元地生根滋長的一種憲治理念與教化；英國式的不成文實質憲法固無論，其他各國的形式成文憲法亦有之。以英國爲例，十三世紀頒布的大憲章，雖非眞正的權利法案，卻使王權受到節制，臣民的權利得有初步保障；其後著名的權利請願及權利法案等歷史上一連串的創新民權與規範王權的習慣法及制定法，縱使其內容難謂明確化，事實上已逐漸成爲國王與人民同遵共守的政治傳統。這種沒有一部憲法典的國家卻被普遍尊稱爲憲政的母國，原因無他，即出自其經年累月由人民與政府隨時隨地打從內心創造、崇敬與延續憲法文化所致。再以美國爲例，二百多年前制定的憲法，僅只七個條文，加上其後二十七個增修條文，卻能在立法、司法、行政部門及人民敬謹遵守之下，讓它自然地成長；自農業社會、經工業社會及至太空資訊科學的社會，隨著時代的變遷注入憲法的新意涵，而與人民的日常生活緊密接合，順利圓融地滿足了各方的期盼，一旦發生違憲疑義時，法院即可用司法審查制度予以必要的監督，使政府行爲有軌跡可循，人民權利確實受到保障。這些歷史過程的憲法經驗，使舉國民眾，對憲法存在的意義感同身受，乃益愈尊重憲法、珍惜並仰賴憲法，而願陶融在這憲法文化之中。這種政治傳統與憲法條文漸次良性融合依偎的歷史發展，終於開創了西方國家極爲耀眼的憲政秩序與憲法文化。

憲政精神是一種尊重憲法的政治傳統以及不做作、自然使憲法具有充分適應時代能力的柔性憲治要素。憲法，緣起於積極爭取人民的權利，消極限制政府權力的行使及防止其濫用權力。歷史不斷地提醒人們，政府對於憲法規範必然有其不便，因此，對於憲法存在目的的見解，必定與人民的角度適得其反，這是很自然的拉力關係。人民手無寸鐵，望治甚殷，無力破壞憲政之實施或違反憲法上義務之履行，但政府基於施政上的必要，卻經常有違憲之虞。憲法是白紙黑字的文件，制憲者當亦有能力毀憲，所以，憲政精神無非是指政府尊崇憲法的政治風氣和可圈可點實施憲政的諸多經驗累積。憲法須與時俱進，其須變革以求適應當代之孔需，毋寧說是成長時的必要過程，無論其係基於國會立法、政府行爲、司法判解或其他憲政習慣之新創例或其他新措施，觀察衡量其是否符合憲政精神的準據，就在諸種制度上的設計對於人民權利的保護是否周到，及有無爲人民的權利去具體規範政府的行爲。美國總統的選舉方式、國會的公開會議、司法審查權的確立、禁止黑白同校行爲的違憲判決、不得同時擔任聯邦級及州級之公職、及聯邦最高法院的崇隆地位等都是關於尊重憲法、把握其精神，充分適應時代需求而經久膾炙人口的適例。

我國自行憲伊始，國事蜩螗，烽火瀰漫，其後又因實施動員戡亂及戒嚴等非常體制，致憲法文化及憲政精神之培養幾呈篳路藍縷之艱辛困頓。所幸，近十年來，在李總統領導的國政以及與國民間的互動激揚下，民主政治發展神速，國際間何止刮目相看，而人民關心及參與公共事務之熱切，亦特別顯著；國民大會四次增修憲法，從其過程及內容以觀，就當前國家政治結構及兩岸關係等，賦予其新內涵，以適應多元社會之新情勢，確實具有歷史延續的重大時代意義；政府根據憲法，戮力遵行新制，亦迭有突破瓶頸之創猷；司法院大法官對於憲法所明定平等權、人身自由權、非軍人不受軍事審判、居住遷徙自由、言論講學著作出版等表現自由、集會結社自由及生存權工作權與財產權之保護等，陸續公布了直可比擬先進諸國相當機關所爲釐清事理，闡明法理，保障人權的解釋。凡此種種，在在顯示厚植憲法文化與發揮憲政精神之努力，已在逐漸學習、孵育與累積成長的途上。

參、深耕法治理念與依法行政

法治觀念與依法行政，在英、美及德、日乃至我國之用語上，皆未一致，足徵其概念及如何適用，尚有歧異；惟民主政治須以法治主義和依法行政爲要素，則未有疑義。此種依法爲治之原理，其表現於行政上者，爲依法行政，表現於司法上者，爲依法審判；至其終極目標不外在於保障人民的基本權利與自由，並所以促進國民福利、文化生活的普遍與昇華。

法治理念雖屢因時代與國度之移易而變化其界說，但是務求客觀的法的支配，避免主觀的人的統治，及欲達成法的安定與妥當，以維護國家機關公平合理和諧地處理政務，則未嘗稍異。古人有謂：「人存政舉，人亡政息」，蓋人的生命有限，社會不朽，人的喜怒哀樂，變化莫測，殊無常軌；是故，近世以來，法治理念乃被奉爲治國之常經，亦可謂其係現代人對於過去「人治」的澈悟。有學者從權力分立論而推演出理想的法治內涵，認爲：立法部門只能制定一般性的法律，凡剝奪人民權利或規定溯及既往的法律，均應禁止；行政部門必須在獲得司法部門的裁決，才能運用強制執行力；司法部門則祇能被動適用現有的法令，不能主動自創新法。這種見解容或尚存有不少的疑點和爭論，但仍被認爲它是反抗政府不法行使權限時很有價值的堅強論說。也有學者認爲設若沒有下述的前提或條文，則法治理念根本不能眞正成立：即民主的原則、分權的原理、政黨政治、憲法明定重要法律原則以及自治行政。一個國家而沒有這種條件，那就可以斬釘截鐵地說，其法治推展的期待，連門檻都還沒有進去。

依法行政，乃現代化國家推行政務、民眾適從時必然的過程和方法；行政務必根據「法」，它使公務員及人民間任何公法上的權利義務關係有個制度化的客觀準繩，以便同遵共守；是故，任何國家的主政者對其關切的程度，輒與該國政治之隆汙、法治之推展成精確的正比。縱觀時代的演進，以往不論是封建國家強調「神治」，而後警察國家強調「人治」，繼之法治國家偏重「法治」，所強調國家的存在現象均在於「統治」或「管理」；一九三八年德國著名學者Ernst Forsthoff教授主張只有提供儘量的「給付」給人民，才算得上是現代化的政府。國家的目的不在於統治手段，而應該是無休止的給付，以達到對國民生存和生活照顧的境界。準此，今日的行政作用已由昔日「消極」的功能轉向「積極」；政府不是一部萬能的機器，對人民的服務亦無德政可言。國家的任務，在對於人民生命的尊貴做最大的尊重，對於人民生存的條件做無盡的維護，以及對於人民生活的品質做不斷的提升。為求達到這些目標，就非從教育文化科學民俗藝術、交通建設經濟發展、住宅規劃合理分配、社會福利保障措施、治安維護醫療保健及環保設施融資貸款等著手，以建立依法為治的恆常制度不可。在此新的國家目的觀與行政作用論之下，舊日依法行政原理的內涵仍然須要再深耕，以與時俱進，並做相應的修正。易言之，歐洲大陸法系統所稱的「依法行政」，其內涵上尚須蘊含有英國以「自然正義」為核心的「法律主治」、德國法律哲學上常稱的「事物的本質」，以及美國法學上著名的「正當法律程序」等重要法理；這些歷經時間的遞嬗逐漸揉合實體與程序內容，彙綜上述諸多概念，慢慢地演化為另一種隨時注入新要素，且為形成性的「依法為治」的客觀規範制度。

肆、我國實施憲政推展法治尚須超越的難題

我國近百年來，前半段在熱衷於制憲運動，後半段則在忙碌於行憲活動；前者的舞臺是在大陸，後者的場所多是在臺灣。時地及大環境的移異，革命信條與革新基調，迥然有別。過去，作之君作之師，「由上而下」的傳統行事作風，爲因應全面性民主自由的憲政風潮，已漸次改變爲「由下而上」、全民參與彼此尊重的新風尚。

實施憲政推展法治是無法用單純移植或複製方式達成的，更不能使用東湊西拼的拼圖法，以爲有了一部包羅萬象的憲法典就可以高枕無憂。事實上，它所需要的是和平的國度、累積的憲法習慣、愛惜群己生活的情操和優良的傳統文化。基於這樣的根本認知，我們當今擬敬謹實施憲政推展法治之際，對於以下各種見諸史實，長久以來即已存在的不利條件，就應試圖排除艱難並予以克服：

一、我們須要對於法規範秩序最高位階的憲法典之根本內容結構有個明確的抉擇。中華民國憲法有其深厚的思想淵源與特殊時代背景；今日在臺灣，又須面對適時轉化、因地制宜及順應民意，尤其是新生代主人翁對國家未來的強烈期待。此時，我們究宜硜硜自守與世俯仰，繼續增修憲法以發揚光大其精微的條理，抑或久蟄思啟革故鼎新，在維持憲法總體性及有機性完整的前提下，順勢昂首闊步完成包括基本人權保障、國家組織架構及其權力適當分配等具有時代意義、能夠融入民心歸趨和符合現代憲法基本內涵的重大維新。在這二者之間，我們已無太多時間得

以蹉跎躊躇，需要做個理性的選擇，否則，憲政法治列車將不易上道。

二、憲政法治是國人極爲陌生的西洋法律文化。國人有較多的德治、人治傾向，大家知道尊親、重情、順感性，可是不一定在法的領域裡有理性；有民本觀念，並沒有民主思想。就算是歷代歷朝偶有明君出現，那最多是開明專制，認爲全部都是爲了老百姓，可是無須經過他們的同意，一切由我當家作主，不必來插嘴！又如，在哲學認識論上「格物致知誠意正心修身齊家」之後，即可一蹴而爲「治國平天下」之大業，西洋近代史及現代史上傾全力去探討研究的浩瀚社會科學，我們竟然一筆帶過而留下了令人歎氣的空白。這些都是歷代法政傳承中很普遍且最爲突出的現象。

三、我們的社會隨時還充斥著法家思想，認爲政府應「以法治國」，並採嚴刑峻法，殺無赦，重結果，講求術、勢、威、權等這些治術。韓非子集大成的這種法家思想，縱使在歷代的賢臣巨室，想要起來做點事情也不可能。比方說，商鞅、王莽、王安石、康有爲、梁啟超等人在那種整個社會文化都浸淫在儒家「法治」觀念的環境中，都沒有變法成功的機會。可是，法家的思想，卻仍根深蒂固地在潛移默化之中，終至儒法交叉揉合於無形，深深影響並指導歷史的發展。在這個科技昌明、印證容易的時代裡，許多法政輿論界的耆碩，也常常著文主張或贊成古代中國式或現代新加坡式的「用重典」，可見法家思想是如何深植人心。事實上，很多事情如果去注意原因就會知道結果，只看結果於事無補，因爲那是捨本逐末；對於「原因」的科學分析、防範及解決，才是處理問題的適當途徑。

四、再者，我們國家近半個世紀以來，均處於非常時期、戰時、戒嚴、動員、戡亂之中；經常強調國權、國家安全、社會秩序、中央政府、行政權、公權力。跟這些相反的，也是學問上告訴我們要追求的那些，諸如人權、自由平等、主權在民、憲政法治、地方自治、代表第一次元主權的國會，以及公義務、公信力等，並沒有受到該有的尊重；殊不知這些才是建立現代化國家新秩序與安定社會的「溫床」。過去常聽到說，國家正處於非常時期，沒有國，哪有家！在此措辭及消極抗拒之下，錯過了多少應該急起直追而竟大意忽略的方向。

五、又，我們國政中的「立法」與行政，幾乎延續了上千年的概念，即「立法從嚴，執法從寬」，其結果，很自然地，就與憲政法治主義的眞諦背道而馳；這樣做的結果，政府隨時有藉口怠於執行職務，法律與道德就混同起來，立法者的權威、公信就被否定，守法的人不得好報，違法的人逍遙法外，還被捧爲社會的佼佼者。總體而言，竟然是累積而變成主流價值觀與是非曲直無法判斷的社會。這種立法從嚴執法從寬的情形，一直到今天還是非常的普遍。舉些例子來說：公職人員財產申報、殘障者無障礙空間的法定要求，經相關機關的查證，未能恪遵法令的人，所占比率仍然居高不下，這是多麼遺憾的普遍事實。

伍、提升憲法文化建構法治社會

憲法是建立法律制度發展法治社會的總樞紐；它需要與當代的人民在自己生聚成長的土地上紮實的生根，才可望其未來的茁壯。因此，脫離現實的歷史隧道、文化背景與社會關懷而奢談憲法文獻或法治要求，是非常不切實際的。要讓人民知道，也讓他們相信，憲法是人民權利的大憲章和保障書，法治是人民追求公平正義最牢靠的途徑。爲達成這個目標，就須要以最大的耐心和毅力，長期涓滴地去呵護並提升憲法文化和建構法治社會。

憲法文化的提升是千頭萬緒的國家建設之歷史工程。我國過去既無此傳統，半世紀以來，前四十年間，亦未有適切之機會去踏實地學習、培養憲法文化的情操；反觀在英、美、日、德諸國所累積之經驗，確實穿梭著頗多饒富啟發參考的有價值之事物，舉其犖犖大者，如全民民主教育及憲法教育政策、本國歷史地理民情風俗之澤潤、政黨政治良性競爭、政治人物的學養與領導風格、經濟生活的穩定持續、純樸社會風氣的重建、國內和平安定的秩序、司法公信之樹立、充分的人權保障及國際間彼此之尊重等，均是提升憲法文化時互爲表裡的關鍵條件。

法治社會的建構是維繫現代化國家長治久安的不二法門。當前我們擬改弦更張，加速腳步革新之際，則在社會心理面就須拋開與法治精神不搭調的老舊社會生活觀念；另外，在法的規範面，則須特別留意以下諸事：一、實質國會組織與功能的發揮；二、起碼的法制與預算務必齊備可用；三、法位階構造中「法律」與「命令」間明確制度化的必要；四、立法者及執法者須正確拿捏「立法從寬執法從嚴」之法理；五、應禁止立法機關對行政機關包括的授權；六、掌理爭訟之司法人員於審判時須能保持中立、實質獨立，以善盡客觀公正裁判者之職能。

憲法是法治的導航燈，二者猶如唇齒相互依存。憲法文化及法治社會不是單靠法律、權威或者間歇性、選擇性執行法律所能奏效。遵行憲法厲行法治也不能單靠貼標語、呼口號或其他激昂的動作，不能有選舉假期，更不可藉故國家處於特殊狀況而扼殺其成長的機運。它須要長期地、持續不斷地、由民間自發或在各級機關，正直地教育法治，不一定在法學院，而是包括幼童時在家庭、青少年時在學校、壯老年時在社會裡頭，全面性實施法治教育；並積極展開全國性生活法治化的宣導與學習，不問城鄉地域，自幼孩至耄耋，一齊來參加與關懷，使它成為全民的新生活習慣；切毋故步自封，孤獨於「社會連帶」關係之牆外，以為事小而不為，或甚忽視人人行法建制的累積力量，並以更主動投入、愛護鄉土的情操與樂觀的態度去培養對於憲法文化及法治社會應有的認知，養成崇敬憲法遵守法令的良好習慣。

仲模現在服務於司法院，對於近年大法官解釋憲法及統一解釋法令，了解較多；凡憲法明定而與人權攸關或其他法治建制性之案件，諸如保障人身自由、表現自由、集會結社自由、維護生存權、工作權、財產權、放寬釋憲聲請要件、大法官釋憲法庭化、保障軍人人權、緩和特別權力關係、闡釋授權命令明確化及保障公務員權益等，經常以釋憲審查會或開憲法辯論庭等方式，在充分聽取各方爭點所持意見後，再作成解釋公布施行。社會各界對於司法院大法官公正超然的釋憲態度，認為已能表徵公信，擔當憲法的發言人，而形成另一種須要承擔傳遞憲法文化教育與宣揚法治社會生活的新重鎮。

陸、結語

當代的人似宜集中力氣去解決當前國家遭逢的重大難題，進而積極地去提升憲法文化，建構法治社會的新契機；除了人類恆久不變的眞理，諸如人性尊嚴的維護，須要時時去追尋探究並予以補充貫徹而外，實在不宜捨本逐末經常沉湎在歷史紀錄的痕跡裡，也無需好高騖遠想去爲萬世開太平。

今天，我們在此地來紀念行憲五十周年，意義特別重大。近年來，我國憲政發展的總體努力中，李總統曾經無數次剴切地強調：「唯有憲政體制的正常發展，才是落實民主政治的坦途」，「我們一切的努力，在建立制度，培養健全的法治觀念，使一切政治活動，在制度的架構中進行，在法律的規範下運作」；「展望未來，還有許多的考驗，等持我們去克服。我們必須從憲政改革、行政改革、司法改革、教育改革等工作著手，進行社會改造工程，讓人民的生活尊嚴獲得充分保障，社會的公平正義得到全面實現，爲國家的長治久安，和人民的安居樂業，奠定堅實的基礎」。這些諄諄期勉，正是我們當前在營建國家改造工程、遵循立憲主義、奉行法治理念時，應謹守職分全力以赴的指標。

許多足堪典範的進步國家之憲政發展史實，已夠我們振聾發聵：憲法的生命力和規範力，不僅僅符身於條文字裡行間的邏輯與文義而已，更重要的是舉國人民已經產生共識，願意培養高貴的社會生活氣質，並且正心誠意崇尚憲法文化，服膺憲政精神，遵守憲法秩序，俾求俯仰無愧，能擔當歷史傳承任務，並且有尊嚴地存立於國際社會。

建構法治社會的一般性理論早已臻於無爭，現在急切的課題毋寧是如何確立方向，按部就班、腳踏實地的踐行其應有的內容。當今，除了確須仰賴政府稟承憲政制度所賦予的權責戮力以赴，強固諸種增強國家法治所必備的建構基礎而外，在方法上，「由上而下」的推展方式，只會是事倍而功半，蓋法治主義之根本繫於民主精神的闡揚，由每一位爲政者及人民，在其公務或社會生活中不計較本位或私自之利害，隨時隨地打從內心深處對於「法」的確信與尊敬所培養出來的經常守法習慣，才是厲行法治順利成功最牢靠的保證。以上報告，敬請指正。謝謝各位。

翌日，臺灣各大報都以特大字版面新聞報導仲模演講的重點意涵，並稱這是近幾年來第一次出現在總統主持月會中直率將我國行憲坎坷、法治欠備之眞相公開陳明，也道破了其緣故，包括孔、孟、法家等傳統文化的作祟，以及學習西方井然有序的國家社會文化、科技進步文明，耐心眞誠地探究如何提升憲法文化、建構法治社會的諸建言；博得了各界的肯定迴響。

本章註釋

【1】一九九四年八月二十四日，《民眾日報》，二版。
【2】一九九四年八月二十三日，《聯合報》，政壇外記記者張正莉。
【3】詳參一九九四年八月二十三日，《自立晚報》，二版。
【4】請參一九九四年八月二十四日，《自由時報》，四版。
【5】請參上揭《自由時報》同日版。
【6】以上這些答訊，亦請參上揭所提《自立晚報》、《自由時報》及《聯合報》之報導。
【7】詳請參上揭各報報導。

第十二章　轉職法務部

一九九八年七月十五日至一九九九年一月三十一日仲模從司法院大法官職位轉任行政院內閣法務部長職務。

第一節　法務部長職位困擾了不少人將近十載

一九八九年十月上旬法務部長蕭天讚辭去職位時，大傳媒體陸續報導仲模將去承接的消息，有關人士一再追問我的意願；那時，我在省政府異常繁忙於幾個負責的專案，需經常視察現場、開會聽取意見及綜合研判；另外，法務部政務次長呂有文與仲模私誼甚篤，爲了尊重行政倫理、法務相關業績甚佳及我由地方省政庶務直衝中央法務部政策之掌握，恐非適宜，再加上行政院院長李煥早年因仲模堅不簽署美麗島事件「黃信介等叛亂案」[1]，也未經歷中國國民黨革命實踐研究院特地開班培訓的「國家建設研究班」，多少年來對我都有一定的成見，所以對此內閣重要人事案，未作積極反應。仲模甚至有一個折衷案，即，可去法務部承擔政務次長以輔佐襄助部長呂有文，但李院長明確表示已另找他人（據悉，此事讓李總統與李揆間產生了無名的齟齬）。一九九三年二月法務部長又出缺，當時仲模正在考試院擔任考試委員，報端也沒放過我，確實也有人問過我囑意如何，結果還是一樣婉拒謝了。一九九六年中，又再找法務部長的人選，我曾指名當時的調查局長廖正豪或可移位高升部長，結果於六月十日廖擔任法務部長。一九九八年春節過後，大傳媒體逐漸加強頻率報導行政院蕭內閣與部、部內局部紛爭惡鬥情狀；詳言之，法務部因掃黑而指使調查局、警察局大動作地將部分頑強分子從臺東轉送綠島（綠島政策），讓內政部部長黃主文遭受各方質疑：你屬下的警察大隊是歸誰管轄的？另外，法務部長廖正豪與調查局代局長程泉的相互指控也愈鬧愈深刻且是普遍開展拉廣了糾紛話題；又法務部調查局管轄及責任範圍的「政治偵防」與「治安工作」（含重大犯罪偵查）與國家安全局殷宗文間的職務分際，宜如何釐清灰色地帶，各自確定職責，可說問題性的疑惑是亟待兼籌處理卻仍懸空無解。無獨有偶，就在這段期間，國安、調查、情報等相關機構，具體逮到的案例有不少是中國對臺灣的滲透已普遍到入島、入戶、入家且已深入到農田、水利、港埠、漁場及各級學校裡，情況空前嚴重。又，臺灣在近幾年來盜採砂石、濫墾、濫伐、濫葬等破壞國土案件層出不窮，尤以臺北、桃園以迄高雄、屏東地域最為猖獗，卻均未聞政府有積極有效的防制措施。

西元二〇〇〇年李總統的任期只剩不到兩年，而蕭內閣重要部、局人事紛擾，財經都未明顯起色，臺灣內部安寧秩序已現破綻，國防國安禦敵方略亦非完整，加以中國內外謀我諸策，千方百計，無孔不入；如此情狀已對社會、政府造成巨大衝擊與傷害，讓人民的安全感失去了往昔的信心，移民潮的曲線呈現急速上升。

第二節 火急的一通電話要我即赴「火場跳火坑」——臨危授命

臺灣地域，每年過了五月中旬，氣溫會逐漸上升到二十八至三十二度不等，熬熱酷暑環繞周邊；適於此時，國內外政經、媒體、教育、文化等大環境也顯然異常炙燥悶沉。我依然很有規律地在上班天裡到司法院四樓大法官辦公室去研閱釋憲案所必要的文獻資料。一九九八年七月十三日（一）十一時四十五分，總統府突然來了一通電話簡短說明後，我瞬息間聽到對方是熟悉的聲音，是李總統親自掛給仲模的急電，略稱：城大法官，我想請你轉個勤務到法務部擔任部長……因爲時局特殊，請你審慎思考……下午三時半蕭萬長院長會在辦公室再和你詳談細節。頓時之間，對我心情而言，猶如在一座禪修院大水池裡突兀地飛來一粒石頭讓水花四處濺沫，沒有喜悅，卻只思慮如此政治環境下仲模今後的責任。十五時三十分至十七時，在行政院與蕭院長深談了許多時鐘隧道裡的人地事物，當然也詳細說明了眼前遭遇到的諸多困境，也希望我盡快決定「赴任」，因爲原擬十六日上午的新舊任部長交接要提前到七月十五日上午中國國民黨中央黨部通過後，下午三時，即刻在法務部五樓大演講廳舉辦。回到辦公室即折返士林居家；沒有贊成的，理由不少，但尊重我的決定。

交接儀式如期舉行，由行政院政務委員陳健民主持，在肅穆中行禮如儀，講話和氣並相互吹噓一番；仲模並沒講得太多，言簡意賅，預展高飛的事更是絕口不談，因爲事在人爲，端看此後的表現。

這一次非常突然的工作崗位上的轉折，實在太戲劇化了：仲模最想迴避的政治性仕途沒來得及甩開；大法官的靜態、理論、合議而今全然翻轉而成爲動態、實際首長制決策負責；今後每天需面對立法委員、國內外媒體、內閣團隊及相互配合支援；更須吸納及滿足全民對法務行政及司法性檢察機關長年的觀感和期許；「隨時勉勵自己成爲一個稱職的法務部長」（Un to a full grown Minister）。

一、第一道快速指令：將心比心的人道關懷

臺灣的七月天，通常都是溽暑熬熱的氣溫，部長交接典禮大廳是坐滿了司法、法務等各界嘉賓，儘管冷氣已全開，但依然有不少人在搖動扇子，原來是當天午後室外豔陽高照，溫度竟然上升到攝氏三十七點六度！儀式完畢，仲模進入辦公室，立即請矯正司黃徵男司長來室，請立刻通令各看守所、監獄主管：明天開始，每天十五時三十分至十六時充分準備好各種冷飲涼水，如愛玉冰、仙草冰及綠豆湯，免費供應暫受羈留或受刑人等消暑納涼。這是前所未有，也是我和法務部同仁都意料不到的新到任者的第一道快速指令；獲得了受惠者及各界的稱讚，咸認這是學者型新任部長將

心比心的人道關懷。

二、馬不停蹄地拜會、接見布局人事職務

一九九八年七月十五日，仲模接篆部長當天上午覲見李登輝總統、副總統連戰及拜會總統府祕書長黃昆輝；十五時交接典禮，其後即刻分別召見各檢察署檢察長、召見各監所首長；於十八時趕赴行政院與蕭萬長院長深談法務部的今後發展重點擬案。二十時在安和路法務部調查局辦公室約見局主任祕書王光宇，當面交付任務，請他擔任局長職責，他是我高中時晚二班級的學弟，我們都是看似文質彬彬，但常捲袖展肌、帽子戴成稍歪右傾的「好動分子」。翌日十三時三十分約見副局長劉展華，他先告訴我過去行事風格極其嚴厲的緣故都是奉命執行公務所必要云云，仲模開門見山即刻請他在司法院政風處長（十三職等）或法務部政風處長（十二職等）間取捨一個，並稍帶古代武俠小說所稱：今日太陽下山前請將決定回覆；果然他五時覆命願在法務部我身邊跟隨。十四時二十五分約程泉副局長來談，他把在巴黎發生的私情故事詳予告訴（黃世銘主祕等人曾特地赴法察查本案始末及做成書面報告，我都已閱過），並稱因心身疲倦且有微恙，擬辦退休，我因多年來在中央警官學校（後改制警察大學）兼課，與他早已熟悉，對他爲人，我自有一定的理解，是同情他的遭遇，最後還是從他所願。十四時五十分召見崔昇祥司長，當面告知請他擔任調查局副局長。十六時仲模在行政院新聞局，新任部長記者會，除了約略初步說明法務部今後的新方略以外，先把社會各界最關心的法務部重要人事已大抵定案做了明確宣示；有記者問：馬英九部長重查賄、廖正

豪部長掃黑道，都已有了績效；你城部長接下來做什麼？仲模語帶自信的簡覆：事在人為，我已有腹案，不久會跟大家報告。

三、六位一級主管以「集體請辭」當見面禮

一九九八年七月十五日交接日當天傍晚，我桌上放置了一堆待閱公文卷宗，而其中最急件的是法務部六位一級主管的辭呈：分別是政務次長姜豪、常務次長謝文定、主任祕書黃世銘、法律事務司司長林雲虎、保護司司長林輝煌、法規會首席參事林偕得（另外，還有部長室祕書鄭乃文）；他們的簽呈都一式同寫「與部長同進退」。這一份辭呈在廖部長於前日提出辭職書不久，即已同時傳開，並在當天晚報及翌日各式早報廣為刊載記事並加以評析，社會上廣為流傳這是給蕭內閣「好看」，也給我棘手難予解決的第一件「見面禮」。我於初始時，眞的很是訝異，不知這些動作的起因究為何種政治目的？因為除了政務次長以外，全是文官制度中的事務官，根本沒有「引咎辭職、辭官以示負責」的法定或道義要求；易言之，部會首長因政治問題下臺，是因為他是責任政治裡的政務官身分，負責執行政策、立場應持中立的事務官並無理由被要求一起請辭，何況這一次集體請辭，據報載所稱，是因為認定「政治戰勝法律，自認已不適任現職」。面對這種灰色莫名的事態，我很快拿定主意，一位又一位的面對懇談慰留，到了十七日午間已全部留任、迅速辦竣；其中完全沒遇到任何堅持必欲去之而毫無勸說機會的情勢。這下我才深深體會到如此的「集體請辭」是另有其他不易啟口的被動因素。

四、快速宣示並決定爾後法務部政策重點，全力實踐目標

一九九八年七月十七日（五）是仲模接掌法務部的第三天，當天午後二時起有擴大部務會報暨例行記者會；我已充分研閱親朋好友、報章雜誌、電視等的關懷建議與「跳火坑」的警告，兩天徹夜長思：我應如何幫這混沌不安的政治環境止沉並起底勁升，好讓社會各界逐漸有感法務作業的一絲絲優質曙光正在滲透天際放射到大地各角落。於是，仲模在會議中宣示了爾後法務重點思構：1.國土保持政策；2.查禁賄選；3.緝捕毒梟；4.治罪黑道；5.清除擄鴿勒贖；6.抑止職棒賭博；7.趕盡占屋流氓；8.檢調作業升遷紀律改革；9.相關法制修正或新擬；10.法治教育普及化措施；其他像犯罪被害人及弱勢者照顧、配合人民優質心靈改革等亦絕不缺席；這些新抛出的工作內容，或與內閣其他部會有重疊之虞，但仍請各主管會後返所屬機關單位慎審推敲研擬設計並作成書面報告，俟四周後擴大會報中定案。

一九九八年七月十八日、十九日雖係周末及禮拜天休息日，但對我而言，滿腦子浮現的，統統都是盡速撥開當前法務部裡外籠罩著的陰霾昏闇，以及今後法務團隊目標明確、攜手協力共同營創新局面發展的藍圖。所以，的確是在與時間爭鋒、馬不停蹄地排滿了行程——視察最高檢察署、臺北地檢署、訪問臺北地院，召開人事案記者會、參與部內一級主管的家庭喜事；老朋友來部裡見面、參加臺視「有話要問」（第三〇五集）節目（昨夜才參加過民視「頭家來開講」節目）、午間分別接見人事羅處長、總務薛司長、另會計長及黃主祕，晚間參加德國留學返臺學生林三欽在國

賓大飯店的喜宴、再趕去來來香格里拉大飯店親友的例會；二十一時三十分至二十三時二十五分赴總統官邸聆聽此次部長更替的緣起詳情，讓仲模透澈了風起雲湧的來龍去脈。返家時已接近午夜時辰。仲模在書房閉目深思，一幕幕政治事理很快映進腦海裡：行政院閣揆蕭院長和法務部廖部長係嘉義人卻彼此心結頗呈僵持、部長身邊的黃主祕寧縱蔡同榮立委也不明挺閣揆，甚至姜政次亦非部長以上層級之人充分信賴，加以法務部長與調查局副局長（代局長；廖部長信得過的王榮周局長已不在位）間嫌隙無解，進而互作「毀滅」性的攻訐，閣揆乃確定用空降方式擬定監察委員趙昌平擔當調查局長；至於誰來承擔部長缺？蕭院長幕僚會建請正在國外開會的檢察總長盧仁發，但據「另眼新聞」的「官場現行記」記事稱：「除非盧頭殼壞去，否則打死盧也不會接受部長一職，因爲總長是特任官，他可以擔任到七十歲，而且零風險，出任部長隨時都可能走路，還要去立法院備詢，兩害相權取其輕，他當然是不會捨無百害之總長而就無百利的部長。」（報載：「行政院高層強調，城仲模是府院一直認爲接任法務部長最佳人選，也是蕭萬長第一位徵詢對象……至今政院並未曾與盧仁發聯絡過。」）盱衡這些政治大環境裡重要人事斟酌安排的蛛絲馬跡，仲模的確是如記者所分析：處於「臨危受命」，不計較個人利害、抱負使命感、有勇氣從公承擔扭轉時局之重責大任、情願跳進火坑的決意。

一九九八年初春，我東吳大學的恩師王紹堉董事長贈送一本正在美加各地風行的暢銷書，Frances Mayes著《*Under the Tuscan Sun*》，書中的一句話「Life offers you a thousand chances..... all you have to do is take one.」（生命過程中會有上千的機會等著你，你該做的就是取其中之一），讓我時時縈繞緬懷。那年十月，《月旦法學雜誌》，發行人洪美華，第四十一期「法苑隨筆」，請我寫一篇〈法律人的生涯規劃〉，我把它定名爲〈把握機會，勇於嘗試〉，裡頭我寫了「當機會來臨時，就應該加以把握」，一旦把握機會，可能就改變你的一生……本人認爲法律人的生涯規劃，也應抱持著對鄉土的熱愛及對社會的關心……當你訂定自己渴望的生涯目標後，此有賴於考量本身潛能，再配合客觀條件以及外在環境發展趨勢後加以訂定，生涯目標最好是具有挑戰性的，有超越成就的人，會替自己訂定一個具有挑戰性的目標，且能透過達成目標的決心，不斷增強自己的信心。兩個月以前，本人爲司法院的大法官，如衆所知，大法官是一項地位尊崇、待遇比較優渥的職務，一向是法律人畢生所追求的目標。本人之所以離開大法官的工作崗位到法務部服務，是懷著：在時代的大轉型及二十一世紀在望的今天，臺灣現在迫切需要的是對這個生於斯長於斯的地方，眞正關懷的人出來做事，而且不能畏懼艱困，一心一意想爲國家付出的熱切抱負，而接下法務部部長的任務。對本人而言，這項重大改變，不啻也是一種自我挑戰、磨練的機會，本人相信將法務工作定位爲「掌握重點、兼顧全盤，是全方爲的施政，其終極目標是要實現社會公益、維護社會安寧，改造社會成爲一個人人知法、守法、崇法，可以免於恐懼、安居樂業的生活環境……」我的這些隨筆，是把客觀上複雜的政治漩渦情狀，用最簡單主觀對應的心境，予以描繪表述；只期待大家趕快脫離苦惱，進入一片可能即將來到的政治晴空佳境。

可是因這次突發性的被揀挑轉職，留在仲模腦海中，有著意義非凡的印象，也想藉此篇章收筆時，略陳心中深刻的體驗。這樣一齣大戲，讓我看到、也學到了政治哲學裡的現實與無情；原來，在還停滯於黨國思維意識的傳統政治文化裡，法務部長也只不過是可隨時呼喚來去如圍棋中的一粒棋子，這個職位不一定可以容許自由發揮它的制度功能，充其量仍不宜獨走在職權分內之事，只能是配合行事而已。李總統捨得讓我於此時上陣，顯然是特別顧慮蕭揆安穩綑住內閣「筒框」的意涵；但也可能是層峰長期觀察仲模言行舉止思想極其關注臺灣優先、本土化臺灣，恐尚不適合於民主改革列車方剛啟動的極度保守政治的年代；實在已憋了相當長的一段時期後，也逼迫到了不得不放膽嘗試、讓我獨掌法務這與司法、法律關係緊密的部門，以觀後續如何造化（仲模十六年來都是被執政黨安置在合議制機關裡——臺灣省政府委員會、考試院考試委員及司法院大法官裡）。

一九九八年八月二十日（四）法務部按例召開擴大部務會報，仲模把上月中旬會報中宣示的重點思構更細膩區分爲：1.現階段即刻優先處理：國土保持政策、嚴禁與查察賄選，及掃除股市黑幫、黑道幫派組織；2.近程業務：清除擄鴿勒贖、抑止職棒賭博及緝捕毒梟、槍枝偷運；3.中程業務：相關法制檢討修正、新擬法規、檢調作業升遷紀律改革，及持續清除占屋流氓；4.長程業務：全國法治教育普及化措施；仲模嚴肅講話，目神炯炯、語音堅定，要求本部內外全體同仁各就崗位，把心理重做調整，認定各自業務性質，有尊嚴、自信地厲行新團隊精神，清楚時間與環境變化下的新局面，共赴今日議定各項任務目標，攜手邁進。

就新職迄今，大約一個月，我可是渾身解數像個陀螺般地逐日不少於十四小時進行初步鋪底工作：拜會總統府各機構、五院各首長、相關部會主管、接見前國民大會代表、現任各黨團立法委員、兩院轄市市長、臺灣各縣市長議會民代、大傳媒體董事會，ＡＩＴ張載祐處長、奧德經濟代表處，並計畫列表從南往北訪視各地檢察署、調查局內屬機構（也禮貌性訪問警察局）及東部、南部各看守所監獄和相關單位（如臺南少年觀護所）等。非常感謝部內一級主管多人陪仲模東奔西跑、餐風宿露，大家倍極辛苦。在屏東調查站夜間八時半抵達察訪時，各同仁爲了方便排成一整列，我很快和每一位握手致意時，一位年輕調查員笑容可掬地對我稱呼：「城老師……」俟定神一看，覺得她非我學生，仲模問她哪個大學，答：「不是啦，我的男朋友是你的學生，我是你的粉絲，部長你的眼力眞夠靈敏。」聽到這一段對話，大家都歡欣地笑了。這一段小插曲，頓時讓全場感受到一襲襲的溫馨。

第三節 國土保持政策讓美麗寶島名符其實

一九八〇年代，我奉公於臺灣省政府八個年頭，總共三百十九鄉鎮，二十一縣市悉爲轄區（前後曾有多次調整）；仲模因業務上的需求，經常與其他省府委員在海邊山巓、各地丘陵沼澤巡迴視察，眼見不法廠商爲開發牟利，濫墾、濫伐、盜採砂石、濫建、濫砍、濫蓋、濫挖、亂葬等，砍伐山林、削平山丘，大型破壞地形、擅自開殖之違法行爲，致使美麗寶島淪爲「月球表面」的坑坑洞洞或「地下汙池」的毒液源頭，令識者痛心不已。舉個具體的個案來說：我去視察阿里山深入腹地時，看到人們用鐵絲網圈住樹皮來培植山葵（芥末），從飛機偵測上看不出任何異狀，但樹木的表面早已枯死，只留下樹心還活著；我們水庫的壽命從一百五十年漸漸縮短成只有三、五十年，每年省府還要建造防砂壩、擋土牆，因爲泥沙的淤積有增無減。我於一九八八年冬季奉命專責查緝桃園觀音鎘汙染案件，曾到現場視察了解嚴重狀況；翌年三月三日上午八時三十分至十時四十分，在臺北糧食局再次召開第五次研討會磋商阻止對策，可惜並未徹底見效。這種情狀已是全臺灣到處都「千篇一律」的慘重。究其道理是：發生地常是夾峙於縣與縣或縣市縣交接地段，可能是河川兩岸、山丘界址毗鄰地域、深山中的國有林地、山坡地或甚位於水源地特定區域內，屬於共管或「三不管地區」，不肖商人、財團或其他從事建商或其他開發公司的合夥人，有般商爲主體，議員、地方或中央民代、建管單位公務員、調查、警察甚至司法單位人員入股東或設暗股，最糟糕的是地方黑道的介入；再加國家天然資源利潤豐厚驚人，成爲「冒險家」投機逐利、趨之若鶩的肉糜。地方忠良之士雖曾奮起檢舉，終仍敵不過頗具組織力，八面玲瓏、來頭特殊的大亨。仲模深諳其中的原委，卻因只不過是「地方合議制官員」，尚不足以做全面性的阻擋；但這些人爲對臺灣大地——國土蹂躪的悽戾情狀，卻一直深藏在我心底：只要機會來到，爲了出手照顧生長鄉土的自然壯麗，將青山綠水原原本本地還給我們的子子孫孫，仲模必將決心不計誹訕危疑，挺身捍衛。

一、不能讓臺灣的屋頂再漏水；劍及履及雷厲執法

等待的時機終於來到，我日夜思索詳予策劃步驟，當即邀集檢察總長盧仁發、高檢署檢察長、調查局王光宇局長、臺灣各相關地域檢察長及部內一級主管召開祕密會議宣示並即發動了那全方位

的強力取締破壞國土之行動綱領，並逐日記載列表違規件數、類屬、危害程度，當然也特邀公私機構出動全臺的空照實錄。仲模自十月上旬兵分四路親自率同該當地域檢察長集體前往各地勘查——桃園觀音沿岸至內陸、新店烏來山區一大片、關西苗栗山丘稜線多處及臺中內陸部分至芬園嚴重遭破壞的廣闊地域；其中三次是搭乘直升機由空中鳥瞰。其中一次是瑞伯颱風肆虐後的臺北縣烏來山區，已呈童山濯濯、怵目驚心、滿目瘡痍，那已由臺北地檢署緊速查辦中的忠治村濫伐、濫墾國有保安林山坡地更是慘不忍睹；仲模即地對著同行的蘇貞昌縣長說：「你看，濫墾濫伐這麼嚴重，我們不能讓臺灣的屋頂再漏水了」；這一天，承辦這起濫墾案的臺北地檢署國土保持專案主任檢察官陳維練和檢察官謝名冠也特別帶同涉及濫墾的地主原住民王春淋和所雇用的怪手司機前往勘查並做筆錄，作案者是將柳杉砍掉後以怪手整地，在山坡地水源上流處，一口氣開挖了約五百坪的平臺土地，被仲模發現該地段已出現裂痕；臺北地檢署檢察長曾勇夫看了也說，如果再下豪雨，難保龜裂地不會再崩盤，甚至造成土石流。到桃園觀音鄉的那趟行程，縣長呂秀蓮一起同行勘查，檢察總長盧仁發、桃園地檢署檢察長施茂林都陪同在場，大家眼看大地已成坑坑洞洞的水池，各個都差不多十五至三十公尺圓形直徑不等，浮在水面上的已出現冒泡綠藻一片，同行訪視研究的日本環保教授將兩條魚分別放入池內及沙灘上，前者即刻死亡浮上，後者還在掙扎跳躍，可見水面下是如何的積累成劇毒池塘，專家說滲透地表下的毒液至少可直接延伸二、三公里不等，是其危害廣袤地域地下飲用水之嚴重，是不言而喻的。至於新竹關西、竹東、北埔直至苗栗山岳區域及臺中、彰化芬園、大肚溪流域、犁頭厝、社頭廣大一片近山丘嶺及溪流，從空中俯瞰，亦雷同北部山坡丘陵、河沙細石被濫砍盜採、傾倒垃圾之崎嶇凹凸情狀。

檢察署、調查局、部內政風與統計單位從十月開始，每周按月都有詳細列表國土保持政策下違規偵察、起訴、被查迅建材物價及民情輿情反映等完整資料，可直接提供仲模研判成果或稍修政策之重要依據。一九九八年十月三十日首件山坡地濫墾迅速偵結，雇主王○淋及雇用挖土機司機王○興遭檢方依法起訴，各被求處二年、一年徒刑，起訴書中指出王○淋濫墾面積共三千九百九十三平方公尺，部分墾整區地表已出現裂痕，有崩塌到坡下產業道路，嚴重危害之虞。另外，約稍早十天，偵辦濁水溪上游竹山鎮砂石被盜採的雲林地檢署檢察官發現治平對象蕭○結以疏浚為由，變相盜採該溪砂石，嚴重危急河川公共安全，乃於同月二十一日清晨指揮憲警人員兵分六路到南投縣竹山鎮搜索，約談蕭氏的手下及相關人員；另案外案傳有警員涉嫌收賄規費、包庇情事，檢察官亦進行深入調查。東部因全力厲行偵辦國土保持專案得悉黑道介入砂石盜採諸事，檢方循線監控結果將幕後主嫌蕭○結以組織犯罪、涉嫌貪汙及破壞國土等罪名，列入治平專案移送羈押。

二、檢察長密會中，王局長給了「軟釘子」，仲模堅決責付辦事

一九九八年九月二十一日午間，我召見查貪頗富心得的政風司劉展華司長，請他配合雷厲風行的國土保持政策，將企圖見機行事、法外暗撈一筆或其他參股分子的公務界投機者，預先做必要的防範或警示；任務交付完畢，仲模即刻趕回部內三樓大簡報室，於下午三時再次召開全體檢察長密集開會，亦請調查局長王光宇及相關主管參與會議。當我把今午開會的特別用意、目的清楚言明並

一一交付；檢察長們熱烈討論重要執法方案，注意程序正義，嚴謹蒐集證據溯源追查幕後頤使指揮發號司令者身分等複雜諸事時，仲模指示調查局一起投入查賄、國土保持、職棒賭博等五項既定的重大刑事犯罪案件之偵辦與協辦。眞沒想到，也是全然意料之外，王光宇局長以一貫不疾不徐的口氣說：除了查賄是調查局的法定職掌外，職棒賭博、賽鴿勒贖、國土保持和占屋流氓案件都不是調查局的職掌，除非是「上級交辦」的業務，調查局不便參加云云。我這位曾是學弟的局長，當著全員到齊的檢察長前，給了學兄部長的重要指示給了一個「軟釘子」！仲模登時臉上罩了一層寒霜，是有點動怒、冷峻，語氣極爲凝重地下令：依法務部組織法所明定，法務部是調查局的直屬上級；現在的調查局和七十年前創設時的大環境已不一樣，是國家的調查局，我鄭重宣布裁示，請調查局全力配合查賄、職棒簽賭和國土保持等重大政策案件的偵辦，此事我自會向行政院報備；最後仲模再次強調、加重語氣說，這些責付諸事，「我現在說了就算數！」是展現了依法我是調查局長的上級氣勢，報紙上刊載：「一時震攝住王局長，未再接話」。

關於「國土保持政策」，仲模曾公開指示之場合作一整理，如下：

㈠有關國土保持之政策目標，首度正式於九月九日之部務會議中明確指示檢察、調查與政風，加強注意、嚴密蒐證並予以查緝。

㈡另，九月二十一日法務部全國檢察長會議中，部長也明確指示各地檢察署，應將職棒簽賭、租屋流氓、擄鴿勒贖等重大案件，列爲今後重點工作項目。

㈢再，於十月三日中午特別召見臺北、桃園、彰化、雲林、高雄、屏東六地方檢察長，針對

「國土保持」山坡地、河川地之濫墾、盜採砂石等案件，再一次重申，並具體要求各檢察長成立專案小組嚴辦破壞國土之不法情事。

㈣十月二十一日搭車去烏來、桃園視察。

㈤十一月一日搭直升機視察北臺灣。

㈥十一月十六日召集跨部會之機關，包括：農委會、營建署、環保署、水資局、體委會共同研商「如何落實國土保持」專案會議，並達成六大項二十二點共識。

㈦十二月二十九日搭直升機（分兩段起落）視察新竹地區。

三、差點摔機，遺言歸葬家鄉，毋奉諡於忠烈祠

一九九八年十二月二十九日（二）近午時分，仲模還在直升機上繞飛新竹地區，並特意路經關西嶺岳及其前被濫挖、濫墾、濫葬，濫倒垃圾、盜採砂石，約百餘畝地區；我座位在中艙右邊窗旁，視野遼闊，眼見下方宜農區域已成髒亂凹凸，山徑間產業道路寬窄不一，蜿蜒如巨蟒，確已滿目瘡痍，不忍卒睹；此時，我要求正駕駛飛行員把直升機盡量往下俯衝降低，好讓仲模可以清楚看到地表上的狼藉與有人正在操作機械農具或開挖機的動態。本來，這地方已是風速強勁，無如，俄傾間陣雨如瀑布水柱般地拍打機身窗門，讓這中型直升機有承受不住的震盪搖晃，我遠眺一望，機身已漸逼近直聳山腰，而正駕駛似已無法使直升機正常操作直升閃開衝進山岩夾縫之危險；在這千鈞一髮之際，我心裡明白，「定數已到」，我毫無恐懼，但即轉頭向後座的隨扈邱泰民，請給一張

紙條……他說身上無任何紙張……就在這時，機身突然穩定，隨即呈四十五度斜航升起，擺脫了撞山的噩運。當我們一行安抵臺北松山機場時，泰民問我：「剛才在機上，部長你向我要紙條，做什麼用的？」我答：「當然是要寫危急存亡之際的最終遺言……」他說：「眞的直升機撞山或墜毀，人都會被燒光，何況一張紙條！」說的也是，我雖非過度緊張，至少也是人類最自然的動作吧；泰民接著問我：「部長，剛才你是預備要留下什麼話？」我很正經地說：「只寫簡單兩句積極和消極的話；死後要歸葬臺南城家墓園，絕不可以入祀忠烈祠。」他問爲什麼？因爲第一個因公搭機失事的部長，依法是必然奉祀於祠的！我語帶微笑，但肅穆地說：「那裡頭的人，我一個也不認識，鄉音也不一樣呀！」

四、蕭財經內閣最突出的是法務部、內政部、教育部

仲模的這項臺灣國土保持政策，因爲發動執行前的運籌帷幄、計畫詳盡，動員了檢察、調查、政風、勞駕內政部龐大警政系統、教育部各級學校裡的擴大宣導、對各式宗教團體的勸諭節制、工商等人民團體的喊話等，進行快速「依法行政」、偵查起訴移送司法審判，讓成千上萬的受害者及全民有感於政府的終於出面遏止「濫風」贏得了大傳媒體、各電視公司、廣播公司的全面稱讚；包括《自由時報》、《自立早報》、《中國時報》、《聯合報》都分別用社論、專論、方塊欄等嘉勉政策的需要性與必要性。當然，上揭相關機構的公務人員也備極辛勞，有人甚至投書報刊說：竟然一位學者型的政務人員之政策要求會使我們的奉公生活忙碌到透支成這樣，這是我們未曾經驗過的

每日超時之公務工作，但也極富挑戰性意義，我們並不討厭。猶憶當時的蕭內閣中，幾次民調都會列出法務、內政（黃主文部長）及教育（林清江部長）三部長爲最高；所謂財經內閣，卻未見財經兩部在民調績效上曾被拉高評價。

一九九八年十二月十三日（日）九時至十一時三十分，中華水土保持協會會長鄭皆達教授在臺大森林學系大教室舉辦年會，事前來部拜訪，當面禮邀與會並作三十分鐘「法務部國土保持政策的緣起與前瞻——全力取締坡地濫墾、濫建不法行爲、確保國土安全及永續發展」的演講，仲模當即表示出席並聆聽學術專業人士的建言指正。可能是該會徹底廣告宣傳我將蒞會演講、報紙、電視、雜誌經常報導人民高度關注、期待執行成果，以及又有仲模將被調離法務部等消息的緣故，該會理監事、會員以外，也來了許多熱心的民衆，使場面空前踴躍熱鬧。我簡要地將八年省政府服務時全臺走透透、從山巔稜線到山麓丘嶺以迄大小河川溪流被胡濫開挖、重金屬及廢棄醫用垃圾滲入地下水源，尤其目睹阿里山新開挖延展到觀日出支線鐵道之廢土，就地往下推堆致數個攔水壩失效並將汙泥滲進附近水潭，嚴重折損其正常使用壽命；再談到省府及各縣市政府出面整治，均告無效；我了解最大緣故在「官商勾結」、「人禍形成」。若有中央權限機關出面整治，必將一勞永逸……我感覺到聽衆是認同仲模的勇毅、膽識的政策，但沒幾個月的雷厲辦事，卻要被調走，頗多難掩惋惜失望之情。有人發言講話時問我：你在法學界聲望很高，怎會闖入這「政治的漩渦」？有很多人都在傳說，前總統蔣經國和李總統都很器重你的卓越言論，是眞有其事嗎？我答稱：基於對鄉土有一份極厚重的認同、對二二八事件、白色恐怖獨裁統治眞相的充分了解及多年對中國歷史、文化發展的深刻研閱，適又遇一九七九年秋稍之際，美國與中華民國斷交，改稱「臺灣當局」，我發表了一連串相關的知識分子的關切，建議政府今後適採的策略：1.正心誠意學習歐美民主自由法治及維護人權，並重視百年樹人的正常教育制度；2.實施動員戡亂、戒嚴令等非常法制措施，應請重新評估調整；3.積極發展經濟，尤其科技研發，努力開拓國際貿易質量成長的新指標；4.臺灣的環境意識因工商業的累積起色而呈現愈來愈差的忽略，務請未雨綢繆；5.臺灣的國際外交非殺出一條血路不可，要請放眼世界，消極愼審與對岸的關係。報紙曾如此的記載：「中美斷交時，他（指的是我）分從內政、兩岸、國際談及五個受訪重點，卻改變了後半生的命運，他提及的那五個重點，在幾天之後，蔣經國正式發表談話時竟就引用了四點，所以讓時任臺北市長的李登輝有深刻的印象」[2]。最後鄭皆達會長於畢會時再次致謝，以非常嚴肅的語氣感嘆地說：我們土木保持協會每年舉辦一次年會暨學術研討會，每年都邀請省主席、內政部長、經濟部長、法務部長或環保署長蒞會演講指導，可惜，從來沒有人有空來與會；這次的特別禮邀城部長是因爲從各方面探聽，從大傳媒體消息中去研判，第六感告訴我，他會來，才去大膽的邀約看看：果然他是第一位來年會指導的相關部會長；非常感謝城部長的盛情，可是，你什麼時候再能直接幫我們的忙呢？感傷之情，溢於言表（因爲那時大家都已知道仲模已確定將奉調司法院）。

仲模就職之後約一個月的時間，是等同暖車候駕所需，每日行程滿滿，認眞緊密拜謁中央五院首長、國家重要或一級機關、平行相關部會主管、立法委員、大傳媒體負責人、宗教界最受崇敬的幾位尊長等；俟八月二十日擴大部務會議決策確定公開周知之後，是劍及履及，開始執行國土保持如以上數篇節所記載，據當時《工商時報》、《經濟日報》及多種專業雜誌都於十月底前報導了建材、尤其是砂石類飆漲近三成，並急需向中國進口較劣質但價差不便宜的替代材料；相關行業者叫苦連天，到處陳情，但也有基於保臺護土的初衷，循由各式管道予我堅定支持與鼓勵。

第四節　淨化選風，割除賄選惡質文化

其次，是近半世紀以來地方選舉造成的「賄選惡習文化」，就如同在早年中國東南沿海地區吸食鴉片毒品，只有愈來愈猖獗，質量漸呈幾何級數的增繁多涉，嚴重扭曲了民主自由及人民是頭家的意涵。仲模接篆之後不久，即到處以三合一的方式——檢調警合作無間的監控、直接間接、軟硬兼施，必要時更是毫不手軟地，不分黨派、政治背景、身分，進行嚴格的查緝賄選。仲模立即請最高法院檢察署策劃在調查局舉辦一場「八十七年立法委員、臺北高雄市長、市議員選舉查察工作座談會」一九九八年九月二十一日（一）上午九時在調查局展抱山莊，我致詞時說：查察賄選是一個全面性及持續性的工作，今日的座談會是「玩眞的，不是大拜拜」；賄選已造成國內惡質文化的蔓延，他腐蝕了民主、法治的成就，是一種羞恥……賄選是先進國家所無的選舉現象，也難怪資深記者到波羅的海三國考察選務時，問他們有無賄選事時，當地人都非常震驚！我談話重點還包括：1.事前防範重於事後偵辦；2.團隊合作重於單打獨鬥；3.厲行嚴密查察，秉持公正執法；4.恪遵程序

正義，講究辦案態度；5.具體求刑，妥適起訴。

我大致上分成北、中、南、東及金門五大地域，首創「反賄選督導列車」進行反賄選遊行造勢暨宣導集會、座談會、演說，以喚起全民對選舉意義的眞正理解：一九九八年十月二十五日《金門晚報》首頁頭條標題「法務部長城仲模抵金，視察地區檢調單位暨監獄；宣示法務部淨化選風決心，針對年底選舉若有不法情事，絕不姑息，民衆切勿心存僥倖」，翌日同報頭條「城〇〇親臨太武山，爲反賄選登山健行，場面十分熱烈……城〇〇鳴槍後展開，近千人冒著細雨全程參與，顯示對反賄選的支持」，金門行全程一齊參加的包括福建省主席吳金贊、縣長陳水在、檢察長林玲玉、高分檢檢察長洪昶、調查處長陳良夫、金防部主任張立峰等。

在臺灣本地，反賄選督導列車鏗鏘有力循軌開行，我依大傳所指摘買票最旺盛、地方道上惡勢力、樁腳介入最深、人民非有走路工不投票、基層鄰里村戶政組織最嚴密，以及從警、調單位獲得的情資判斷，我們從基隆、續接新竹、苗栗、臺中、嘉義、高屏澎地區，用心策劃反賄選的各式活動方式（苗栗、臺中兩地均曾擴大舉辦反賄選遊行、聚會、座談會。臺中地檢署檢察長是陳聰明）；仲模由調、檢、警等機關首長陪伴，無役不參。一九九八年十一月六日，南區選舉查察會議，請高雄高分檢檢察長張順吉主持，檢察總長盧仁發、高檢署檢察長吳英昭及調查局長王光宇等出席動態造勢大會及靜態座談會，會中有不少頗具眞實與創意的討論與建議：1.檢察機關對警方不配合查賄，提出很多意見，屏檢提案說，轄區警察對參選人賄選情況最清楚，但因員警平日與地方接觸頻密，若積極查賄，勢必得罪人，以後警方職務內情報蒐集將更困難，所以警政單位應訂定升遷獎勵辦法，也多用新人加入行列，才能改變現狀；2.建議警政署比照調查局，採跨區查賄方式，邊派外縣市的員警查賄，避開可能的人情、地方勢力的壓力；3.高雄高檢署與屏東地檢署認為選舉買票要提領鉅額現款，調查局洗錢防制中心成立後，正可從資金的異常流出來查察賄選事實狀況，此時該中心既已掌握了提款異常的資訊，應請迅速祕密送到調查局各外勤站處，若經研判認為涉及候選人或樁腳賄選，就盡快遞送檢方查究；4.屏東地檢署（檢察長顏大和）認為，為爭取時效，應請財政部通知各金融機構於每日下午五時前，將提領金額超百萬元的提款人資料送洗錢防制中心彙整，該中心應於次日中午十二時前，將可疑者通知地檢署，以求萬全掌握查賄時機；5.高雄地檢署主任檢察官江惠民提議，因偵查賄選蒐證工作時間急迫，有時也得以傳眞機將搜索票交付給司法警察，可是，如此做法恐會引起糾紛，故希望以事前蒐證報請搜索票為主，若眞緊急情況以傳眞機核發搜索票時，被搜查人有質疑，應馬上求證，避免被抨擊濫發搜索票妨害候選人名譽及傷害人權的情形。仲模在總結講話時，除了對在座各位從遠地而來，以及實話實說、提出諸種釋困方法，表示感謝之外，還特別就法務部蒐集到的情報裡不少政要、觀察家警告我說：高屏區的選舉經常給人「重災區」的評價和印象；我希望這一次的選舉，經過各位的辛勞防範，能除去被疑為重災區的尷尬不名譽，進而卓然挺立成為臺灣中央或地方選舉的模範區；更期待因為大家的用心努力推展及賄選的創意措施，能扭轉過去錯誤的文化積習，讓普遍民眾了解賄選收錢，不只是對個人人格、自尊的踐踏，更是一個民主法治國家的羞恥；我告訴大家說：目前為止，全國已接獲四十件選舉違規案件，預計愈接近選舉投票日，會有人鋌而走險，數字會加速增多，查賄工作刻不容緩（仲模謹按，兩周後賄選疑案全臺竟達五十餘件，其中以立法委員及議員候選人的疑案居多，而市長的幾乎沒有）。

從一九九八年十月開始，立法委員、市長及議員選舉，以進入短兵相接、衝鋒陷陣決戰時刻，任何意料之外的情狀都有發生的或然率；仲模要求內部同仁選舉投票日之前全面停止休假，全力靈活聯繫查緝賄選，並且在各個媒體播放早已拍攝完竣的宣導短片或嚴肅宣言的內涵，甚至還向全國人民寫信，盼望大家自尊自重，通力合作，辦好一次乾淨的選舉，成功一個新選舉文化的誕生；這種宣傳的頻率之高、劇情萬鈞的特殊設計，讓我覺得自己活像個換了跑道的演員。選舉日的前一晚及當天的投票、開票全程，仲模特地徹夜、整日坐鎮在部長辦公室以防萬一的緊急事故，當然也激勵全體同仁辛苦奉獻的情操。

仲模於選舉過後，從情報文資得知全臺各地的賄選案件依然可觀，內心深感愧對國民的期待；雖明知賄選花樣百出，它的形成亦非單一或單純的原因，而是社會整體生活文化蛻變累積的結果，實非從學理學術方面廣闊蒐集文獻資料，以科學態度分析後，將其原因、現象、方式、違法行徑及改善對策作精密的研究不可。仲模依憑鍥而不捨的精神，於一九九八年十二月二十四日第七七四次部務會報時指示辦理「法務部消弭臺灣地區賄選文化研究計畫」，交付政次、常次及主祕預編費用、草擬大綱，於半年裡慎圈學術界、檢調警頗富經驗者參與策劃研究，供相關機關推動改造。

第五節　檢警合力大規模掃蕩黑幫

一九九八年九月六日，仲模到任後與內政部黃主文部長首次合力主導大規模掃黑動作。這次的行動不是臨時性的而是經過三周縝密的蒐證後才採取的迅雷不及掩耳的行動，時間點在清晨五時三十分，仲模穿著黑色青年裝而非平日的西裝，意味就是要做事了，其後凡是掃黑動作，我都是如此穿著，以示決意執行到底，不怕辛苦流汗。仲模宣稱：今天是星期假日，全國同步掃黑除暴行動在假日實施是治安史上的頭一遭，顯示政府的掃黑沒有假期；年底的選舉還不到一百天就要舉辦，這是國家民主政治史上、發展史上很重要的一座里程碑，因此，從今天開始，各地若眞有發生擾亂經濟或治安的情形，都會列為治平專案的對象。從清晨到近午的這次全國治安機關所同步展開之肅毒，掃黑、肅槍是第七波次的大掃蕩；午間，仲模和黃部分聯同召開臨時記者會，強調掃黑「沒有底限，更無上限」、「絕不妥協，永不休止」，決不因任何時空環境變遷或首長更動而有所影響，直到民衆不再感受到流氓黑道幫派威脅為止。我個人更對多位記者答詢時說：政府的掃黑政策是一貫的，將惡性重大的治平對象移送綠島羈押的「綠島政策」也不會改變，最多是對人權應與的道義尊重及眷屬探視多予方便或協助，但絕無嘎然停下的機會，希望現在尚在觀望或不知悔改的黑道聚合不要低估政府掃黑的決心，錯估情勢。[3]今日的選前大掃黑「三合一掃蕩」，已有桃園地區頭角老大陳○庸、宜蘭地區竹聯幫大哥宋○憲、桃園竹聯幫大哥王○和、彰化地區「員林幫」老大黃○淵及雲林區角頭老大蕭○結、天道盟「敏聰會長」朱○練等六人到案；另外，在「迅雷專案」方面，計有向商家、攤販敲詐勒索林○永等、霸占地盤的李○煌等，幫派組合分子邱○志、持槍流氓行爲的方○益等、列冊流氓再犯的洪○田等二十五名，共計三十一人到案。

一九九八年十月十一至十七日《新新聞》第六○五期記者謝柏宏記載我的口述：城仲模家裡的後院有一棵大樹，已有四層樓的高度了。中秋節在家，他突然發現，這棵樹再繼續生長的話，以後恐怕會很難處理，因此，自己就沿著鄰居的屋頂爬了上去，拿著一把鋸子就開始對樹幹鋸了起來，這時正下著雨，不記得是鋸了多少次，終於將諾大的樹幹鋸了下來，也將它們都砍成細枝之後，自己拿著袋子裝了十幾袋，抬到巷口等「少女的祈禱」清運。幾個小時的苦工，衣服帽子一再地換；回想爬在樹上鋸樹時的危險，以及順利整修庭園的成就感，感慨園丁的工作和法務部的工作一樣，否則等細苗長成大樹，就不好處理，這情況就好像他最近遭遇的掃蕩黑道一樣，他想通了又精神飽滿地到法務部上班打仗。

一九九八年十月十一日至十七日《新臺灣新聞周刊》焦點新聞記著蔣克杰文稱：「法務部城仲模上任後，國內許多企業家曾在法務部所舉辦的座談會上，大吐遭到黑幫勢力恐嚇、威脅的苦水，言猶在耳，元大證券副總經理黃○○就在暗夜裡被人槍殺，爲了讓企業界安心，也爲了提升競爭力，大規模的股市掃黑已經勢在必行！白道的騷擾，證券業者還應付得來，因爲除了吃吃喝喝、當線民外，只要能夠讓這些情治人員有點甜頭嚐嚐，後遺症還不算太大，但是黑幫人士就不同了，除了收『保護費』、吃吃喝喝撈點錢外，部分『兄弟』還會像以解決糾紛爲由，向證券業者拿大筆的費用，稍有不從，恐嚇算是小事，打打殺殺就是家常便飯了。不只證券業者如此，股票上市公司也是一樣，部分黑幫人物經常介入上市公司股東會，不是以冗長的發言占據發言臺，就是製造『黑影幢幢』的威脅『環境』，經營者想要趕走這些人，不是付出『走路費』、『顧問費』，就是必須在公司裡安插個職務，坐領乾薪……『治平專案』掃黑的震撼力，黑幫分子逃的逃，滯留海外的依然不願回國接受偵審，靠股票上市公司及證券業者『賺』經濟來源的，也仍然回到了股市裡打滾，反倒是合法業者受到法令的拘束，得不到更好的保障，使得企業主的投資意願低落，經濟也依舊蕭條下去。為了讓股市正常的交易秩序，也為了使企業有個更令人安心的空間與環境生存下去……有必要由內政部、法務部聯手發動一次大規模的股市掃黑，把啃噬證券界及股票上市公司的黑、白兩道人物，全部都掃出企業界！」的確，這些建言都言之有物，一針見血的指出當前財經治安秩序的癥結糾葛；仲模經數日思索，先邀集檢調主管探詢意見，繼之在內閣院會上與內政部黃部長磋商進行處理方略，也經常利用立法院總質詢時財政部邱正雄部長恰好鄰座仔細請教他情況和解決妙計，和經濟部長王志剛特別再舉辦一次中型研討會（在香格里拉來來大飯店）聽取企業商場裡主要組織團體理事長的意見；約一個半月後，我已胸有成竹地研擬著手計畫進行步驟。不料，大傳各界適於此時傳出仲模可能奉調隔壁司法院的消息；這些擬積極掃蕩股市、揪出黑幫、情治人員，媒體黑手及不肖記者（所謂的「黑白兩道」）的規劃案，可惜沒能在我任內開始進行初步的動作。

第六節 從嚴執法——取締擄鴿勒贖、職棒簽賭及黑道占屋需索劣行

一九九八年九月十八日起各大報、電視及專業雜誌社陸續報導幫派嚴重介入架網擄鴿勒贖、職棒簽賭及黑道分子占屋需索的流氓橫行展布情狀。仲模當即再次重申就職時所表示：「今後法務部的刑事政策及厲行，必循法治國家的正當手續『依法行政』，一以貫之，絕不因人、因事件，或因選舉期間而發生一時的或短暫的停滯、放緩，像投變化球般的莫測高深；要請全民睜大眼睛，把仲模放在顯微鏡下來仔細觀察；至於更高層次、更基本的治安維護、政治偵防與調查犯罪，事涉國家安全局、調查局、檢察署、法務部和內政部等機關的職掌分際，需做更緊密的聯繫、研究探討，定奪後各自分工執行任務。我的看法是，這個牽涉如此廣深的國家存立大事，非得將治本與治標分開、依循短、中、長計畫付之行動，並以『掌握重點、兼顧全盤、持續進行』不可。」

關於擄鴿勒贖，我自大二學生時期住在士林天母一帶，親戚朋友養鴿三、四百隻，參賽的特別嗜好讓他們的生活雖非富裕，卻也心情開闊、凡事樂觀，偶而因參賽得獎，獎金數萬不等，鄉里鄰居同歡慶祝，頗有地方特色的怡情喜樂、芬芳氣息。大約在一九六〇年代中後期，亦即我由日轉赴歐洲留學、短暫停留臺灣時，聽士林養鴿老手因最具得獎實力、身價昂貴的純種頂級賽鴿，一隻隻有去無回或遭遇來自苗栗到雲林、嘉義一帶身分特殊的角頭要求贖金後才能交還有自家信號腳環的賽鴿云云。又經過了三十年，隨著臺灣經濟的起飛，這種道上非法的花樣把戲及贖金數額的要求，亦呈水漲船高，相關利潤有時高達數十億，而遠程送到菲律賓、南海或臺灣東北角外，以迄北

沖繩等二、三百公里的比賽，五千隻裡放出去高飛後一小時裡，可能會因天候、風向風速的突變致墜海死亡達三分之一，如此殘酷的比賽規則，很快的引起愛護動物、飛鳥組織的注意與控訴。養鴿賽鴿源自上千年前的歐洲，現在已是全球性國際組織所承認的高尚休憩活動；所以在臺灣的發展的確是由白變黑，也會沉重打擊國家的聲譽，這是法務、內政、外交等部非謹慎看待並加善導不可的職責。仲模於一九九八年九月二十一日（一）十五時特別召開全體檢察首長座談會、九月二十九日（二）十二時三十分約見調查局王局長、十月三日（六）十一時三十分約見盧總長、臺高檢吳檢察長、臺北地檢署曾檢察長、謝次長、游司長及桃、彰、雲、嘉、高、屏檢察長聚集法務部、十月九日（五）再約見調查局王局長、葉盛茂副局長、崔昇祥副局長；一連串的約見，事實上，除了交換意見、聽取建言而外，很重要的是交付辦案方向的任務——包括對於到處精密架網擄鴿勒贖、職棒簽賭、占屋流氓到處闖行、緝捕毒梟、槍枝偷運的嚴厲制裁取締。

關於職棒簽賭。我自幼年對於「打野球」（臺語：棒球）耳濡目染，因爲家父和臺灣棒球之父謝國城同年齡同臺南鄉親老友；摯友林知海（最優投手）、家兄炳模和我都是中區永福國小棒球隊選手，且我甚至是永福國小和立人國小競爭臺南「第一強」時的第一壘手，責任很重。大學時，我又擔任東吳大學棒球校隊的選手，和黃登山同學經常在操場練球或踢足球，好讓身體依然保持小時候的饒富彈性與矯健，同時，也一再留意臺灣棒球運動的逐步順遂起程。在留日時期也異常瘋狂的爲「早（早稻田）慶（慶應）戰」擔任啦啦隊的成員。六〇年代末期，我雖遠在維也納大學攻讀學位，也不忘回頭關心「紅葉少棒隊」和日本最強關西球的對壘，終至擊敗對手的傲人榮耀；繼之，金龍少棒球赴美國威廉波特比賽，屢獲世界冠軍；七〇年代開始不久，仲模返國服務，也一樣關心臺灣棒球運動的穩健發展。一九九〇年中華職棒成員，兄弟、味全、統一、三商等職業隊紛紛組成參賽，成爲具有臺灣特色的運動，因爲臺灣本地人喜歡，它又與日本、美國有相當的聯繫，益發使它成爲可以媲美外省人喜歡的籃球運動而本省人狂熱棒球全民運動的明顯特徵。很可惜，一九九六年發生了「黑鷹事件」，職棒簽賭、打假球詐騙贏輸、進而全臺設有賭博簽賭站、各地組頭活躍，地下賭盤老大收買總教練、教練、球員、程度不等的配合放水、以金錢喝花酒性招待等花樣百出的作弊買通本土、外國籍的選手等，藉以操控比賽之假成績，其不法獲取巨大利潤，不只百億之多，一九九七年時報鷹的成員被起訴，有罪球員達二十二人，造成了社會治安的重大隱憂，影響了臺灣的聲譽。仲模接掌法務部時，報章雜誌或電視都經常報導職棒簽賭異常活躍並遍及臺灣社會的各角落，幾乎要演變成全國性的CASINO（公開賭博性遊樂場），是引誘全民久蟄悶氣、心理好賭性爆發引線，這是美、日或歐洲進步國家職業性運動組織所少見的異形突變，若公權力主管機關不積極去開創滋涵人生豁達高尚嗜好文化活動，培養公正自然運動精神，而消極予以放任或不用心對應，其貽害之深遠將不僅僅是人心的汙穢貪婪、社會安寧秩序的威脅，甚至國家安全的根基，都會被腐蝕殆盡；我非把這個重大的相關部分責任擔負起來不可。就如上段所記載，我除了召集相關主管機關開會研商對策以外，還特別與一九九七年才改制部會級的行政院體育委員會趙麗雲主任委員積極商討循序處理方案。當然，這種職業性體育運動的簽賭行爲和社會風氣，養癰已久，絕非短期內的嚴厲取締所能立即見效的。

關於黑道分子占屋需索的流氓橫行，全臺到處都有熙熙攘攘的重大糾紛事件報導，且都與黑白兩道，地方角頭及貪小便宜被詐騙有關，內政部警政署的統計資料以及法務部調查局的情報整理，都還沒完整精確，致啟動處理尚須假以時日，除了個案已予一一強行介入處理之外，大規模的整頓措施，則未及實施。

第七節　臺灣向上提升唯有法治一途——渾身解數宣揚法治主義

一八九五年，臺灣因日清戰爭在下關訂定條約被割讓給日本，奉派首任總督樺山資紀於六月十七日「始政式」後開始治理臺灣；十一月十八日總督報告其大本營稱「全臺抵定」（事實上尚有大小不同的零星抵抗）。從這個時間點起算，直至仲模出生於臺南市區，合計四十三年；我七歲以前所看到的是日式社會的安寧秩序、經濟生活的穩定簡樸、有禮貌的人間行誼和法治文化的學步形成。當然自一九四一年以迄戰爭結束的這一段期間，戰時體制的物資配給和警察對民間生活規律化的要求是多了一些，但民間一切作息卻也沒有特別的滯礙。一九四五年盛夏之後，由美軍軍機、船艦運輸來臺的中國特遣接收人員及維持戰後秩序所必要的軍事武裝部隊、警察和公務員，立即讓全臺六百萬人感受到經濟生活的崩壞、社會秩序的混亂、習俗文化教育處世態度的全然迥異，這些都讓我親身目睹其奇形怪狀、天翻地覆的改變。僅僅十六個月後就不幸地發生了二二八事變、繼之是

「戒嚴令」的頒行、蔣氏國民黨政權引發的「白色恐怖」血腥威權專制統治。我於一九六四年元月初到日本東京留學、一九六七年二月梢抵奧京維也納、一九七〇年九月下旬飛美入威斯康辛大學麥迪森校本部作博士後公法學比較研究，欣賞彼邦法治社會秩序井然，憲政文化循序精進、崇法務實民生樂利；也驚嘆東方古文化竟然與這些關鍵治國基礎是如此這般的陌生茫然。乃認眞用心地去研閱傳統文化中最典型的古書訓詁及先進諸國法治理論與實踐的最近著作，祈能做出充分墊底後座基礎的準備，好爲未來能盡一份微薄之力替社會做點專業上有意義的事。仲模終於領悟「臺灣向上提升唯有法治一途」，我的職志就是陪伴法治主義與國人共勉，並期待它成爲臺灣未來社會文化發展的特色之一。

一九六〇年代，仲模歷經了五個大學、繞行了亞歐美三大洲八年留學習法，返臺後立志去北投復興崗政治作戰學校、廣州街中央警官學校及高雄鳳山陸軍軍官學校擔任教職，在行政院法規會任職（全國法規研擬、訂定的最高機關）、在臺灣省政府八年協助地方政務（除臺北市、金門、馬祖外，「中華民國」與臺灣省同其幅員）法規制作，在考試院奮力將「三民主義、國父遺教」國家考試必考科目從高特普考裡刪除，並將「行政法」加考於全國各式考試裡的科目（含司法官特考及律師高考），在司法院大法官釋憲中發揮學公法的專業特長，和其他同僚合搭法治的基礎建構。一路走來，都與法治國及法治主義馳行在同一條線上，沒有圓鑿方枘的公職爲難我邁向目標；其間，仲模盡一切適當合法的空隙在各大專院校、政府機關、民間社團、高中高職學校等兼課或專題演說，完全顧不了健康上的必要休息，眞可謂渾身解數，志在形成法治國祚。

仲模出掌法務部即數次在部務會議或擴大會報裡請求主管同仁配合研究發展全國性長程計畫的法治教育普及化措施；具體指示保護司林輝煌司長負責委託專案之調查研究，先予了解當前國人法治觀念認知的程度，探討其背後意義，以提供今後長期研究設計實踐並徹底實施法治的步驟進程。法務部這個委託專案終於二〇〇〇年三月十七日整理完成，並提出「國人法治觀念認知程度之調查研究」成果報告，主持人李宗薇教授，國立臺北師範學院初等教育學系，共計一七七頁，總結論令人驚訝：全民對法治觀念異常陌生，向來法治教育成效不彰，對法院整體印象模糊，雖支持「無罪推定原則」，但多數國人認同「有罪應重罰、亂世用重典」，認為當前社會大眾守法行為很不理想，尤其對於民意代表及政治人物之守法行為表現極度不滿意；建議政府善用各種管道及資源推廣法治教育，以提升國人之法治認知，法院應扮演積極法治教育者的角色，主動提供各種法律資源，司法人員及執法者應建立專業倫理規範以提升司法形象，學校可與法院合作進行法治教育，政府應善盡監督傳播媒體之責任而傳媒者應自律以確保傳媒品質，強化個人之法律意識，對於日常法律問題能尋求司法途徑解決，應對國人法治觀念認知程度進行持續、定期的調查研究，教育與司法單位合作進行法治教育以改善其成效不彰的狀況，研究開發「電視法庭」，以開創我國法治教育新頁等。

一九九八年九月二十三日（三）上午十時仲模在法務部司法官訓練所司法官班第三十八期開訓典禮致詞時，稍多描述國內社會秩序的亂象及日本、德奧瑞士國民知法、守法、崇法、自重自尊的實例，並宣稱將做長期法治教育實施計畫。從這個時間點開始，我積極地進行具體細部的思索規劃，經常邀請部內政次、常次、主祕及相關主管來辦公室磋商研究，我特別吩咐有相當學理與實務經驗的保護司林輝煌司長先行負責策劃（科長李美琴）；經過三個多月的同心協力，終於在一九九九年元月四日（一）上午十時在法務部五樓公開對媒體記者說明「法務部推動民主法治教育年計畫方案——一九九九飛越新世紀民主法治教育年」的談話：（節約濃縮）本人接掌法務部以來，就以建設民主法治社會作爲施政的主要目標……當前傳統的社會價值體系受到莫大的衝擊與撼動，許多民衆嚴重扭曲民主的眞諦，導致違法脫序情勢叢生……這些非法的行爲，已經引起大自然的反撲，今年的兩個颱風中，我們付出了非常大的代價。對於這些違法犯紀的行爲，取締與制裁都是消極的辦法，我們一定要有積極的作爲，使民衆相信唯有遵法、守法的好處，培養人民守法重紀的習慣。上揭方案，法務部已印有專冊詳載計畫方案緣起、目的、執行原則、執行內容、時程及預期之效果、目標等，並明言方案以「本部主導，政府與民間合作，全民參與」爲總體目標。此外，也預定於元月中與教育部共同召開研討會，由兩部部長共同主持，廣邀學者專家參與、俾了解現狀，廣納建言，落實本計畫方案（一九九九年一月二十八日下午二時，法務部與教育部主辦「一九九九民主法治教育年研討會」，在國賓大飯店二樓聯誼廳；參與者包括：業務報告人林輝煌司長、專案報告人洪美華發行人、推動教育年諮詢小組陳志龍教授等、各級學校代表政大法學院長段重民、臺大法學院教授葉俊榮等、各地方法院檢察署檢察長曾勇夫、陳聰明、葉金寶、林錫堯、顏大和、施茂林、方萬富、林朝陽、林玲玉、律師代表陳長理事長、許文彬律師、鄭麗燕法官、相關代表共八十名）；相信此項政策長期、持續推動，必能預收成效，使我國民主法治更加紮實，更臻成熟。計畫方案特點列之如下：1.區別法律與法治的概念；2.澄清法治是實踐民主的手段；3.整體規劃鼓勵全民參與；4.以循序漸進的方式，密集接觸的頻率，帶動民主法治社會風氣；5.從階段性活動，達到永續性發展。工作重點分述如下：1.一九九九年民主法治教育年總體宣導；2.全民組織總動員（成立推動小組，徵求社會志工）；3.專案研究，了解現況；4.編纂法律常識系列叢書及漫畫系列；5.辦理系列講座；6.舉辦博覽會、全國分區展示；以上六大重點尚各訂有細部計畫執行方案，各詳載工作項目（目標）、執行內容（方法與步驟）、承辦單位（主辦、協辦）、經費概算及辦理時程，是眞思慮周至、詳盡妥適、易於推展。

仲模自留學返國，就全神投注於我國法治教育的理論深度研究與實踐方式的成形；任職法務部前後數十年裡，直接間接參與相關授課、演講等活動、撰文申論無數，譬如：

- 〈論依法行政之原理〉載於《法論月刊》第四期，一九七七年八月一日出版。
- 〈民主與法治〉一九八〇年初期此論文被刊載於不少法學學術專刊。
- 一九八〇年秋冬，仲模受邀赴奧地利維也納大學擔任客座教授。該年十月二十三日（四）十七時三十分至十九時開課，以後每周此時進行Seminar（上課、研討會），全部課程一學期。我和維也納大學前法學院長、校長DDR. Günther Winkler 合開「Vom Rechtsstaat zum Gesetzesstaat」（從法治國演變到法律國家）課程，我特別主講「Gedanken zum Rechtsstaat」（法治國思維的眞諦）。
- 〈當前法學教育的基本癥結〉載於〈法治社會與法學教育〉專輯《中國論壇》半月刊第十六卷第

一期，一九八三年四月十日。

- 〈行政法與法治行政〉行政院人事行政局《人事月刊》第一卷第四期，一九八五年十二月。
- 〈分權思想與法治主義〉載於城仲模著行政法專輯，臺北市公務人員訓練中心教材八三，一九九〇年六月。
- 《中國時報》余紀忠董事長主辦「超越與重建」，一九九二年七月七日全文載於該報翌日全版。仲模擔任蘇永欽教授〈迎接中華民國新時代〉論文評論人，指出「憲法是爲活著的人而存在的，已經作古的人不能藉著它再來延續其支配的意慾或被擴大利用成爲政治教條禁忌；憲法必須與時而俱進，與地相銜接，與人共成長，因此憲法必有其相當的時代適應性」。
- 華視電視演講會五十，法治建設的重要性系列「法治的實現」（專書於一九九五年出版）仲模講「法治與立法、行政」（一九九四年十二月十七日）（其他主持人尚有李模、陸潤康）。
- 〈法治國家的前提與內涵〉刊載於《司法周刊》第七一〇期第一版，一九九五年一月二十八日。
- 社會研究院（指導機關：司法院、法務部，協辦：韓忠謨教授法學基金會，法治建設基金會）的「如何建構一個法治社會」研討會，仲模引言論文〈如何建構一個法治社會〉（一九九六年出版）。
- 「法治教育的紮根與展望」（臺北市高中、職校巡迴講座）主辦單位：臺北市政府教育局、國立臺灣大學法律學系、韓忠謨教授法學基金會等（一九九八年出版）。
- 〈落實法治整備爲憲政常態墊基〉（論文）《中國時報》，一九九一年五月一日。

• 「提升憲法文化建構法治社會」一九九七年十二月二十五日紀念中華民國憲法實施五十周年，九時至十時在總統府介壽堂對總統、副總統、五院院長、內閣閣員、國軍參謀總長等四百位文武官員之報告演講。

• 「建設法治社會之策略」行政院國家策略研究班第三期，一九九八年八月十八日（二）十六時至十七時三十分，臺灣省菸酒公賣局員工訓練所三樓會議廳，演講重點題綱：1.法治的基本原則：⑴憲法至上原則；⑵依法行政原則；⑶罪刑法定主義原則；⑷私法自治原則。2.當前法治的危機：⑴立法不當；⑵執法不力；⑶守法不足。3.建設法治的政策方向：⑴全面健全法制；⑵建立廉能政府；⑶國民法治教育。

• 「民族、國家和社會成長須建立基本法治觀念」林茂生紀念冬季講座主題「跨世紀之臺灣青年之處境與挑戰」一九九九年二月二十七日下午一時三十分在臺大應用力學館國際會議廳主辦單位；臺灣大學及林茂生愛鄉文化基金會城仲模講話重點摘錄：「臺灣的生路在於法律之建置，且從憲政基礎開始。憲政基礎最重要的內容就是民主、自由與法治。臺灣民主成果的累積相當多，自由權利過多而自由的本質還要釐清，法治上則相當差。理由在於我們接受儒教思想是人治非法治，並受古代法家嚴刑峻罰、重結果不論過程與原因的影響。天下爲公是無從達成的境界，如果達到了是共產主義。眞正的是天下爲私，但其結果有很多缺點，我們要從這些缺點開始改革，才是完全的社會，西方世界就是這麼來的。過去教育內涵教導青年要天下爲公、期望他們爲天地立心、爲生民立命、爲往聖繼絕學、爲萬世開太平，開了兩千多年還是開不出來，這是欺騙性的教育，西方則與此相反。」（請參《民衆日報》，一九九九年二月二十八日，頁七。）

- 「現代行政法制的基本原理」在臺北市政府公務人員訓練中心，女性領導發展研究班，一九九九年六月二十八日（一）起兩天，共六小時，講授給付國家的理念（社會的法治國）、法律擬制過程需符合民主精神（民主憲政的落實）、法治國家的基礎在齊備的法制、應遵從「法律保留原則」、「立法從寬執法從嚴原理」是學習法治不二法門、概括授權（行政機關）發布代替法律之命令不得任其有效存在、行政法治上的任何疑義其最後的定紛息爭，須有獨立的司法審查。
- 「國土保護法治教育與司法改革」長榮管理學院演講，一九九九年八月三十日（一）九時三十分至十一時二十分。
- 「同心協力構築我們的家鄉」，晚安臺灣，仲模寫道：人與人之間，需要彼此的關懷與尊重，更需要從人文思維及眞實自然出發，以時刻反省的態度，確認人性本善，做到愛人如己的境界，然後以滿懷的自信去迎接千禧年的到來；這樣才會不斷地湧出眞正的喜悅。從歷史的觀察而言……十八世紀是民主自由法治觀念的啟蒙時期，迨進入十九世紀，工商業突飛猛進，民主法治的思潮逐漸成熟……我非常重視人們對於生命的尊重、生存的條件以及生活品質是否特別關注，對於人性尊嚴的維護是否周到？好讓年幼者在充滿憧憬的歡欣環境中成長，青壯者盡情揮灑才能，服務社會，而年老者亦能安心立命，靜養餘慶歲月。二〇〇〇年是一個嶄新的世紀……讓我們追求純「眞」的行爲態度，至「善」的內心意境，以及完「美」的生活品味，共同構築一座安詳和平的新美麗島。載於《自立晚報》，二〇〇〇年三月十三日。

- 「法治文化與國家發展專文三篇：1.臺灣向上提升唯有法治一途；2.國家七大要素，臺灣亟須重建；3.教育法治並進，臺灣充滿希望」。
- 對國際扶輪社三千四百八十個地區十八個社，社員一千餘人聯合會一百分鐘演說，在臺北香格里拉來來大飯店地下一樓，二〇〇一年四月一日十八時至二十一時。
- 重要委託設計編撰「別讓他滑倒在起跑線上～推動青少年法治教育、青春無悔得意順暢行」，方案一：法治教育有一套～送書到校園；方案二：法治教育需要愛與關懷～傾聽執行者的想法；方案三：法治教育不打烊～輔導社區化、人性化；方案四：法治教育百分百～善用軍中輔導良機；提案及承辦單位：月旦出版社股份有限公司，一九九九年九月，總策劃洪美華。
- 「司法重建與法治社會」系列座談及研討會包括立法委員、考試委員、教授、法官、檢察官、律師十六位資深學術界及實務界人士參與座談，全場由城仲模主持、致詞並總結，在福華國際文教會館/臺灣人力發展中心大講演廳，二〇〇七年四月二日，臺灣法治暨政策研究基金會主辦。
- 〈法治國建制上之基本原則〉（論文）載於《法學叢刊》創刊五十周年專集——跨世紀法學新思維，二〇〇六年一月第一刷，臺北：元照出版公司，頁三至一三。
- 「法治文化與人性尊嚴」在臺東地檢署（專題演講），二〇〇〇年四月八日九時三十分至十一時四十分。
- 〈知識分子的社會責任〉（論文）二〇〇七年三月八日結語：個人的人生是大自然現象裡的一小段過程，它有承先又有啟後的意義，尤其後者的意義更大；每個人務須扮演適當的角色，為人類多留些寶貴的資產。這是知識分子社會責任之理論的自然根據。著名影片The Speiderman I裡Uncle Frank說過一句話：有能力的人應爲社會多付出一點責任。簡單的一段表白，給了人們珍貴的啟發。當今臺灣內外所面對的是史無前例錯綜複雜的處境，而且有急迫性，因此，需用非常手段，應用現代知識方可適切對應。知識分子站在各自的專業上釐定策略目標，盡心盡力，勇往邁進，即可蔚爲社會改革進步的主要動力，其責任庶幾可謂尙無遺憾。

- 〈法治文化與臺灣前途〉（論文）二〇〇七年十一月二十日結語：一、臺灣是一個活力十足的國度；二、臺灣人非常溫和、認命而敬業樂群，有著強勁的水牛毅力和戰鬥意志。臺灣人具備高度的知識水準和宏遠的國際觀，凡事逐漸凝聚由下而上的認知是必須的；三、外來政權的蹂躪臺灣，不容再現；對中國應有全面性的認識，自主性臺灣與臺灣人創意智慧是一體的兩面；四、臺灣人沒有早晚來臺的問題，卻有眞假「臺灣人」的疑問；百年來，臺灣原本已很上道，臺灣人非常有自尊與自信，卻曾在「大漢沙文主義」的迷眩中亂掉了方寸，法治文化適足以療傷止痛，恢復元氣；五、要和世界接軌，法治文化的培養是一條讓臺灣循序漸進的活路。
- 〈比例原則的認知與應用〉、〈行政程序中人權保障之重要課題〉兩篇講座論文載於行政院人事行政局，地方行政研習中心人權與法治研習班第一期，二〇〇九年四月十三日至十四日。
- 「臺灣法治教育的困境與原理」二〇一五年四月十五日起在輔仁大學法研所、海洋大學法研所、警察大學法研所授課時之主題論文講稿，其題綱：壹、引論；貳、法治主義的內涵；參、先進民主法治國家實施法治教育通觀；肆、我國實施「法治」的時代背景；伍、臺灣實施法治教育的困境；陸、解脫困境邁向高品質法治社會的國度；柒、結論：法治教育的關鍵在全民性、全國各階層人的積極參與，及全體動員的意願和態度，並與生活緊密結合；基本上應由下而上的民主方式來進行；法治教育成功的期盼在政府與民間的合作，全民參與並蔚為高品質文化素養的不間斷進展；讓人民透徹理解法治主義與自己生活上的密切結合，才是人民安全，安心的屛障，是人民自信、自尊的起碼條件；對於全民性的法治教育之推廣，不需太寄望中國國民黨或民主進步黨等政黨能眞誠地以主體立場出面執掌或協力，而是期待年輕一代有嶄新思維與覺悟，有切膚之需且擬堂堂正正成爲有尊嚴的國民菁英以超越傳統的方式一齊來發起、積極參與。

- 〈我國法治狀況的觀察與展望〉在警大全校師生約一千五百多入座的大禮堂紀念周會中的專題演講，二〇一六年四月十五日十時至十二時，全文載於《警大雙月刊》，第一八五期一〇四學年度畢業特刊，二〇一六年六月出刊，頁四至七。

第八節　眞實自然的「行動內閣」日夜匪懈關懷同仁鼓勵有加

一、訪視監房的小故事

仲模自就任法務閣員以來，即響應蕭院長「行動內閣」的策略要求，對於部內法定編制各機構及同仁工作服務辛勞實況，藉由視察勤走訪問，掌握得異常精準；希望在講求「效能與效率」原則下，一齊為法務部開創更穩固、進步的新形象及好口碑。每天外出行程，不管到達何處，除非有突然的特別緊急情況，一定會在當地三、五十公里以內的檢察署、調查站、看守所、監獄、政風等機構單位去訪視同仁、聽取近況簡報，同進午餐、午後飲茶或晚上相聚；譬如，幾次到監獄工作房裡，一排排併坐的受刑人在操作儀器或手工搥打硬板，我會特別選擇比較年輕或年老者，去接近他，我雙手搭在其肩膀上，彎腰低頭問他：來這裡是因為發生了什麼事？答：殺人未遂；問：來這裡多久了？答：三年多了；問：還多久可以出獄？答：或許八個月；問：（若是年輕人）你爸媽姊妹或女朋友有來探視嗎？（若年長者）你家人或夫人有來看你嗎？大概這一問，不問年齡，都會有哀悽、驚訝的表情；此時，我都會很和藹的安慰、勉勵他平靜合適地再忍耐一段時日，以便依規定出獄回歸家庭、社會，從新奮發人生前程。與仲模同行的矯正司黃司長或典獄長都會特別叮嚀我盡量少接近受刑人，因為他們工作大小桌上有各式各樣的鐵器，深怕一時衝動刺向我身上云云；隨行的人告訴我說：有一次一位部長因接近受刑人而被當場潑了一杯水……但是，經過我判斷、觀察後的接近詢問，態度和緩，聲音溫順，身穿青年裝，真誠關懷問候，相信人性深處的善良，多少次的訪視，也都如我自己的自信和善意，都未發生過任何意料之外的事故。

二、舉例說明「拼命三郎」的行程

另外，再舉一例敘明我每日安排行程的緊湊程度，以稍了解「拼命三郎」是如何的珍惜、利用時間從事必要的公務、兌現已誓說的承諾。一九九九年一月十九日（二）八時三十分開始在陽明山中山樓接受國民大會的面談，報告即將調職司法院之事；十四時搭機赴臺中，十五時四十五分視導南投地檢署，十六時四十分南投看守所，十七時二十分南投調查站，十八時三十分南投地區法務部相機關首長聚餐，夜宿雲林劍湖山莊（並接見在調查站擔當主任的學生吳新生伉儷）；翌日，九時訪問雲林調查站，十時十分雲林監獄，十一時雲林看守所，十一時三十五分雲林地檢署，十二時四十分午餐便當，十四時十分趕訪嘉義地檢署，十五時二十分嘉義市調查站，十六時三十分嘉義縣調查站，十七時二十分嘉義監獄暨看守所，十八時四十分嘉義地區法務部相關機關首長聚餐，二十時二十五分搭機返回臺北松山機場，返家時已近深夜十一時。一九八〇年代法務部方剛由司法行政部改稱，李元簇部長「出巡」時氣勢不小，又下令較嚴格管理，不久發生了監獄裡風雲激厲，迫使他縱然和蔣經國總統關係非同小可的情況，仍然必須辭職謝罪。再把話說回來，全國最高檢察署、臺北高等法院檢察署及其分檢署、各地方檢察署，包括金馬離島、東部臺東地檢、花蓮高分檢都去訪察過，在屏東、臺東地區曾經到夜間九時才結束和意氣風發的年輕檢察官們之熱情寒暄。調查處站分布全臺各地，組織形態與檢察署的固定化不一樣，以保持其查案所必要的靈活度，故單位很多，甚至在比較偏遠地方，仲模約莫去了百分之八十五的處站分支單位，尚未臻圓滿，實在抱歉又遺憾。

調查局依法係法務部的隸屬機關，其任務關涉國家社會的安寧秩序、犯罪查察、情蒐民商公務界各類情報；組織編制成立迄今已逾七十年，有其歷史定位與傳統承襲；有時因主政者任命派赴的局長領導出一點狀況，就會引發社會動盪人心不安，因此，仲模與該局主管、幹部間的互動，非常頻仍；比如，一九九九年一月二十六日（二）早上仲模搭復興航空五〇二班機赴澎湖視察訪問，在十時四十五分地方檢察署，午餐設於西嶼清心飯店時，我就特別吩咐禮邀調查站主任一同參與聚會，十四時十分澎湖監獄，十五時十分看守所，十五時四十五分在專程馳赴澎湖調查站，再於十六時三十五分搭復興航空五一六班機返回臺北（十八時三十分在圓山大飯店福全廳爲法官陳志揚（學生）結婚福證；十九時二十分在世貿三十三樓珍珠廳參與行政院蕭院長夜宴）。上周五爲了感謝局裡同仁奮力從公、創造了長久以來少有的工作績效，尤其是協助「國土保持政策」之厲行、緝獲毒梟運送販賣、成功查緝洗錢的國內外作業密道、王局長遵照建議將局內同仁升遷及紀律予以規劃改制以及防範賄選的惡質漫衍等等重大業績，仲模已設宴慶功致謝。爲此，王光宇局長特別選定一九九九年一月二十七日（三）十二時在局裡餐宴歡送我調職司法院；原本預定法務部十二名、局裡十二名對酌小飲，仲模知悉雙方酒量實力，部內多位主管亦自知絕非對手，一再躊躇猶豫，最後我決定「單槍匹馬」赴宴，俟餐後研討參觀（新設備及靶場）時，法務部主管才來會合。宴會中王局長很精細地把仲模成功從行政院、立法院爭取到的四、五億電化網際設施（幾年來都沒過關）、反對另設中央二級位階的「廉政署」及力主調查局長宜由內升的策略，一一清晰地講了出來，此時，王局長舉杯連乾三次，其他主管響應起鬨，一而再地「乾杯」示意致敬喊謝，部局一家親的氣氛全寫在每一位的臉孔上，眞是再自然也不過的法務一家人的溫馨融洽。

三、立法委員在嚴肅的質詢時問仲模：何謂「炒米粉」？

一九九八年九月十一日（五）立法院第三屆第六會期開議，重頭戲是蕭萬長的施政報告，全體閣員列席被質詢臺階座位，聚精會神體察注視立法院院長劉松藩、副院長王金平、祕書長、執政黨團主委總召及立法委員的眼神舉止言行，閣揆答詢內容及指定部長之報告說明。本會期總質詢共計預定要安排十七次，即每周二、五全天開議，其中，十月間取消了四次，直至十二月二十二日（二）深夜閉會。通觀議事、議場秩序，並沒有比仲模在臺灣省議會所看到得好；曾有幾次執政黨和在野黨意見、意識或預算的刪減幅度，超分貝的強震聲音，喧嚷互推甚至打群架、舉大型宣傳字畫版等，都是司空見慣的國會現象，可是，中央民代與地方民代相比，前者問政內容、準備資料、議場表意裡顯露出來的自信及口才，確實是更上一層樓。法務部施政報告，早早於九月二十四日在立法院第六會議室從九時至十八時十分結束；登記質詢的立法委員有三十二名，各黨派委員都有，但民主進步黨的比較多。仲模每次到立法院備質詢，從來不親自帶公文夾及各類參考資料，除了總體性「法務部施政概況補充報告」一冊九十九頁以外。所有的質疑，酸鑽問題，憲政法治民主人權狀況及其國際趨勢等，我都可以迎刃而解，清楚、確實或更積極的報告。仲模的心境非常坦白、淡然：我是想做點事而來，不是爲了「做官」，臺灣整體是我的第一優先；我知道政治事務的極度複雜與暗黑爭鬥，我不會無故捲入漩渦，除非是爲了捍衛社會正義及法治主義。今天有一番對話及其後在立法院大會堂另一件委員對我的質詢，殊堪回味，記述如下：民主進步黨桃竹區選出的立法委員彭紹瑾，表情嚴肅帶有異味的口氣問：部長，你知道什麼是「炒米粉」嗎？答：可否請彭委員講清楚一點你質問的事物和法律意義？他顯然沒逆料到我的反問，也心知我已有審愼的防備此問之後的發展；一時之間，彭委員很不自在，也不屑一顧地放大聲量：你連炒米粉都不知道它的含義，你怎麼當部長的？我依然忍耐地再反問；委員問的是要當什麼用的，它的性質、意義，可否稍加清楚一點，因爲凡是臺灣人沒有不知「炒米粉」的，而你要比喻的，擬指明的是什麼？這下他更生氣了，因爲他遇上了我，沒那麼容易得逞，我只要任何回答，必定中計而掉入陷阱；彭委員大概心急了，再接上一句：你實在不夠資格承擔法務部長……是惹毛我了，也實在按耐不下了，我右手拍了桌面，然後說：彭委員你是學法律的，也有同樣歐洲留學的背景，在國會殿堂裡的任何一句話都不會是普通常識的意涵，「炒米粉」是你生長地域家喻戶曉的大衆生活食物，你要問它和選舉的關係，就請明講，我來作更法律性的分析讓你參考……我的話還沒講完，他就大聲喊叫：你敢在這裡拍桌子……仲模用雙手重拍桌面一次，說：立法委員是學法律的，質詢時不直接用法律語言，卻用民俗上大家所知道的臺灣料理，要我回答他的「意義」，我當然不予具體積極回應；「炒米粉」，你是指「流水席」，在選舉期間，要知道何時、地點、人群等，最重要是否有「對價關係」，在醞釀參選、考慮利弊時期或已宣布競選，尤其已抽籤有明確號碼，進入短兵相接的期間等等，法律上的意義均不一樣……這時，我看他沒有再回應了；倒是翌日的各大報均詳細記載這一段非常有意義的「法學教育」的一課。

四、立法委員在立法院總質詢時，要仲模全程用「臺灣話」答詢

臺南縣選出來的立法委員蔡同榮，在立法院總質詢時，臉上帶著他第一招牌的「微笑」指名道姓問仲模可否用「臺灣話」全程答詢？我即答：臺灣話是我母語，很高興奉陪。蔡委員問了很多法務部責任所繫的業務，譬如：調查局是爲中國國民黨而存在嗎？檢察官的考試錄取、訓練、分發（審判或檢察系統）及現在絕大部分檢察官的「心態」有無黨國思想在作祟？偵查案件會否偏頗、起訴不公的情形？蔡委員甚至溢出了法務部職責範圍問我對當今臺灣國際社會、修憲制憲及公投等國家大事？還問我和李登輝總統中國國民黨主席的關係，你是否是中國國民黨黨員？李先生會否介入你的職務工作內容？我都用標準的「臺南府城」鄉音臺語答覆「質詢」；蔡委員顯然知道我的臺灣話絕對不會比他臺南縣的鄉音差，何況我是長榮中學初中部畢業，在校時每天清晨在大禮堂做四十分鐘禮拜、聽講溫雅的宗教性臺灣話，少有省立中學學生受到黨國政治思維的影響，同學間彼此都是以臺語對話學習、交遊，臺語才是我眞正的母語；所以，一再地顯出他的笑靨，說：臺語我講沒你的好，今啊日我眞正踢著鐵板（臺語），內閣像你這種人應該多延攬一些，臺灣才會更有未來。

五、在綠島人權紀念碑破土典禮，風雨如晦，仲模任憑傾淋鎮座觀禮

一九九八年十二月十日（四）是國際人權紀念日，全球都在熱烈地慶祝、研討如何更確保人

權的衛護，毋讓專制獨裁的政治領導人再在暗處，甚至公開侵犯人權，蹂躪國民天賦的民主自由生活。法務部主管的綠島綠洲分監計畫在今日，趁亞洲首座人權紀念碑在綠島工程動土時，一齊舉辦並行破土典禮，當天上午仲模把繁忙的公務周妥處理完竣後，於十一時換裝新購絲質西裝，隆重趕赴松山機場飛往臺東，再從臺東和蕭揆等內閣數位部長、主任委員搭小型飛機逕至綠島。這些過程，東南部地區，晴空萬里，風和日麗；俟下午二時，蕭揆等嘉賓座定即將開始奏樂進行典禮時，俄頃間風雲變墨色，冬季漠漠向昏黑，驟雨傾盆，海浪捲拍沿岸，風勢更爲強勁；此時，閣揆以次所有嘉賓，每位都批襟當風，穿上黃色塑膠雨衣，唯獨仲模拒絕隨扈好意遞給的雨具，任憑風雨傾淋、鎮座觀禮。此時我注意到隔三個座位的郭依洞董事長（柏楊）（財團法人人權教育基金會，曾任國防部綠島感訓監獄四區五室室長特別助理八、九年）亦正襟危坐，不加雨衣。直至會畢，全場只有他和我兩人眞正成了落湯雞，酷似剛從海底或池塘打撈出來掉落水裡的難友。很多人好奇問我，爲何要如此堅持不打傘、不披雨衣？我臉帶痛苦、聲音低沉地答以：數十年來，在臺灣的人沒有人不知道政治受難者被遣押關在綠島是如何的悽慘，雖然有「綠島小夜曲」充當麻醉劑，那眞是欲蓋彌彰——累積起來，成千上萬具有強烈政治意識的人，反抗外來統治者的專制蠻橫，單純的參與讀書會、研究馬克思學理、主張臺灣應獨立建國甚至在火車站廁所裡寫上「蔣介石惡貫滿盈」等字樣，統統被關押「感訓」於綠島，致妻離子散、家破人亡、精神失常、英年早逝或身體殘廢、夜夜思念家鄉慈母老父或子女育成，日日過著生不如死的牢獄災難；這些極度不幸的災罹，從情理來說，等同爲居住於臺灣的人天天在背負「十字架」。如此這般，世界人權日，又是在綠島的紀念碑莊嚴破土儀式，我用最敬禮、最嚴肅、最謙卑的心靈來向「英雄們」感念致敬，都還不夠表達萬分之一，哪有當了閣員的一份子，於此時還有心境去遮風避雨，自私安逸。真沒想到一周後我接到了柏楊先生的一封親筆信函，寫著：

仲模部長先生：

君子一言，駟馬難追，承諾就是承諾；官場浩瀚，先生樹下尊嚴榜樣。十二月十日那天，先生突然出現綠島，使人暗驚，而風雨如晦，先生獨未披雨衣，巍然挺立，大家印象，最爲深刻，修函向您致謝，更向您致敬！

寄上 祝福！

柏楊

一九九八年十二月十七日

仲模在部辦公室接到這封信代表「良心」人的修書，讓我感傷很久。

第九節 齊備法制是法治國基本前提，政風設置須脫古新造

仲模赴歐留學學習法治行政，深悉其史緣演進、時代背景、理論演進過程及實踐操作績效。

一九七一年返國後即入行政院法規會服務，該會是全國法制擬議、綜核法規定頒及釋疑法規眞意之樞紐。在大學法學院授課，在臺北市第一屆選舉委員會研擬選舉相關法規及在省政府工作時亦經常參與或主持法規諸事，參與各部會法規擬作，難數其量。應可說是我專業上的長項，我來到法務部時，周邊同仁都知道此事，因此，除法律事務司之外，所屬各單位在法規業務作業上無不鎖緊發條，鉅細靡遺全力以赴。在立法院第三屆第六會期於一九九九年一月十五日休會，通過法務部主管之法案，計有十七案，包括肅清煙毒條例修正案（改稱爲「毒品危害防治條例」）、行刑累進處遇條例部分條文修正案、法務部戒治所組織通則制定案、觀察勒戒處分執行條例制定案、戒治處分執行條例制定案、犯罪被害人保護法、律師法部分修正案、商務仲裁條例（改稱爲「仲裁法」）、行政執行法重新修正案（此案新條文全係仲模過去所主稿；總統一九九八年十一月十一日修正公布）、行政程序法制定案（仲模係本法案起草人之一；草案於仲模法務部長任內在立法院通過、總統一九九九年二月三日公布）、法務部行政執行署組織條例制定案（仲模被譽爲本署誕生的「產婆」）等等，這些重大制度的開創與變革，對我國法治建設具有實質的助益。立法院該會期亦通過了與法務部相關業務的法案，包括二二八事件處理及補償條例部分條文修正案、家庭暴力防治法制定案、預算法修正案、國會改造五法案、法院組織法修正案等重要法案，其中法院組織法增設檢察官設置檢察事務官（後詳述之），將有助於抒解檢察官之工作負擔。但通訊監察法及民法債編及其施行法修正案未及完成立法程序，仲模爲此已先核定將該二案列爲下一個會期（第四屆第一會期）優先審議法案，其通過後對人民權益有更佳之保障。[4]

「政風」顧名思義即是「政治風氣」，其前大家稱它是「人事室（二）」簡稱「人二單位」，依政風機構人員設置條例之明定，管轄範圍包括中央、地方機構及公營事業機構，工作內容包含：了解政府之施政得失，整飭政治風氣、革除陋習積弊、端正行政作風，整肅貪汙以提高行政效能。人二時期其主要工作角色是文職公務員的「廟朝千里眼、順風耳」和軍旅部隊的「政戰」系統，遙相呼應，「管轄軍公，安定民心」是公務員或軍人望而生畏的特種設置機構。仲模接篆後，各界對它的「異議」特別多，適「政風室」才剛改制再出發，立法委員多人要求「裁撤」，理由很多，包括總人數竟達近三千六百名，比調查局多出了一千多名，何況冗員不少，再者，政風人員管轄指揮監督的專業要求異常細膩，能合乎條件者少之又少，如何盡責「整飭政治風氣」，又，機關單位主管和政風人員編制系統如何整合而能合乎科學行政管理要求？所以，我到任不久暨其後，開過兩次政風主管擴大會報，宣示仲模不會聽信裁撤、縮編之壓力，也慰勉全體同仁自信自強，更加戮力從公，並研究具體改進業務之技巧，諸如：著重預防員工貪瀆，不宜等候觸法事實後再祕密送檢調偵辦，政風人員對稅制及稅務人員之技術性經常接觸，以掌握貪瀆不法，再因政風人員係占用各該機關之員額，輒有調度上之重大困難，故對於退休或其他遇缺時，就斷然不再做補實處理，另外，政風與矯正業務關係極爲密切，各監、院、所之重要幹部、福利社與廠商間之作業，經常有流言傳出，而這些幹部眼睜睜看到社會慈善團體於年節或平時探視時之大量慰問品、加菜金等均送給被收容人，而執法人難免會有不平之鳴，故宜請多給幹部必要的鼓勵。仲模的基本想法是：政風制度在時代進步下宜有科學性的計量規劃，因爲要求於政風人員的業務內容，有時比普通檢察官、法官的還要模糊、不具體、不著邊際，甚至要求他們如同聖賢般的智慧經驗要深諳天下周遭事，因此，政風制度是逐漸到了須通盤脫古改革新造的時刻了。

第十節　部分媒體對法務部長司法官專業加給的「創意報導」

仲模記憶所及，自五、六歲起從來不曾爲「錢事」煩惱過；理由很簡單，我對心靈意境的追尋很著迷，但對物慾貪婪沒有興趣。我赴歐留學一年半時，經常利用寒暑假到大學MENSA打工，不是爲了鐘點費，而是希望學得更多人間互動時的寶貴經驗和確保健康的保障。一九六八年八月我的未婚妻Grace飛到維也納來，結婚成家後，我所有打工、獎學金或演講所得全部由她管理支配。一九七一年四月返國後在行政院法規會服務，每個月區區全部薪俸四千元的薪水袋，我都原封不動交給她；此後數十年迄今，都沒改變過這樣的安排，她道地成爲日本人所稱的「大藏省」（財政部）長官。我不是商場裡的企業人物，是按月領薪俸或演講、寫文稿的有限所得，我何苦自己管這蠅頭微款。

當我突然奉派到法務部時，滿腦子裡都是此後公務上的厲行職責；什麼部長薪俸多少，根本未曾在腦海閃過。一九九八年八月初的俸給袋我就帶回家交給了Grace，她什麼也沒有嘀咕過（Grace原來是在淡江大學、東吳大學教德文；因我職務的轉變，她被要求承擔婦聯會法務部支會主任委員，她拒絕，連兼課事也全部辭掉，改當法務部士林檢察署觀護人及臺北地院調解庭委員，均爲義工性質，期望拋磚引玉有更多法務部同仁眷屬響應參與）。在法務部，從一開始，仲模就昏頭轉向，每天滿滿的行程；晚間返家所帶公文袋最重曾是十三點五公斤，當夜須閱畢批注。過了近四個月，人事處長羅義正在完全未跟我報備或商量情況下，行文行政院人事行政局（十月二十一日，發文字號：法八七人事處第〇〇二三九五號）主旨：本部城部長仲模原任大法官，支領司法官專業加給有案，經特任爲本部部長，擬請准自到聘之日（八十七年七月十五日）起繼續支領司法專業加給，敬請鑒核。」該局於八十七年十二月十七日核定函覆，稱：行政院同意城部長支領司法官專業加給理由如次：一、……並非針對城部長個人專案核定支領司法官專業加給，而係建立制度，即爾後凡是曾在司法機關行使司法權之大法官與法官，其後擔任重要司法行政職務者，均可支領加給。二、略。三、又前任法務部長除馬英九、廖正豪兩位因未具法官或大法官資格，未支領司法官專業加給外，其餘部長均支領上項加給，且現任司法院院長及前任副院長（均無大法官資格），亦均支領該項加給。[5]謹按：人事處告知，前法務部長施啟揚因曾擔任「軍法官」，以此名分，也領有司法官專業加給；城部長，你非但也是軍法官（預官），更是從司法院大法官轉調來部的。

以上是事實經過的全部狀況，諒資深記者都會詳悉其眞情實況；不料，《聯合報》記者鍾〇〇，連續撰寫了六篇大同小異「臺北報導」、王〇〇一篇、宋〇〇一篇，《自立晚報》記者劉〇〇兩篇，造成了行政院、人事行政局和我個人的困擾。以我的信念而言，言論自由、報導自由、匡正公務界的違失、妄法胡爲，是現代國家媒體人的責任；但程序、先後事實具明的事卻把它描述得帶有不堪的疑惑，局外人或普羅大眾不明就裡，自然會被誤導，從許多好友或學生雪片紛至的信件、卡片之慰勉，可知影響之至深。原本對於薪俸錢財是那麼漠視不屑的我，如今卻遭遇與其個性完全相反的這突如其來的指責，我的直覺是這幾位記者的確是天賦異秉，頗有逆境創作的能力，另一個反應是我不要這筆加給，但人事行政局和行政院卻說「這是今後這類情況條件時政府的政策要求」，仲模非得接受並按稅法課稅不可。仲模在一九九九年一月十五日國民大會審查司法院正副院長時，主動表明將上揭司法官專業加給去稅後剩下的全數三十九萬多加到四十萬整數捐給法務部所屬監院所附設補習學校或少年矯正學校因教化悔改而勵學向上的學生，葉金鳳部長到任後，將此一捐款定名為「城仲模獎學金」；至其發放根據條件及等級數額部裡訂一「城仲模獎學金發放要點」據以辦理，直至該款用完為止，預計至少存續五年。本案收筆時，我還有一句話想說：那時以迄今日，我依然佩服正直的記者蕭白雪，她在《聯合報》「臺北耳語」專欄裡（一九九八年十二月十日）撰述了一句話：「從小到大從未為錢傷過腦筋的城仲模為薪所困，部屬當初主動幫他爭取權益，不料自己一番好意卻為他帶來困擾。」

第十一節　國家政經社會文化昇華進步，極刑自然消蹤

一九六四元月出國留學初入早稻田大學法研所，看到讀書廳法學藏書的豐富，驚嘆不已。仲模

選定跟隨日本共犯理論權威大師齊藤金作教授學習；時間快速流梭，已一年將至，必須提出碩士論文計畫，那時我驚察日本頂尖法學家，不問專業在法家裡的哪一門別，幾乎每一位都會在退休告老時，寫一中篇或長篇廢止死刑的論著公刊；我一篇篇蒐集研讀記載重要觀點與思維，尤其注意法學方法論及法哲學的邏輯觀察，乃決定以「死刑廢止論の展開」作爲論題目標，大量再尋找比較刑罰學上重要國家的政經環境背景，以確認續行或廢止死刑的根本著眼處。我用手抄稿寫了七百六十七頁法學碩士論文分上下兩冊。只要放眼細析已廢除極刑的國家，無一不是我們所羨慕，先進一流的國度，是對生命的無限尊重，也是對生存的禮讚，是對生活的珍惜；凡是談人權問題時，死刑制度與否的疑惑就成了第一顆最需要敲擊移開的典型議題。除非罹患精神異常，任何一位循序、穩定、自然成長的人，國家、社會都應該讓他（她）憧憬著未來發展的一片天。無如，現實的環境——出生後孤苦零丁，無父無母或雙親不務正業，極欠家庭溫暖，學校同學霸凌欺壓、交遊不愼學會惡習甚至加入幫派到處越貨打劫，或個性偏執視異性朋友爲禁臠而將彼等新歡友人一併謀殺等等；這些在我看來，其正須負責的不只是個人，而是總體性的國家社會未盡到預防犯罪及必要防護照料的義務！八十年前德意志法學家Ernst Forsthoff提倡Leistungsstaat（給付國家社會）主張積極行政：舉凡教育、文化、科學、藝術、公設、民俗要用心經營，經濟發展及交通建設持續擴大進行，社會福利保障政策盡情開發普及，環境保護衛生措施與管理精到，資金融資貸款的彈性供應賦予國民充分應用，住宅規劃合理分配等，均係執政者掌握國家權力時，對國民義不容辭的天職。當然，通觀上世紀的世界，就明顯地呈現了「國家活動漸增的法則」（Gesetz der wachsenden Staatstätigkeit），亦即國家存在的目的是去照顧每一個國民，而不是排除某些人的生存權去奉承其他多數人！「自由」、「生存」、「生命」是何等的價值，沒有人會故意想去蹲坐在牢裡，更無人會故意挑釁終致被執極刑，除非是演員的劇情。一九九〇年我國的閣揆宣稱他組成的是「治安內閣」，確實，那年遭行刑的總計七十八名，破了歷年來年度死刑紀錄，結果，政府公報上的表列卻沒能證明治安有好轉的痕跡，因爲他無知而把因果倒置了。

仲模在法務部服務期間，上班到辦公室時，最令我痛苦的一瞬間，是看到桌面上放置一件黃色厚皮紙袋的公文書，其旁尙有一把利剪需我自己拆封打開親閱。只要遇上如此的情況，祕書都會知道：當天我會全神貫注研閱起訴、辯護狀、判決乃至最高法院定讞判決書，需時一整個上午或午後，除非公務上的極重要會議，非去不可（此時，必然暫緩研閱，更不至批准；惟，依刑事訴訟法第四百六十一條之規定，法務部令准後三天內須予執行。否則，從新作業程序）。依法定的正當程序，這種最重刑案通常都須經檢察官起訴、地院判決、上訴審審判、判決，經最高法院判決定讞，最高檢察署、高院檢察署確認有無接到非常上訴或再審要求，一切均無特別異樣狀況，再由最高法院檢察署簽署專送到法務部做最終程序的核定。若部長無故拖延，甚至依一己之信念，否定死刑確定判決之司法權力，那是實質地侵害了司法權，也嚴重破壞了法律秩序的公信力與安定性。譬如：一九九八年七月二十四日（五）被害人夫婦被殺害慘案的蘇建和等三人，是否尙可提第四次非常上訴，仲模詳研相關案情後，並不放棄此一機會；其間，部內檢察司長表示：由於全案前後歷經逾四十位以上各級司法官參與審查，再延宕將造成司法公信力的傷害，同時面對被害人家屬經常來函陳情希望盡快執行三人死刑，法務部確實也有結案的壓力云云；另外，蘇建和等三人經最高法院於一九九五年二月九日判決死刑定讞後，最高檢察署又分別於同年三、四、七月三度向最高法院提起非常上訴，但均遭駁回，承辦本案的最高檢察署主任檢察官經過兩年多的研究，函文法務部表示沒有另行提起第四次非常上訴的必要，因本案經過三個審級及多位法官的層層把關，對全案相關事證已作出相當審慎的調查與審理後，才決定判決蘇建和等三人死刑確定。如此法制上程序過程的嚴謹規範，全民幾年來的關切期待，國大代表二百零五人建請總統組特別委員會重審，內閣行政上的斷然舉措之必要，以衛護公信力於大衆，再加上媒體大量報導被害人家屬吳銘漢七十多歲母親吳唐糖的陳情請求即於執行死刑之情況，仲模身上的壓力何止千萬斤，但終究還是事實認定的缺口無法滿足，法理上，我曾說過：「對於死刑案件如果有一百個疑問中，已有九十九個都已獲得解決，但是只要有一個疑問沒有獲得釐清，我就不會批准執行」；國法莊嚴何其沉重，人命關天更須勇敢護衛，任何生命刑案件都必須罪證確鑿無懈可擊，這才是人權法治的觀念。所以，本案仲模終於不加批注核准並即主動發交最高檢察署重新審查，斟酌有無再提起非常上訴之理由。惟，被害人家屬的無盡痛楚及其母其子女罹患嚴重神經萎縮等，我曾輕車簡從，赴其住宅探視慰問，並做必要的關照。

仲模對於死刑制度，早在日本留學時即於學理上極力闡發應予廢止；俟再赴歐學習法治主義之精華，亦確認分權制度下，任何行政權力機關務須依法行政，絕無個人執意固拗，另謀他途，逕為裁量之做法，除非俟法律修正，否則只有知法、識法、崇法及遵法一途。發生在一九九八年十月二十日（四）周峋山經法務部核定執行死刑後，其辯護人翌日始收到判決書乙案之始末，謹藉此段篇幅詳述如下：周峋山死刑案依法經最高法院三審定讞，並由最高法院檢察署檢察官審核，認無違誤後，再送法務部審核；本部係由檢察司分別向最高法院檢察署及臺灣高等法院檢察署查詢有無非常上訴及再審之聲請尚在處理中，確定無各該聲請案後，復詳加審查相關卷證，亦認無非常上訴及再審之理由後始簽請部長最後核定，其審查過程審慎周密。本件確定判決書係於一九九八年十月十四日送達被告周峋山本人收受，送達程序合法，並無瑕疵可言。辯護律師尚未收到判決書，當事人已被執行死刑乙事係因刑事訴訟法第四百五十六條規定：「裁判除保安處分外，於確定後執行之。」本件既已判決確定，經最高法院檢察署及本部縝密審查，再由部長核定後執行，程序上並無瑕疵可言。至於送達辯護人收受之判決書向由最高法院囑託相關地方法院以郵務送達方式將判決書送達辯護人，致該院將全卷發送最高法院檢察署時不及將辯護人之送達回證附卷，但此係最高法院全責處理之程序過程，與案件之確定無關。法務部依法是執行死刑的機關，歷任部長均按上述程序依法執行，本人亦從之。臺北律師公會、民間司改會與臺灣人權促進會等三團體所指稱關於死刑確定判決書送達被告辯護人乙節，仲模基於更周到處理重大執行案件，以冀妥善維護被告權益，並圓滿辯護律師保障人權之急切要求，即於一九九八年十一月十九日法務部第七六九次及十二月三日第七七一次部務會報時指示檢察司應速予研擬簽報改進措施，並詳細檢討有關死刑確定判決書確實送達被告辯護人之相關問題；法務部並於一九九八年十二月二十二日函最高法院請改以專差或其他更迅速方式將死刑確定判決書送達辯護人。一九九九年五月四日葉金鳳部長接續整理訂頒了「審核死刑案件執行實施要點」之發布（同年十二月二十七日修正發布）。

第十二節　政務官的宿命是其職位的存續需隨時準備被動遵從遷調

一九九八年十月二十六日（一）蕭揆在忙碌接見賓客時的空檔，約仲模前來行政院一樓內側舒適的會客室，我準時到達，他已在裡頭等著。彼此寒暄，不能免俗；他問：部裡的業務運作都順暢吧？最近，我（閣揆）比較繁忙，接觸工商各界頻率超多，聽到的、了解的當然要深入得很，知道你在「查賄」作業布局上及「國土保持」策略上都很順手在進行中，尤其後者，各大報都用「社論」指名道姓稱讚表示支持。蕭院長繼續告訴我說：「查賄」大案裡中國國民黨的候選人及其支持者，疑似觸犯不法者特別多，而「國土保持」的強力執行結果，建築、工程建設、砂石業者也都有循管道反映他們處境的艱困，這方面的物價、造價一直在往上升。仲模即刻插嘴表示：院長所指陳各節，我都已注意到；所以，近日以來，已逐漸改為預警式、直接或間接地對這些最嚴重且正在進行中的預備觸法廠商及其相關道上合夥同行的人加以警示，請他們立即歇手，若再一意孤行，無視社會衆目睽睽繼續違法觸犯，警調檢就會強力取締，這樣可以給他們一個相當寬鬆的再慎重衡酌利弊得失的機會。蕭揆因祕書一再請他返辦公室接見等候良久的外國訪客，乃急忙握住仲模的手，說：不好意思，因爲訪客排得很緊，不得不結束聊談，你是做得非常好，大家有目共睹；不過，社會上的一些重要民情反映，也請多加留意。

蕭院長從未單獨約仲模面晤談話，除了每周四上午內閣院會前後或特殊的餐宴空檔裡簡短交付公務；所以，我原本就已察覺事有蹊蹺，故謹慎小心今天的約見，究爲何事？但和蕭揆談話的最後一段，我終於了解了特別碰頭的政治暗示意涵與玄機。在返回法務部車程間，進辦公室會客前，我還在思考方剛的會晤，我靜思之：應多爲這已在下墜的政治社會氛圍做點臺灣知識分子該盡的職責，何況仲模現在在法務部尚有一些可用得上的公權力可以支撐爲全民服務的心願；上任時已宣示的胸懷心境及諸多政策承諾，這些均務須堅持執行，最多是方法、手段及速度的稍做調整，總方向是不會改變的，否則，只有掛冠返大學法學院教書一途；我既已在政治的大漩渦中，想要成爲一個政治家，則誠信、坦然及恬淡的心志，是絕對的構成樑柱。所有的思考都已到齊，就是還不知李登輝總統的態度，也萬萬沒有想到會「被調職高升」這一步棋。

一九九八年十一月十九日（四）下午五時司法院院長施啓揚公關祕書王酉芬來訪，表示：希望我簽字，以完成在野司法界恭請　總統親自主持召開全國司法改革會議的意願。我接過書面一讀，當面對王祕書表示：呈文內蓋印者一年多前（仲模謹按：一九九七年五月八日）已去拜謁李總統，期盼親自主持司改事務，報上也明白刊登總統認爲他本人不宜處理此事，應由施院長負責規劃，理由是：總統對司法權及司法制度是外行人，何況國事蜩螗，李總統待處理國防、外交、兩岸關係事宜及國內黨派紛擾難解、國家民主法治化、人權守護等事，時時需總統處理裁斷，無論如何是不可由他親手介入云云。需請施院長全權負責司法改革乙事，事實上李總統已多次當面請施院長應即予進行，以逐漸滿足人民最低限度的、立即的司法改革之曙光；但並未獲得施院長積極或直接關於司改進程或如何的結果之回報。所以，一段相當時間以來，李總統對施院長的溫文儒雅，固甚稱讚，但對其承辦司法改革乙事的期許，卻常有厭言、嘀咕的消息流出；仲模對這些的來龍去脈，非常清楚。茲爲求留存史實，我要將王祕書遞送過來、施院長等人希望我蓋章同意後將簽呈全文由仲模親自呈遞李總統的「陳情書」，載記如下：

呈中華民國八十七年十一月十九日

主旨：恭請 召開全司法改革會議

說明：

一、司法院、中華民國法官協會、中華民國律師公會全國聯合會、臺北律師公會、臺灣法學會、民間司法改革基金會於八十六年五月八日共同晉見總統，奉 諭舉行全國司法改革會議，建立廉能公正之司法，以回應全民之期待。一年餘來，經各方就如何召開多次交換意見，雖未達成全盤共識，惟在此期間，各界均全心致力於各項改革工作，未曾稍歇，並已獲致一定成果。

二、鑑於司法改革經緯萬端，諸多興革事項並非純屬司法部門之權責，實已廣涉國民大會、行政院、立法院、考試院及監察院之職掌，爲配合跨世紀之政府再造，邀集朝野人士，共商司法改革大計，凝聚共識，開創司法新貌，用敢恭請總統召開會議，以宏實效。

三、爲廣納民意，全國司法改革會議建請於明（八十八）年二、三月間假法務部司法官訓練所或其他適當之時間、地點舉行。爲期順利展開會議之規劃，擬恭請總統指定適當機關、團體負責籌備工作，綜理開會事宜。仰蒙垂注，敬乞俯允。

恭呈

總　統

司法院院長施啟揚 印
法務部部長城仲模
中華民國法官協會理事長林○○ 印
中華民國律師公會理事長陳　○ 印
臺北律師公會理事長陳○○ 印
臺灣法學會理事長許○○ 印
民間司法改革基金會董事長高○○ 印
謹　呈

當晚，仲模隨即專程呈遞原件到李總統官邸。

（仲模謹按：施啟揚著《源三十年公職回憶》幼獅文化事業公司出版，二〇〇四年，頁二二三寫著「當晚（一九九八年十一月十八日）因公未出席會議的法務部長，次日表示反對。簽呈留中未發。（再按：施院長誤會了）謝謝你，城部長」，施院長贈書給仲模時，特別在該頁上親筆註明：「某報報導有誤會。啟揚九三、一、十二」）

第十三節　晴天霹靂，李總統要仲模到司法院負責司法改革

一九九八年十一月二十四日（四）九時至十時十五分李總統登輝要仲模到官邸，有事商量。總統早已在客廳等著；我一到，他就告訴我：臺灣北、中、南適正在醞釀極其重大的財金經濟大案，若繼續放置不理，將發生爆炸性金融連續崩解，（北部案件和立法院院長劉〇〇有關，中部案件和廣三集團總裁曾〇〇企業資金流向有關，南部案件和蔡〇、侯〇〇炒作股價等有緊密關聯，前者除議長之外，尚和立法委員傅〇〇之股市內線交易案及中部案件有牽連，仲模於翌日上班後，即刻邀集政次、常次、主祕及北部相關檢察長密會，指示：擴大祕密進行徹底察查人地時事等關鍵性的監察及勸諭，務求息止發展下去；中部及南部亦同樣方式進行管控，中部曾於同月三十日啟動偵察的法定程序，南部則於同月二十六日羈押涉嫌相關人士並限制出境）這是仲模出任法務部長後總統第一次有關公務的直接關注，但只是告知而未要求應如何辦理；總統繼續說下去：城部長，這四

個多月你是賣力付出，各方面都非常稱讚你積極從事公務的戮力，是有目共睹；可是全民也一樣關心的是「司法改革」的停滯，我（總統）已數度請司法院施院長要規劃、著力、造就一絲絲的成果給全民有個呑一口氣的績效後，來跟我（總統）列報成績，可是迄未有任何動靜，這令我（總統）甚為痛苦難過；上禮拜那些要求司改的團體又用呈文來要我（總統）主持司改會議，包括施院長在內，也似是推卸了本就應該負起的責任，說實在的，司法院長是非換人不可！城部長有何人選可以承擔起這個任務嗎？我（總統）實在對司法界太陌生了，仲模答以臺大邱聯恭教授或可斟酌並問其意願；他再問我關於實務界、學界及律師界的人才，仲模一一分析報告給總統參考，仲模曾提過陳計男、孫森焱及楊慧英三位實務界出身的現任大法官（沒提過司法首長之事）。總統在經過多番來回討論後，指著仲模：你出任司法院長、副院長由女性大法官楊慧英來（以示對女性的尊重）；仲模語氣堅定表示：剛到法務部才一小段時間卻又要調換職務，非常不適宜，為總統好，還是讓我繼續在部裡一步步去整理大格局的部裡內外職責任務；總統繼續說（日語講）：非常狀況需要用非常手段，時代在進步了，說實在的，我很重視一個人的Royality（忠誠度）及想做些事貢獻給社會的人。我說：我和中國國民黨沒什麼特別淵源，總統你很清楚，如今已在法務部打下的基礎希我來繼續打造，話未完，總統插嘴說：法務部我請黃主文來；一般行政性人才不少，不怕沒人。司法院長城先生你來好了，請速作必要的準備，包括人、事及「司法改革」如何進行的初步計畫。

一九九八年十一月三十日（一）九時至十時零五分李總統有人事安排上的急事，逕入官邸商談。總統坐定後緊接開口：一個禮拜來，司法院及法務部首長人事安排，不斷與中國國民黨黨部、行政院及相關單位接洽諮商，各種意見參雜不一，黨內高層看法也比較堅持與黨有淵源的人選，才可信賴且此後有事較好溝通；幾經「參詳」（臺語），認爲翁岳生大法官已連任近四屆，曾帶職赴中國國民黨中央黨部主辦的革命實踐研究院第一期國家建設研究班完整三個月的受訓，是中國國民黨一直在提攜栽培的人，只是，他完全沒有行政主管過的經驗，所以，若由你來輔佐，或許是不錯的人事配置；上禮拜，我（總統）的交付並非生變，而是暫以如此的進程方式先做階段性的排列；你和翁可以相處諧和嗎？仲模答以：是老朋友，沒問題。但心裡有相當疑惑：這次「改組」司法院的主要目的是要開展「司法改革」鴻圖，而李總統的任期也只剩下一年半而已，再以翁和我的背景以觀，可能期待有多大的成功率？仲模向來沒有過爲自己的職位煩心，而是能否眞正的做一點全民期待的事，再者，翁的個性，我二十幾年來所了解，或許彼此也只不過是皮相膚淺，要在司法行政上同舟共濟，又將如何齊進，恐非到屆時是不會知道的，但若照司法院組織法正、副院長之職務關聯及關係角色和李登輝總統想要我扮演的角色功能，不需隱瞞，確實有相當的落差；仲模當然也想到自己和中國國民黨（執政黨）沒建立過任何思維上及人事上的互通、（李主席也不會請仲模到其黨部去工作）在司法院上層也未有密切的關聯，副座職位或許是我蹲身勤做觀察周遭、自我學習成長的機會。仲模對總統報告說：司法高層配置，請總統斟酌卓裁，只要能做點事，我就很感激了。總統接下說：你在法務部這麼短時間裡做這麼好、又很講究效能與效率，迅速執行政策目標，當然要讓你更高升才是公道；好，你就先擔任副院長，之後再依制度補上大法官身分職務，讓一切都順利上道，我也能比較安心。一九九八年十二月三日（四）午後六時總統府發布重要人事調動新聞：

司法院長由翁大法官接任，司法院副院長城仲模，並於一九九九年二月一日布達就任；至於法務部長的空缺，由誰來就任，仲模心裡明白：一定是中國國民黨黨內親信的人才有可能出列。

關於這一次法務部職務調動，國內外包括香港、臺僑華僑界都議論紛紛，也被檢改會、司改會、各方面律師公會等痛罵不已，尤其是媒體大傳天天撰文揣測評論；仲模是事實過程的對象角色之一，周遭情勢發展的點滴，我都一清二楚，我是的確想做事的人，人又在「江湖上」身不由己；統觀各方的情報報導，最簡潔、明確且接近事實的，是《商業周刊》一九九八年十二月二十一日第三十八期，評論員康添財所撰焦點人物「李登輝要城仲模當『清閒官』」——「保護國土太費力被咬耳朵？」，該文重點答劄記如下：城仲模當了法務部長之後，的確賣力演出，他查賄得罪不少重要國民黨樁腳、重量級政商人事，固然是職務異動的因素之一，卻不是眞正主因。其實，整個高層人事的洗牌，主導權還是總統李登輝，是他嫌城仲模管得太積極、太賣力，還是當個清閒的官比較適合。這法務部長寶座坐不穩，主要是因爲前陣子關於國土保護工作做得太賣力；他又是取締濫伐、濫墾，又準備查辦，諸如○○建設開發山坡地等，最慘的是「國土保護」工作，直接衝擊許多高爾夫球場業者，這些人士當中，不少人跟李登輝交情匪淺，不斷咬耳朵抱怨的結果。有趣的是，這次的人事異動案，原本李登輝先是問城仲模，到底誰適合接替呂有文出掌司法院副院長？城仲模當時推薦大法官翁岳生……結果，李把翁和城的位子都調一調，並順便把現任的司法院長施啟揚換掉……整個司法高層人事於焉底定。

第十四節　司法院翁大法官打給法務部長的一通電話

一九九八年十二月七日（一）上午九時開始訪客嘉賓特別多，包括臺北縣縣長蘇貞昌、檢察總長、部內姜政次、謝次長、游司長、考試院保訓會副主委朱武獻、高檢署吳檢察長、施文森大法官等；仲模正在接見日本「筑波大學」井尻秀憲教授（當天上午十一時十分）時，辦公室主任進來告訴我：「翁大法官來電」，半小時後日本訪客告辭，我即刻回電。翁大法官是嘉義縣義竹地區偏遠的地方出生，曾在臺南市就讀於南英商職、臺南師範學校，在高雄擔任小學教師三年後參加聯考，入臺大法律系、留學德國海德堡大學，博士論文是司法權在中華民國憲法上之地位。翁大法官在電話中很緩慢地說出他來電找我的用意：李總統上周已發布新聞稿，要我（翁）和你（城）一齊拼司法改革，司法院正全力在促成「法官助理」制度的成形，以減輕法官審案的壓力，並盡快將積案減少，你那邊好像也在爭取「檢察事務官」的新制；既然你已被發表轉調司法院，就請你同我一樣來牢固法官助理制的成立，至於檢察事務官，你就留放給接任的部長去處理好了，以免為了檢察事務官而害了法官助理，因為兩者同時在立法院通過是不可能的事，單就法官助理恐怕也不是那麼容易得到立法委員的贊同云云。翁大法官突然而來的這些話，真的讓我非常的驚訝，因為非常欠缺理氣、職務責任和行政經驗，即回以：我現時還在法務部工作，至少還有五十幾天，我也跟檢察官們拍胸脯、信誓旦旦表示一定會替大家爭得「檢察事務官」並使它成為常態性配置的好幫手。這是我第一次與翁大法官半正式的職務性交換意見，可是這位「準院長」似乎完全沒有將心比心顧慮到我尚負有法務部重要興革的任務在身。仲模在他似已無其他話可說的瞬間，爲了緩和彼此立場與意見的差異，我進一步說：我會盡最大努力去促成審檢雙贏的結果，讓「助理」及「事務官」制都順利在立法院通過。當天午間十二時四十分司法院呂代處長（人事），午後二時十分臺灣高等法院院長楊仁壽、庭長陳佑治，二時五十五分黃世銘主任祕書及幾位嘉賓、學生來訪，晚間六時還趕到司法院四樓大法官會議室參加「司法改革會議」，一直忙到近深夜十二時，我依預先約好的時間趕到立法院去拜訪院長劉松藩，再副院長王金平及立法委員王令麟（黨團書記長，俗稱「黨鞭」），他們正在爲明日總質詢程序及實體問題在大傷腦筋且非常疲累的狀況下，都對仲模保證，一定讓它成案並照原計畫內容，完整過關。立法院本屆次總質詢到十二月二十二日結束；其後審查我特別拜託的新制，照他們三位的應允整套通過；也讓仲模翌年二月一日很有自信地再回到司法院擔任新職。關於此事的成功達標，翁大法官或準司法院長，或司法院翁院長，有沒有再對仲模致意過？我日記簿上完全空白，亦無任何其他印象。

第十五節 承諾與力行是做人基本修涵，達標更呈現爲人處事的人品格調

仲模在就任法務部職位後，即應允在一九九八年底以前，先行改善部分檢察機關的辦公廳舍及相關軟硬體設備（含調查局部分）；並即於九月初編寫「法務部因應目前法務施政業務推展需求經

費說明」，總共十二頁，附表一、二、三，詳述司法預算獨立入憲後，司法院八十八年度預算顯著大幅成長，然同為司法機關之各級檢察署及司法官訓練所之預算並未相對同等增加，形成院檢間各方面資源的嚴重失衡。

此案，緣起於我到任後，隨即到各檢察機關深入了解各項業務和執行情形，結果發現不僅檢察業務的人員和經費都嚴重短絀，和司法預算通過修憲獨立後的司法院所屬機關相較，更有天壤之別的懸殊差異；我深思之，再就我國當前的國權分配與制度形態而言，法官和檢察官都是經過同樣的考試和訓練，只是分發時一、三、五（審判系統），二、四、六（檢察系統）的排列不同而已，但為何檢察官的各項待遇及環境都不如法官？仲模認為「院檢之間的差距是愈來愈大，對檢察官的士氣也就打擊愈大」，為此，特別向行政院長蕭萬長提出報告，強烈要求行政院能夠協助改善，並於九月間彙整各檢察機關亟需改善的項目、包括辦公廳舍和職位宿舍的擴充、電腦資訊設備的軟硬體改善及加班費等，完成『法務部提升檢察功能重點計畫』。同時據以正式向行政院提出動支八十八年中央政府總預算第二預備金四億七千五百五十八萬餘元要求，之後即獲蕭院長應允，法務部也就於十一月三日行文行政院主計處，城部長即向所有檢察官承諾一定會在八十七年底以前爭取到預備金。但是這項計畫送到行政院後，卻遲遲沒有下文，甚至到一九九八年的最後一天，該呈文的下落、預備金在哪裡依然未明；這樣的事態發展的結果，是等同部長開給檢察官的支票即將跳票，『這令我睡不著覺，也失眠了一個晚上』。」（以上其詳請參《自由時報》記者黃泊川專訪，一九九九年一月一日（五）社會焦點版第五版）仲模利用周四上午參加行政院院會的空檔休息時間，再向院長提出爭取，並會同主計長韋端、祕書長魏啟林及中央銀行總裁彭淮南共商，請閣揆就答應之事再次確認；彭總裁替仲模緩頰最多，他對蕭院長說：「再不依約定提撥，城部長對全體檢察官的諾言必定變成空頭支票；他的個性我很了解，搞不好來個提前辭職，內閣不會好受，民眾是支持他的。」謝天謝地，行政院當即同意先行動支二億四千多萬元的第二預備金；至於其餘金額，也同意另視執行進度再行核發，質言之，法務部所提動支四億七千餘萬的第二預備金計畫，行政院一口氣全答應了（仲模謹按：立法院預算法有關檢察預算獨立部分條文，正在審議中；檢改會法制小組陳瑞仁、朱朝亮、吳東都、劉惟宗、李慶義在立法委員蔡明憲、黃國鐘、謝啟大及副主計長劉三錡陪同下，要求立下附帶決議：法務部對所屬各級法院及分院檢察署、司法官訓練所為配合司法院業務之必要，應提出五年改善計畫。行政院就該計畫所需經費、人力、應考量與司法預算之對應關係，予以從優核備）。記者黃泊川還寫了一大段話：「做一天和尚、就敲一天鐘」，對城仲模而言，他不僅如此，而且還耗盡最後的一絲力氣敲得更用力、更用心，也以「行動部長」的實質作為，來化解外界甚至來自檢察體系內部對他的質疑。城仲模對外界過多的想像，並未多做說明，只表示對於檢察體系承諾改善工作環境等許諾一定會堅持到底。總統決定提名他新任司法院副院長的同日，他在晚間仍前往士林地檢署視導查察賄選業務；日前，城仲模前往新竹地區視察檢察業務，也再次搭上直升機親自察看國土遭破壞的情形，再次宣示他推動國土保育的決心，不會因為他另獲提名而有所改變或鬆懈。城仲模從未說過他是「行動部長」，但卻以「行動部長」的實質作為來為他的處事原則作註解，其勇於任事的風骨，已毋庸再費口舌。[6]至於法務部新、卸任會計長（鄧國藤、呂玉露）交接原訂於一九九八年十二月三十一日上午舉行，因動支預備金乙事，遲遲未獲行政院同意，仲模下令暫不得辦理，所以各界送到法務部給新任會計長的恭賀花籃等，全被「請出」，交接典禮當然臨時生變，暫被「擱置」；俟當天正午，院會最後一刻以「最速件放行」，仲模獲得第二預備金確定通過核撥後，立即電傳下午二時可在法務部隆重舉辦，並請法務部次長謝文定及行政院主計處副主計長劉三錡監交，完成儀式。法政社會各界觀察家看到了法務部會計長交接這一幕戲劇性的轉折，終於也更了解仲模處理公務的自信、毅力、勇敢冒險與精準、判斷、能夠扛起責任，確實有一套力行承諾的架勢與格調。記者問我，是這樣嗎？仲模僅只笑一笑，感謝關心。

從一九九八年十二月三日，仲模確悉六十天後就要再回司法院服勤；我心裡非常明白這是怎麼一回事，沒有震驚，亦無喜悅，只是心底惆悵不已；政治環境的現實面，留不下多想做事的人，是眞的，莫可奈何！但是，仲模主持的法務部，早已按職掌、擬定改造之計畫、探訪拜會所屬各機關之行程安排順序，至少已預定列表到翌年年中；我只好更加緊湊地把最重要者優先排入，按日照時認眞履行綿密的行程，包括：

- 一九九八年十二月四日（五）拍攝國土保持宣導短片（文大推廣教育中心地下三樓）。
- 一九九八年十二月五日（六）全國三合一選舉日及前夜，仲模坐鎮部長室待機處理緊急事故。
- 一九九八年十二月十九日（六）參與「行政程序法」草案研討會（臺大法學院國際會議廳）十五時三十分司法改革法官來訪：呂太郎、周占春、黃瑞華。
- 一九九八年十二月二十一日（一）立法院第二會議室仲模「法務部專業報告」並被質詢。

- 一九九八年十二月二十八日（一）法務部、內政部與縣市長座談會。
- 一九九八年十二月二十九日（二）上午搭直升機視察新竹以北地區國土破壞情狀；下午訪問臺北監獄、看守所，視察板橋地檢署。
- 一九九八年十二月三十日（三）震旦集團跨世紀講座演講。
- 一九九九年一月四日（一）「一九九九飛躍新世紀民主法治教育年」記者說明會。
- 一九九九年一月五日（二）調查局、調查班三十五期結業典禮暨工作座談。
- 一九九九年一月六日（三）勘查彰化地區（芬園）國土破壞狀況。
- 一九九九年一月八日至九日赴宜蘭、花蓮訪問地檢、調查、監所、自強外役監等所屬機構。
- 一九九九年一月十一日（一）主持：研商全國司法改革會議檢察業務相關議題（臺北地檢署五樓會議室，與會人員六十名）。
- 一九九九年一月十二日（二）訪問基隆法務部所屬機構。
- 一九九九年一月十六日（六）召開犯罪被害人保護周記者會。
- 一九九九年一月十九日（二）、一月二十日（三）、一月二十六日（二）訪問臺中、南投、雲林、澎湖法務部所屬諸機構。
- 一九九九年一月二十一日（四）主持擴大主管會七七九次。
- 一九九九年一月二十八日（四）主持法治教育研討會。

絕無「臨離去」而做半點休閒，放下「牛擔」（臺語）之奢望，直撐到一九九九年元月三十一日夜裡才得下班返家。一九九九年一月二十三日，政大國關中心美歐研究所所長吳釗燮寫了一篇蕭內閣重新開始系列之二，「如果仍看到老面孔搬到新座位，未見嶄新的政務官心態，這樣的大風吹毫無意義；（大標題是）「把位子交給點子最好的人」，其間有一段話：「其實蕭內閣在這一年多以來，法務部長城仲模應該算是一位最佳的政務官典範，他上任之後探察臺灣社會存在的嚴重不法問題，訂下解決這些問題的方法、步驟與目標，並且立即積極執行。但是很諷刺的，城部長沒上任多久就將要被換下。如果要改變民眾對於蕭內閣的感受，首要之務，就是要內閣政務官學學城部長，負起政務官應有的責任，主動出擊問題，而不待問題臨頭。」[7]

本章註釋

【1】請參一九八〇年六月二日各大報。

【2】請參一九九八年七月十九日，《自立晚報》，劉鳳琴「星期人物」城仲模「打出手的陀螺豁出去了」。

【3】詳請參《聯合晚報》當日記者吳志雲、吳家詮報導。

【4】以上詳參《法務通訊》，第一九一五期。

【5】行政院八十七年十一月十七日台八十七人政給字第二六〇一七號函核定。

【6】載於上揭報社同日、版次。

【7】詳請參《聯合報》當天的「民意論壇」。

第十三章　奉調在司法院任職(二)

第一節　突如其來的職務調動

一九九八年十二月三日總統府發布新聞稿，略稱仲模奉調司法院副院長，自一九九九年二月一日赴任。這個突如其來的法務、司法組織裡首長的移動，的確讓關心國事人士非常震驚。國策顧問許文彬律師就曾在「司法首長異動布局的弔詭」[1]專論中指出「施啟揚於數年任內每以維護審判獨立、整飭司法風紀兩項列爲得意政績；然而，對於審判體系的裁判品質每下愈況，迭遭社會所詬病，卻提不出有效藥方。去年五月，他在民間司改團體的催促下，曾向李總統承諾要在去年年底前召開全國司法改革會議，以籌謀司改大計，結果居然蹉跎而跳票了，據了解，層峰就此似有微詞。近日，在一、二審法院庭長任期制的推動實施方面，引起實務界激烈爭執，甚至險些釀成司法官走上街頭的鬧劇，其於司法行政掌舵的魄力與智慧上，受到相當質疑，這些都是可能導致施啟揚下臺背景緣由……城仲模甫接任法務部長職務不到五個月光景，目前正大力展開國土保護、掃黑、查賄等工作，上個禮拜才到總統府向李總統當面報告『跨世紀民主法治提升方案』的法務重點規劃，而今日沒有預警的情況下被調職，似乎透露出政壇詭譎的訊息……城部長本土意識濃厚，不為國民黨老舊保守勢力所喜，乃令人聯想難道為了此次三合一選局不得不爾？欲判斷此說真否，未來新任法務部長人選具有何種政治光譜，則是另一觀察指標。」（謹按：仲模的繼任者葉金鳳是中國國民黨中央委員會副祕書長，曾任內政部長。另外，同年十二月五日即是「三合一的全國性選舉日」。）

一九九九年一月十四日下午，第三屆國民大會第三次會議行使同意權審查委員會聽取被提名人自我介紹，一月十九日上午各分組聯席會議審查院長被提名人翁岳生、副院長被提名人城仲模個別審查會於陽明山中山樓中華文化堂（大法官被提名人黃越欽、謝在全及賴英照分別於其他分組審查）；結果，均順利通過。並於一九九九年二月一日（一）正、副院長九時在總統府宣示、十時在司法院三樓大禮堂舉行交接典禮，由李元簇副總統監交。十一時半緊接著到法務部五樓大禮堂舉行新任部長葉金鳳交接就職典禮。下午三時，司法院正、副院長記者會於四樓高院法官休息室舉行；仲模不多講話，翁院長先照擬稿宣讀，後接受個別問題的記者採訪、交談；問題不少集中於將如何進行「司法改革」及院長從未有過行政經驗，將如何應對。下午四時半巡視司法院院內各單位辦公室及禮訪工作同仁。

第二節　司法院施啟揚院長奉調後，院務行政有重大移異

仲模離開司法院半年餘之後，再返回司法院工作；對我而言，整體性的政法大環境已有重大丕變：

- 施前司院長已不復在位；仲模除了黨政思維和啟揚先生不一樣之外，對他的豁達開朗、眞誠友誼、爲人處事、高尚品味及主持司法行政的談吐風範、爲官之道的來去瀟灑俐落，眞叫人折服、敬佩。
- 去歲十二月七日和翁岳生大法官的一通電話，驚醒了我這與其已二、三十年的學誼與認知，當然也叫我今後宜非常地自悚與警惕，因爲他和施前院長的童年環境是完全不一樣的。
- 仲模此次返回司法院，並不具大法官身分，只是憲法（第七十九條第一項）及憲法增修條文（第五十一條第三項）上所明定的司法院副院長，不參加釋憲會議，因此，也和半年多前朝夕與其他大法官們的情誼相處，確實有不太相同的疏離感。
- 副院長辦公室是前呂有文副院長的辦公處所，日治時代古色古香的官場設計上能看出其室內的典雅原貌，但在如梭光陰的浸淫下，已無法想像這是最高司法機關內一部分廳室，爲了彰顯我國現代公家機關的文化、藝術品味，我稍做了燈光照明及室內布置（如：四幀黑白、大小不一的母校藝術影像——日本早大、東大、奧地利維也納大學及美國威斯康辛大學麥迪森總部校區主建築、Pisaro的巴黎黃昏秋雨景象、Fragonard讀書的少女、Vincen Van Gogh的向日葵、許文龍董事長

持贈的兩座母女石膏像、波斯地毯二件、Jadis音響、幾件我從維也納帶來臺灣的水晶玻璃精品等），歐洲來訪的嘉賓均稱讚不已，可是也惹來一些文化生活習慣不一樣的人之間言閒語（這種情況和我初到法務部的情形一樣，眞叫人啼笑皆非）。

• 新人初掌司法行政時的司法院祕書長林國賢先生曾是第六屆次的大法官，我們有一段時日的同仁間相處，是施前院長很欽佩的一位司法審判實務經驗、閱歷完整的謙遜者，臺大法律系畢業後，亦曾在文化大學修得法學博士學位，雖有人對他稍有意見，但他毅然離開大法官職務，接受施院長的禮邀去接續朱石炎司法院祕書長的工作，自有他自己的人生規劃，據我個人的了解，林祕書長確實是遵守規矩、按部就班的司法界學驗資深豐富的一位。「翁岳生到任的第一件重要的人事，即是祕書長人選」、「翁點了高院院長楊仁壽」、「但是，也有一些對楊不利的傳言出現：傳言一，任用吳啟賓壓抑劉瑞村；傳言二，副祕書長一職阻絕黃一鑫；傳言三，遙控高本院……唯有如此，才能楊一人大權在握。」、「不少司法界的官員，最近聊起升遷或人事，都會問：你跟楊仁壽熟不熟？」[2]以翁院長的出生，青少年時所受的教育過程，甚至以現職司法院大法官身分接受中國國民黨徵集受訓三個月（仲模謹按：這種個案或情狀，在翁先生的留學國西德或歐洲任何先進國家，是不可能發生的事）的經歷來看，這個抉擇是爲了要開創新「司法改革」，而所用之人是自一九六七年起在金門地方法院候補檢察官，一九六八年在嘉義地方法院候補推事等，僅十八年在司法實務上工作的經驗，其餘相當冗長時間均爲司法行政業務主管（制度上有聊備一格的形式上少分案審理），曾趁公務之餘在文化大學修得法學碩士學位；明眼人一望即知其結果會是如何。

•仲模自一九七○年代末被臺北市長李登輝先生提名擔任臺北市第一屆選罷法委員之後，又於一九八○年代開始時被借調到臺灣省政府擔當省府委員起，一路上便被新聞媒體及政社各界認定是李先生身邊的法政顧問，譬如「李煥擔任行政院長時期，就曾經因爲城仲模的臺獨傾向，堅拒李登輝欽點，不讓其接任法務部長，是開啟雙李交惡之先端。媒體更因此揭露，城仲模是襄助當年李登輝安然度過李郝危機的地下軍師爺。當年李郝危機正熾烈時，李總統因爲無法完全掌控黨內策士的眞心，城仲模以早年留學日本早大、東大的背景，以及一九七九年美麗島事件後，傾獨意識頗重的言行，譬如，鼓勵學界親近友好拒絕連署美麗島事件被告爲叛亂犯，爲被告提供法律諮詢等，城因此而獲得李登輝賞識、信任並納爲策士。據悉，諸如拔掉郝柏村軍權使之除役，以及變更總統委任直選爲公民直選案，城仲模也是當時李登輝的重要諮詢者之一。」[3]「更有一個說法，認定城仲模明顯是國王人馬，司法院寶座指日可待。」[4]其他，尚有很多大傳媒體分析得更是出神入化，說我才是李登輝欽點的改革主，以翁、城對比結果，說成翁是來背書、暫時性、路過性而已等等，但衆口鑠金都信以爲眞，仲模對這些傳言一再低調、最低姿勢，駁斥爲胡說八道，內子退下德文教職當地院調解、檢察署觀護人義工，家內仍無幫傭，庭院大樹木花草一樣由我藉周日修剪，家居馬路巷弄依然由我在深夜清掃。總之這些揣測、傳聞、據稱等等「馬路消息」，在如此這般的社會政治周遭環境，已經提前把我害得半死。當然，我還是一樣做我自己該做的事，一樣關心司法如何脫古改善才能獲得人民的信任。

依憲法、憲法增修條文、司法院組織法及比較我國政府中央其他四院之組織法以觀，均未特別規範院長與副院長間的職權職務分配，而僅明定院長「綜理院務及監督所屬機關」或院長「因故不能視事時」、「出缺時」，由副院長代理其職務。依法制及法理上之通念，正、副院長間之職務關係就應由院長主動「綜理」、適當衡酌內外需求以及當今的全面性局勢情狀，這就要看其人生觀、胸襟、智慧與判斷能力。以我對他「坐上位置，任何風雨霜凍，一定要堅持到終點」的信條，我是需要隨遇而安的；我自幼迄今，從未主動去爭名奪利或忍辱負重、毫無尊嚴格調地坐在位置上的；只是，內心世界也會極度掙扎：全民的期待，我履行了多少，任命者的期許，可不能平白使之歸零，陷我變成一個背叛社會良心善意支持者的惡棍。

國家最高當局在這十二年來，經常有社會賢達抱怨司法，要求他積極進行司法改革的強烈呼籲，仲模深悉李總統希望在僅剩的任期前，能做出一些重大革新措施，他曾提綱挈領地說：只求司法實務顯著呈現偵審態度溫文合理、辦案速度已稍加強，檢審人員準時、公正、精準、清廉並多留意人權維護，讓人民眞正有感而能欣慰接受，他就覺得已有階段性滿意的成果（詳請參閱前揭，新新聞記者謝柏宏文）。所以，仲模尚在法務部服務時，做了兩件司法改革在檢察業務上應予配合的重要措施：其一是於一九九九年一月十一日召開全國司法改革會議相關議題會議，廣邀全國各階層、各地檢察長及部內相關業務主管深入探討法務部對司改的重要立場與業務革新意見；其二，也研擬「檢察改革白皮書」詳列各項改革政策，包括維護檢察權的公正行使、充實檢察機關的辦案資源、減輕檢察官的負荷、持續打擊犯罪、提升檢察功能、建立親民形象、建立更合理並合時宜的刑事訴訟制度等等。這些都是仲模本於職責直接主導司法改革的一部分小業績。

依照司法行政公務簽署的正常程序，凡屬重要上簽的公文在祕書長署名後，是須送到副院長辦公室的，但有時關於重要人事、重要決策等，卻逕送院長室核批，我連事後都還不知道發生了什麼事！送到仲模手上的公文經詳細研閱後有時會寫上長短不一的加註文字，譬如：一九九九年十一月三日行政院長蕭萬長具名的一封函件給司法院祕書長，請司法院將其前所提之調查意見內，部分尚未具體答覆部分，盡速檢討改進見復一案，楊祕書長擬簽暫不予處理，並對院部關於審檢作儼然區隔；我加註：「本件事關司法改革主軸關係一體性之價值觀，牽涉其他相關院，宜如何對應，請特別愼重」。本案翁院長最後如何批示，迄無回訊消息，結果如何處置，未詳。一九九九年十一月十一日司法行政廳高秀眞簽陳「參加民間司改基金會法官法草案討論情形報告」，祕書長對於檢察官部分有相當意見；我加註：「法官法宜如何研擬，其基本思構，請提示，以爲本院同仁代表參與研討時取捨之根據。」翁院長批示：「成立法官法研擬小組研討」餘無下文，顯然，他是顧左右而言他，故做文不對題的批示，完全毫無答案。一九九九年十二月二日政風處長江明蒼簽擬修正司法院訂頒「司法院所屬機關維護優良司法風紀實施要點」第八點；我加註：「十八、九年前訂定的此類實施要點與法官守則之要求相似，均屬訓示性之規範性質，引用或適用於個案時，彈性大而不穩定，亦難明確，是標準的空泛立法、嚴格立規典型以其求諸於吾等法官同仁，宜請特別審愼再酌。」院長如何批示，不詳，亦無任何溝通協商。二〇〇一年三月二十六日公共關係室主任王酉芬簽：檢陳臺灣花蓮地方法院寄送九十年三月二十二日總統巡視該院之地方版剪報資料乙份；我加註「總統巡視花蓮地院，事前通知到本院；按理即應作妥當、必要之準備措施。依機關通常處理程序，副院長等相關廳處主管理應被告知參與相贊籌劃，以臻完善。惟本件過程僅能從電視播報，始悉全部狀況。司法（行政）改革聲中，發生如此作業上空隙宜請查明改善。」這是翁先生當上院長後兩年多的事，結果他是如何批示，不詳，亦無任何的回應；其團隊祥和協力的概念及行政能力實在令人擔心。二〇〇一年七月十一日祕書處簽：奉派出席法務部「臺灣澎湖地方法院暨同院檢察署遷建工程第二次設計方案簡報」情形，我加註第二點：「本案祕書處簽陳內之部分描述方式，用公文書以文字載其局部而非全貌，恐有使人誤判之虞，其將徒使院部關係更爲玄祕糾結；嗣後尙請注意改善。」結果不知院長如何批示處理？因爲簽案說明裡竟然將陳定南部長在聽取林錫堯次長之結論後，對內講的話，諸如：「院檢對立，一點都不意外！」、「本案辦不好，嘉義地檢署案拉倒」……「不要以大欺小」等情緒性的話都刻意寫上司法行政公文上，這是任何一個懂得節制的機關行文時絕不會出現的描述記載方式；該工程設計案，我擔任部長時，曾到現場去履勘過，全案過程，我一清二楚，但翁院長連當面問我詳細意見都沒有；這下子，眞讓我懷疑：司法院是否生病了？在翁院長上任五個月的時候，《臺灣日報》法政記者蕭白雪曾撰記一篇特稿，標題：「院部心結深，傷痕難弭平」（一九九九年三月二十九日）內文大意是：司法院與法務部前天爲了一場酒醉風波，一位廳長下臺，法務部檢察司副司長則有受到二度傷害的感覺……院部關係可能並未因此獲得改善，反而將更惡化，整個事件發展下來，雙方都是輸家……從司法院發布司法藍皮書以來，檢察系統處處覺得受到院方的壓抑，法務部在參與全國司改會籌備會過程中，更時時有被打壓的感受。院部官員幾乎都出自司法官訓練所，彼此間本來就熟識，互相也不認為誰比誰高明，但是此次司法院主導全國司法改革會議，司法院在強烈「使命感」的驅使下亟欲解決目前法院積案問題，卻對檢察系統資源不足的窘境視而不見，院檢雙方除了在司法預算獨立後，檢察系統囿於歸行政院轄下而無法因應司改業務需求，加上「當事人進行主義」的美麗口號，一再讓法務部貼上反改革的標籤，同時也累積一肚子對司法院不滿的情緒……好像是司法院對整個法務部「輕蔑」的意識呈現，這樣的認知差距或許來自於院部間溝通的不足，或許是長久互動不快所造成的心結。翁院長身邊的這位副院長，是方從法務部轉調而來的。但我似帶有原罪的人，從來就未被諮詢過；在翁院長調走施院長的林國賢祕書長，而引進楊仁壽祕書長之後，有一大段的時間，司法院與法務部的關係異常惡劣，一直到范光群擔任司法院祕書長後，才稍有緩和。

第三節　司法院翁院長的初步施政紀要

翁大法官上任司法院長前，李總統殷切交付「司法改革」的任務；他深諳大學時的大學長施啟揚院長是因為司改政策未全面性積極進行才遭到覆轍，也因與施有中國國民黨中央黨部國建班第一期同窗之誼（當時，施是中國國民黨黨工身分，翁是司法院大法官身分），同受黨國思想及管控國家機器深奧政治做法菁萃的訓練，其後三期共八十四名的同窗同志，又有經常定期的餐宴，相互凝聚、切磋。因此，翁院長上任之後，雖四十餘年來「零」行政主管業務心得經驗，但前車之鑑，如何保護自己，理該不致於疏忽。一九九九年春天，翁院長糾合了幾位司法實務界法曹人士各就各位後，就開始了「司法改革」的研擬計畫、分門別類地進行「急行軍式」的問題研討會；我感覺到與會的學者、司法官、律師或「社會賢達」，對於此次大陣仗的司改方向、目標及成功機會等，都感模糊或茫然，開會時常常無法到齊，既來的人也不少是意興闌珊；就以翁院長在西德所寫司法權在中華民國憲法下之地位（博士論文），因局限在中華民國憲法所簡單規範的司法權，對於全球性，尤其先進國家如英、法、瑞、奧、美國或日本文獻上的「司法權」、「司法制度」、「權力分立中的司法」等等，恐怕也無法做太多的論述，就以如此的程度，要將國人所極度陌生的「司法權」、民主、法治、自由、人權等於短期內做周妥而全盤性的改造，明眼一看即知這會是怎麼一回事。

翁先生擔任司法院長近四年時，為配合「政令宣導」，司法應走出象牙塔及意識到司法亦需普做廣告宣傳，於二〇〇二年十月三十一日再發表「司法院翁岳生院長就任以來重大施政紀要」，包括了：

壹、公布「司法改革具體革新措施」（司改藍皮書）

貳、整飭司法風紀

參、落實庭長任期制

肆、召開「全國司法改革會議」

伍、公布「全國司法改革會議結論具體措施暨時間表」（司改黃皮書）

陸、協助召開「國際法官協會第四十二屆年會」
柒、拔擢優秀司法人員，建立良好法官人事制度
捌、推展法庭筆錄電腦化，提升司法公信力
玖、人事行政之革新
拾、法官自律、自治之推動
拾壹、積極清理積案，確保人民權益
拾貳、公布涉案民意代表名單
拾參、舉辦「與民有約」活動
拾肆、成立確定裁判書類審查小組，審查確定裁判書類
拾伍、英譯司法院大法官解釋（謹按：以上已於二〇〇一年三月二十九日發表過）
拾陸、九十一年四月十九日印行「司法正義新作爲」
拾柒、九十一年七月十日印行「司法改革全貌」

第四節　陳總統關心司法改革，請仲模撰稿報告

總統府馬永成主任在一次聚餐裡表示府裡大家關心「司法改革」的眞實情況；以下係當時整理

的文稿：

當前我國司法業務現況報告　　城仲模　二〇〇三年一月十二日

一、引言
二、我國司法概況
三、司法諸種問題癥結
四、解決當前金融案件之策略
五、結論

一、引言

本報告係因去（二〇〇二）年十二月二十六日中午參加由林董事長明成邀約與總統府馬主任餐敘，席間馬主任表示層峰十分關心我國司法權運作的情形，建議本人撰寫書面報告，深入分析我國司法現今所面臨的困境與突破的方法，以便轉呈府內上層參閱。本報告以科學分析方法，不空談理論，僅就實務面來陳述，並以司法審判為範圍，未及於廣義司法中所涵蓋之檢察、調查及警政等部分。

二、我國司法概況

(一)大學法律系或法學院的法學教育問題繁多，亟需改革（教育部）。
(二)國家考試制度不夠現代化，用人缺乏彈性（司法院、法務部及考試院）。
(三)警政制度及員警素質不符理想（內政部管轄）。
(四)調查系統組織、人士及職權不健全（法務部管轄）。
(五)檢察官耆宿案件屢被指責起訴潦草（法務部管轄）。
(六)人民的法治觀念淡薄模糊。
(七)缺乏優良的司法傳統文化。
(八)司法人員養成教育訓練過程普遍灌輸了沉重的黨國思想，致不被人民所信任。
(九)法官問案態度不佳輒被指摘，民衆視到法院爲畏途。
(十)法官操守及審判獨立常遭受懷疑。
(十一)司法人員的士氣低沉。
(十二)各級法院積案嚴重，多年來未積極處理。
(十三)社會複雜化與法律制度修改的結果，致案源太多，案件量激增。
(十四)司法院及法務部等相關部會間協調不足。

三、司法諸種癥結與問題

㈠緣起

翁院長岳生於一九九九年二月一日接掌司法院後，旋於一九九九年七月六日即召開為期三天之全國司法改革會議，因籌劃時間短暫，開會之前並未廣泛地與社會各界或法官、檢察官、律師及法學教授等法界菁英充分溝通，即匆促召開，因而有本次司法改革會議係在「綁人、綁議題」的情形下，通過相關的決議，也造成當時法務部葉部長金鳳「連三否」的否決與檢察官有關的議案。而今時空環境變遷，政黨輪替，當時全國司法改革會議的決議是否仍應無限上綱地被遵循，頗值社會各界再次更深入地討論，否則只會愈陷愈深，無法自拔，實非國家之幸、人民之福。

㈡推動民事「集中審理」部分

1.審判環境無法配合：在民事訴訟法研修會討論時，負責民事訴訟法研修之委員咸認目前尚乏推動此制之審判環境，驟然實施必將遭遇橫阻，困難重重。然，司法院仍指示民事廳執意推動民事集中審理。

2.訴訟當事人委任律師比例偏低：以彰化地方法院為例，該院民事未結案統計結果，兩造均委任律師者占百分之二十九點九，換句話說，高達百分之七十點一之民事訴訟案件，其中一造無委任律師。且大部分律師均未受過民事集中審理的訓練，不了解其內涵，試問：一般民眾如何了解何謂民事「集中審理」？誰來及如何整理爭點？

3.法官律師對制度運作不了解：法官及律師對民事集中審理制度均十分陌生，司法院所舉辦之研習會僅能提供少數律師參加；而且在現實運作時，與理論差距頗大，例如：在審前會議時，要律師同意放棄部分爭點，事實上並不可能，因此，許多法院院長建議，應由法官主動負責整理，否則，此制度將形同虛設。所以，多數民事庭法官並未眞正實行民事集中審理，司法院只好在去年（二〇〇二）臺北市律師公會慶祝律師節大會中宣示由臺北地院試辦民事集中審理，但迄今成效仍然不彰。

4.硬體設施不足：目前法院並未設置協商室，推行民事集中審理時，各法院在現有空間必須增加協商室及法庭，這都是政策規劃時所未考量的因素。

(三)推動刑事「交互詰問」制度

1.人力嚴重失衡：推動交互詰問制度下，法官與檢察官合理比例應爲一比二，而現時一審刑庭法官約七百人、檢察官約七百五十人，因此，在未考量法務部檢察官人力不足的前提下，司法院即強力推動刑事訴訟法條文之通過，造成該部極大的反彈，種下日後司法院與法務部對立的因子。

2.硬體設施不足：目前二點五位法官共同使用一間法庭，法庭數目嚴重不足，對照美、日先進國家，皆是一位法官使用一間法庭，顯見法庭數量的確不足以實施交互詰問制度。

3.訓練成效不佳：司法院刑事廳曾表示係採日本式交互詰問制度，然司法院所舉辦講習中，首年邀請新加坡籍律師、次年循之，第三年則改邀曾於美國執業律師之國內教授擔任講座，究採何國制度，實令人霧裡看花，眼花撩亂，法官無所遵循。且日本近年來亦在如火如荼地進行司法改革，吾國所習爲其舊制，顯不符時代脈動。

4. 書記官記錄速度無法配合開庭：司法院在推動筆錄電腦化之初，並未考量刑事訴訟實施「交互詰問」的需求，因此，書記官的打字速度雖然平均可達每分鐘六十字至八十字，但仍然無法配合開庭的節奏，造成開庭的遲緩及拖延。致行交互詰問制度後，開庭至深夜結束，早已司空見慣，訴訟當事人及法院同仁均叫苦連天。且，法庭活動的主角反變成是書記官，所有人注視電腦螢幕，等待其打字，令被告有充裕的時間思考問題，反而無法達到交互詰問發現眞實的目的。而後政策又易弦，輔以法庭數位錄音，原預定於二〇〇三年三月開始實施，訴訟當事人可聲請錄音光碟，但各法院硬體完成裝置測試時，竟然發現收音效果遠不如預期，難以達到原訂目標，司法院資訊管理處目前只好再督促各法院盡速達成預期目標，實施日期則順延至二〇〇三年七月一日。

5. 被告委任辯護人比例不高：以彰化地方法院刑事未結案件爲例，無委任律師者亦比例高達百分之七十四，被告在法庭活動中居於劣勢，嚴重影響其權益。

6. 院部溝通不良：目前，先由部分地方法院及檢察署試辦刑事交互詰問新制，惟任由各地方法院與地檢署自行協調，造成各法院做法不一，有新舊案件皆適用，有僅適用新案件，舊案件則適用舊制，一國數制，此即司法院與法務部未對誰應啟動新制進行全面的協調與溝通給予明確規範所致。

(四)法官人事制度之缺失

1.民刑分流不當：爲推動專業法官制度，實施民刑分流，造成資深法官都選擇民庭，而資淺法官集中刑庭，如此，一審如何成爲堅實的事實審呢？而且一審法官及庭長約一千一百人，而其中約百分之六十爲資淺法官（如：候補法官），經驗明顯不足，對人民訴訟權益保障不周。

2.法官太年輕：現制法律系學生接受四年法學教育，其間經常遊走於學校及補習班之間，俟通過司法官特考，在法務部司法官訓練所受訓一年六個月後，即分發至各地方法院或地檢署服務，欠缺判斷事理能力及社會經驗，審判品質遭受人民的質疑。

3.司法倫理不彰：司法院推動金字塔訴訟制度，將三終審法院（最高法院、最高行政法院及公務員懲戒委員會）併入司法院，部分二、三審法官將被調至下級審擔任庭長、法官，肩負經驗傳承的任務。惟依現時審判環境，法官案件繁多，司法倫理不彰，資深法官指導資淺法官的理想，實難發揮功效；且上級審法官普遍不願到下級審服務。最近，在司法院強力主導下，亦僅實爲二審法官自願到一審作爲期二年的服務。

4.對法官的監督不足：司法院爲維護審判獨立，多年來持續解除對法官的考績及辦案成績等的考核，致法官自主意識提高，再加上，各法院法官自律委員會的功能未適時發揮，致法官成為無人監督的「特殊公務員」。又因法官是社會上相對封閉的社群，與社會快速發展頗有隔閡，故法官除法律專業領域外，其他知識與能力均嚴重不足，未能隨時代的進步而成長。所以，在審判獨立的保護傘下部分法官只要分到重大難辦案件，即擱置不進行，俟法官事務重新分配時，再交由下任法官接辦，如此惡情循環，案件遲延積壓於焉形成。

(五)司法行政能力不足

1.只重制度的改革：近四年來，司法院推動司法改革，其方法係將先進國家之學理轉化成具體法律條文，並未詳細周延考量國情的差異及實務運作可能面臨的困境。翁院長曾表示：關於民事訴訟法、刑事訴訟法、司法院組織法及法官法等重要修（制）法先通過再說，有問題以後再修正。孰不知，上述法案均為國家重要法案，與民眾訴訟基本權益息息相關，如此輕率趕急之修法態度，只會減損司法公信力及威信，不可不慎。

2.簡易法庭多處閒置，簡易案件亦有遲延情形：自林前院長洋港時代即在全國各地籌設簡易法庭，然多年來，簡易法庭已多處閒置（如瑞芳簡易法庭），司法院未能即時妥善充分利用。另，簡易案件亦未發揮明案速決的功能，使人民承受不少訟累。

3.司法人員士氣低沉：由於司法改革方向不明確，願景無法實證，執行上難保順遂，卻大幅度改革訴訟制度，且在軟硬體上皆未經詳細評估或經常聽取各方意見，因此，最高法院法官曾形容現在的司法是「院長無權威感、庭長無安全感、法官無方向感」。再加上心態上的好大喜功無行政及實務經驗，空談學理，閉門造車，早成司法行政——人與事的處理毫無章法，管理上嚴重失序。另爲安撫最高法院，現任重要幕僚廳長均由最高法院法官調任，彼等行政及規劃能力明顯不足，亦欠缺推行政策的策略，只求一時貫徹首長意志，未能深入分析利弊，善盡責任；政策頒行後均未再定時追蹤考核，只做表面功夫，敷衍了事。

4.各級法院積案甚多，無力解決：最高（行政）法院以下各級法院均有積案的情形，最高法院院長已多次在司法院擴大主管會報中提報，但司法院一直未有積極有效的作爲及對策。尤其，案件在最高法院及高等法院「滾來滾去」的情形，翁院長在就任時，第一次到最高法院及臺灣高等法院視察時，法官即有多人提出此種現象，且兩院法官相互指摘，推諉責任，事經四年多，司法院仍放任此現象的一再重演，無力改善。

四、解決當前金融案件之策略

近年來，因社會情勢變遷，重大金融經濟犯罪案件遽增，深受社會各界注目，期待能夠迅予審結，實現社會公平正義。惟司法院在執行上，顯與人民及社會之期持有相當大的落差，司法院雖再三宣示維護審判獨立及案件未能審結的原因，然卻將所有責任皆歸因其他機關怠慢所致，未聞司法院的自省及改進之道，因此，輿論及民意代表對司法院多所責難。司法院若不能體察民意之所趨，針對重大金融經濟案件遲延的情況有所回應的話，人民對司法的信心乃至政府全盤施政必將跌落谷底，司法威信更將蕩然無存。以下建議分從治標及治本的方法來解決：

㈠**治標的方法**

1.重大金融經濟案件均發生在臺北市、臺中市、臺南市及高雄市等大都市，亦即發生在都會區法院的轄區，法官的人數及相關行政支援也較為充裕，為解決燃眉之急，應由司法院召集相關廳長及上述法院院長召開專案會議，責成法院院長貫徹司法院此項速審速判政策，於適當期間之後，定時追蹤考核，若無具體成績者即予調整職務。

2.利用適當場合由司法首長做出明確的政策性宣示，要求全體法官體察全民望治心切的期待，及時審結案件，挽回人民對司法的信心。

3.以三個月時間徹查此類積案積極審理的進度，逐案列管，掌握審理時程。

4.組成專庭或專人辦理此類案件，全力支援法官審判時必要的需求，並協助法官對外尋求財金經濟專業上奧援；同時，與相關部會聯繫協調，本乎政府一體的理念，共同解決社會的沉痾，一新政府及司法形象。

㈡**治本的方法**

1.應密集排課研習金融及經濟犯罪問題：因法官普遍欠缺金融及經濟的專業知識及能力，故司法院司法人員研習所應密集召開相關研習課程，廣邀專家指導，使承辦法官了解金融經濟犯罪的特性、手法及整合相關資源的方法，增加法官承審的能力，令其更自信承擔責任，面對挑戰，重建法官審判此類案件的信心。同時，亦讓法官深刻認知此類案件對國家民生經濟的重要性，盡速審結，以彰法治。

2. 提升法官之尊榮心與責任感。

3. 司法行政之領導人應注入現代管理理念與做法。

4. 匯聚各界專業人士（含法官、檢察官、調查局、警察局、法學界、法學教育界、考試院及律師界）對於司法改革方針目標的再檢驗。

5. 實施計畫性的全國法治教育及認識司法的活動。

五、結論

近年來，司法院經常強調「司法爲人民而存在」的理念，基此理念而進行一連串的司法改革。如果司法是爲民，爲何人民亟求及時的正義而不可得呢？吾人認爲：司法絕非僅爲人民而存在，司法係爲維護社會公平正義、保障人權法治而有存在的崇高價值；因此，若定紛止爭的功能無法發揮的話，社會必陷於紊亂而無秩序。所以，司法絕對不容許有片刻的等待與空白，司法改革更不能只是一味追求天邊遙不可及的彩虹，而踐踏足邊美麗的玫瑰花園；司法改革必須穩健而堅定、持續且務實，一步一腳印漸進地推動。

近年來，司法改革也是世界各國政府施政的重點，各國司法改革的核心均強調「人民參與」的理念。尤其日本所進行「他律」性的改革過程，最值得我們參考學習，也就是由行政權與立法權充分合作來規劃司法改革的內涵與時程，而非我國這種由司法體系「自律性」的改革。未來幾年是司法改革的關鍵期，如果，未能體察世界最新思潮及國內政經情勢的變動，及早改弦易轍的話，必然將造成失控的局面。司法院係全國最高司法機關，理應以更大的包容性及凝聚力，領導司法改革的列車循序漸進，達成目標。

總之，司法之良窳攸關國家長治久安與社會正義的維護，亦是國家現代化及人民生活幸福的重要指標，因此，司法權無法自外於政府組織外，共同身肩國家社會進步的重責大任。我國並無優良的司法傳統文化，值此危機與轉機的關鍵時期，唯有化被動爲主動，以積極代替消極，展現及結合司法團隊的力量方能獲致即時而具體的成果，這是一個神聖而偉大的使命。亟盼，我國的司法也能有如一八九一年日本「大津事件」及一九五二年美國「最高法院於Youngstown Sheet and Tube Co. v. Sawyer一案宣布杜魯門總統下令接管全美八十多家鋼鐵工廠的命令違憲」等重要事件，震撼全國，感動民心士氣的事件，在歷史上，樹立政府暨司法的權威及公信力，贏得人民的信賴。

（謹按：稿件送總統府馬主任之後，約兩周，呂副總統派專員來仲模辦公室，盼更詳細充實本次稿件，我表示要再俟一段時間的「司法改革」實踐情況，再做補充報告。）

第五節　我國司法權、司法改革等的病灶在於深重的黨國思維

臺灣的司法制度，自國民政府時代的勢力進入之後，眞可以說是每天每月都在呼喚司法改革，也眞的是時時在改造過程之中；每一任司法行政部長新職伊始，都會有一套新標語，革故創新司法的內容，以迄一九八〇年將該部改稱爲「法務部」，只剩檢察系統的隸屬關係，而高等法院以次至地方法院審判系統的法官，則全部改隸司法院；從此以後，「司法權」才眞正回歸到憲法所稱的「司法院」。但法學教育、司法官特考、法務部司法官訓練所等系列關係，並未做實質意義的改革，司法官儲備訓練單位的學員依舊在用力齊唱謳歌「民主自由，統一中國……訓練人才，建設我中華……扶弱濟傾，除暴安良，泱泱大國風……爲民族爭光，爲生民立命，爲國家振綱紀，爲萬事開太平。」如此所歌，是當時法務部長兼所長谷鳳翔塡詞，從一九五四年起，歷經鄭彥棻、查良鑑，王任遠，汪道淵，直至一九八四年李元簇部長（以上諸位除李部長外均係中國國民黨中央黨部常務委員）至少共計三十年在該所成爲司法官訓練養成教育過程中，每一位學員必須朗唱歌頌的所歌。黨國思想貫穿在受教學員的腦海或心坎裡，一期又一期結業出任司法官的學弟妹們又須接受實務單位學長的指導教誨；如此這般情況，要「司法改革」，絕非有限的短時間裡所能完成，更何況什麼叫「司法權」，臺灣在當年以迄現在，都還未見一部以中文書寫成功的「司法權」、「司法制度」、「分權中的司法」等專書的問世。翁院長職掌司法院不久，即刻調換其祕書長，以此展開了全國注視的「司法改革」的啟輪；仲模雖係司法院副座，但因媒體極度誇大、聳聽的臆測報導

（說翁院長僅是暫時滿足國民黨的力推，他是過度而已云云），再加上翁本身的經歷、經驗與個性本質，就註定了我在這期間的命途。我曾試著去做些有意義的事，去積極協力司改的部分決策、建言或執行，但均無機會可言。仲模就只能退而求其次，在個人職責範圍內、專業學術範圍及能力所逮，開始了我的新規劃與新思構：

一、**接見司法人員的來訪，傾聽各方建言或陳情**

包括法官、檢察官、法學教授或在野法曹律師；以每日三至五人次計算，一年就超過一千人次以上。司法官來陳情的特別多，主要是工作地域調動的不公正及升遷的不公平，教授則多屬制度的各種建議；而律師則經常是抱怨司法作業程序的不可逆料。

二、**迎接國會議員（國大代表、立法委員）的到訪**

立法委員來到司法院，絕對不會是為立法政策、立法制度，而是陪著「當事人」來陳情說理，關切案件之進行，甚至司法人員可能的操守；這一類「關說」，我當然是接受其「說明」，但不會有答案具備回覆他（她）。平均每周來訪的，至少兩件以上，這也是造成我異常繁忙的原因之一，因為還需行文詳述，以示尊重。

三、有意義的演講邀請，我義不容辭

包括臺北近郊、全臺各地、中央到地方機關機構、士農工商、電視、廣播、醫院、各種人民團體、基金會及大學、中學乃至小學法治相關議題，也包含遠赴美國哈佛大學、德、奧大學法學院及日本早大、東大、臺華裔團體在內；講題異常多元，譬如：人性尊嚴與法治文化、我國司法改革新動向、行政中立與依法行政、法治行政與依法行政原則、長榮畢業生的榮耀、我國憲法的困境與改革策略、生活美學與教育、人性尊嚴、司法改革與企業發展、二十一世紀行政法學發展新趨勢、立法從嚴執法從寬之法理，憲法文化與法治社會、民主法治因果論、行政中立與透明的理論與實務、婚姻關係中的人權、法律保留的時代意義、臺灣に於ける司法制度改革等等。

四、接待外國嘉賓

德國、奧地利、日本、美國學界及司法實務機關首長來訪者最多；譬如：Prof. Dr. Heinrich Scholler (Universität München)、Prof. Dr. Dr. Günther Winkler (Uni. Wien)、Prof. Dr. Bernd-Christian Funk (Uni. Wien)、Prof. Dr. Peter Aistleitner、Prof. Dr. Fritz Ossenbühl (Uni. Bonn)、Prof. Dr. Rolf Stober (Uni. Dresden)、Prof. Dr. Christian Starck (Uni. Göttingen)、Prof. Dr. Ingeborg Puppe (Uni. Bonn)、Prof. Dr. Stefan Korioth (Uni. München)、園部逸夫（京都大學、筑波大學）、塩野宏（東京大學）、藤田宙靖（東北大學）、西原春夫、白井克彥、鎌田薫（前後早稲田大學總長）、前哈

佛大學法學院教授Jerome A. Cohen（紐約大學法學院教授）、Samuel Mermin (Prof. of Law, University of Winsconsin)、Dr. Öhlrich夫婦（德國漢堡地方法院院長）等等。

五、沉潛於法政相關學術論文及發表時論

我從十八歲開始，習慣於晚間深夜才就寢，就充分利用夜闌人靜時研閱相關新著；在法務部時整天在腦海裡思慮的是政策方向與執行效能，經常是三更半夜才得返家，也還需閱批厚重的公文，比較疏忽了學術界的新動向。現在，奉調司法院，周遭人事、政務等全部有人包辦，縱使已簽註了多少職責分內的意見，極大多數都是不見下文的；在如此不可思議的環境下，我不怨天不尤人，又開始在書堆裡尋覓「我思故我在」，去找尋心靈深處的平靜。「法律保留之現代意涵」、「Modern Meaning of the Reservation of the Law」、「論依法行政原理的現代意涵」、「同心協力構築我們的家鄉」、「法治文化與國家發展」、「我國憲政體制的困境與改革策略」（演講文稿）、「二十一世紀行政法學發展的新趨勢」、「爲臺灣未來發展與企業價値觀尋求新的關照——遠東傑出建築設計獎舉辦的眞義（In Search of New Vision for Taiwan's Future Development and Enterprise Value- The True Meaning to Hold The Far Eastern Design Award）」、「二十一世紀における行政法學發展の新しい動向」（日文版）、「人性尊嚴與法治社會」、「Culture of the Rule of Law and National Development」、「咱的土地·咱的歷史」（二〇〇三擁抱未來青年夏令營），也寫了不少書的序言，譬如：《日本統治下臺灣的學校教育》，林茂生著，林詠梅譯，洪美華發行《理想主

義教育家的代言者》，二〇〇〇年十二月；陳慈陽著《憲法學》，元照出版，二〇〇三年十一月二十五日，這些都是熬夜參閱新資料寫出來的學術性作品。

六、音樂讓人心曠神怡，古典音樂使人性反璞歸眞

仲模早年留學奧京維也納大學，有人二話不說，問我學的是什麼樂器？我回答說是學法律的，人家會大吃一驚。我稚童時就接近音樂，國小六年級時擔當臺南市永福國小升降旗時升降旗儀式、唱「國歌」時站在大舞臺上的總指揮，高三時在臺南市第一中學擔任同樣的角色；對流行歌曲、學校音樂課的選曲、懷舊而緊扣心弦的惦念家鄉、父母親、兄弟姊妹情及自然美景的謳歌，以及歐洲十八、九世紀的古典音樂譜系，都如癡如狂、渾然忘我的喜愛。我到了世界音樂之都，當然不會平白失去這一輩子裡最可能聚焦於古典音樂、歌劇院（Opernhaus）、歌劇曲、戲院（Theater）的時代劇與歌唱，有時亦會在山巔古堡參加私人音樂跳舞晚會或在城區裡受邀出席大中小型音樂演奏、演唱會，因爲我在維也納大學法學院的同學Leni Schmidt（夫Otto Hans Schmidt 律師）是出名的歌劇演唱家，經常會邀我和Grace參加當地人的各種藝文活動；這一些都讓我們留下了永恆的回憶。返臺後，尤其在這一段政治、司法、社會、教育、文化均呈渾沌灰煙、計謀滿布的時期，我和Grace、家人，或邀請至親好友經常出現在臺北市音樂廳或歌劇院，自然地陶醉在樂音飄逸著人生眞、善、美的忘我意境裡。二〇〇三年十一月九日（日）下午七時半在臺北市音樂廳Frankfurt Radio Sinfoni Orchestra綜合古典音樂交插對唱（沈文裕男高音），名指揮家Hugh Wolff的演出，悠

揚樂聲中讓人心生幾許幸福滿足的自我安慰。

七、「司法園區」思構才是提升司法士氣與自信Soft Power、Tranquil Power（柔性與寧靜）的心理啟動計畫

一九九九年二月一日，仲模奉調司法院副院長起，每日造訪的司法人員絡繹不絕，他（她）們除了對上揭所述：升遷、調動的公正性質疑之外，還特別陳情表示「公設宿舍」嚴重被忽略的情狀，影響所及包括婚姻、夫婦、家庭父母、子女養育、學區選擇、臺灣南北奔馳等現實生活環境的安頓與維繫。雖然，司法人員公設宿舍乙事，除了多少年來有極小型的蓋屋暫時解決非常少數人的「房事」之外，司法主事者固在全神貫注「司法改革」的忙碌裡，完全未給予應有的關懷策劃，包括地院院長級以上的司法首長，也有發生了公家宿舍沒著落的尷尬，適於這段期間，二〇〇一年三、四月，大傳媒體公刊了翁院長以公帑一百餘萬元修繕私宅被嚴重質疑「超級大違建」事件，認爲院長在大安路早已設置有官邸，卻擅自改爲招待所作爲其大宴客之場所；這還不打緊，各級法院首長、法官同仁「無殼蝸牛」需租房屈居者比比皆是，公家原應配置給副院長的宿舍，因呂副院長未入住，早已破舊不堪，形同廢墟，亦從來不聞不問。仲模經過了十個月以上的蒐集日、韓、奧地利、美國加州、華盛頓州及紐約市的司法首長或法官有關公設宿舍制度後，開始設計、規劃、現場探察及積極聯繫相關主管人員及其機關。我於二〇〇二年三月十八日（一）下午五時邀約臺北地方法院林錦芳院長來辦公室敘談建置「司法園區」的思構，因爲她對這方面是比較有sense（意識

到）的司法行政首長，把臺北市區內司法特區之重要機關及盡可能安頓同仁居住問題的犖犖大者先予確定後，就開始到處東奔西跑接觸關鍵的地段及其主管。仲模確信這才是提升司法士氣與自信Soft Power、Tranquil Power（柔性與寧靜）的心裡啟動計畫；以比較宏偉壯觀的法院地段、建築，再配上法官居住活動地段、建物的現代感，必定會贏得司法同仁的自尊、自重與珍惜。

(一)前婦聯會所在的這一塊土地（長沙街一段）大約五千坪，勉強可以當作「臺北地方院」建地之用

在交涉時，已於三年前由行政院游錫堃院長撥交國史館張炎憲館長負責規劃爲新國史館址之用，並已開始整頓設計園地、新的副建物座落、入口鐘塔等，仲模和地院林錦芳院長幾經與張館長情商（張是我在日本東大進修時的同學），國有財產局李瑞倉局長同意後敲定，由臺北地院接手規劃新建，但地下停車場預留四十個空位給國史館無償使用，而舊交通部則歸國史館專用，此事並由我向有關機關爭取、負責完成所託（此事適遇交通部新館已落成遷移），不久即告諸事圓滿達標，並掛牌「臺北地方法院新址用地」，媒體曾有二、三天的詳情報導。本案隨後稍有各相關機關協調上的手續、技術需再斟酌，仲模繼於二〇〇五年八月三日（三）上午九時在辦公廳接待國有財產局洪寶川局長，並一齊去最高法院六樓勘察、觀看婦聯會地段、形狀；同年八月十六日（二）仲模再會晤國史館張炎憲館長，十一月一日（二）午後五時趨訪總統府祕書長游錫堃，地院新址再獲確認，並緊接於二〇〇六年一月十八日（三）仲模、林錦芳院長、五廳高金枝廳長及鄭乃文主任，在

我辦公廳接待新任國有財產局郭武博局長及廖組長，深談後最終辦完必要手續，擬案就此敲定。二〇〇六年二月七日（二）下午三時四十五分翁院長未經通知我，突然出現在婦聯會，說是想去了解並看看。

㈡現址最高法院所在地及經濟部台灣電力公司合而爲一的這塊，占地約與現在「臺灣高等法院」民事大廈（內含右側三分之一的最高法院最高檢察署）一樣大小，可當作「臺北高等法院刑事庭大廈」之用

先讓最高法院王甲乙院長了解司法園區的思構緣起，將來改制這實質「司法行政院」爲「最高法院」，使它成爲我國形式暨實質最高司法審判機關，以求與世界先進國家之司法制度有接軌之機會；這是最艱難的一關：經濟部台電「古蹟」的這一大塊土地及地上「古蹟」建物，仲模一一拜會王志剛部長及台電林能白總經理（兩位均與仲模私誼甚篤），再訪國產局李局長，最後同意由司法院快速連續三年編列預算分批擇期「公務移轉」購下，避開公開招標、與私人公司競爭的窘狀（價値必高出四、五倍以上不等）；至於所謂「古蹟」老建物，事實上僅僅是名分，曾住過幾任台電公司總經理，更其前是軍人住過；入內詳勘，至少百分之八十是夾板隔間，簡陋不堪，只比廢墟好一點而已；我自信與行政院文建會（我與陳郁秀主委有多重友誼）多幾次溝通協商必有通融解決之機會。此件是突破幾處難關而後得到佳音，但因有預算快速編列的急迫，仲模曾向翁院長稟報，惜迄無下文。

㈢現在司法院改為「最高法院」

「中華民國憲法」有其制定的歷史背景，是國民政府時期中國國民黨「訓政時期」，一九三六年五月五日依據孫文「三民主義」之宗旨為主軸而寫成的，和西方「權力分立學說」的精神，直可比喻為「東施效顰」之可笑與膚淺；一九四六年底該憲法要出爐前一周，中國共產黨等公開聲明不承認它，隔了一年之後，在臺灣的中國式教育體系就大肆宣傳：我們擁有的這部憲法使中華民國成為比列強諸國還更先進的「五權分立（治）」的國家；一九四九年十二月十日蔣介石父子拎著它來到臺灣，日治時代的「臺灣高等法院」也被改稱為最高司法機關「司法院」（當時，院內建物裡至少有六至八個機關縮聚在一起辦公，院裡的角落、小室、走廊上還住了不少司法人員的眷屬）。其時，臺灣高等法院，分院及各地地方法院尚隸屬於行政院司法行政部；司法院的形式存在意義及實質司法審判功能（所屬「最高法院」、大法官會議、行政法院、公務員懲戒委員會等都離不開「黨國意識」的覆蓋式影響；司法院（請查察那時的年度總預算，眞的是像一個中央五院之一的數額嗎？）除了所隸屬的最高法院之審判業務外，實際上，與「司法行政院」之功能無殊。全球任何一個國家的「最高法院」（Supreme Court）是不可能還有更高的上層司法機關的，而仔細研閱資料文獻，司法院裡的各廳處司法性作業，也是實質的行政事務而已；以今日臺灣法學的進步、法官的精明能幹，實在已經到了非把嚴重奇特存在的司法院廢除，讓最高法院名符其實地成為形式、實質的「最高法院」不可。這樣才有機會與全球各進步國家的司法權、司法制度有接軌觀摩學習進步的可能性。

㈣現在法務部、臺北地方法院、臺北地方法院檢察署，改建爲「法務部及檢察署」宏偉官署建物

一九四〇年代最後時刻，中國國民黨、政、軍及大量公務員湧入，並以體現抗戰復國、重慶精神、厲行新生活典範。刻苦勤樸的政治口號，在重慶南路一段設置「司法行政部」（一九八〇年改制易名爲「法務部」）、並在地段上往後延伸設置「臺北地方法院」（等同在巷弄裡的狹隘中型道路上），再伸展到博愛路設置「臺北地方法院臺北地方檢察署」以迄一甲子後依然如故；由此可見，政治在「革故鼎新」的聲聲催笛裡，並不包括「司法」這一塊，尤其這種失序的機關拼排，不用說嚴肅的「司法性」尊嚴完全拋於腦後，竟連「司法性」實務邏輯作業的客觀觀感都不顧及。所以，仲模以承接付託，比圖設計高等法院民事庭大廈（三分之二屬司法院，三分之一屬法務部，那時，施啟揚院長非常客氣，以自己不諳建築而全權請託仲模辦理）成功的經驗，推估該「三連棟」的機關所在地宜全部剷平，起蓋一棟壯觀宏偉的法務部及檢察署（把現在高院民事庭大廈三分之一的最高檢察署搬回「自己的家」，下設高等及地方檢察署，讓檢察系統與法務部一體成型；該地段中的臺北地院則搬回寶慶路自己寬闊的新「臺北地方法院新園區」），其建築藍圖可以日本東京、韓國首爾同級法院、法務部及檢察署爲重要構思及採圖之參考。

㈤在景福門旁長榮總部（基金會）設置「憲法法院」

臺北市景福門仁愛路一段起點的左側係臺大醫學院、右側係日治時期著名的典雅英式建築紅

十字會會址（編號地址爲中山南路十一號），中國國民黨來臺接收在臺日軍降伏時的公產，毫無紀律地原封不動占用爲「中國國民黨中央黨部」，成爲白色恐怖時期，蔣氏統治的旗手司令發號臺；其後在馬英九擔任中國國民黨黨主席時因黨庫、國庫相通議題甚囂塵上，倉皇急遽時，以新臺幣二十三億賣給張榮發，經拆除新建後成爲財團法人張榮發基金會、長榮海事博物館，巍然聳立於總統府四百公尺經凱達格蘭大道近距的正對面。仲模早年就與張榮發總裁有私誼，他也非常關心國政發展的趨勢；我二次拜見他，談到司法改革、司法園區的構想，我直接了當地跟他說：你出生在澎湖，事業發展在基北一帶，而成名於國際，反過來說，臺灣在地的人只知道「世界運輸船王張榮發」，以及行善天下，包括臺灣貧弱族群等都受你長年關懷照顧，但社會一般人士仍對你很陌生；這一大棟建築物恰好聳立於總統府對面，若能全棟轉交「司法院」，可當成「憲法法院」（Constitutional Court），構成臺灣都會裡核心地域莊嚴肅穆的標誌，它可供大法官行使職權之所在……張總裁，二十三億之捐獻，一夕之間，你必會成爲臺灣社會的英雄，讓世世代代的臺灣人懷念你的德澤，也會使國際間頓時成爲最被崇敬的成功企業家。第二次再見面時，他告訴我說：拿樓上二到三個樓層無償借用是有可能，「司法院」也可掛牌中英文「憲法法院」（Constitutional Court）。其後因仲模離開職位，張總裁的健康也發生微恙，非常可惜沒能達成預期的目標。

㈥在青年公園青年路（日治時期馬場町）上有一營區，規劃蓋成司法人員住宿休憩園區

仲模再轉職司法院後，因職務與閱歷累積關係，來訪訴苦的司法圈內同仁突如其來地增多，其中審判系統的占最大百分比，這裡頭新竹以南，尤其是臺中以南，以迄高屏及花東宜蘭地區，占最大多數。他（她）們有些是我的學生，有些是經親戚朋友介紹來訪的，話題多集中在升遷、調動、考核不公平的陳情，但更令他（她）們皺眉、眼紅的是調離家鄉後在異地住居這焦點困擾上。這讓我回憶起仲模於一九八二年在南投臺灣省政府服務時的往事：八位我在中興法商學院教書時的學生考上了司法官，奉派到臺中地院及地檢署試署，因均非中部人，舉目無親，單獨在遠地租屋、交通又不方便，官方不能提供初任司法官住宿等，使他們異常的失志、洩氣，不知如何是好；結果經商議找城教授協助迫切的住宿需求。經我靈機一動，想到中興法商出身，曾經擔任檢察官偵辦青年公司乙案而聲名大噪的張平沼學長，爲人親和、慷慨大方，經常主動「牽成」（臺語）學弟，或可助一臂之力；經我和他碰頭一談，他即非常快速、從容地表示他新居樓房四樓整層稍微改裝就可以入住，他二話不說，加碼表示：房租免，供早餐！（他（她）們借住了約三、四個月）這個故事讓仲模深深的感動，也教我久久地不能忘懷這樣一個社會的溫暖，更重要的教我時時注意到司法官離鄉背井的住宿問題。於是我邀臺北地院林錦芳院長及同仁數位，以方圓與擬設計之園區約五至八公里內爲尋覓地點，開始造訪相關處所地段，包括前西本願寺、國防部、前臺灣警備總司令部、國軍英雄館、國軍活動中心，都鎩羽而歸；在苦心思索找社會關係，終於想到了一位軍法系統的學生董聿欣，我們即速趕去青年路旁一個中型訓練、駐軍營區，座落地點在著名「青年公園」（以前的馬場町）的對面，地域環境寬闊舒適、優雅無比、綠蔭幽靜，公園裡甚至有小型高爾夫練習場、小運動場及設備；仲模心想，若有機會爭取到這裡，蓋上像樣現代化建築設施的「司法人員住宿休憩園區」，容納二百至三百戶，讓他（她）充分利用晨昏或傍晚做個人或家庭的休憩活動，天氣暖和時還有可能步行來回辦公處所。這營區是董上校（後升任海軍少將）擔任指揮官，出身政戰學校法律系第二十五期，是我非常用心鼓勵上進的學棣，他與國防部及參謀本部維持相當良好的聯絡；經董指揮官的奔走交涉，國防部長表示此營區可以讓渡給司法院作特定「司法官宿舍」之用並請司法院快速編列預算分期支付。這個進展，對全體司法人員不啻是上天特別的寵賜；可惜，我一離開司法行政職位，為司法人員用心設計籌劃的園區構想就隨著歲月的逝去而銷聲匿跡了。

八、歷史、制度坑陷，「生民」乖順跟從，已逾一甲子

※司法行政性質的「檢察系統」與「司法審判當局」無休止的抗衡

二戰結束，國民政府將早年在中國設置的「司法行政部」搬遷來臺，它隸屬於行政院之下，是內閣的重要統治衙門之一，統轄高等法院及各地方法院的人事行政及審判權，而該部又由中國國民黨中央黨部所實質支配掌握，「法院是國民黨開的」這一句話很傳神地誠實招供出來。一九八〇年七月一日該部部長李元簇為了改制為「法務部」而與司法院黃少谷院長（學教育，曾任新聞記者，和蔣氏父子若即若離，受經國先生倚重）發生多重「分家」必遭遇的錯綜複雜情節（法務部將高等及地院直轄權限，全部歸還司法院）黃李之間曾為「家產」及今後「各自交手營運司法方針」等諸事，鬧到共主經國總統（黨主席）面前，黃李彼此極度尷尬難堪。這是行政院法務部和司法院發生「心結」的濫觴。

司法權是何物？三權分立論中的立法權、行政權及司法權又該如何儼然分離鼎立，讓立法權宰制於如活水的民意代表手中、行政權忠誠執行民志向背及民情所趨，而司法權則被賦予獨立審判、客觀合理公正裁判的權能，但，上揭司法行政部設置時，軍政時期方剛結束而進入「訓政時期」，隸屬於司法院，其後再改隸內閣行政院並繼續掌控「高院以下的全國審判系統」，再又將該法院組織及審判職權返回體質極度虛弱的司法院組織之下；不用多說，普遍民眾像是霧裡看花、莫名其妙，就算是接受高等教育者，甚至司法人員，也只有沉靜、愼而寡言，不太願意挺直胸膛積極主張、表現符合司法權獨立的原生本質。事實上，只要人們開闊心胸，客觀去研閱西洋國家或日本近代（現代）有關「司法權」、「司法制度」、「司法權優位」、「司法權本質」、「Justizwesen」、「Justizspflege」、「Entscheidungsnormen」、「Gericht」、「Gerichtsbarkeit」、「Richter」、「Urteil」、「Jurisdiction」、「Judicial Process」、「Legal Principles」等等的外文文獻資料或重要、具代表性著作要去尋找這裡面包括有「檢察官（Prosecutor、der Staatsanwalt、檢事、Procureur）」意涵的，是不可思議或找錯學問性不相干的「隔壁」的笑話，因爲前者是獨立的審判權，後者具有不能獨立的行政性質之制度性本質。我們法學界、司法行政界、司法審判界及關心「司法」的人，是已到了義不容辭的紅線上，要去說清楚講明白的時候了；質言之，法務部的檢察官是否當然是「司法權」裡不可或缺的體系要素？這個疑問，在臺灣若不徹底澄清，並即在法律、制度上予以明定，普遍讓人民透澈知悉了解，否則，將會是極度困擾著院、部間和衷共濟、同心協力爲國家服務並提升法治文化這個大目標的絆腳石；因此，檢察官眞正制度性功能的法制定位，才是司法改革諸問題上的先決要點之一。

至於傳聞所說，審檢不和、院部不對頭等，是法界裡公開的祕密，若擬否認它，可能只有蹲坐在古井裡或甚是白癡之輩，才會如此設想；在此，僅舉幾樁相關的事實向社會作客觀誠實的告白：

㈠依據中華民國憲法第七次增修條文（二〇〇五年六月十日）第五條第六項及預算法第九十三條之規定，司法院得獨立編列司法概算，行政院不得刪減，但得加註意見。從此以後行政院所隸屬法務部檢察官的周遭一切「司法人員」之總體性優厚條件，除了薪俸外，就呈現了一天比一天更不得比的情狀；院方審判系統也於有意無意間表現出「你們」最好不要再來「糾纏在我身邊」的姿態；請參閱：司法院大法官釋字第三九二號解釋，二〇一三年七月一日法務部改制司法官訓練所爲「司法官學院」，翌年同月日司法院在臺北市士林區「法官學院」落成啟用。

㈡過去半個世紀的歲月裡，「我們大家」都是經過艱辛的國家司法官特別考試及格、一起在司法官訓練所前後近兩年培訓合格結業，依序一二、三，四五、六方式（法官需求人數約檢察官的二點五倍以上），前者派赴院方職司審判，後者派往部內隸屬的檢察系統執法從事「行政性」的檢察官，完全沒有法律、法學上優劣高低區別，而且審檢間職務的來去調動也頗爲頻繁，毫無窒礙。爲何今日彼此間圍牆堆砌成如此高聳，原本兄弟姊妹情份被什麼利刃所執，竟成如此冷漠以對？

㈢過去曾有多少次的大中小型「司法改革」的形式造勢活動及實質制度面的交互興革會議，

尤以一九九九年七月初前後三天的司法改革會議最為空前盛大，這其中都是由司法院在聽信院內身邊人、民間司改會、律師公會、人權會等組織團體的主要建言後，強勢主導籌劃、議題設定、分組討論乃至總結其成；法務部部長葉金鳳，政次常次主祕、司長及檢察長、在全部議程上（尤其是刑事訴訟制度組上），似有被邀請過來的「客卿」之感慨，並被要求盡量配合「司改政策」，並沒有細膩地去「將心比心」注意到法務部的總體能量——檢察官人力配合問題、法務部可能支應的預算分配數額、改制後的刑訴庭上活動程序、檢察官是否可以如預期的、可以順勢承擔、檢改會主力成員的訴求等等，所以司法院提案的「當事人進行主義」這一項既成政策要求的議題，就在熱切的研討會議進行中，當面被葉部長打了一個深深的折扣，而成學名上找不到的確內容的「改良式當事人進行主義」；由此可見，司法龍頭角色的威儀、能力，若非經心服口服的擁護，絕對是不好當的。

(四) 司法主其事者對司法權、實際司法制度的運作狀況、法務部檢察系統的艱難處境、個人的行政經驗、領導風格、包容風範以及極短時期內為滿足政治性非做司改不可的拼命達標之認知，吾人只要從旁觀察體會，即可探測到其急行軍式一意孤行的窘狀，表露無遺。就我個人的感受：自從前揭一九九八年十二月三日翁大法官的那通電話，請我全神促成法官助理制度的成型而不用兼顧職責繫身的檢察事務官乙事，讓人憶起二句俗話「溫暖一顆心需要很多年，冰冷一顆心只要一瞬間」，亦即「要原諒一個人是容易的，但要再次信任就沒那容易」的哲理至言。其他，再去翻閱我在副院長任內上呈由我批註宜請善待法務部的多少次密密痲痲字跡裡，完全得不到積極回應——不只是一個人，而是赫然看到一群同樣心智的人，就可以了然清楚其心胸與姿態；我甚至在司法院被一些不認識的人封為「法務部差遣來的特派員」。

㈤關於新時代司法大政方針裡，宜徹底制定（修改）法律及建立制度，學習進步國家的審判與檢察分隸的理論、事實與建言，跨足走出去，因為作為一個法治國家，司法審判與行政檢察，終究是需要分工行事，各享其成的；若再故步自封、緬懷舊時代的老制度，必遭新時代的風潮所淹沒。但務請必須留意過去歷史演進足跡，以時間換取空間，一步步耐心改制適應，勿再蹉跎時光，瞻前顧後，猶疑不決；而只特別盯住檢察官尊嚴的維護、薪俸、退休等的合情合理之設計。

九、「對跨世紀臺灣青年之期望」

今天本人有機會在二月二十七日，就是二二八紀念日前日來參與林茂生愛鄉文化基金會舉辦的「林茂生紀念講座」，探討臺灣青年邁向二十一世紀所應有的態度與面對的挑戰是什麼？我覺得很有時代意義。

我小時候就聽過林茂生博士，他可以說是臺灣現代史非常重要的一位文化工作者。早年在日治時代是臺灣青年的模範，當時能到美國進修取得博士學位，能夠認識臺灣是他心所愛的故鄉，全心爲這個地方奉獻，一直到一九四七年春天來犧牲。這個過程只要是疼惜臺灣的都會覺得非常心痛。因爲在那個時代，我們無緣故地失去一位導師，依我個人的見解，這是遇到不可理喻的軍隊與政府才會發生這種事情。一切的苦楚已經過去，我們看到林宗義創辦人能夠轉化家庭的變故與犧牲變成對社會的關愛，在臺灣精神醫學方面的成就，使得臺灣在這方面能與世界水準並駕齊驅，完全是林創辦人的努力。

以愛與和平讓犯錯者從頭學習

我與林宗義教授認識相當長的時間，在醫學界、文化界，甚至政治界，他的主張都很讓人景仰，他不主張報仇，不主張用暴力方式清算過去的錯誤。相反地，他主張以「疼惜、愛與和平」的方怯，讓犯錯誤的人從頭學習，結果他的主張是成功的。

二二八事件如何解決？方法很多。經由林教授等人的努力，把非常不好解決的過程用最和平的方法，處理得相當完整。我滿心肯定林宗義教授替臺灣創立的模範，讓大家知道人與人接觸必須以基督的愛心做出發，不管是什麼宗教信仰，都應該以愛做出發點去相處。

臺灣青年近五十年來的發展，我可以做現代青年的見證，因爲我是一九四五年就讀國小，當時正是國民政府進入臺灣，我是當時的第一批本地學生。我在臺南長榮中學接受三年基督的教育，接受牧師、會計師、律師、醫師的教誨，對做人、對人與神的關係、對我們的社會國家應該如何承擔責任的問題，獲得很大的啟示。

我們知道，一個民族、國家和社會要成長，假使教育系統沒有教育子弟關於故鄉的歷史、地理、文化、民俗、藝術與風情等，如何能期望這些孩子疼惜自己的國家與故鄉？有句話說「君自故鄉來，應知故鄉事」，但是到底我們的教育內容沒有教育臺灣的歷史、地理是疏忽還是故意？這個問題毋須我們說明，大家心有答案。目前許多縣市已經很積極在進行這些事情的改善，我覺得非常高興。

宗教信仰、倫理道德、法律建制

臺灣當前要走的路已經沒有什麼特別選擇。任何國家社會之成立與發展必須依靠三項元素：宗教信仰、倫理道德和法律建制。就我國歷史背景而言，並沒有宗教信仰，歷史上在殷商以前還有神的觀念，以後就沒有了，所有重要觀念都是從外而來，我們才被動接受。過去以各種民族組成的國家組織，沒有宗教系統，所以要靠宗教維持社會秩序，它的可能性不大，頂多是局部性的。

倫理道德方面，將四維八德等道德綱目弄在學校牆壁上，我認爲也只不過是標語，不可能是完成維德教育的宗旨。什麼是禮？我們自稱禮儀之邦，外國人看我們卻是野蠻國家，遠的不提，就來看日本人，小孩子出門該說什麼？作爲母親該回什麼話？用餐就位時及餐後離位時該說什麼？日本人的應對進退都有相當規範，其中所展現的人與人的禮儀才是眞正的禮貌。我們這邊有這樣嗎？沒有。因此我認爲我們講太多而做太少，所以在舊倫理式微，新倫理尚未建立之際，無從期待、仰賴倫理道德能使我們的社會更好。

尤其千萬不要讀二十四孝之類的東西，試拿「六法全書」將「古事今判」來對照，二十四孝的內容有三分之一若非犯法就是違警，另有三分之一若非頭殼壞了，就是剩下三分之一教些消極的事。過去的歷史有人稱讚，但是我認爲要反省這種「家父尊長制度」。

臺灣的生路要從憲政基礎開始

因此依我之見「臺灣的生路在於法律秩序之建置」，且從憲政基礎開始。憲政基礎最重要的內容就是民主、自由、人權與法治。臺灣民主成果的累積還算良好，自由權利過多而顯得脱序，沒有受規範與節制的觀念，因而自由的本質還要努力釐清，至於人權，因受二二八及白色恐怖時期的摧殘，那就不必多說了。

臺灣在法治上則相當差，理由在於我們接受儒教思想，此一思想是人治而非法治；其次我們受到古代法家的影響，法家主張嚴刑重罰、殺無赦，重視結果而不論過程與原因，法家主張刑亂世、用重典，主張權、威、術與勢，這些與現代社會無法符合，但我們確實是受到法家深刻影響。

一個人的體質、精神狀態、遺傳等因素都可能導致行爲的惡劣，但是我相信很多還是後天因素造成，也即是家庭、社會、學校、朋友的影響。沒有任何一個嬰孩哭嚎出生之後，第二天就說自己以後要被槍決，每位父母對小孩有很大的期待。我們教育之中從未教育小孩要有期待與希望，沒有教育小孩想一想有遠景要努力追尋，而是要求他們該如此如此、這般那般，就會世界大同。

我認爲「天下爲公」這句話的問題性很大，每個人事實上都是「天下爲私」，「天下爲公」是無從達成的境界，如果達到了就是共產主義。眞正的是「天下爲私」，但是爲私的結果有很多缺點，我們從這些缺點開始逐漸改革，才是完美的社會，西方世界就是這麼來的。過去教育內涵教導青年「天下爲公」、期望他們「爲天地立心、爲生民立命、爲往聖繼絕學、爲萬世開太平」，青年豈有本事做到？所以開了兩千多年還是開不出來，這是欺騙性的教育，西方則與此相反。

所以我覺得我們今天眞的要學習的方向應該從自由、民主、人權與法制著手。但是我們的基礎是儒家、法家思想，而我們的社會在法律方面是「立法嚴、執法寬」，也跟西方「立法寬、執法嚴」正好相反，因此我們一直無法建立最基本法治觀念。

國家認同、名稱應弄清楚

還有，國家的動亂是個大問題。國家認同方面，在座各位可知我們的國家名稱叫什麼？大家講得出來的未必正確，你說這樣，有人說那樣。例如有人說「中華民國」，有人說「中華民國在臺灣」，出去國外還有「中華臺北」等，國旗、國歌常常在變，所以我們至今仍然弄不清楚，所以國家認同仍是一個大疑問。而且很多事情講出來跟做出來完全不同，使得清純有理想的青年人不知道學誰才對。

試看學習儒家思想的幾個國家，包括中國、韓國、日本、臺灣、香港和新加坡。新加坡有民主、法治，沒有自由；香港有自由、法治，沒有民主；臺灣有民主、自由，沒有法治；日本三項都不錯；韓國三項都在努力；中國三項都欠缺。這六個地區的中國文化影響圈與西方接觸之後，發展出來的結果都不相同。

就臺灣而言，民主與自由都一步步地有了，人權問題也比較穩住了，所欠缺的就是法治。如何建置法治？首先必須有很好的憲法爲根基，但是現在面臨的煩惱是憲政基礎的相關工程交給誰來做？他們會做成什麼樣子？其次我們需要建立眞正的國會，不管國會的名稱爲何，但絕對不是一個菜市場。

我們應建立現代化「依法行政」的想法，就是根據法律、法規、先例、判例、解釋和國外學說等，依法行政並非沒有法律就沒有行政，它仍然要有「行政裁量與決定」，裁決是否正確就由司法制度予以節制與救濟。這些如果做得到，我們的法治之路就比較平順。

上個月我還在法務部時，已經建立「一九九九年跨世紀民主法治營」，從今年一月初開始，教育部、法務部和司法院共同來進行。全民從幼稚園、小學、中學、高中、大學及家庭社會各層面，加強法治的教育。希望「由下而上」落實實施。少部分人認爲要由上而下，求彼等的「自律」，我認爲要期待有權勢的人自己放棄權力的武器而接受法治規範，這是不可能的事情，當然上位者假如很有理性、世界觀，我相信作爲模範是不無可能的。但是基本上，由基層家庭開始教育青年朝向法治的路走，臺灣未來社會的前途將很順暢，也能讓在另外一個世界的林茂生博士感到安慰。

（附註：林茂生愛鄉文化基金會、國立臺灣大學主辦；一九九九年二月二十七日十三時三十分至十五時十分在臺大應用力學館國際會議廳講座，《民衆日報》記者陳璟民記錄，筆者稍加潤飾。）

十、享譽臺灣政論節目鼻祖之稱的「臺灣心聲」，二〇〇三年二月二十七日至二月二十八日，二十一時至二十二時播出兩天在節目裡汪笨湖、城仲模的對談內容重點，城仲模所擬大綱（以下的演講，城仲模全程使用臺灣話）

咱的土地・咱的歷史

壹、引言

一、連橫：「臺灣固無史，亦無詩」？是臺灣人不知臺灣史，非無史！

二、臺灣原住民上千年來，即認臺灣是故鄉、家鄉，也是原鄉；唐山人幸而溜過黑水溝，來到臺灣，還在念念不忘原鄉是福建、廣東，以此地爲他鄉；但二代三代之後，臺灣即成爲這些人的家鄉、故鄉，也是原鄉！

三、這些歷史、文化的遞嬗演變，可從臺灣各地，祖先的墓碑清楚地看出。即早期，都刻上來自故鄉的地名，其後因時間的洗滌，即以出生地爲他的家鄉。所以，諾貝爾獎得主，哥倫比亞作家馬奎斯在其長篇小說《百年孤寂》中說：「無親人埋骨之地，即非故鄉」。

四、「君自故鄉來，應知故鄉事」，知之可以滋潤心靈豐厚生活。

五、不知臺灣歷史就無法培養對她的感情與疼惜。

貳、臺灣四百年歷史的開拓

一、原住民時期（六、七千年前舊、新石器時代，是南島語族原住民的家鄉）

二、荷治時期（一六二四—一六六二，共三十八年；原始社會的臺灣被拉入世界體系）

三、明鄭時期（一六六二—一六八三，共二十二年；漢民族逐漸移入，臺灣歷史轉捩點）

四、滿清時期（一六八四—一八九五，共二百一十二年；臺灣國際發展的頓挫期）

五、日治時期（一八九五—一九四五，共五十一年；建設臺灣為現代化國家的殖民統治時期）

六、國府時期（一九四五—二〇〇三，已經五十八年，臺灣發展成經濟大國並開始起飛、政治民主化、社會多元化、產業科技化、知識網際化的新國度）

參、對於臺灣歷史發展的幾點評述

一、臺灣歷史發展的幾個「如果」（杜正勝院士言）

1. 如果沒有外力的介入，臺灣很可能繼續維持原始社會的形態；

2. 如果荷蘭人的統治繼續下去，臺灣很可能像澳洲、紐西蘭一樣，長期成為歐洲國家的海外殖民地，到二十世紀成為獨立的國家；

3. 如果鄭成功不是英年早逝，鄭經不腐化，臺灣未被征服，這個海上王國，甚至可能成為東亞海洋上足與日本、荷蘭、西班牙與葡萄牙相抗衡的國家。

但是，歷史是沒有「如果」的，歷史是一條現實的不歸路。

二、臺灣歷史發展上的幾個改朝換代，都有大小、多少不同的殺戮、屠殺過程；易言之，後來者恆以武力，以少數人侵凌多數的在地人。

三、荷蘭人治臺建立良好的榜樣；明鄭治臺，鄭成功滯臺不過四個月，鄭經甚至有「反攻大陸」失敗之紀錄；滿清鎖國讓臺灣孤立而成邊陲；日治是臺灣現代化的契機；國府前期臺灣成為「戒嚴」、「戡亂」的實驗場；李登輝總統時期，臺灣進行了「寧靜政治革命」，加入了民主國家國際社會俱樂部的行列。

四、臺灣已自然形成海洋性國家的特色；國民普遍呈現原住民的勇毅、純樸；荷蘭人的冒險、聰敏、經商；漢人的堅辛、認命、認眞、溫飽度日、遠離政治；以及日本人的遵守秩序、安分守法、言而重信、重視教育等的錯綜複雜的民族特性。

五、人類文化、文明或社會、政治發展史上經常歷經的酋邦、城邦、封建諸侯、王國、帝國等國家壯大蛻變過程，在臺灣的四百年歷史中未曾出現，亦無經驗；相反地，甚且是經常遭遇被奴役、蹂躪的歷史悲慘命運。因此，建立自主文化體系的期待，尚未十足培養；除了最近新形成的普遍自主民意而外，亦無迅即成形建制的主流民間共識。

六、半世紀前，中國二百萬軍民一下子移民潮的來到，使臺灣社會、經濟及文化、生活秩序，發生了史無前例的變調；從此以後，與時俱進的矛盾、深化、對立等影響，迄今仍棘手難解，短期內不易解決。

肆、當代臺灣要面對的諸問題

一、憲政體制的適時革新
二、國會議事的表徵民意
三、民主政治的鞏固改善
四、法治行政的勵精落實
五、經濟景氣的復甦繁榮
六、國防軍力的足可禦敵
七、司法制度的順勢改革
八、金融財政的更求合理
九、交通運輸的迅速便捷
十、警察功能的革新求變
十一、文化藝術的精進提升
十二、傳播媒體的自律改造
十三、教育制度的迎新順勢
十四、環保科技的兼籌並顧
十五、社會救助的優先籌措
十六、族群關係的積極融合

伍、結語

臺灣需有自主開創的性格與毅力；

臺灣人民有足夠的智慧與能力，捍衛國家；

臺灣人不能淪爲邊陲化的孤島，不能被玩弄成爲國際孤兒；

這一代臺灣人需有「我今天的血汗，是爲了爭取自己及下一代子孫的幸福與尊嚴」的領悟。

十一、中國民法學者來司法院演講時講臺上的奇異布置

二〇〇三年三月十四日（五）十四時三十分至十七時三十分，中國前政法大學校長江華教授應邀來臺灣，並在司法院三樓大禮堂做了一場法學學術性講演：「中國民法草案九篇共一二〇九條文之立法經緯」；這個禮堂上的原始布置「肅穆莊嚴」，是向來絕不改變的「神壇」方式：孫文遺像置於中間，雙邊各書寫「革命尚未成功」、「同志仍須努力」，遺像背面是一幅超大國旗，兩旁順勢各排六面國旗，遺像下則掛著「孫文遺訓（國父遺言）」，但今天來的這位學者，身分特殊，翁院長、楊祕書長、總務處、公關室等人密會後決定將上揭神壇全部遮上大布幕，象徵性的國家主權存在之表象，突然因「中國官員的來臨」而暫時消失。這種情景，讓我這坐在前排的人視覺上感到極度的不舒服；從理論上來說，司法原本就應與政治是非圈無涉，才是正辨；無如，卻讓這麼多司法審判人員及司法院諸多主管，乖乖地泡在這景像之中長達近三小時。

江教授聲音始終宏亮、內容簡潔易於了解。可是，我一直在其說明演講中聽不到該民法草案與馬克思共產主義或改良式中共法律學理有何奧妙的結合關係？也聽不出它又與近二百年來享譽國際的「拿破崙（法國）民法典」或其後著名的德國民法典、瑞士債務法，有無借鏡引進多少？中國自古以來的「物權」、「身分法」之民間習慣傳承，又載入於草案有多少成分？「超英趕美」的自勵政策下，這部共產民法典，究竟具有多少的特徵，是時代價值的新創？在場聽衆約一百二十名，也有民法學者如王澤鑑、孫森焱大法官、吳啟賓院長，散會時及其後我都沒特別的機會請教聽講心得。若以近時中國對臺灣全面性文攻武嚇的氛圍中，司法院是以何種的靈動，想到超越執政者（民進黨陳水扁總統）要求的藩籬，要和中國另闢途徑，建立交流關係？國際間法學學術的交互觀摩學習，是絕對必要開拓的管道，但是時局的嚴峻，爲何我們國家的自尊要如此的棄如敝屣？

十二、所謂「司法院正副院長心結由來已久，兩人思維做法大不同」

風雨飄搖之世，意料不到的情景都可由媒體藉著報導自由之名，創釋成眞；當事人受流言所苦，亦僅能苦笑以對，使這人間有如煉獄的難受。「翁、城兩人思維、做法許多方面都不同……互動愈來愈差，連翁出國，城到翁出國前幾天才被通知，有些重大政策或人事案……常在最後時刻才告訴城，讓城非常不是滋味，兩人貌合神離的情況十分嚴重」[5]；「倒翁擁城司法院龍頭卡位戰開打，國親兩黨三十三位立委連署修法，將大法官提名資格限定六十五歲以下，且曾任大法官三年以上，城仲模正好符合資格，司法院組織法修正草案提案人之一，立委陳建民表示：限六十五歲以下有憲政慣例可循，並非量身打造」[6]；「城仲模未介入提案，無妄之災；他只想做好份內的事，他自認謹守分際，有時從外面聽到批評的聲音，反應回院內，卻遭有心結的誤解，讓他只能感嘆『紅塵本無事，何處惹塵埃』[7]」；「由於過去與前總統李登輝的關係，城仲模在四年前接任司法院副院長一職後，是被認爲是爲接掌司法院做準備；不過，四年來，司法院內對副手不應該有聲音的要求，讓一心想爲國家做事的城仲模難有發揮的空間。這幾年已經刻意低調的他，常開玩笑地說，司法院內大大小小的事情，副院長辦公室通常是最後知道的地方。二月中旬國民黨立委陳健民提出司法院組織法的修正案，司法院在獲知此一訊息後，院長翁岳生立即將陳版的修正案，印送給每一位大法官並要求隔天開會討論因應之道，同時找來祕書長楊仁壽、前、現任人事處長呂太郎、周占春及負責國會聯絡的公關室主任王酉芬五人在辦公室內研究。至於身爲副院長的城仲模被置身於事外不說，當天晚間，他從一位大法官口中得知這項訊息，也不願意表示任何意見；沒想到翌日一家向來被認爲是『擁翁派』的媒體，以頭版斗大標題指稱，陳健民的提案是『擁城排翁』條款，絲毫不知城仲模、陳健民從過去就一直有不合的紀錄，陳健民根本不可能幫城仲模。」[8]

一九六九年入冬後不久，我在維也納大學開始積極撰寫博士論文；此際，由德國海德堡簡姓朋友告訴我，翁岳生在那裡所寫的博士論文是關於中華民國憲法上的司法權云云；一九七〇年秋霜已來時，我適去美Wisconsin大學本部Madison做博士後進修，隔年春梢返國，即很用心地去了解並適應當時的臺灣法政大環境，很快的我參加了陳繼盛律師所籌組的「中國比較法學會」（以後改稱「臺灣法學會」），它是一個縱橫聯絡法律學界菁英的組織團體，是經政府核准成立的，首任理事長是東吳大學法學院呂曉光院長。我若沒有記錯，起初翁岳生也是參與的會員；但因這個學會被情治機關盯哨，認定是臺灣意識強烈者的聚會場所，因此，從一開始有翁之名，後來連名字也消失了，當然，更是從來沒看到他參與任何一次的研討會和聚首聯歡的啤酒會。再不久，他就以四十歲臺大法學院教授被提名塡補爲第三屆司法院大法官。一九九四年十月一日仲模擔任大法官時，辦公研究書房，和翁大法官正是隔壁間，也就自然有更多來往磋商研究討論法學或甚時局的機會。我們是保持很不錯的交誼、彼此尊重的大法官同事間深厚的情感；在大學法研所指導學生畢業時，中興大學與臺灣大學也經常相互支援趕往或來校一齊口試學生，不曾有任何罣礙。

人與人之間，不經一事、不長一智。直到一九九八年十二月初總統府發布人事令消息，翁大法官在距離就任司法院院長前近兩個月、而仲模尙在法務部長責任在身時，他要我放手「檢察事務官」制度的爭取，全力爲司法院「審判系統法官助理」制度成全的那一霎時，眞的，差點把我識人的能力打成完全喪失自信了。

任何一個人都會有差異性，就如同五根手指一伸，大小長短也不一，這是很自然的：生長的基因、地域、時代、家庭環境、經濟背景、學校教育過程、出了社會工作累積、同事間切磋琢磨經驗以及時局世事的演變遞嬗影響，都會有密切互動的關聯。翁先生和我在這些面向裡，大致上而言，都不大一樣；他以西德法學博士、中華民國司法院大法官、臺大兼任法學教授身分，敢去接受中國國民黨中央黨部國建班受訓三個月，這是打死我也不能想像的事態，因爲它是和憲法精神、法律規範與倫理道德上的評價都無法想像的。都是大傳媒體的臆測、社會上旁門左道上的耳語：翁某人是國民黨硬要他的，不會太久就會換人……這種不負責任或故意的放話，把我整得很深刻。翁先生經常在大法官、朋友、學界的人面前說：某某官場裡，某某人終於撐到任期的最後一天；某某人在任期未滿前就走了，或沒能撐到底云云；可見，這個意念是他很重要的座右銘，質言之，做官，遭到如何不利於己的突發事件，最要緊的是不問任何代價、羞辱，甚至是廉恥，都要硬撐下去，才是要得。仲模無論如何的放下身段、壓低姿勢、謙虛、默然無語，都是白費用心、毫無作用的；但把他和我搞成這種情狀、境地的，除了翁院長本身的諸種別人難以啟口的特質以外，主要還是官場裡，他身邊策士等一干人的獻計作祟所以致之，翁院長似無能力分辨：人家是在構陷他於不義，或是在幫他的忙？讓他還心懷感激；舉例言之，遠的不說，二〇〇三年二月二十日國親立委三十三人連署提出的司法院組織法修正草案，司法院在院長室開會商討對策，及二〇〇三年五月三十日司法院透過國民黨立委高育仁具名邀請考試院、監察院院長、法務部政次、法官協會、檢察官協會代表、三所終審法院院長、委員長、楊仁壽祕書長等人餐敘，討論法官法草案，均未通知副院長。

十三、司法院副院長宜否爲正副總統候選人站臺演說？

二〇〇〇年初春在臺灣原係風和日麗、鳥語花香的溫馨旺季，碰巧遇到第二次全民普選國家元首總統大選，國內外情勢異常緊繃；計有一號候選人宋楚瑜、張昭雄；二號連戰、蕭萬長；三號李敖、馮滬祥；四號許信良、朱惠良；五號陳水扁、呂秀蓮，共計五組，在做最後階段的激烈衝刺。從二月一日開始，五號身邊的人馬，包括仲模的幾位學生、故舊、各社團的好友及法政經濟社會文化相當職階的菁英，陸續到辦公室和家裡，請我務必站出來爲扁蓮站臺；也有迂迴的請仲模去找臺南許文龍董事長、長榮集團臺北總部張榮發總裁，聽聽他們的政治風向判斷。許董事長是我四叔燦樹臺南高工（後爲臺南成功大學工學院）同學，常有接觸聯繫的機會；我特地去拜訪他，恰巧他在樂團練琴，許董事長就當場拉小提琴，仲模和樂唱了「荒城の夜」、「菩提樹」（Der Lindenbaum）、「旅愁」（Dreaming of Home and Mother）、「Danny boy」四曲，讓彼此意氣異常投契，樂團很多人要我繼續唱下去。許董事長一口咬定，五號一組必定當選；張總裁猶豫在二號和五號之間，認爲綜合實力在「ごふごふ」（五分五分）間，即勝負難分的平手狀態。兩位大概了解仲模的現實身分，都沒開口慫恿我要「潦落去」（臺語），即站出來挺扁蓮。幾位阿扁身邊的年輕人被稱爲「童子軍」，是扁當立委時請我愼選去當他的助理的，幾次來找我「時機已到，請老師站出來吧！」的催促；有一位大醫院黃副院長及一位大事業家的許負責人，至少來看我十次不等，希望我在三月上旬就公開宣布站出來挺扁，並相信、計畫在當選後組閣時要我擔任閣揆云云。這分秒必爭的時段，和中央研究院李遠哲院長、某知名食品大公司高總經理、蕭知名社會學者等等，都保持頻繁的接觸與互通信訊消息。

新世紀已然來到的臺灣，作爲一個社會生活上的知識分子，務須與四個「I」相結合，即：1.International（國際互動）；2.Information（情報資訊）；3.Internet（網際網路）及4.Integrity（誠實信守）；尤其最後者，更是做人的硬道理。仲模身爲被賦予司法院副座的人，怎可自毀司法法規所嚴格規範：要遵守中立，禁止參與選舉活動。曾有一位退職司法官是參加臺北市議員被選舉的人的配偶，他是非常優秀的法官，只因為夫婦一張各穿上法袍的宣傳廣告，就被司法院要求立即拆下；我在法務部服務時，亦有一位精明能幹的律師，沒事先跟我知會就到處懸掛大型廣告看板，把我和他過去一起拍過的照片放大登載，我立即親自電請全數除去。我若於此時出面挺扁蓮，則能如何自圓其說？如何能對全體法官、司法行政同仁以及國民全體交代？其次，仲模在法務部任職時，對於賄選或行政不中立，尤其對於行使檢察公權力者，一再以禁止法規為前提，無數次的要求所屬檢察署同仁嚴守職責，切勿逾越；但就在陳、馬市長競選投票前日競選活動最後時刻過後仍有一位熱心的檢察官同仁上臺慷慨陳詞，為某位候選人推薦；事後我仍依大家同遵共守的規範予以行政性懲戒處分。此事，直至今日，我依然心悸不已，但為了選舉秩序的井然及日後更向上提升法治原則，我就毫不猶豫的執行了大家共同規矩參與選舉活動之信念。其三，若有意或無意想用魚餌——政府裡頂尖公務職位要我棄守生命過程中堅守的做人基本態度，譬如不能為五斗米折腰、也不能委屈事人而折煞自己致不成人形；凡屬公務，仲模只思慮：這個差事，我能力所及可否累積對普遍大眾的公共利益所需，斷無其他任何因素可以讓我苟且屈就；這是我視為信條而自勉不踰矩的人生態度，所以自返國服務家鄉，沒有一個經過的公職是用主動、積極求取、請託而來的，當然，更不會去做居心掠奪他人職位的權欲企圖。結果，仲模婉謝了這麼多親朋老友的勸說；而扁蓮五號組也順利當選，並打破了「萬世一系」形式上的中國國民黨政權，讓臺灣的民主政治更向前邁進了一大步。

十四、仲模幾經思索詳考，萌生辭去司法院公職的意念

臺灣政治環境的重大移異，加以司法改革之聲響徹雲霄，而人民不滿之心緒，每日閱報、聽廣播、看電視，不絕於耳；我在司法院任職，頻繁來訪的司法同仁，亦常搖頭嘆息，我無法將下情盡量上達，庶免遭到故意潑冷水的耳語回應；一言以蔽之，司法權內操作人員的黨國思維、審判案件數量的呈現累積、司法行爲的不夠精準快速、法官升遷調度時見偏頗輒失客觀、司法審判系統不藉更高層次政策釐定而處處予法務檢察系統執著排除於「司法」之外（仲模並不反對；但它是歷史的陳蹟，是需要相當時間、商討、更高層次的「國家司法政策」決定）；尤其是那一些有相當組織性的各種民間社團（多數法律性或關心國事的人權、法政團體）有如獵巫式的把箭頭朝我猛射，經查瞭然原由，係對我政治主張與對我個人嚴重非事實的傳言誤會，我除了感嘆學法的，或所謂社會公正之士，怎會釋出如此不正當、亦不正常的主觀認定與攻擊？因爲上述這些人，我不一定認識，他（她）們更與我從未謀面，竟然會如此的以訛傳訛。這種事態的擴散顯現，讓我萌生了不少的對策思慮。

㈠陳水扁總統邀約見面

1. 二〇〇〇年四月十七日（一）十一時至十二時十分在敦化南路一段三三一號五樓（陳水扁先生尚未正式就任總統）。
2. 二〇〇〇年八月十日（四）七時至八時二十五分在臺北賓館。

3. 二〇〇〇年十月二十三日（一）八時四十分至九時二十五分在玉山官邸。
4. 二〇〇〇年十一月七日（二）八時三十分至八時五十四分是在總統府。
5. 二〇〇〇年十一月三十日（四）十四時至十四時五十七分在總統府。

每次見面均係被動通知前往，詳細談話內容均經記載於仲模日記簿上。第五次在總統府面謁時，仲模曾就在司法院工作已有「倦勤」之意告訴阿扁前總統，但他沒有立即回應。

(二)李登輝前總統邀約見面

1. 二〇〇〇年九月十一日（一）十六時三十分至十八時在淡水臺綜院三十八樓。
2. 二〇〇〇年十一月二十五日（六）十六時十八分至十七時二十五分在大溪鴻禧山莊寓所。
3. 二〇〇〇年八月二十七日（一）十七時至十八時十分在士林外雙溪翠玉山莊寓所。
4. 二〇〇一年八月三十日（四）十八時至十九時十分在士林外雙溪翠玉山莊寓所。
5. 二〇〇一年十二月十三日（四）二十時二十分至二十一時三十五分在士林外雙溪翠玉山莊寓所。

第五次見面是李前總統總管家李武男先生來電約我說：若方便請來一趟；我於當晚中興法商法研所下課後即開車過去，抵達時，李前總統已在等我。問我司法院、司法改革及我和翁之間的情形；李表示：有很多人跟我講過他的事了，眞沒想到翁是這樣的一個人；他對扁很擔心，所以組織了「群策會」來表達民意歸趨，逼扁多聽人民聲音。仲模順著詳細介紹翁院長、當前司法院及司改諸事後，清楚地表明我想「辭職」返校教書的意願，登輝先生三次眼神直視仲模說：「不必如此想，你就待在司法院，不可一走了之！」

㈢二〇〇三年四月四日（五）上午有一位臺灣、香港及中國到處進出的「有力」人士及某大醫院和扁異常親近的黃姓醫師來告訴仲模：因為我沒有積極幫扁競選，總統當選人陳水扁已決定司法院正副院長依舊，但要請邱義仁、李鴻禧、翁岳生、張建邦、錢復為大法官提名審查小組的成員，由副總統呂秀蓮負責主持小組會議；自由時報記者項程鎮也顯靈活的聽到並證實以上傳言，並說翁在一個應酬宴席上篤定他的續任，也特別稱讚謝在全、賴英照、林永謀續任，推薦蘇永欽、楊仁壽、廖義男、許宗力四位法學者。翌日臺北大學有一場連續兩天的臺、德、日行政法及憲法、環境法國際研討會；我今夜忙完了應接歡迎晚宴返家後，在家閒聊，Grace講話了：施啟揚前院長雖曾任中國國民黨中常委，是黨性強韌的人，所用祕書長朱石炎更是中華黨國思維的學務兩棲之人、公關主任亦是身分特殊、其來有自，但施院長家學淵源扎實敦厚、應對進退予人溫文儒雅、風趣豪邁，予人春華秋實之感，其下屬當然不致造次，到如今，司法院及司改搞成如此這般，卻要你共同負起全責，何其枉然，所以，我比較建議你離開司法界遠一點，什麼大法官、副院長都免了，果眞跑不掉，就只負起大法官的職責。內子的話，讓我突感清醇舒暢，如釋重負。

二〇〇三年四月七日（一）下午五時五十分《自由時報》、《中國時報》刊載翁城續任的消息，李前總統來電關心仲模的意願看法，即回以：我已陷入整天的沉思，比較「傾向可能會有大動作，不一定要接受扁邀，大法官及副院長均告婉謝」，李前總統聽著這麼的回訊，似無驚訝，只簡短有力回仲模一句話：「可稍候一小段時間」；晚間九時，呂秀蓮副總統來電確稱報端電視等新聞關於司法院人事案消息無誤，並請我將四年多來，司法改革實踐兌現及執行的詳細情狀，盡速再撰一報告以便轉呈陳水扁總統參閱鈞卓。

十五、時勢移異，社會動盪，竟連司法座位上，亦有飛來橫禍的厄運

二〇〇〇年伊始，正副總統候選人陳水扁、呂秀蓮發表「新世紀、新出路，陳水扁總統國家藍圖」的司法改革具體方案中，擬提名人格獨立、學驗俱佳、有宏觀視野、具人本襟懷、能以人權為本、立足本土社會及擷取各國思想精華人士為大法官，資作競選政見；對於司法首長的任命，也主張應以公正、專業和能力為唯一考量。法政社會社團學會關心司法權發展的關鍵人選、大法官之甄選審覈，非常重視，乃有人聯絡了澄社、民間司法改革基金會、臺北律師公會、律師公會全聯會、臺灣人權促進會及臺灣法學會等六民間團體於元月十九日由臺北律師公會理事長李念祖宣布成立「民間監督司法院大法官（含正副院長）人選聯盟」，呼籲當局必須兼顧性別比例外，也應該兌現總統大選時的「競選支票」；國家政策研究基金會、《中華日報》召開「司法改革與人權保障」，由周育仁政策委員主持，與談人有翁玉榮教授、張特生前大法官、翟宗泉前監察委員、劉宗德教授、薛爾毅前公懲會委員、陳新民教授等參加；中國國民黨立法院黨團於二〇〇三年九月八日發表了「第七屆大法官被提名人意見調查結果」（包括院長、副院長及相關議題部分）立法院第五屆第四會期第一次全院委員會公聽會舉辦於二〇〇三年九月五日在立法院九樓大禮堂，王院長金平及江

副院長丙坤擔任主席，邀請了法政界學理及實務機關、社會各界賢達專業人士與會深入探討，三十位以上，自十三時三十八分至十八時十八分，載於立法院第九十二卷第三十八期委員會紀錄（極為詳細完整）；其他，有一家頗具規模的人權維護團體，從一開始規劃、設計、取樣、統計及成果出爐，都很細心進行，最後被發現這些做法並不合科學、專業水平，致所得結論異常偏頗傾斜，所幸主持計畫的負責人很節制，將之收藏起來，不對外發表。

上引「民間監督聯盟」自開始籌劃就爭議連連。「原本參與民間監督大法官聯盟的臺北律師公會，因為理事長李念祖律師的堅持，另行邀集臺大政治系教授呂亞力等人組成推薦委員會，雖作業倉促、內部意見不一，但最後有八人獲選……是去年底籌組聯盟時，便已有共識，聯盟既要行監督之責，便不應該推薦人選，以免引來球員兼裁判之譏。不料，李念祖及黃國鐘等人主導下，又突然邀集學界、律師界等人自行組成推薦委員會……一切作業都是以臺北律師公會之名進行，曾一度引發理監事的質疑，甚至在會議中有理、監事對於少數人一意孤行的做法炮聲隆隆。召集人呂亞力的政治色彩被歸為統派，委員中包括參與副總統競選的律師王清峰、李念祖是國民黨的國大代表、幾乎是從一開始，推委會成員就已定調，所以具本土意識代表的萬國法律事務所等部分成員難以接受……事實上，問卷及推薦信迴響並不熱烈（仲模謹按：三百二十二位當中只回收六十四份，其中律師二十五位、法官十位、檢察官二位、法律學者七位、其他二十位）……審薦小組青睞的人選中，有王澤鑑、吳庚及蘇永欽，在意識形態上，顯而易見清一色是統派。由於大法官對國家憲政的重大影響，李念祖等人積極希望爭取影響力的企圖心，在法界已成為話題；只是，他憑藉臺北律師公會理事長之權，所做出的一些決定，已引發相當大的反彈。立法院不少立委更是拿著臺北律師公會少數問卷的結果作爲審查依據，其代表性及象徵性，恐怕都有可議之處。」[9]

「民間監督大法官人選聯盟」對我的評鑑，究竟講了些什麼批評的話；茲就記者江元慶的整理，重點如下：1.憲政認知：常有過多政治和權位考量，欠缺大法官應有對憲法之忠誠、獨立、公正客觀、政治意識形態太強、政治立場太鮮明、有損大法官形象與公信力；騎牆色彩濃厚，黨政關係太複雜、太官僚；2.專業表現：沒有司法改革理念與事蹟，人品有爭議，說一套、做一套，常言不由衷，未能堅守原則，口口聲聲廢除死刑，但在法務部長任內對於證據不足的定讞死刑犯，仍核批執行令，擔任副院長期間，不僅未襄助院長推動司改，甚至處處唱反調，彰顯謀取院長職位之野心，爲官太久，素養知識恐多所生疏；3.教識能力：教學馬虎，不誠懇，學問氣度不適合擔任受人景仰之大法官。「有媒體經過追查指稱，發現聯盟根本未曾討論城仲模適任與否的問題，被點名受訪的律師林峰正更是強力否認曾經說過這樣的話，其實撰寫的記者事後明瞭承認錯誤，更表達欲向城仲模道歉的心意，但是傷害卻已造成。」（記者程欣媛）另外，還批評我的自傳，內容浮誇自大云云（關於這點，仲模的自傳被肯定，當選爲一九六八年十大傑出青年；最近也被GRE作文老師推薦爲範本）。以上的這些批評、攻擊、傷害等等，仲模在二〇〇三年九月一日《商業周刊》的專訪[10]時約略簡賅的回覆了，一開始訪談，我微笑地說：「老實講，因爲他們不認識我，所以講出來的話都是顚倒」尤其他們說：我有謀取院長職位的野心（奪權）？是他們自己主觀的經驗要鼓勵我去力行嗎？仲模自幼稚童年以迄於今，家教庭訓、人生經驗裡，從未有過如此的紀錄，在我的生活座右銘裡，根本不可能有「野心奪權」的意念！倒是與仲模無特別淵源的「陳水扁總統在接見民間監督大法官聯盟成員對成員時，曾提及外界對一些人士的批評並不公平，等於間接還給仲模清白；只是當部分人士仍因仲模堅持本土意識優先（連他上電視公開爲自己的本土意識辯論，都引來外界的質疑，引來不當之譏：卻不視國外在審查大法官，候選人的意識形態本來就是一項重要的審查項目），便將箭靶對準他，未來立法院的同意權之爭，似乎也難以脫離本土保衛戰之爭」[11]。

二〇〇三年九月五日（五）在立法院舉辦的公聽會裡，主席王院長金平開場時說：本院對行使人事同意權舉行正式公聽會是首例，在憲政史上，實在具有里程碑的重大意義……在座各位均爲一時碩彥，受各黨團舉薦出席本院所舉行的公聽會……時間從當日下午一時三十八分直至晚間六時十八分，共歷時五小時又十分鐘；公聽會的紀錄共八十九頁（精小字體排版），參加者三十餘人，發言人次逾五十以上；是一件值得留待青史參考的時代政治實錄。仲模細心拜讀，就總體而言，是最詳實的社會各界菁英對被提名大法官資格的審查意見。仲模發現有二位的發言對我有意見：1.趙叔鍵先生：「至於今天擔任大法官，明天要擔任部長就把大法官職務辭掉的人，我們也不要」。（謹按：仲模和他未曾謀面，若我是他，一不小心，也許也會和他一樣講不客氣的話；但「理未易察，善未易明！」）2.顧立雄先生在散會前第二次發言補充：「⑴法務部長任內執行死刑的過程中，並不是說他不可以執行死刑，而是就當時一些個案與其互動的過程當中，彰顯出他當時的誠信不足，因他講的與做的不同，所以在誠信方面有問題；⑵在推動司法改革的整個過程中，體認到其對司法改革的信念是否足夠？」（仲模謹按：主觀的任意性與客觀的妥當性立足點並不一樣）其他，有多位參與者曾如此的發言：

•賴立委清德：「有少數令本席感到訝異的是，用毫無根據的資料公開指責一些人……這些均有失偏頗，當時本席曾提出請主席制止這些言論的要求；坦白而言，這個場合的言論見諸報端之後，除了對被批評的人有失公允之外，對立法院的威信與辦理此公聽會的善意也有很大的影響。」

•卓立委伯源：「我們很多委員都收到一份來自民間監督聯盟的文件；本席也詳閱了這份資料全文共六十頁，其中一半以上的篇幅都是針對城仲模副院長個人的行為提出臧否……這點相當嚴重。我們立法委員如何看待如此一份報告？這些民間聯盟的意見是否有公信力？他們能夠把這樣的報告送到每位立法委員的手法，對這些被提名人是否公平？[12]刊文分析中指出：「出現民間監督團體指副院長城仲模不適任大法官的評鑑，看在司法人眼中，這些年部分司法人成群結派的情勢似乎愈演愈烈，如今看似走向「割袍斷義」的地步，也讓向來保守講究倫理的司法人相當感慨……司法界人士指出，只要了解評鑑委員的關係就不難理解這樣的結果；權威人士指出，評鑑委員中的周志宏教授，八十一年的博士指導教授就是翁岳生，外傳主導撰寫「倒城」評鑑報告的林永頌律師，也是翁的門生……尤其城仲模副院長擔任法務部部長時執行死刑的問題也被提出來公開討論，對他是否公平？」

•尤立委清：「有個團體對於城副院長在自傳裡吹吹牛形容自己『少懷大志』也要加以批評，其實這並不致影響他行使副院長的職權。外界批評最多的還是城副院長在法務部長任內執行死刑一事，可是如果他不執行，社會恐怕也會加以批評，到底法務部長有沒有那麼大的權力，可以不執行死刑呢？對於這些批評，各位委員可以在行使同意權時加以判斷。」

• 葉金鳳女士：「城副院長擔任法務部長時，有關執行死刑的部分被提出來討論的這件事，到底公不公平，我想強調的是，就我擔任過法務部長的經驗來看，法務部執行死刑有一定的程序。當然部長也有最後的核定權力，必須經過部長的批准才能執行死刑，所以我認爲，除非核准時有違背程序正義或侵犯到人權等等，否則依照法律所做的職務行使應該被尊重。」

• 陳純仁先生：「有幾個團體表示反對城仲模被提名，雖然我沒有看到相關文件，但是我很懷疑文件的客觀性，從我們拿到的資料來看，城仲模先生的著作包含日文著作和英文著作，而且多達七十七篇，是大法官人選中著作最豐富的一位。而且他曾經到過日本和美國，又在維也納大學得到法學博士學位，可見他的學識和專業相當豐富，這樣的人竟然受到質疑，我覺得相當不公平。如果只是因爲他在死刑執行方面的看法和某些團體不同而遭受質疑的話，那麼我們也要考慮這些死刑案事實上都已經過法院多次審判，經過很多法官審酌後所做的決定，那麼你們是否也質疑法院各審那麼多法官的決定？」

第六節　峰迴路轉，仲模決定尋找機會再次試爲我國司法權竭盡心智

因爲我是自童年、及長、中學大學、留學、返國服務，一秉「臺灣本土爲最優先」的堅定信

念，時刻作爲我心靈意志的自由解脫與實踐它的豐富內容；久而久之，就被「點油做記號」，絕對不被思想不一樣的黨政人物或彼等分散於各階層掌權者所接納，於是爆發了今年（二〇〇三年）開春以來，籌備、擬議、設計、分工、滲透、宣傳那麼縝密的謀略，預備一舉把我擊倒。其前，原本有消極「不如歸去」想法的我，反而更激發仲模的意志決心，我必須積極對應；反過來讓那些人意識到我這個在臺灣土生土長的人是如何的堅韌執著，對心中那把尺絕無退讓妥協。仲模說服了家人、親朋尊長，接受當局大法官兼副院長的提名。茲將入夏以後，我日記簿上重要的記載，按時序臚列如下：

- 二〇〇三年五月五日（一）仲模讀完《最後十四堂星期二的課》（*Tuesdays with Morrie*），作者Mitch Albom。
- 二〇〇三年五月十二日（一）大法官審查會召集人副總統呂秀蓮決定提二十名人選給陳水扁總統最後確定。
- 二〇〇三年五月十九日（一）午前總統府公布十五名大法官人選，仲模並爲副院長；（自由時報，早於四月十四日登載翁、城連任消息）。
- 二〇〇三年五月二十日（二）十一時在總統府介壽堂由正、副總統陳水扁、呂秀蓮主持介紹大法官被提名人（今年十月一日上任就職）場面簡單、隆重。
- 二〇〇三年五月二十七日（二）大法官被提名人十五名，分成兩輛車到立法院，王金平、江丙坤正副院長在門口迎接，國親兩黨均不在辦公室，民進黨、無黨籍聯盟均到。

●五月二十七日及三十日（五）大傳媒體「暗流」：1.有人希擁立某位大法官被提名人為「副座」；2.臺北律師公會決定不贊成城仲模、楊仁壽被提名為大法官。

●六月二日（一）下午三時請仲模到總統府，我到現場時才知道總統也約副總統來一起談司法改革諸事；總統對著我和呂副說：某人沒有膽子的……講什麼話都聽不懂……不要期待太多。總統要我回去主持和其他十三位大法官被提名人聯絡事情，呂副當場回應說：這種事情翁院長去做即可；總統希望有關立法院審查會諸事及幫助圓滿通過，請我去找中國國民黨祕書長林豐正談談，呂副說：這可由錢復、張建邦或翁、賴去做即可；可是，有一位被提名人說：可撤回其提名？總統、副總統都不太了解其中特別道理是什麼。

●六月十三日（五）司法院公關室主任王酉芬來看我，談了很多事，表示有時她是不能作主的，很無奈，要請包涵；我說：我都很了解，不會怪她，又，上次提到要替她找一塊好地毯事，我還在尋找、斟酌材質及顏色……她眼眶似有泛紅。

●六月十八日（四）突聞大法官被提名人法治斌教授於上午七時四十分過世，我即趕到政大去唁勞他的親人。

●六月二十一日（二）整天在家裡讀書：李筱峰新著《六十分鐘快讀臺灣史》、史明《臺灣四百年史》。

●七月七日（一）下午司法院主辦會報後，翁院長指示司法行政廳長宗鎮到臺大醫院去學習近日進步情況，也要公關室去辦理司法形象廣告之類的活動，預算擬定三千萬元……等，我發言表示了意見：1.醫院醫生及法院法官工作性質迥然不同；2.司法公關廣告是花錢卻無效果的，人民信賴司法與否，不是可以用廣告而收到效果的；3.很多事情的策劃需有專業、有經驗者經研商而後行……

- 七月十一日（五）下午二時三十分高育仁立委領隊（八位立委）來院與大法官談論：1.立委宜如何辦理大法官同意權的行使；2.大法官辦案宜如何更精進；3.其他：包括死刑問題、公投立法或用行政命令發布之問題、總統制和內閣制、司法院釋字第五三〇號解釋若沒能在十月五日前通過，其後果？人權保障、新科技與倫理間的調和、大法官職責在國家利益安全上的重要、憲政秩序維護、民主法治根本精神、福利政策、新聞自由與隱私權、中央與地方關係……
- 七月十三日（日）讀《*The Tibetan Book of Living and Dying, Sogyal Rinpoche*》，一九九二年；有中文譯本《西藏生死書》（鄭振煌譯）一九九六年。
- 七月二十日（日）撰擬「咱的土地、咱的歷史」大綱及內容稿。
- 八月十七日（日）民間監督大法官提名聯盟發表人，主持人瞿海源教授，結論：只城仲模一人不適任。
- 八月十八日（一）《聯合報》、《臺灣日報》登載昨日民間聯盟的發表記事；記者周玉蔻、蕭白雪、立委劉文雄、邱太三、年代新聞臺胡忠信、范立達、盛治仁，諸「名嘴」都就事論事、積極分析，覺得不可思議；很多人安慰我，我笑稱：聯盟擔心我不夠出名，故特別費心開會、登報爲我宣傳廣告；仲模有上電視簡單回應。

•八月十九日（二）總統府辦公室主任馬永成先生來電，略稱代表阿扁，請我不必爲這二、三天社會上爲我被提名事議論紛紛而煩心，他們都了解政治操作的緣起，翁院長年事亦高……

•八月二十四日（日）整天在家研讀《臺灣社會現象的分析——家庭、人口、政策與階層》伊慶春、朱瑞玲主編，中央研究院三研所，一九八九年六月臺北；三十八臺TVBS走馬燈打出：城仲模立法院行使同意權有危險。

•八月二十五日（一）九時三十分至十二時二十分接受《商業周刊》專訪，記者江元慶、陳兗，攝影卜華志。

•八月二十六日（二）十八時三十分三八會禮邀陳水扁總統蒞會演講，全程臺語，歷一小時；他關心我近日的消息困擾，對我說：沒問題，若有情況，告訴他。

•八月二十八日（四）十時司法院大法官被提名人拜會立法院國民黨、親民黨黨團。

•八月三十日（六）九時三十分至十二時十五分呂秀蓮副總統（審查會召集人身分）主持大法官被提名人記者會，在總統府會議室大廳，由呂副開場致詞，邱義仁祕書長講話，每位被提名人三至五分鐘。

•九月八日（一）九時至十二時，十四時三十分至十九時三十分立法院開始審查司法院大法官被提名人兼正、副院長，進行情況相當順利。

•九月九日（二）九時以迄十三時繼續昨日的審查，只翁岳生與城仲模兩人（有委員用Power-point，有五位歌星照片哪一位是周杰倫？翁答不出來，城不認識任何一位，經急速判斷，手指其中一位，OK！對了；再問翁，他也跟著指周）。

•九月十六日（二）立法院投票日，八時四十五分立法委員王昱婷來電說：中國國民黨黨團黃昭順委員已電請十來位女性中國國民黨委員，不要投給城仲模，因為再怎麼算他的票已遠遠地超過翁岳生的票，再多票給城等於要害死他……仲模在立法院首長休息室，翁院長與王酉芬都在場，翁的票稍有起伏，最後開完為一百五十六票；然後仲模部分開始唱票，一路挺進，約到四、五十票時，開始有不同意票，到一百零七票時，不同意票衝出了三十幾張，把當場的三長（柯建銘、邱垂亮與陳其邁）都嚇了一跳，此時，我倒是很鎮靜，心想一切順其自然，再又繼續「城仲模一票……」突破一百六十票挺進到一百六十八票。在場不少人都跟我祝賀；翁院長和我一起到立法院大議事堂謝票。至少四位各黨團負責人對仲模講了同樣的悄悄話：「按照傳統的政治文化，仲模兄，以後的日子你會很不好過……」一直到晚間八時，全部其他被提名人的票才開完，其中有三位的票，差一點就沒得過關；終於，全部都通過了審查、同意權行使的法定程序。返回辦公室，整理桌面的名單資料，回家即刻伏桌書寫感謝函給兩百餘位的立法委員暨特別幫我大忙的二、三十位各界老同事、同學、親朋好友，直至翌日清晨二時半才告一段落。

•九月十七日（三）十八時翁院長在亞都大飯店貴賓室宴請李元簇資政、施啟揚前院長暨即將卸任第六屆大法官。

•九月二十九日（一）九時三十分在司法院三樓大禮堂歡送第六屆大法官，有聲樂家簡文秀來表演藝術歌曲的獨唱、司法院合唱團的合唱曲及東吳大學弦樂六重奏。

•十月一日（三）九時二十分至十二時十分仲模在高雄市都發局演講「行政中立與透明的理論與實務」，場面盛大，座無虛席。十四時返回臺北市，十四時三十分進辦公室，十五時至十七時大法官行政會議，仲模以司法院大法官並兼副院長身分，第一次與會。司法院祕書長由范光群教授擔任。

•十月三日（五）八時四十分在總統府介壽堂宣誓爲「司法院大法官並爲副院長」，由陳水扁總統、副總統呂秀蓮主持，觀禮者有院長游錫堃、王金平、姚嘉文、錢復，包括翁院長及全體大法官宣誓，全部程序於二十分鐘內結束；返司法院召開大法官審查會（九時三十分至十二時）。

第七節　仲模再出任大法官並爲副院長伊始；翁院長主持會議、院務的情狀

二〇〇三年十月一日（三）仲模於上月中旬在立法院以一百六十八票高票通過司法院大法官同意權的行使，並爲司法院副院長，任期四年亦即迄於二〇〇七年九月三十日；依傳統屆次應爲第七屆，但因本屆有八年及四年任期之別，今後不再以全數大法官作爲屆次之區分；我於二〇〇六年四月六日辭去大法官及副院長職務，故未爲任滿法定四年任期。這個職務上的新變化，並不影響我辦公處所，即完全照舊在副院長辦公室，辦公室主任鄭乃文、祕書高誓男、朱蕙瑛、謝孟瑤等的職務分工依然如故，未做調整；大法官助理一名（吳坤城）另有配置。

本次上任的大法官，包括王和雄、林子儀、林永謀、余雪明、徐璧湖、城仲模、翁岳生、孫森焱、許玉秀、許宗力、曾有田、彭鳳至、楊仁壽、廖義男、賴英照、戴東雄，包括三名女性，年齡比第六屆稍降，最高齡是七十二歲翁院長。大法官每周開會時，過去都是訂在周三下午三時至五時，周四、五則是上午九時至十時三十分、十一時至十二時，輪值擔任會議主席的大法官，均準時開會、結束。二〇〇三年十月一日起翁大法官並任院長，成了大法官會議的主席，自己調了開會時間，預定周二、三、四、五均開會，因大法官裡多數人不贊同，所以又回到原來的三天開會，但時間又被院長改調爲周三下午二時三十分至五時，又改爲下午二時三十分至四時，四時十分至五時，周四、五同舊；翁院長主持開會是完全不顧預定的時間，經常不中休或往後延伸二十分不等，絕未因延宕而向大法官們表示歉意；也不曉得什麼緣故，開會中常常胡亂稱呼：譬如：稱賴大法官爲「嘿，賴教授……」；會中爭執告一段落時，宣稱：「各位同學有何意見……」（二〇〇四年三月十九日十一時三十六分）；大法官全體要到拉拉山休假去，主席翁院長說（在大會會場）：「每一位大法官都可以帶一個配偶參加。」（爲了緩頰，話鋒一變又說：史瓦濟蘭國王此次來中華民國參加陳總統新就職大典，是帶第四個妻子……）（二〇〇四年六月三日十一時）；下次是誰的案？是許玉秀大法官，「呀，你沒有家累……所以快一點，可以多做……」（大法官們都吃了一驚；在同上會議時間裡發生的）；二〇〇四年四月二十七日九時三十分司法院擴大主管會報上開會，在最高法院院長吳啟賓詳細報告業務後，主席翁院長：「多謝吳大法官……」二〇〇四年六月二十一日十四時三十分至十七時十分同上性質會議中，要求「今後刑事廳及司法行政廳要能『對藥下症』解決問題……」；主席經常不守時而延後幾近半小時，可能他也心知大法官們已按耐不住了，突然就宣布：「此會就到這裡。大家解散……」此時，我對翁院長說：「明天大法官們大概都不會來開會了」，他楞了一下，很訝異的問：「爲什麼？」我說你方才說：「大家解散呀」；二〇〇四年十月二十六日九時三十分司法院主管會報中，翁院長說花蓮院檢有不少「夫妻配」，出席的各主管聽了都莞爾笑了出來！（仲模謹按：宜爲「夫妻檔」。）

仲模面對稍有變遷的職位，司法院大法官並任司法院副院長，個人已年逾六十五歲，健康心智托福，都因青少年以來經常學習各種運動技能，還保持相當優異的狀況，又喜好新知、關心國事、撰寫著作、衷心持家、好交朋友、與人爲善、嫉惡如仇、簡樸生活、攝食清淡；雖然明知撒旦亦有惡魔成群擁立，耶穌也有猶大背叛爲患，但做人應行公義、愛護家鄉、遠離小人、睥睨陰私，卻又是自幼迄今已培養成的習性。當前，司法院院長是翁岳生先生，而不是近三十年來司法院長裡比較有專業，又有相當行政經驗、備受司法官尊敬的施啟揚先生；大法官們各有極緻專業、不同的生活背景與個性，司法院內的同仁，除了新就任的范光群祕書長（曾是萬國律師事務所主持律師、中興大學法商學院兼任教授、民事訴訟專業）外，大致上均無太大移異，而最高法院以次各級法院司法官及司法行政庶務，更是原班人馬在繼續其審判、勤務工作，司法院自一九九九年二月翁院長以來，逐漸地與法務部、最高法院糾葛日深等等，這些現實的司法大環境下，仲模該如何自我定位、服務於司法院，就是我最必須深思的階段性服勤指標。

四、五年來，法定由副院長主持的業務，包括：1.高等行政法院法官的特別甄選；2.律師轉任法官遴選會；3.普通法院法官轉行政法院法官遴選會；4.高風亮節司法獎章審查會；5.德高望重的已逝司法官選優會；6.民間公證人任免會等，這些會都有其特殊緣起或必要，雖非頂重要司法行政業務，但任何司法官都很注目，所以，至少仲模要求祕書長、一廳到五廳廳長及人事處長須要參與其會。大法官每周三次的審查會議、司法院院會、司法院擴大主管會報或臨時有院長召集的大小會議（凡關於重大政策性和人事指派之預先安排，翁院長在事前是不會和仲模商量的，他已確定策略或預定人選之後，再告訴我已發生過的事）、司法院人事審查會、大法官特別召開的某案公聽會、說明會或正式大法官對某案特別請來相關機關首長、學檢辯各方代表在大法官憲法法庭上的辯論會、監察院監察委員年度訪問會、地方法院、高等法院大廈落成典禮、外國最高法院法官來訪座談會等等，仲模必定陪同院長一起開會（有不少司法院重要會議，大法官多數認為其與大法官解釋憲法的職責無直接關係，它只是司法行政類屬之事務，所以，來參與開會的極其偶然；當然，這種現象是與翁院長的領導能力有直接關聯）。

每周三、四、五大法官釋憲審查會議，是我們的業務重點；每位大法官循例都會準時蒞會。會中大家都聚精會神的就各自的專業領域、法理邏輯、閱歷經驗抒發意見；議程中是先就經三位大法官成一小組審查過而提出的擬「不受理案」予以確定後，即進行擬予實質內容審查議論的案件，逐字、每句、成段的討論，這個時間裡是「工夫」、「精華」、「說服力」、「專業」的聚集時段，但也可能造成「一言不合的危險區」，舉例來說，余雪明大法官重複談到：大法官釋憲固然為捍衛憲法精神、法治理念與社會秩序……但外邊很多人對我說，你們大法官解釋，常違背會計原理、背離社會民情、違反其他專業原則……所以當我們解釋時，大法官不宜只站在法律立場引經據典，應多觀察其他專業學識……（仲模甚讚其說）（二〇〇三年十月二十九日）；上周會議上曾有遣詞用字上及理論依據上的「交鋒」：某大法官以不悅的語調說：本案不可只從刑事法觀點以論，被指大法官更以不屑的口吻回說：我只是從簡單的法學理論去推陳，而不是你說從刑事法……（二〇〇四年一月十四日十五時三十分）這兩位大法官更發生了嚴重的爭吵，有幾位大法官曾試圖緩頰。二〇〇三年十一月十九日大法官審查會上，有包括翁院長在內的三人小組提出都已簽署好的解釋文及理由書，因爲有四位大法官陸續發言（其中三位是翁的學生）表示稍有修正意見，主席翁院長此時宜速融入修改文辭才是正辦，卻反其道而行，要審查小組執筆的大法官「撤回」，再去查明德國相關Kommentar怎麼說……因這件審查過程，翁院長本人即是簽署大法官，一遇到有人講話就不再分說而要同組其他大法官「撤回」，大法官們看在眼裡都竊竊私語：老翁活像一位老師，動輒請學生回去再重寫。二〇〇三年十一月二十六日十六時五十分開始審查討論包括翁院在內的審查小組提出有關最高法院判例的申請大法官解釋案，雖然草案的執筆人不是翁本人，但他一直試著去說服其他大法官同意解釋文及理由書，惹起了一位旁坐的大法官大聲對翁院長說：你就是不懂，搞不清楚，說不明白……翁很難堪的回話說：我怎會不懂……此時該大法官更大聲回翁話，全場大法官、也包括書記處長、副處長、書記官們都很訝異；翌日該大法官未來參與開會，再過一日（五）該大法官於會議結束前三十五分鐘才姍姍來到，未發一語，翁主席狀似異常緊張。又過了幾個月，該大法官府上有點事，他連續整周三次審查會都沒來出席，再次周第一次開會，大會共提三個審查不受理案，該大法官主審並主稿其中二案，依司法院大法官多年來的審查慣例，均須主稿大法官本人出席說明，但他依然未來；問大法官會議主席翁院長何故、有無來去聯絡通知、是否微恙在家休息，即可決議該二案暫停審理，翁院長僅答以「不知道」，但該二案卻依樣不受理。

第八節 臺灣高等法院民事庭揭幕啟用

二〇〇四年三月一日（一）上午十一時臺灣高等法院民事庭法院開幕啟用，由高院院長張信雄主持，一齊剪紅彩帶的有翁院長、城副院長、吳啟賓院長（最高法院）及中華民國律師公會全聯會理事長；張院長及翁院長看稿子、照唸，祝賀一番，仲模婉謝講話，吳院長（曾任高院院長）細說興建經過，「本大廈係仿巴洛克建築外觀，外牆以淡米黃色花崗石雕塑，頗具古典建築美學美感，以及以現代石材帷幕吊掛技術，呈現嶄新的營建技術……本棟司法大廈已被臺灣高等法院視為博愛特區的新地標；我知道整體大廈的外型係城副院長擔任法務部長時，經多位建築師評比並修改後決定採用興建……我很讚嘆也驚訝城副院長有那麼深邃的眼光及對建築的涵養，而選了這種復古造型在博愛特區的司法園區裡，更顯出司法莊嚴建築的可貴……」儀式結束後，張院長陪嘉賓一、二十位從一樓至六樓並到地下一樓去瀏覽了一下。本大廈另三分之一屬法務部最高檢察署，於三月八日由法務部長陳定南主持開幕式；全部工程費十一億（含最高檢四億一千萬元），從一九九五年開始籌備以迄最近宣告完工落成，曾經歷司法院長施啟揚及三位法務部長。

這座司法大廈除了擔負司法公平正義、維護社會公義秩序、保障尊貴人權之重責大任，還成爲時尚婚紗照最佳背景的影城。

第九節 「司法（行政）院」翁院長酬酢過度頻繁，開會輒無頭緒

找了不少的原始資料文獻和學理性的著作，還是想不通「五權憲法」中的司法權，司法院到底是司法行政院？或是司法審判院？七十餘年來在臺灣所看到的，毫無疑問，應是前者。所以公關酬酢交際宴客，多到比我曾經服務過的內閣各機關，沒有一點遜色。翁院長自一九九九年二月履新以迄二〇〇三年年九月，宴請大小聚餐的頻率是一般的多（這一段期間仲模擔任副院長，有許多的應酬沒邀我，所以，沒辦法精算其數）；但這一、兩年裡，我已察覺翁院長的宴請各界——包括國內其他四院首長、主管及委員、地方政府首長、上層業務單位人員、司改相關各種組織具影響力人士、法官協會、女法官協會、最高法院庭長、最高行政法院庭長、公懲會委員、律師公會、法政學界、名嘴名流，甚至工商各界龍頭、靈魂人物等等，都是特殊名冊裡的籠絡對象；國外，德國來的法學學術、實務機關約占七成、日本兩成，及美英法等國來訪嘉賓，總共合起來，在仲模仔細日記裡所載甚至有過一周四次浪費公帑的宴客，地點是在臺北地區最華麗的幾家大飯店，比如Sheraton

Grand Taipei Hotel、Shangri-La Far Eastern Plaza Hotel、Hyatt Hotel、Regent Hotel、Caesar Hotel、老爺酒店、世貿中心聯誼社或司法院院長官邸（通稱大安會館）、公庫署五樓等處，因爲多到我感覺不對勁的次數，當我發現自己只不過是人頭數而與司法院無直接關係時，就會藉故迴避。有一次是在立法院開議前不久，二〇〇五年四月七日（四）十二時二十分，按例由公關室安排了各黨派立法委員吃飯溝通，這次是請中國國民黨立法院黨團司法及法制委員會召集委員何〇〇、白〇〇、呂〇〇、卓〇〇、高〇〇、李〇〇、劉〇〇等七位，在晶華大酒店三樓一間寬敞的廳室，翁院長、副院長、祕書長、公關主任均已早到，嘉賓卻姍姍趕到，最後三位到齊即可開宴舉杯致意；來了來了，院內同事祕書興奮地說，可滿座圓桌了，眞沒料到，其中兩位口中一直在罵司法官的貪婪瀆職，還沒坐下來就對著正副院長及祕書長，以手勢直指「你翁院長、副院長，告訴你們中部及南部有不屑法官操守極爲惡劣又大膽……」話都沒說完，翁院長極度詫異，即予回話：「某某委員，果眞如你們所說，請把法官名字及貪贓枉法情事告訴我，我們會馬上嚴懲……」話還在繼續講時，那三位立委以更大聲的厲語回了翁院長：「你在講什麼？我們民意代表手無寸鐵，既無權力更無檢調人員的方便，可逕予舉發阻止；現在我們已把眞相告訴了你，你不表示立即積極察查嚴辦，還要我們去請私人偵探社……好了好了，今晚的餐會，我們就先告退了」場面顯得非常尷尬滑稽，也留不住盛怒的立委了。另外，有一回是我下班了，正在返家車中，翁院長從高雄急電，略稱：考試院有關政務人員條例已由試委審查通過，該案對我們大法官薪俸中之司法專業特別加給好幾萬元有嚴重影響，你和考試院諸位委員維持相當好的關係，副院長吳容明更是你的老朋友，我（翁）都不很認識，眞的不熟悉，拜託拜託；如果需要「請客吃飯」也沒關係……我也知道考試院吳茂雄考試委員是你的學弟，拜託拜託，請你去「遊說」他一下，一定會好轉……聽了翁院長的這些話，眞讓我感慨萬千；副院長要否請客是由院長開口核准的？再，接連的請託，實在讓我受寵若驚，也莞爾一笑，翁院長確實能伸能屈。我的確和吳容明副院長及吳茂雄試委保持有相當的私誼，常有家庭間的相互往來；我也的確跟他們打過數次招呼，談些近期內臺灣政界的重大起伏相關問題（仲模謹按：吳副座是親民黨宋主席身邊重要襄贊，吳委員則是臺聯黨的策士）；翁院長的臨陣低聲下氣，一再拜託，以及慫恿仲模不惜身分立場去「遊說」（關說），設若一旦事發或大傳媒體曝露「特寫消息」，眞不知會演變成如何危險的結局！此時，仲模也聯想到翁院長的一個典型、標準的違法「關說」疑案：有一個選舉無效案件告到高院，庭長某人，翁院長電請高院某一位人士去電該庭長略謂：翁院長交代本案不可駁回，因爲中正紀念堂前已聚集了很多群眾，一不小心是會暴動的，如果該庭長堅持不聽，翁院長願意親自去「說項」；結果，庭長基於法律及事實證據的確信，駁回了該案；此事，是二〇〇四年十月二十二日（五）（農曆九月九日重陽節）中午講了出來的（在座還有一位資深法官）。

國家司法權組織運作機關的良窳，關係到國家總體的存立、長遠持續富強康樂、社會繁榮安定幸福的維繫，但眞正的關鍵係其司法制度宏規，及首席人物的高瞻遠矚、人品高尚、文史哲理周臻及領導才能便捷。臺灣，在這七十餘年來，所謂「五權五院」首長的甄選抉擇要訣在「黨性」、「忠貞」、「政治正確」、「聽話」、「順從」等緊箍咒，才幹倒是其次；全國公務人員的培育訓練也同其道理。所以，在近年國際激烈競爭中屢屢敗退，理由除上陳原因之外，缺乏創新、創造能力、因循苟且、不敢承擔責任、「能混就混、能撈就撈」，失去了運動場上最可貴運動精神和勇敢競賽的魂魄。司法的這一塊，我已再三研判，除施啟揚院長以外，情狀比行政院內閣主帥甚至還糟糕，所以社會各界沒人相信「司法是皇后貞操」。可是確信不疑，「法院是國民黨開的」。翁院長曾於大法官會議時（二〇〇三年十一月七日（一）九時三十分）以院長首席大法官要求：依司法院會議規則第二條第一項第二款規定，全體大法官務請參加院會，因爲大法官是必要「成員」；當場有一位翁的學弟大法官、二位學子大法官表示無法苟同；最後，翁院長還是強力要求大法官必須參加院會……「其他若無意見，通過！」事實上，大法官們是有相當的自尊、自信、自主意識，幾年來的司法院院會，是偶爾來一位或兩位大法官，不來參加卻變成了常態；司法院第一一三、一一四次會議，議程及提案資料早已送達，並有特別提醒務請參與討論，全體大法官還是都缺席，只剩正、副院長及完整的司法行政首長及工作同仁。翁院長雖已在司法院擔當首席大法官數年了，卻似方才初任時的陌生於議事規矩，守時與言簡意賅。院會的預定時間表是十四時三十分至十七時，施院長時期，十七時必定告結束；上該兩次院會情形雷同，一直延宕至近十八時三十分才被「迫於情勢」匆匆畢會。會議主題之一是關於民法親屬編出生子女從父或母姓，父母不能決定時（或養子女從誰的姓氏），如何解決？行政院版：由法院依子女最佳利益考量；司法院版：抽籤決定！但會中刑事廳長與司法行政廳長意見不一致，參事主任也提出質疑，此時，翁院長開始講些不相干的話：

「……現在社會很亂，一家五、六人，父母要自殺，卻把子女四人一起燒炭死亡，好像把子女當成財產……」此時已是十八時二十分，仲模實在已無法再忍耐，乃打破一慣沉默不開口的「美德」，向主席表示我想講話，翁院長很憂煩的臉孔答稱：可以呀！仲模說：1.現在已是六點二十幾分了，這個會已連開了近四個小時，我們當主管的有專車送回去，本院與會同仁的交通車已於五點三十分發車了，叫同仁怎麼辦？2.子女姓氏問題，主席既已裁決，就好了，何必再反覆討論？3.行政院版早已定案，本院版將來必定會有客觀的評價；4.法官，在人間原本就被賦予神的審判權能，已是人間的神；現在我們卻「繳械」用問卜、抽籤、杯筊方式，眞不可思議；5.後面還有一個案，請把它處理了，再說吧！主席翁院長苦笑了，說：「副院長很守時……我是尊重主管廳的意見，才裁定抽籤……我以爲案子已經完全沒了，眞不知後面還藏有一案……」就如此，要求簡單唸一下案由，通過，結束會議，時已十八時二十五分，翁院長可能根本沒有想到體諒同仁家庭、子女接送、交通問題，造成了與會同仁似都臉帶憤懣的眼神離開會場。

司法制度的新創、調整及司法權的精緻改善內涵，這種過去總括性司法沉痾的司法改革，其「領頭羊」竟是如此這般的情狀，眞正腦筋清楚、思路靈巧、理解司法內幕組織結構的人，絕不可能和外界殷殷期盼司改成功的民衆一樣，會存有一絲絲奇蹟出現的幻想。

第十節　爲幫院長把關，仲模用心批閱公文並附註，卻多無下文

仲模自法務部被調回司法院擔任副院長，因無大法官釋憲審查業務，再加需一步步適應如何與

翁院長通力合作，把司法改革的準備、籌組等業務做好，同時也需要對所屬各廳處及各層級法院的審判案件之累積不降等，深入了解、督促大家真心、用心把分類職責盡可能圓滿達標。所以，對於層層節制發文來到副院長室的公文函件，祕書長以次所簽均非常仔細的研閱，必要時也加註仲模的意見供翁院長卓裁。除了在前端有數列當時仲模的加註或簽註外，再舉十七則原來的簽註，資作那時工作業務梗概之正面附加說明（簽署單位、主旨、說明及擬辦等均從略）：

- 二〇〇〇年四月二十八日「關於籌設『司法文物陳列館』乙案，係屬本院權責事項，已編入於『藍皮書』參之三（頁一八），預定本年底前完成計畫相關事宜。惟該項『改革方向』、『具體措施』究有何重大意義、可行性、具體內容、開放參觀之對象（誰會有興趣來參觀？），其後龐大建物、事務之管理、經費等，迄今似尚未積極進行籌劃。臺南市政府來函建議於該址設立『臺南市美術館』似可多方聽取意見並經詳酌後，再做適合本院政策方針兼具協力發展地方文化事業雙重意涵之決定。」本件加註後，翁院長究竟如何批示？迄無消息。
- 二〇〇〇年九月五日「一、法官合情合理的請求，似宜積極回應；法官申請留職停薪，其處理方式是否與公務人員無殊而不能做惜才留人的特別裁示？二、本案可否再與考試院銓敘部斟酌研商，期能兩全其美而不至逼令法官辭職走人！」翁院長批示：「經約談後〇法官已擬以其他事由申請留職停薪。本件緩發。」
- 二〇〇〇年十一月二十日「法律扶助，以美國最為先進，參與立法草案工作者，除司法、法務主管單位人員外，以有相當背景者為適當。臺灣法學會（原中國比較法學會）於二十餘年前即與美國聯邦及州法曹協會有綿密之交往學習，可謂心得最豐富，或可與之聯繫、切磋意見。」翁院長批示：「得請臺灣法學會推派有法律扶助經驗之會員參加討論。」

- 二〇〇〇年十一月二十三日「一、對於匿名檢舉行爲，其或有特殊隱情，不得不爾，或有挾怨詆毀；請政風單位愼辦能斷，順勢負起職責；二、爲愼防惡意匿名檢舉函騷擾我司法界，嚴重挫折司法人員士氣或其他打擊司法審判個案程序流程等；嗣後處理此類案件時，請確實把握『司法院處理人民陳訴案件應行注意事項』（八十二年十二月三日發布）第二點之基本精神及其所訂，審愼辦理。」加註上簽後，無下文。
- 二〇〇一年四月十一日「司法院法規研究委員會自六十九年七月設置以來，未爲積極發揮功能。按理，該會應可協助本院研擬、審查相關重要法規送請院會定奪。去歲，八月五日曾由副院長研擬修正之組織規程上簽院長，嗣於十二月五日奉批示『擬以暫不修正爲宜』，至此，法規研究會之存在機能，甚覺無法繼續推動，合先敘明。法律扶助法草案係司法改革會中重要推動制度建構，可厚實憲法保障人民訴訟權之內涵。宜請參酌美國行之有年之經驗，經院內法規制定程序審愼建置。」翁院長批示：「由於本案有時間上之急迫性，請依如擬提院會審議，並請副院長提供寶貴意見。」
- 二〇〇一年六月二十日「一、本『節約措施』若經核定，即成院令，就非確實照辦不可，故其與一般注意遵行之訓示性或提示性要求不同；二、訂成如此綿密之規定，用意可嘉；惟尙須顧慮其可行性及合理性（如一、十三、2等），庶免流於行政僚習；三、若竟有未確實照辦或其他公帑之浪費、濫用、挪移使用等，如何認定、處置？四、本院各單位是否定期彙報實施狀況？五、本『節約措施』一、（十五）2是否確有必要？六、本『節約措施』有無施行期限？」本加註上簽，迄未看到翁院長的回批。

- 二〇〇一年八月一日「法官請辭，未見任何所隸法院首長之懇談慰留。是否妥適。（已與黃院長逕通電話詳爲了解狀況。）」本加註上簽迄未看到翁院長的回批處理。
- 二〇〇一年八月六日「這種遷調作業之命令，有無任何法規依據？（法院庭長、法官委員遴選要點七？）若無，是否爲本院新司法行政政策？本件果若即予實施，其影響面既深且鉅，是否宜再審愼評估後再作定奪。」翁院長批示：「人事處所簽一、部分如擬。其餘部分再酌。」
- 二〇〇一年八月二十二日「俟後，司法人員赴中國研討參訪活動，是否宜請注意國家當前情勢及司法業務之必需，依法覈實審查，庶免流於形式而失卻司法行政責任。」翁院長是如何批示，未明；但最後還是去了；翁院長也經常藉由兩岸行政法學會名義，到中國各地去「開會」訪問。
- 二〇〇一年八月二十八日「日本長野縣之司法博物館位於東京西北甚遠之小阿爾卑斯風光明媚處，其建置有甚多與於我國擬辦之司法博物館不同之條件，請陳廳長於參訪時詳做請教。」翁院長如何批示，未明。
- 二〇〇一年八月三十日「舊址硬體上有漏水斑駁而經費不無問題等情況下，如何辦理不定期展覽或相關法治教育活動。」對於出生臺南市區、經常在臺南地院舊址路過的城副院長，了解情狀甚爲透澈；翁院長從未開口探聽，因此，本案他是如何批示，仲模什麼都不知道；卻清楚漏水情形迄未改善。

• 二〇〇一年九月十日「把北市國小校長請到院裡開法律研習會一整天，有無按行政正當程序（禮貌性）知會北市該當主管機關？又，講師是否已商定？」加註上簽，如何批示未明。

• 二〇〇四年一月七日（仲模自去年十月就職大法官並任副院長後，今天第一次在院內公文簽呈加上加註了五點意見，以下是我日記上的記載原文）：「緣有一法官不認眞、散漫，人事處簽擬移送其至公懲會，並建議撤職處分。我寫了：1.對本案基本上我無意見，但對象是法官同仁，所以應謹愼；2.簽呈事先說他已不適任，後引法條又不對；3.所引法條沒講清楚哪一種該當的行爲及法律內容文字；4.司法院一直說認爲法官不同於公務員，卻適用公務員服務法擬處罰人？5.司法院建請予撤職？不對！」仲模在公文書上的簽註意見原件，並沒在我手頭，但公文文字必多注意內容修飾；我的加註本意，當然是在表示應節制、體卹及煞車。

• 二〇〇四年四月十九日「臺南地院舊址興建落於九十二年前，係日治時代早期重要司法建物，今爲二級古蹟；原本除正面院堂外，尚有西側巍峨矗立之樓塔，形成完整性巴洛克色彩之華麗建築。五十九年時任院長梁恒清以危樓堪慮爲理由予以拆除。上該舊址既將改設爲司法博物館，在諸種相關考量中，請查閱原圖、計畫回復完整原貌爲宜。」翁院長批示：「一、如擬；二、副院長之意見請參酌。」仲模謹按：事實上，包括翁院長在內，歷任司法院長從未眞正關心、籌劃、編列預算去執行恢復樓塔之事；這種事實的呈現，恐與法政人員的歷史建築、美感與文化素養有關。

•二○○五年五月五日「爲了院部交錯事務能達成協力合作，對於法務部建議之法官（原爲檢察官）獎懲案件，一般而言，似宜予充分尊重。」（本案由祕書長范光群決行）

•二○○五年五月二十六日「一、司法院所屬各級法院法官均係維護憲政秩序、捍衛公平正義之司法專業人才，理應予以最大尊重與禮遇；二、法務部政風單位之設置，有其特殊時代背景與作業方式及對象；若係有關法官風紀之查察，最好先以司法系統自身之勗勉激勵及自律查究方式爲宜。尤其當該等法官（指簽文中之十一名法官）仍在執行法官審判職務期間，特請自身系統以外之他機構來機動查察，似非正當合理與信賴之做法，影響所及，不可言喻。宜請審慎評估利弊而作決策。」翁院長批示：「一、如擬；二、請政風處參照副院長意見，加強勗勉激勵及自律等機制。」

•二○○五年七月二十五日「經與陳法官詳談辭職過程，悉其曾希冀留職去美進修公司法制、學習實務；惟幾經周折，最後步上『離去』已廝守六年餘心愛的司法審判實務。司法院對於法官進修、儘量留住人才，是否須就相關政策面及技術面再仔細斟酌？」翁院長批示：「一、如擬；二、陳法官考取教育部公費留學，期間爲三年，而本院僅准留學進修兩年，此項政策上之不協調亟需檢討修正。」（仲模謹按：這個司法院的政策迄未有較彈性的改善！）

以上所載的加註和上簽，有需要再做些補充性的說明，以期眞意更顯清楚。

一、這些簽註，只是仲模存藏資料的一部分。

二、比較集中在二○○○年及其後一年，及二○○四年至翌年共僅五則；前者，因一九九九年年中適逢「司法改革」，其前後各六個月期間，大家卯勁專注在籌備、建構、組織、推演「司改」及實踐、執行、監督、觀察結果績效；所以，院內院外公文書的往返，顯然少了很多；慢慢地，仲模察覺司法院內各聽處主管，率多由司法官奉調而來，心態上習慣於「司法審判」而非「司法行政」，致所簽行政性公文輒帶僚氣且非完整完善，當然促使仲模不得不提筆加註「監督」性質的改進意見，目標是期待共勉，並提升司法行政的精準性與司法法治化。

三、一九九九年之後的四年多，仲模專任副院長，不兼大法官釋憲業務，故除了法定必須負起的工作之外，實在尚有餘力關心司法院內外及全國各級法院同仁審判之辛勞，很想一步步地為大家做些有實質貢獻、打地基的事——比如「司法園區」的構想；二〇〇二年之後，我這「愚公移山」的熱度明顯受挫，再如何盡其在我、加註上簽，結果都是一樣的，亦就是「你最好少管閒事」，許多院內的重要政策和人事都讓你「路人化」，這也是我再也不想多涉入人家視為「禁臠」的主要原因，我不再多寫了——雖然我眼看司法改革監督組織早已放棄期待，社會各界批評之聲猶如風起雲湧，也換了祕書長以維持與律師、民間司改團體的和睦關係，但是，總結果早已如預期的糟糕，我也自然地要一起承擔責任。

四、二〇〇三年十月以後，仲模是大法官並兼副院長，每周三天照樣參與釋憲會議，依據司法法規的嚴格要求，相關資料、法理見解、會議爭點等，是絕對禁止外洩，所以，仲模在本劄記書中不去涉及這一塊禁域的任何仔細現象。

五、在多則加註後寫上「無下文」、「不知」、「未明」指的是仲模迄今未被告知翁院長的批示內容；其實，說不定早已逕爲處理過了。

六、從這十七則的加註中，希望能爲那一段時間司法院的眞實狀況附上一些公務上的花絮，也藉以表達仲模是如何善意想主動去幫翁院長的忙，也可以察查出我的基本思路、司改態度、在司法院做一天和尙敲一天鐘的積極人生觀、愛惜司法同仁的尊嚴與生活。

第十一節　翁院長惹出無以數清的案子

一九九四年十月一日至一九九八年七月十四日，仲模自考試院考試委員轉職到司法院擔任大法官，將近四年時間，我和翁岳生大法官的研究室辦公處所正好是四樓隔壁間，常有碰頭打招呼的機會，頗覺他沉默寡言、不大苟言笑，施啟揚院長主持大法官釋憲會議時，翁雖係最資深大法官，也很少發言提出法學理論闡微；若偶爾講話，我總覺得很不易理解：他是臺南師範學校畢業，在國小教過三年書，怎會國語發音是如此糟糕？其他還滿有禮貌又客氣的。一九九九年二月一日至二〇〇三年九月三十日，仲模擔任司法行政性的司法院副院長，翁大法官被任命爲院長，不久他讓林國賢祕書長轉任公務員懲戒委員會委員長，請了臺灣高等法院院長楊仁壽擔任祕書長，一小段時間過去又要黃文圝爲副祕書長、公共關係室主任留用王酉芬；這期間恰好是全國人民把注意力往「司法改革」的大動作投注，翁院長以一個自稱：「我除了教書和釋憲工作外，行政庶務完全不懂」對五權五院中「司法行政院」裡極度錯綜複雜的歷史傳統文化、黨國關係介入、總統府、立監及行政、考試權機關的監督干涉，當然是無法應付自如，他敢挺身而出掌「司法改革，捨我其誰」的精神實在令人敬佩。這段時期，正、副院長間的相處、互信、協力關係，陷入了深淵，再加上二〇〇三年十月一日新來的釋憲組織大法官到任，以迄仲模辭職的這期間，翁院長確實惹出了無以數清的案子[13]；全國司法重建聯盟朱勝群、陳鄭權、邱錦添律師二〇〇三年八月二十二日新聞稿公開發表「緊急呼籲就第七屆大法官被提名人行使任命同意權請以確保大法官品質促進憲政發展爲念以符民意」計十三頁全文；「翁岳生身爲全國最高司法首長，卻公然知法犯法，目無法紀，利用公帑，修繕私人住宅，漠視公權力，並且違法關說，貪汙瀆職……」一群名門社區的居民敬啟中華民國九十三年三月十八日：隨函附上違建照片作爲證據，共二頁的社區居民公開傳單；立法委員林滄敏國會辦公室新聞稿「你不知道的翁岳生，揭開司法院長玩法每月A錢十二萬元之醜態！如此院長！如何清廉？」日期不詳；「司法怪象」二〇〇〇年十月六日法官蘇〇〇公開發文，內文包括：「一、重口水輕汗水；二、重行政輕審判；三、法官無節制，辦案隨心所欲；四、升遷調動，無標準可循；五、假庭長任期之名，行排除異之實；六、人事制度設計以羞辱人爲主，不厚道；七、人審會結構不健全；八、缺乏強有力的公關；九、以A、B檔案爲用人標準，形同白色恐怖」；另外，二〇〇三年九月八日上午在立法院院會議事堂大廳收到「翁岳生參考資料」共計八頁，內容和立法院公報院會紀錄（上揭所指）、有部分雷同，亦載之以爲司法史乘探究之參考：「一、昧於學術良知；二、嚴重近親繁殖學閥勢力；三、自毀形象違反法律守則；四、意圖掌握大法官；五、關說案情；六、非常嚴重五鬼搬運貪瀆手法；七、霸占臺大宿舍十數年；八、運用特權搶購公教住宅，喪盡大法官形象；九、以公帑蓋違建還公然說謊；十、詐領退休金與司法官津貼；十一、參與政黨活動以大法官身分加入中國國民黨國建班訓練；十二、花費公帑假視察眞掃墓；十三、冒穿法袍刊載於公文書上；十四、前無古人後無來者的戀棧權位者；十五、司法改革讓審判品質和績效每況愈下；十六、人事不公升遷毫無章法；十七、賞罰不明法官不知適從；十八、空前絕後的翁老院長。」

第十二節　翁院長主持下的司法院逸事特別多

仲模以司法院副院長名分和翁院長共事七年三個月，除了徹底了解他個人的思維和行誼，出口講話和實際做法的迴異，最豐碩的心得，倒不如說是眞正見識到黨國思想統御下的司法界眞實環境狀況，這又等同全國一部分公務界消極僚習、安於維護既得利益、對自己公務責任不盡忠職守亦不甚敬業的濃縮，並不因「司法」與「行政」性質的不同而有本質上的差異。其間，翁院長主持下的司法院發生的逸聞特別多，茲載數樁以供應證：

一、以院長之尊不知如何擔當會議主席

二〇〇四年八月十六日（一）司法院召開人事審查會，由翁院長主持進行審查由仲模負責主持初選出爐的三位律師轉任法官乙案；此案在我主持的甄選會議時，包括有最高法院院長吳啟賓、司法院祕書長范光群、副祕書長尤三謀、考試院銓敘部政務次長李俊俋、監察委員黃武次、考試委員邱聰智及各級法院院長（有十九位院長）等專心認眞參與此會，初步①張〇〇律師通過；②李〇律師通過；③林〇〇律師沒過；④王〇〇律師十二票對十二票一票棄權，主席仲模加一票通過；⑤曾〇〇律師補正後再提人審會，原則可；⑥錢〇〇律師沒過。今日審查本案時，人審會潘〇〇、陳〇〇、樊〇〇及李〇〇委員（均爲法官代表）各發抒精彩意見，潘委員要求一個個進行表決，結果①②通過，④王律師十一票對十一票，應由主席翁院長決定，他說：「我不想介入也不發表意見……」搞到又花費冗長的時間討論，最後重投刷掉。這個案子讓我感到非常無奈，怎會有院長層級的人，開會技巧、行政經驗、長官職責、倫理尊重、場面判斷、充實法官等舉舉大的情況裁決都懵懂不知、置身事外。

二、爲保障自己，突下重手懲處行將退休的資深法官

二〇〇六年三月三十日（四）法院人事處簽（只副處長鄭〇輝、院長黃〇豳、范光群祕書長及翁院長簽署，仲模當天上午參加大法官釋憲會議、午後《聯合報》記者來採訪、藍獻林處長來告

辭、日本白鷗大學法學院蔡柱國教授等三位旅日嘉賓來訪，下班後到天成大飯店用餐，忙碌中未聞本案發展詳情，卻已以最速件走完院內、外全部程序）：本院所屬臺灣高等法院高雄分院法官周慶光因廢弛職務之情節重大，擬移送監察院審查，並依職權先行停止其職務乙案，簽請核示。《聯合晚報》在當天大字刊登：「司法院下重手，怠職法官若遭彈劾，一千兩百萬飛了；若撤職確定退休金一毛都領不到，有人同情：處分太嚴重了。」記者曹敏吉高雄報導：「院方昨天上午還說拿他沒辦法，下午情況便大逆轉，司法院對他做出撤銷退休令，並予以停職，送監察院彈劾的最嚴厲處分。對於司法院的下重手，高分院人員表示事先一無所悉，早上看了報紙才知道……高分院人員對周慶光被處分有正反兩種不同的看法。同情他的人認爲，他年紀這麼大了，退休前想好好休息一、兩個月，無可厚非，似乎沒有必要這麼嚴重的處分。」記者鍾志成特稿：「撤銷退休令，一夕劇變，雖是鐵腕除惡，但司法院縱容在先，看報紙辦人在後，更值得檢討……令人不能無疑的是，周慶光怠惰非止一朝一夕……近四年來，他考績三丙一乙，這些情形司法院都不知道嗎？怎麼直到報紙登了，才說什麼基於對人民的託付，及大是大非的堅持予以重懲，未免太往自己臉上貼金了。其實，審判工作業務案牘勞形，年輕法官都敢吃重，何況快七十歲的老人，周慶光四年前出現怠惰情形，司法院就該積極的勸退或處理了，卻一拖再拖，小膿包變成大爛瘡才下重手，迫得當事人毫無退路，固然咎由自取，但司法院就不覺得慚愧嗎？」翌日，《聯合晚報》記者黃國樑採訪整理人事行政局考訓處長陳國輝稱：人力制度上有一種「減量服務退休制」就是在接近退休前一段時期，工作的份量逐步減少……但我國公務員體制與法令目前並沒有移入此制，因此，除非調往調節性職務，仍得要當一天和尚撞一天鐘，因為上級要求工作進度，要刻意怠惰並不容易。除非主管掩護，或同僚協助，而工作完成及成效，都有客觀的標準衡量……一般公務員除非嚴重怠忽職守，否則退休前被移送彈劾，實不多見。同日同報記者董介白採訪整理，標題：「老法官不辦案，停職彈劾，有這麼嚴重嗎？一生努力，全盤否定，殺雞儆猴？根本惡整」，被採訪臺灣高等法院D法官表示：「司法院目前對周慶光（司訓所第十期結業）一片重懲氣氛，但私底下不少法官對於司法院的心態頗不以為然，首先，周慶光退休前兩個月不辦案，雖然心態不對，存在消極抗議考績不好的舉動，但嚴重的程度絕沒有到停職甚至送監察院彈劾的程度，當了三十幾年的法官，之前的努力全盤遭否決，對他不公平。而且，以監察院目前無法正常運作的情況，周案要進入公懲會這一關，恐怕還有一段長時間要等，法官怠職的懲戒案，一般頂多到降級改敘的處分程度，要停職甚至是最重的撤職，幾乎不大可能，司法院的這樣做法，根本是在「惡整」周慶光。

三、執意普設卡拉OK，被調侃不食人間煙火

二〇〇〇年九月二十七日（三）臺灣全國文藝各界在司法院舉辦了一場別開生面的座談會，與會教授、畫家、歌唱家、雕刻家發言踴躍，率多同意請法官多參與音樂各項活動；包括院內原本就有規模尚稱高水準、整齊的合唱團（聲樂家簡文秀來院當義工組織、指導、教唱），非常可惜並沒有得到翁院長的青睞，當然，實質上的挹注鼓勵，顯無機會。二〇〇五年九月上旬卻突然發生了嘉義地院甘姓法官涉足夜店，卡拉OK有女侍，翁院長大為光火，異常憤怒，乃發議要求各法院普遍

設置卡拉ＯＫ音樂歌唱廳，好讓法官們或其他法院職工同仁大家都可留在院內「消遣同樂」而不涉足鶯鶯燕燕的不良場所。同月十六日《中國時報》刊載了一篇陳先成律師「院長，卡拉不ＯＫ」的長文，內稱：「希望法官不要留連夜店，這本是一種立意良善的做法，但法界的反應相當負面，不是調侃翁院長不食人間煙火，就是指其與年輕法官有代溝。但相對最近發生的許多司法弊端，許多民眾恐怕要問我們的司法界到底怎麼了？……法界、司法院、法務部眞該好好的自我反省。從監院網站及所公布的調查報告……如此犯罪黑數理論而言，顯示更有無數未揭發的敗類隱藏在司法界的各個角落……在今日臺灣上位不正，風行草偃的結果，道德淪喪、物慾橫流、上下交賊，應該最乾淨的司法，結果變得穢氣沖天，司法根本一點也不ＯＫ。」翁院長因一時的怒氣，對於社會大環境蛻變的快速與分聚，如此的陌生懵懂，卻把它當作看不上眼的一樁事來「決定策略」，預想可以簡單解決，眞的要叫人談笑大噱，因爲這種司法機關內的音樂廳（室）裡，眞正的高手可能是職員、工友或司機（相對比較有空），法官們偶爾想去混在其間，哪有可能是對手？那，以後以法官之自尊性格，還會來獻醜嗎？要不要再把男、女法官及職工分開，增設一至二個廳室，以滿足供應需求？

四、花錢打廣告，意圖扭轉司法形象

「扭轉形象，司法院花三千萬打廣告」、「提升司法品質，不能靠包裝」：記者劉鳳琴，臺北報導「司法院不遑多讓，今年大手筆編列了三千萬元的預算，要爲司法改革作電視廣告廣爲宣傳推銷司法。司法預算獨立後，著實方便不少，除了各法院紛紛辦ＩＳＯ認證，司法院也試圖以廣告包裝形象，扭轉人民對司法的不良印象……五〇年代北聯聯考，國文曾出過一道作文題『假如教室像電影院』考生無不盡情發揮，一致認爲那可有趣多了；九〇年代的司法院則想出『假如司法像商品』的創意構想，司法像商品，少不了要自我推銷，於是乎，各法院從去年開始推動ＩＳＯ認證，爲單一窗口行政管理的效率及品質做保證，今年進而編列了鉅額預算，大打形象廣告。不錯，近幾年司法是做了許多制度上的改革，像改採交互詰問，讓檢辯在法庭上透過詰問來發現眞實，法官退居聽訟的地位，但制度的改變，有讓司法變好嗎？……司法院要扭轉人民過往對司法不良的觀感是好事，但大打形象廣告的同時，應注重人治問題（仲模謹按：劉記者的原意，或許是指法官的學養、超然獨立性格、審判態度、公平精準、速度、能與訴訟當事人將心比心、正直乾淨等這些有關執法者應有的具體『人品』，而非僅那些未知難測的『廣告』問題而已）。國際透明組織公布的『二〇〇四年全球貪腐趨勢指數』，其中關於臺灣部分的問卷調查結果，在全部十五個選項中法院的貪腐指數高居第三。司法院長翁岳生雖敢大聲說已做到審判獨立，但能保證法官都是一介不取？沒人貪汙？如果答案是否定的，那花再多錢打形象廣告都是枉然，司法畢竟不是商品，不力求裁判者及裁判品質的改善，光靠廣告包裝，絕對無法獲得人民的好觀感！」[14]這篇劉記者的評析，眞是言簡意賅、客觀析理；「司法院特別在今年編了三千萬的預算，準備在媒體上大作形象廣告。然而，我們很懷疑形象廣告的效果會有多大，對於視法院爲畏途的絕大多數民眾而言，只消『小慈』的一封信絕對可以抵掉三千萬的廣告，還是務實一點，平心靜氣的檢討一下，司法改革到底走對了方向沒有？……我們眞的不相信，幾千萬的廣告費可以改變什麼。千金難買一個悟字，改革者不要害怕事實，只要能悟出錯在哪裡，一切都還來得及。」[15]；翁院長的這個舉措，自始都未合議聽取意見，可是，廣告之於社會公衆，有如美容化妝師之於美貌，雖然形式表象上呈現了司法的正面形象而遮掩了許多的實質負面陰暗，國民除了被蠱惑、信以爲眞以外，對於司法不足爲外人道的眞相之改善，有何具體幫助？從法官的學識累增、心靈改造，加上法治教育的積極普遍多下功夫，應該才是正辦！因爲司法院並非經營律師事務所，需要動用廣告來招攬顧客！更何況，司法院理論上應是居於我國司法界龍頭地位，預算獨立已何其充裕，而法務部檢察署卻常年窮困難撐，有無將心比心的體會到同是「司法人員」檢察官的情境感受？節制地去扮演推也推不掉的龍頭大哥應有的風範。

五、爲保住官位，自知能力未逮，也來把玩轟轟烈烈的司改大戲

大傳媒體等社會各界，對於近年來以翁岳生院長爲主軸所進行的「司法改革」，試舉幾隅以爲觀察蠡測探究之參據：

- 「在三年前的七月六日，一場外表轟轟烈烈的司法改革工程『全國司法改革會議』，如火如荼的展開，如今三年將屆，已到檢討階段，平心而論迄今絕大多數的民衆猶迷惑於排場浩大的工程之中，也有不少的司法同仁則以冷漠而失望的態度看待，淹沒在這場跨世紀的司法改革工程聲中。這種表面上看起來極爲熱絡的司改大戲，雖然吸引衆多的眼光，但明眼的觀衆不難發現，不少的

角色，只是一樣比劃比劃，照章演出而已。當前司法改革最大的危機，無非是『上熱下冷』、『外表勝於內涵』！以至於『為改革而改革』，法庭筆錄追音輸入之測試失敗是其著例。但司法當局主其事者始終不願虛心受教面對事實，誠可議也……那一場司改會議曾被外界批判為『綁議題、綁人選』的會議，因此倉促所作成的共識其正當性、周延性值得商榷。如果共識的達成欠缺『程序正義』，則司法院訂為推動小組的決定恐不是『實質正義』，在錯誤的大前提之下，似難獲致正確的結論。一個沒有讓各階層司法同仁參與的會議，又如何能為為『全國朝野之共識』？……尤其司法院乃司法行政機關，目前司法院組織法修正通過又增少年家事廳，如此司法行政單位擴編而審判單位一再裁撤，使司法院司法行政單位凌駕司法審判單位是本末倒置之做法，司法本質上另有最高審判機關並無最高司法行政機關，基於法官自治、司法獨立之精神，司法只要有健全的各級審判機關即可，毋庸疊床架屋另設司法院之司法行政單位。因此時法院應該發揮眞正的改革魄力提出『廢司法院』之主張，使最高法院仿美、日之司法制度，由大法官組成最高審判機關，以符制憲者最初之構想。」[16]

- 「翁岳生、城仲模各走各的，司改之路難行」、「施啟揚下臺埋下遠因：當年部分民間團體為了取得全國司改會議的主導權，在議題及出席名單上，雙方爭執多時，後來民間團體靠著關係直接找上層峰，最後造成施啟揚下臺；至於曾拒絕施啟揚邀請擔任副院長的翁岳生，則在匆促間接任院長一職（仲模謹按：二〇〇四年一月十二日《中國時報》政治綜合A6記者劉鳳琴臺北報導：『施啟揚八十三年九月一日接掌司法院長，為宣誓司改決心，上任後旋即宣布辭卸國民黨中常委及國大代表，以致在政壇孤立無援，最後被示意離職。』）。翁岳生因深知施啟揚下臺的原因，一上任後，對於民間團體提出的司改意見，在未經過政策評估可行性及實施時程前，便已照單全收，司法院與民間團體結合主導所有改革內容的情況，不僅將當時的法務部塑造成反改革的形象，連極具清新改革形象的檢改會發言人陳瑞仁在會前會過程中，對於司法院被民間團體牽著鼻子走的情形，便一度直指司法院遭民間團體綁標；司法院與法務部之間，也因此種下前所未有的嚴重心結，至今雙方高層仍毫無互信。這樣的結果，也連帶使得曾任法務部長的城仲模，每每在司法院內主管會報提醒有關檢方的法案，應先找法務部溝通協調時，便引來司法院『另眼相待』的質疑眼光；但在缺乏檢調的司改聲音下，光靠司法院片面撐起的司改，這幾年已嚐到不少苦果，甚至被外界質疑破碎又模糊。翁岳生與民間團體唱和召開全國司改會議，後來也被迫得隨著民間團體的腳步前行，但卻也因此引發內部相當大的反彈，甚至連當初曾與他共同站上全國司改會議舞臺的改革派法官，對於翁岳生不了解基層實務運作，讓民間團體予取予求都不以為然。未事先評估而執意往前衝的結果，司法院今年終於不得不面對司改被強押上路的苦果，在不顧人力等現實問題，又未將法律扶助法等相關配套包裹立法的情況下，司法院過去推動的刑事訴訟法新制，基層的反彈與現實窮人付不起律師費的問題，終於讓司法院轉而私下向立法院爭取延緩實施，最後終因立法院認為司法院當初話說得太滿，祕書長楊仁壽當初在立法院一再強調絕無問題的話語，讓執政黨立委因而拒絕延期……只是接下來諸多隱而未爆的問題，司法院只能期待，等大法官同意權行使後再爆吧。今年司法院正副院長及大法官均須重新提名，當司法圈內人都在觀望，已經超過七十歲的翁岳生是否會引退時，由多個民間團體組成的監督聯盟在拜會陳水扁總統時，則公開表示希望翁岳生繼續留任，也讓司法界見識到翁岳生與民間團體的深厚關係。」[17]

- 「馬祖連江縣前縣長○○○涉嫌貪汙而遭檢察官提起公訴，結果在法院審理期間，被告因病身故……合議庭審判長最後則以『司法爲民』作爲理由，同意辯護律師繼續出庭替死人辯護……令人難以置信，連「司法爲民」這種政令宣導的文字竟然都可以排除法律的明文規定，成爲准許律師繼續辯護的理由。假如可以這麼幹的話，不久之前引發各方質疑的三一九槍擊要犯陳義雄，可不可以也托夢委任律師替他辯護？由於專案小組缺乏證據的指控，陳義雄的家屬因此承受的社會壓力難道就不值得保護嗎？……刑事訴訟的辯護策略，律師可以發揮創意、天馬行空，但是法官只能謹守法律，照章行事。社會確實經常誤認提起公訴就等於有罪判決，造成被告名譽無法彌補的傷害，但是辯護律師應該做的是發揮專業知識，塡補法治教育的落差，而不是迎合社會的錯誤解讀，再要求法院違法配合演出。如果任意逾越法律界限，混淆俗世與靈界的差別，訴訟程序就變成心靈撫慰的工具。法官把自己變成考古學家，挖掘歷史遺跡；律師則成了靈媒法師，傳達往生者的意思，只留下檢察官能在法庭上看著這一幕幕靈異事件的發生。」[18]
- 「司法改革走對的方向嗎？」[19]「民國八十八年的全國司法改革會議，已經屆滿六年，會議想要推動的政策，有的相當順遂，有的完全卡住……先看完全卡住的司法院組織改造。卡住的原因其實很簡單，改造的理念，所謂金字塔型訴訟結構，原是針對法院審級分工而來，和司法院的組織根本沒有邏輯關聯。所以現在因爲立法院的杯葛而停頓的司法院改組，一點也不會影響金字塔型訴訟結構的建立；三級法院之所以還沒有變成金字塔型，是因爲上訴案件始終未能大量減少。這樣看來，沒有匆匆忙忙把三個終審法院都塞進司法院還是做對了；組織改革本來就是要水到才能渠成，審級功能的改革還沒奏效就要去動法院組織，就好像病人還沒減少，就先裁掉醫生一樣的沒道理。把司法院從行政機關變成審判機關，和這個所謂金字塔型訴訟結構眞的沒半點關係。要不要變成審判機關，涉及的反而是要不要保留給集中式違憲審查制，如現在幾乎百分之九十的民主國家所採？要不要保留多元審判體系，如幾乎所有大陸法系國家所採？以及要不要把司法行政功能交給審判機關來兼理，如極少少數的民主國家那樣？司法院設計的組織改造，在這三個問題上走的竟然都是最背離世界潮流的路，把司法院變成集審判、司法行政於一身的機關。我們眞的只能說，這麼天才的改革，天幸卡在庸俗的立法院！改革尚稱順利的是民事訴訟法和刑事訴訟法的改革，前者聚焦於集中審理，後者則大幅調整審、檢、辯關係，從職權主義轉變爲當事人主義。沒有人會否認這些改革讓審判程序的公平性增加了，法庭的活動更有看頭了。但問題恐怕也在於此！司法決策者把眼光完全集中在法院，以爲司法政策的目的只在於解決法院問題，實際上等於是用鋸箭法去處理影響整個社會的司法問題，以爲簡化了法官的角色，程序就可以公平，程序符合公平，正義就可實現。實際的情形卻是：第一，民事訴訟程序的技術程度大幅提高，請不起律師的人民更不敢進去法院，訴訟再怎樣公平，『接近』正義的障礙反而變得更高了。第二，訴訟成本大幅增加，大量律師退出刑事訴訟的服務市場，人民更請不起律師了。第三，國家編百億預算去服務請不起律師的窮人，但新的訴訟之程序，使窮人只能用兩、三萬公費請到應卯的律師，去對抗以公訴爲專業的檢察官，武器實在不平等，但不能職權介入的法官反而只有聽任這種假平等的遊戲愈演愈烈。第四，在這樣的對抗主義背景下引進的認罪協商制度，階級正義的問題已經愈來愈嚴重，請不起大律師的人趁早認罪，程序很『公平』，但正義很貴。第五，檢察官從不敢浮濫起訴，慢慢變成能不起訴就不起訴，犯罪黑數快速增加，法院裡愈來愈有法庭電影的味道，只可惜愈來愈少被害人能享受到正義實現的快感。這樣看起來即使尙稱順利的訴訟法改革，其實也是問題重重。整套改革好像並沒有眞正找對方向。不論小慈對民事訴訟程序的批評，或如某些民衆對於大法官產生解釋『把國庫當ATM』的質疑，也許都有其主觀的一面；但卻足以顯示司法最根本的問題，還是在於人民不了解以及不信任司法，這個根本問題卻一直沒有被認眞對待。司法院費了諾大的心力，去把制度做了幾乎一百八十度的翻轉，結果只是讓人民更搞不懂，而且更不信任。跟不上改制的腳步，法官怨，檢察官怨，律師也怨。決策者不妨靜下心來想一想，是不是這樣？我們眞的不相信，幾千萬的廣告費可以改變什麼。」

- 「司法官的貪瀆新案已四年未現，律師房○○因法官任內涉嫌收賄被羈押的消息因而格外令人心痛。司法院長翁岳生上任六年多所推動的司法改革，主要修法工作停滯不進，連基本的法官品操管控也漸形鬆弛，司改失魂，打官司的民衆只能跟著受苦。

鴻圖雖好，但要去人減案，現實上立即面臨被裁撤機關的反彈。反對司改方向的終審法官們也知道如何運作，在立法院尋找奧援，在藍綠對決中求取恐怖平衡。司法院組織法幾度進出立法院，總望程序委員會興歎，再夢碎於朝野協商。至今，修法過關的希望仍然渺茫。

明知局勢幾不可逆，翁岳生仍勉力推動司法院組織法，結果不僅事倍功半，更又忽略了在既有的訴訟體質、法官及裁判素質調整上續下基本功。以致法官的紀律由緊轉鬆，原本徐徐上坡必欲攀高的司法改革，現竟止步下滑。房○○風紀案，就是一項警訊。

對到法院打官司的民眾來說，制度怎麼變都沒關係，審得快、審得公平就好。但前兩年修的民事『集中審理』、刑事『檢察官和被告交互詰問』新制，實行上都遇瓶頸。

民事方面，愛用新制的法官不多。刑事方面，則在司法院猶疑下未依預訂時程接續修法，二審因而必須重複詰問一審問過的事實，訴訟更為繁瑣。至於三審減少的積案量，也不如檢察官減少起訴的比例高，民眾訴訟的痛苦指數減少有限。

而加強法官淘汰機制的『法官法』，在擔心法官俸給福利因立法反而減碼，司法院也不如推動司法院組織法般用力，只能對部分失德劣質法官跳腳，非待其眞的出事，無能將之踢出司法界。

在這樣錯亂的審判環境中，司法如失魂般茫茫然前進。翁岳生院長任期僅餘一年多，再不調整改革步伐奮起，八年的成績單，恐怕將空留一堆計畫。」[20]

- 「專家參審制，司法院喊卡」，「司法院花了五年多研擬出的『專家參審試行條例』」草案，原本已經司法院長翁岳生同意排入今天的院會議程，但於院會召開前緊急喊卡，表示要再想一想……對此，有部分參與立法的研修委員表示不解……翁院長的疑慮先前已有律師或檢察官、法官提出，為何到完稿後才提出令人費解。」[21]

- 「改革沒方向，政策很搖擺」，「五年的時間不算短，兩個大法官任召集人，一群專家學者參與提出的『專家參審條例』草案，卻在司法院會前翻了大筋斗；別說委員不知所以然，連司法院許多官員都不知爲什麼，老百姓又如何相信『不知道爲什麼』的司法。」[22]

作爲司法政策成敗的承擔者，司法院長翁岳生當然是院內法案提出與否的最後決定者，然而，決策要有理路脈絡可循，若是無由急轉彎，期間花的時間、人力、金錢算什麼？到底是司法院邀的專家學者太遜，還是司法院根本不知道自己要什麼？

從民事案件由當事人合意選任法官、專家參審到國民參審的立法工作，司法院的目的似乎都在提高國民對司法的信賴；然而合意選法官「奄奄一息」，專家參審「進退維谷」，國民參審「冒險前行」，司法信賴度眞的提高了嗎？

司法政策搖擺不定，實非國民之福，司法公信也禁不起如此政策折損的浪費。司法改革沒有多少五年、八年可以蹉跎，掌舵者如果不能認清方向，放著既有訴訟各項問題不管，老花力氣在猶疑是否試行新的制度，終將是虛幻一場，司法公信如何能提高，不走下坡就阿彌陀佛了。」

二〇〇六年三月七日尙有兩篇立場迥異，但分析內容入木三分，誌之以供查閱參考1.高榮志律師、民間司改會執委「司法誤入歧途，不如審判精緻化」；2.徐立信律師「避免荒謬判決，落實司法民主化」《聯合報》A15「國民參審制」專欄。其他「法官論壇」、「電子報」等，經常會有法官、檢察官發表精彩的論說、申論、辯論；大致而言，均屬消極、負面的批評聲，若係中性的，也會像標題：「是不是讓我們先站穩了，再跨出下一步（對報載國民參審有感）」；有人引用王兆鵬教授的話說：「司法院的司改沒有中心思想」、林鈺雄教授評斷司法改革是一種「拼裝式的改革，能提高司法效率嗎？」陳瑞仁檢察官問：「司法院的司改到底有無基本架構？」有一位自稱胖胖果的法官說：「我一想到將來案件的進行與判決的製作，不禁恐懼得冷汗直流。」

六、翁院長主導下的釋字第五三〇號解釋，被釘成滿頭包

二〇〇一年十月五日司法院公布大法官釋字第五三〇號解釋：「……為祈符合司法院為最高審判機關之制憲本旨，司法院組織法、法院組織法、行政法院組織法及公務員懲戒委員會組織法，應自本解釋公布之日起二年內檢討修正，以副憲政體制。」引發了司法界高層機關間的軒然大波，「七位三審資深法官跳出來指責司法院大法官釋字第五三〇號解釋嚴重違憲，並且質疑部分現任大法官『揣摩上意、自獻殷勤、甘為利用』等情形，導致大法官『非常氣憤』，甚至表示以構成刑法的侮辱公務員罪，因非屬告訴乃論，檢察機關應主動偵辦……此一事件有愈演愈烈的趨勢……翁岳生一上任立即召開全國司法改革會議，表面上風光十足，但也註定與體制外的團體成為『生命共同體』反而加深與司法同仁間的嫌隙。翁岳生與楊仁壽在私下及公開場合都曾經講過『為了司法改革，法界很多同仁都把我看成仇人，甚至敵人』，言下之意相當無奈，確實反映他們不能體察基層民意，以致很難繼續領導下去的困境……了解內情的同仁莫不表示『水已淹到喉嚨了』！其實這幾年來各地司法同仁的士氣相當低落，原先以為高齡七十二歲的翁岳生會『知所進退』以年逾七十為由而引退，沒料到非但沒有退休之意，反而『好學不倦』，引進許多自己的同學、學生擔任大法官，儼然有『世代相承』的態勢，恐將造成『司法獨立』最大的危機，這才激發三個終審機關

法官的反彈，當然基層法官不斷向資深法官訴苦，希望挺身仗義執言……但事情的發展出乎意料，即使立法院不通過司法院組織法，翁也毫不退辭，所以才決定站出來……其中最令基層法官敬佩的是公懲會有『五壯士』算是比例最高的法院之一……將來『七壯士』如果能按計畫引導各級司法同仁全面檢討改進司法院四年來的司法改革，以免人民淪爲司法被害人，必然會在司法史上留下不可磨滅的一頁。有不少專家學者表示『七壯士』所質疑的大法官釋字第五三〇號解釋的過程中有諸多疑點，與其『七壯士』與『大法官』隔空喊話，倒不如請司法院公布釋字第五三〇號解釋的解釋文初稿、會議實錄，讓社會各界清楚知道絕無『幕後黑手』，如果司法院不『講清楚說明白』立法院行使大法官的人事同意權，立委也應該詳問參與釋字第五三〇號大法官會議的翁岳生、林〇〇、謝〇〇、賴〇〇，務必讓攸關司法改革百年大計的『關鍵性解釋』能夠攤在陽光底下接受檢驗……」[23]

「針對大法官釋字第五三〇號解釋，立委指出，其中要求立法院今年十月四日前檢討修正司法院組織法等司改法案是釋憲案的『違章建築』……呂學樟表示，大法官釋字第五三〇號解釋不僅違反司法自制的『不告不理』原則，更是故意模糊焦點、混淆視聽、甚至逾越申請釋憲的範圍，與監察院當初申請的解釋事項完全不相干……立法院不是司法院的『立法局』，沒有義務配合違憲立法……他強調，總統對司法院正副院長及大法官之提名權是依據憲法增修條文第五條規定，而非司法院組織法，因此，在法律與憲法牴觸者無效的情況下，並無憲政問題，翁岳生的談話暗示『立法院應知道有義務完成立法』的『威脅』是『危言聳聽』、『言過其實』……立法院上會期結束前由總統府祕書長邱義仁釋出『法案不過，翁岳生將知所進退』的消息，施壓於翁岳生。」「呂學樟立委深表遺憾並痛批身爲最高司法單位首長的翁岳生，不應以大法官解釋文來侵犯立法權，衝撞憲法規定，造成憲政危機……七位終審法官的聯名信中指出……最高司法行政機關與最高審判機關分離的司法制度設計，符合社會專業分工的時代潮流，是維護我國司法審判公正獨立保障人權及奠定民主法治的基礎……司法院的制憲地位，僅爲釋憲機關及監督各級法院行政事務的最高行政機關而已，三個終審機關才是最高審判機關……司法院企圖改變本身非審判機關的憲法定位，刻意設計五三〇號訴外解釋，來逼迫並利用立法機關以修法手段規避必須修憲，始能變更定位現狀的重大工程，這種深謀遠慮假借違憲的釋憲以制憲的巧思詭計，已經創下釋憲者破壞憲政體制惡例，也使釋憲者成爲最大的違憲者。」[24]「五三〇號解釋原是由監察院提出申請，目的在由大法官說明法院和檢察署可否訂定各種注意事項（仲模謹按：比如，『法院辦理刑事訴訟案件應行注意事項』、『檢察機關辦理刑事被告具保責付辦法』），以免侵害民衆權益，解釋結果延伸到司法院的定位問題，並恰好納入司改的主流見解，將司法院解釋爲最高審判機關，意欲終結最高法院的三個終審法院，還定下兩年檢討修正的期限。姑不論大法官是否訴外裁判，給了超過監察院想要的答案，也不論司法機關制度的選擇，是否一定要以解釋違憲的方法拘束，五三〇號解釋的結果和時限與司法院的規劃如此縝密切合，總難免司法院大法官幫襯司法院的瓜田李下之嫌，這點『嫌隙』成而反對遭歸併的三審法院法官，及想讓司法無法如期推動的反對黨共同『把柄』，理直氣壯的找個各種理由杯葛解釋。五三〇號解釋不是第一個立法機關沒有依期限完成修法的解釋，卻是第一個讓司法權和立法院嚴重對立的解釋」[25]。

二〇〇四年七月二十三日司法院公布大法官釋字第五八二號解釋，讓人權團體聲援的死刑犯徐自強得以重獲一線生機。該解釋指出同案共同被告間應相互爲證人，任何不利於對方的供詞，都應依去年二月六日修正後的刑事訴訟法之規定，經過對證人的交互詰問程序後，才得以成爲證據，故徐案所援用的兩條判例明顯違憲，應予廢棄。[26]該號解釋後，最高法院召開記者會，由資深庭長紀俊乾發言，請大法官「不要只說空話」，給予「指點迷津」，他語氣強硬表示，該釋憲文侵犯審判權，認爲是「麻煩的開始」，這解釋根本就是爲徐自強量身訂做，但卻造成審判權的困擾，所指違憲的兩條判例，悉依當時有效的法令而來，大法官未宣告法令違憲，反指判例有誤，根本是本末倒置；判例本身是有生命而會成長，只要隨著時代需要加以補充或修正即可公正審判，紀庭長指出：用現在的規定去否定以前的標準，造成審判機關「時空錯亂」，實在很無奈。

事實上，司法院大法官與最高法院因國家司法制度的設計未臻理想，從思維、憲法設計及法律規劃制定，受政治環境、政黨權謀獨占等，衍生了彼此的「心結」，由來已久；譬如一九九五年三月十七日司法院公布釋字第三七四號解釋認最高法院民事庭會議決議違憲、一九九八年十二月十八日釋字第三四七號解釋推翻最高法院的定讞憲判以來，「大院」與「最高院」之間因法律見解的迴異，齟齬不斷，司法院院長施啟揚幾番出面鼎鼐調節，公正無私，和氣誠實，豁達開朗，反彈風波逐漸平息，大法官也盡量自我節制，並常有雙方的接觸交流，尊重審判職務上必要的作業規範，事前、事中盡一切可能的溝通與諒解，避免做出動搖最高法院確定判決的解釋。

七、司改績效負面傳聞，驚動國家正副元首，要仲模寫報告

二〇〇五年三月二十九日（二）當日午間，陳總統水扁禮邀仲模單獨一人到府，從十二時三十分至十三時三十八分，兩人對坐於總統辦公廳旁小桌處，菜餚包括：蒸鱈魚、澎湖菜瓜、滷肉、青菜、燉雞湯、飯八分及香瓜；天南地北地談了不少事：1.中國國民黨江丙坤去中國謁陵及黃花崗獻花致敬？不可思議；2.他和Bill Clinton前美國總統聊談國際政治及臺灣問題；3.扁當立委時請仲模精挑的兩位助理，陳淞山和柯承亨，陳在扁續任競選時辭職他去，讓扁很感傷；4.選舉無效訴訟不知何時會判決，這案影響政局太大了；5.司改會議已五年，社會各界都未看好，負面傳聞太多，我（扁）知道你幫不上忙，他（翁）及周遭司法團體又結合的很緊，你怎麼辦？這樣，請你再整理一份客觀觀察分析（謹按：二〇〇三年一月十二日陳總統已私下向仲模要了一份），必要時我直接轉交翁院長參考；阿扁總統暗示仲模，翁再沒搞好，你心裡要有準備、布局亦可深思進行。隔日，我把陸續札記及撰寫成稿的「當前司法改革之現況」，共二十四頁，呈送總統府。以下是這一篇的題綱重點：

當前司法改革之現況・二〇〇五年三月二十九日

一、緣起

二、全國司法改革會議的召開

三、對全國司法改革會議之檢討
㈠會議籌辦過於匆促草率
㈡被改革者與改革者角色的混淆
㈢暴走式的改革措施
㈣未與法務部（檢察機關）及警察機關做好事前溝通
㈤司改迄今時空環境已有重大變遷
㈥司法改革監督小組未發揮應有功能
㈦由上而下的改革違反民主原則
四、司法院定位的問題
㈠限時立法侵犯立法權
㈡司法一元化不符潮流
五、司法行政能力不足
㈠只重制度的改革
㈡司法院未盡行政監督之責
㈢司法人員士氣低沉
㈣各級法院積案甚多，無力解決
㈤大量進用各級法院「法官助理」卻無績效可言

㈥院部溝通不良

九、結語

幾天後總統府要仲模具體將司改的困境及具體司改策略，再詳述理析送交參閱。以下，是二〇〇五年四月十日（日）深夜重新整理撰稿的全文：「當前司法改革之現況（續篇）——司改的困境與改革策略」共十一頁。

當前司法改革之現況（續篇）——司改的困境與改革策略

二〇〇五年四月十日

一、前言

二、當前司法改革的瓶頸

㈠司改重要法案無法順利在立法院通過

㈡政府機關間對司法改革的認知分歧

㈢院檢雙方雙頭馬車，各自爲政

㈣法官士氣更形低落

㈤法官操守及審判獨立情形仍受到質疑

㈥與人民對司法改革的落差太大，無法獲致認同

三、突破瓶頸的策略

㈠司法改革基本思維應有所改變

㈡與國際接軌，司法院應正名爲「最高法院」，並維持現行多軌制

㈢建立高效能的司法團隊，引進企業管理智能

㈣快速回應危機，維護司法公信力

㈤政府機關及民間力量，傾力支持司法改革

四、結語——重啟司法再造的契機、創造漸進式改革的必要性

一、前言

二〇〇三年三月曾撰寫「當前司法改革之現況」報告乙份敬呈　總統，文中詳述分析我國進行中之司法改革的現況；時光荏苒，忽焉二年過去，司法改革不僅未能如「全國司法改革會議」的決議賡續向前挺進，反而在面臨最重要的關卡時，徘徊不前，甚且猶如陷入泥淖中，遭遇了許多現實面的困阻與瓶頸，無法有效突破重圍，虛度了這二載的時光，當初司法改革的熱情似漸漸冷淡，改革的目標也已遙遙無期。司法院翁院長也曾形容：「司改列車已駛到進站前的陡坡」，此時，司改的火車頭若不再增加馬力，甚至改弦易轍的話，恐怕不僅是停滯而已，甚至將下滑倒退。

司法改革在一九九九年七月六日召開後，即如火如荼地推動，迄今已近六年，也是李前總統

登輝任期屆滿前一年所規劃國家重要改革之一。自陳總統接任大位後亦相當重視司法改革，尤其，出身法界，曾執業律師多年，深諳司法各種沉痾，因此，各界期望甚殷，在任內應該對我國司法有更深遠的建樹，所以，如果在未來的任期中，司改依然原地踏步的話，只怕辜負人民的付託。值此關鍵時刻，總統宜請公開宣示，持續推動司法改革的決心，促使司法界共同戮力合作，提出積極的政策與作爲，加強人民對司改的信心並提升人民對司法的公信力。民間司改會早在「二〇〇二年全國司改會議三周年體檢報告」中即曾懇切呼籲：「執行司改的機關、團體及全體司法工作者痛定思痛、檢討改進外，亦建請陳總統以具體行動，邀集五院共同推動司法改革，以回應人民長期以來對刷新司法的深切期待。」這點呼籲，亦請總統予以重視及回應。

二、當前司法改革的瓶頸

(一)司改重要法案無法順利在立法院通過

司法改革政策以司法院組織法的改革爲重心展開。到了二〇〇一年十月，大法官會議乃做出第五三〇號解釋，具體要求「爲期符合司法院爲最高審判機關之制憲本旨，司法院組織法、法院組織法、行政法院組織法及公務員懲戒委員會組織法，應自本解釋公布之日起二年內檢討修正，以副憲政體制。」司法院組織法修正案也在二〇〇二年十月送進立法院。由於司法院及民進黨團堅持訂二〇〇三年十月一日施行的日出條款如期啟動司法改革，但在野黨則認爲重大改革需要時間準備，應在兩年後再施行。由於雙方沒有共識下，朝野協商決定本會期暫不處理，待下會期開議後優先處理，惟仍拖延迄今，一籌莫展，臨門這一腳一直無法突破，非常可惜。這也顯示，司法改革的內容的確有必要與立法院立法委員及各政黨間再作更深入的協調溝通。

(二)政府機關間對司法改革的認知分歧

司法改革乙事千頭萬緒，關係各機關權責，牽一髮而動全身，而且涉及許多制度、人事、傳統文化等多元因素，因此，各機關本於職權，自有不同之意見及立場，因此，司法院身爲司法改革的主導者，自然一肩挑起千斤重擔，任勞任怨任謗，傾全力突破困難，而不是將司法的問題一味的歸責其他機關的無法配合，這點是司法主事者目前普遍的想法，以致欠缺積極的作爲。

(三)院檢雙方雙頭馬車，各自爲政

自推動司法改革以來，由於司法院與法務部，也就是院檢雙方關於刑事制度的改革意見溝通不良，以至長期以來「院部」本是同根生的傳統，幾近瓦解，慣例聯合舉行的春節團拜亦已停辦多年，雙方關係陷入冰點，於此氛圍下，如何祈求司法院與法務部共同爲我國刑事訴訟的改革而共同努力。而人民的感受及所見所聞，亦僅是院部之間公開交相指責：陳定南部長將司法公信力不彰歸咎於「法院不能速審速結」，司法院則認爲出在檢察官調查不清楚，在此情形下，人民如何體認司法改革的進步呢？

㈣ 法官士氣更形低落

由於司改重要法案遲遲未能在立法院通過，造成最高法院、最高行政法院暨公務員懲戒委員會等三終審法院人事長期被凍結；高等法院及地方法院法官則因爲司法院對於採庭長或審判長制一直舉棋不定，以及法官法草案各方意見分歧；甚至大法官也因爲專業加給部分被刪除而顯得意興闌珊，因此，司法院不能過度迷信制度的變革，而應重視內部人事及管理的問題，否則，法官在工作壓力沉重及士氣低迷中，如何有效率的從事審判工作。

㈤ 法官操守及審判獨立情形仍受到質疑

法官操守及審判獨立是建立司法公信力的兩大支柱。近年來，較之以往已有進步，然與人民及社會的期待仍有相當的差距，尤其，許多司法案件所呈現出來的現象，司法院實難自圓其說。重大金融經濟犯罪及社會矚目等案件，往往曠日費時，從一審到定讞長達十年者，所在多有。當人民慶幸高雄市議長賄選案從一審到終審僅花費九個月時間審結時，其他類似案件，爲何做不到呢？當司法院招架不住朝野不滿的砲火，竟然只能怪罪檢察官併案過多，試圖轉移焦點，難道，司法院眞的沒有解決的方法嗎？司法效能已逐漸因極少數人的輕忽或專業不足而鬆動、甚至沉淪，連帶也掩蓋了全國大多數司法官案牘勞形的努力與奉獻。不能擺脫這種唯我獨尊的本位心態，則司法改革無論變動爲如何的訴訟體制，全民的期待仍難以實現，因爲「人」的根本問題終究沒有解決，權力的擴大只有使人傲慢，改革之路將愈走愈窄。當少數法官以嚴苛幾近刁難標準審查搜索票之聲請，試問第一線維護治安的員警會認爲法官是打擊犯罪之阻力還是助力？當法官輕易縱放重大要犯，原因只爲檢察官沒有蒞庭論辯；當社會大衆聽到庭長竟聲稱「法官沒有維護社會治安的責任」，人們固然完全能接受法官無須主動去臨檢、搜索，但同樣作爲社會的一份子，法官裁判的正確、妥適與否，果眞與社會治安無關？尤其「民刑分流」之後，當法官都以事少輕鬆爲先，資深法官爭辦民事案件，漠視資淺法官面對複雜難辦刑案的無力感，刑事司法審判的體質逐漸弱化，司法院就應思考究竟要如何讓資深法官庭長有更崇高的使命感來爲刑事審判付出一份心力？以上現象的解決，都應優先於組織與制度的改革，畢竟，人的認知與心態如果不改變，再好的組織及制度也不能發揮應有的功能。

(六)與人民對司法改革的落差太大，無法獲致認同

司法院根據釋字第五三〇號解釋所主導的這波司法改革，以「建構下一代的訴訟制度」爲主要目標，將重點放在「司法院組織法」及「法院組織法」的修正，其實並不符合人民「立刻提升裁判品質、法官操守」的需求，而顯得緩不濟急，這也是法律人直線式思考的模式下的產物。也是爲什麼這波司法改革之所以「評價不高」、「與民間期待有所落差」的主要原因。當人民對現行司法改革評價不高，立法委員首當其衝，又豈敢直纓其鋒？因此，在司法改革相關法案在立法院受阻，大法官專業加給預算遭立法院刪除時，司法院極低調的回應，少數民間團體的聲援外，並未獲得太多輿論的支持，立法院卻未受到太多的指責。

三、突破瓶頸的策略

㈠司法改革基本思維應有所改變

一九九九年七月全國司法改革會議結束後所展的司法改革，只重視制度及機關體制的調整，漠視人民對司法眞正的需求，也就是對裁判品質不佳，以及效率不彰的問題。依照全國司改會議第八項結論（共識決），明示：「俟第一審法官之素質提高，裁判品質提升後，始進一步研究如何在第二審採事後審制，在第三審採嚴格法律審，並採裁量上訴制（上訴許可制）。」依此結論張特生前大法官曾規劃司改進程，應該是第一步，採行各項有效措施，提高第一審法官素質及裁判品質。第二步，俟有具體事實，足證第一審法官素質及裁判品質確已提升，獲得人民高度信賴後，方採行嚴格限制上訴制度，以減輕上級法院負擔。第三步，俟終審法院上訴案件明顯減少，現有龐大積案亦已清理完畢後，方逐年比例減少終審法官編制員額，進而考慮可否裁併終審法院於司法院。依此順序，逐步進行，可以最低成本，達成司改終極目標。這種以裁定品質提升爲重點及漸進式的司法改革，頗値得我們重視。

㈡與國際接軌，司法院應正名爲「最高法院」，並維持現行多軌制

我國司法制度原即採用多元審判體系走向一元審判體系，集中的違憲審查，轉變爲分散的違憲審查，幾乎將歐陸司法體系徹底轉化爲美日的司法組織，稱爲金字塔型訴訟制度，然後，這種體制上的大翻轉，並未經過學理驗證，亦乏其他國家實證，更與我國國情傳統文化水土不服，而且整個

司法體系亦無法承受如此巨大的轉折。因此，實應考量與國際接軌，維持多軌制，最高法院、最高行政法院（可考慮將公務員懲戒委員會併入），大法官會議改制爲「憲法法院」，如此，避免在改革過程中，組織與制度同時全面的大改革，也就是採用所謂「金字塔群」的訴訟制度。

(三)建立高效能的司法團隊，引進企業管理智能

司法團隊絕不是僅限職司審判的法官及行政人員，而是包括法官、檢察官、律師、調查員、警察同仁及其他各類行政人員所組成，司法改革絕不是任何單一方的責任，而是全體司法人員所必須共同追求的目標。之前，基於本位，各行其道、互相推諉的做法，已嚴重斲傷司法團隊。因此，適度的引進企業經營管理的精神，追求卓越與創新，更新法規與命令，重建一個能夠滿足人民、追求審判效率及品質的司法團隊應是目前積極努力的方向。而如何在審判團隊中使「提供人民快速且符合公平正義的審判服務」成爲絕大多數法官共同的成就與堅定目標，是司法優良文化能否建立的重要關鍵，這種「企業文化」的型塑，在企業中辦得到，在總統擔任臺北市長時代的民政局辦得到，在司法審判機關中一定也辦得到，單純的「道德勸說」、「自律」已不可能發揮塑造司法文化的效果，相信精心的規劃與設計，加上熱情與執行力，應該可以使司法文化呈現嶄新的面貌。

(四)快速回應危機，維護司法公信力

司法公信力的高低，取決於司法是否眞正發揮定紛止爭的功能；而提高司法公信力，是當前司法改革的重要目標。快速而妥適的個案判決累積結果，正面提升司法公信力，反之，則負面影響司

法公信力。雖然爲數不少的法官都兢兢業業在自己的工作崗位努力，但少數出問題的法官或事件，經過媒體渲染後，通常都嚴重影響司法整體形象及人民對司法的信賴，因此，在影響司法公信力的危機發生時，應如何快速妥善因應，對司法公信力的維護或提升，顯得相當重要。所以，司法院不能僅是消極被動，而應能快速的因應危機，妥適地就制度面或特定議題，發揮穩定法治價值體系、引導確立社會主流價值、實踐法律社會教育功能，這對司法公信力的提升與維護，具有重要的意義。

(五)政府機關及民間力量，傾力支持司法改革

司法改革除了上述司法團隊的同心努力外，另有許多制度或人事的改革牽涉其他機關，例如：法學教育的制度及法律人的養成，即涉及行政院（教育部）、考試院、立法院及司法院；法官法的草案同樣亦是涉及廣泛，這些都必須仰賴領導者堅定的意志及決心，才能有效突破困境。自一九九九年七月以來，已過六載之久，時空環境均有極大快速變遷，是時，建請總統身先士卒，再次喚起政府部門對司法改革的重視，並結合民間力量，共同會商溝通，突破相關問題的嚴重瓶頸。

四、結語——重啟司法再造的契機、創造漸進式改革的必要性

司法是政治的一環，也是社會定紛止爭的最大力量；人民對司法的信賴，是國家社會穩固發展的基石，是故，司法絕對不能背離人民情感，不能不食人間煙火。司法改革牽涉甚廣，千頭萬

緒，絕非一蹴可幾，也無法排定時程，更不是光有完美的目標或響亮的口號即可達成，必須創造一個漸進式的改革環境，讓人民能夠參與此項改革大業。而在創造「漸進式」改革的條件中，最重要是建立一個能「自我調適」的組織。不需要完美的目標及藍圖，而是要有如宗教般堅定無比的改革信念，要包容探索不同利益團體都能認同的價值觀，要慎重及務實的提出計畫，並更要將反彈視爲當然之事及創新的契機。最後，這個組織更要隨時衡量其影響，並調整其腳步。這過程中，要兼顧「解構」與「建構」，即要鬆綁現行的僵硬體系並創造新的社會體系來塡補改革所產生的坑坑洞洞，如此，「漸進式改革」將因此而誕生。

基此，所有參與司法改革的團隊經過六年時間的磨合，彼此均應當務實的面對「不完美的目標」及「包容錯誤」的態度，在瓶頸前再次駐足反思，選擇再出發的方向，畢竟，司法改革須要長期一步一腳印、穩健持續地改革，這是個「永遠沒有最終目標」的過程。

司法存在的價値是在爲國家建造一座公平正義的殿堂，以捍衛國家法治秩序，讓普遍的社會民志有個驅兇避邪、淨化心靈信仰的所在；所以，司法務必超越世俗的、政治的紛爭漩渦之外。司法信譽要好轉，除了法官形象等司法相關各界眞能令人尊崇而外，主事者靈活的處務經驗與知能，亦是成敗關鍵的一環，不能忽視。

總統在厲行與實踐各項國家重大建設與改革聲中，費神與司法的重塑與再造，可以樹立國家最後平亭曲直，維護公平正義形象的碑碁，是創造新典範、青史長存，値得一搏的永恆業績。

司法，亦如同其他百般政務，均需因時代的巨變而改造；而以下的數則犖犖大者，確實不宜輕忽：

㈠大學法學教育方式的改造（參考美、日的做法）。

㈡法曹（法官、檢察及律師）的考試，取才及培養、訓練等的改善。

㈢司法院務須與相關各機關（如內政部警政機構、法務部、檢察署、調查局等）改善關係，通力合作。

㈣司法案件（含審判與執行）的累積、遲延或其他積案情形，務求加強人力審理，盡速消化，以緩民怨。

㈤對於法官的辦案積效考核監督，確有予以適當管理之必要。

㈥司法人員榮譽感、自尊心的重塑，需有卓越的領導作爲它的動力和助力。

㈦各種國家法律制度，法規整備或其修廢，宜請行政院法規會主其事，持續進行檢討。

㈧全國性、有可行性法治教育紮根工作的推展，可採民間團體（如扶輪社、獅子會等）參與方式，積極而不休止的進行。

㈨司法改革須以「由下而上」、「法曹全體、學界及國民的參與」、「他律做法的引進」、「智慧、耐心及毅力」等爲主要思考，方能期待成功。

㈩「司法園區」的縝密規劃設計，讓法官自然尋回已近陌生的尊嚴及安全家居生活的環境。

二〇〇五年九月二十四日（六）仲模夫婦受邀到呂副總統宅邸，二十一時四十五分至二十四時四十二分深談司法改革及其他政務發展；呂副總統代爲轉傳扁向我致意說：扁家覺得翁院長對陳府很好，不要換人。我聽了之後，心中一片欣喜，因爲深知接了那已被弄砸的攤位，以後收拾重整的日子會很不好過。

八、司法改革成果之一是釀成司法人員大量辭職潮

一九八〇年代伊始，我們七對好朋友相約每兩個月聚餐一次，每次輪換爐主，自選喜歡的佳餚與餐館，每次餐會天南地北的閒話家常，施啟揚教授經常是讓大家感覺溫文儒雅、話不多，但幽默、微笑是他的特徵，夫人李鍾桂教授稍微健談，大都以家居生活爲主軸；劉泰英教授常是苦笑無奈，因爲夫人話題很廣闊，瞬間會揶揄他幾句；陸潤康伉儷話不多，但對時局、國內外新知識，偶爾會略表意見和詮釋。李教授很疼惜家裡的那隻馴良的貓咪，但啟揚兄卻無興趣也沒空理牠，貓似有靈感地，「你不要我，就跟你造反、給你好看」，只要施教授上班不在家，就會偷偷找機會潛入主人的書房，跳上座位，在椅墊上灑尿或灑在牆角處；每當施兄返家走進書房，令人印象最深刻的是動作很誇張地在趕那貓咪遠離。久而久之，讓我這自小養成的習性：被吸引的想去多一點了解他。二〇〇四年一月十二日，施前院長手持新著《源，三十年公職回憶》贈與仲模；返家後一刻也不等，就開始從首頁拜讀到第二百七十八頁，還不打緊，幾處關鍵性的表達方法，更像磁吸般地讓我再第二次、第三次仔細研閱咀嚼玩味，仲模的讀後感是：誠實、謙卑、自信、做人品格、專業精進、常識廣博、經驗豐富、深謀遠慮、量力節制、毫不戀棧；他有中國國民黨的心緒，卻雙手乾

淨而無中國國民黨的包袱。施前院長臨危判斷的能力，雖事隔十餘年後的今日再去回頭玩味，可眞料事如神，令人肅然起敬。「多位長期關心司法改革的司法人員表示，現任司法院長翁岳生的『改革方向』與『改革方法』都與前任院長施啟揚的改革大相逕庭。當年施啟揚遲遲不敢召開全國司法改革會議，怕被特定的團體、特定的人士『包圍』，這些團體反過來尋求前總統李登輝的助力，下令施啟揚如期召開，但據了解，施啟揚不愧有行政歷練並且有先見之明，認爲茲事體大貿然召開會議，可能會被司法同仁罵他是『吳三桂引清兵入關』，以致當時與民間團體在司改議題和出席名單上一波三折，所以全國司法改革會議也就遲遲未能召開，據說因此埋下他下臺的原因……法界同仁咸信，施啟揚拒絕被『一群人包圍』，同時也等於拒絕了自己的院長寶座。」（引自前揭「七壯士」關於釋字五三〇號文。）仲模私忖這是等同很有尊嚴地積極選擇了「辭職」一途的勇毅決定。

一九九九年二月二十五日（四）十時至十時四十分，李登輝總統在府裡召見剛於三周前上任的司法院正、副院長翁岳生與城仲模，剴切期勉用心於全國人民都在注目待望的司法改革諸措施的進行。一九九九年七月二日（五）十一時三十分至十二時十八分，李總統再約翁、城兩位表示異常關心司改籌備狀況，翁院長異於平常講話、開會時的溫呑，表示「都在預備會議中完成準備」；仲模自始就保持沉默不語，好讓翁院長盡情發揮；李總統看似安了心，請問翁貴庚？翁答七十……我即插話：是六十……然後翁長說是六十七歲；總統是很精明的人，對於如此的對話，知道要不是翁院長太緊張，就是歲月已不饒人。二〇〇〇年元月一日（六）九時三十五分至十時三十五分李總統單獨再召見仲模關心司法改革進行中的許多困境、遭遇以及聽聞中的特殊關係之發展。二〇〇〇年四月十六日未上任的呂秀蓮副總統及翌日未上任的陳水扁總統都分別約了仲模見面，語多勉勵；呂副總統著力的談話內容，集中在司改諸事；阿扁總統沒談及司法改革乙事，但執贈大作《臺灣之子》一書，內簽「城副院長仲模老師　生陳水扁」。

二〇〇〇年五月九日（二）十四時三十分開始，翁院長辦公室會聚集了近二十位臺北律師公會、民間司改會成員、楊仁壽祕書長、刑事廳林廳長、公關室主任王西芬、吳啟賓院長等人祕密開會，研商民進黨新政府接掌後，司法院宜如何適當對應，仲模聞訊後電翁表示嚴正抗議。二〇〇〇年九月十一日（一）李前總統、二〇〇〇年十月二十三日（一）陳水扁總統再召見垂詢司改進行情況，都一樣告訴仲模：已聽到許許多多司改出了大挫折的消息云云。呂秀蓮副總統數次約見，探尋司法院、法務部對司法改革進程有無新的開展、翁院長遇到了那麼多困惑、集體杯葛，理由何安？外傳翁城不合說法確有其事？副院長在院內一籌莫展，大小策略及人事，你都事後閱報或祕書通報才知悉……？仲模大致是苦笑不作多說；反過來，我開玩笑地建議：由副總統組成一個「副座聯誼社」，從中央、各院、部、委員會到地方政府不等，專心研究我國政府組織裡設置「副座」之意義、必要性和適當性，主副主管職掌配分與責任歸依。當然，是不會有結論，大家莞爾一笑，互表內心極度的無奈。她非常好意地一直問我有無轉勤的打算，我當然很有禮貌地謝謝。

- 二〇〇〇年十一月十五日（二）司法院人事審議會中，高院房阿生庭長慷慨陳詞：當法官從有尊嚴到毫無尊嚴、從有倫理到喪失倫理、從有感情到失去感情……言下之意，不如辭職歸去。
- 二〇〇〇年十一月二十五日（六）十六時十八分至十七時二十五分，大溪鴻禧山莊李邸，和李前總統談了很多時局、司法院大法官「司法審查」之眞諦：譬如：行政院廢核四廠是否違憲的公正判斷。司改已一年多，「只聽到樓梯響，沒看到人下樓來（尚無結果佳音）」李前總統請仲模更多留意臺灣政治大環境、中國國民黨籠罩下無所不至的烏雲覆蓋所生之影響、民間司改會等團體趁機介入司法制度的未來設計等。仲模第一次表示，遇到做夢都無法幻想得到的翁岳生院長，此人思緒、行事背景之複雜程度，實在很想遠避，返回大學教書。

- 二〇〇一年十二月十三日（四）二十時二十分至二十一時三十五分，李前總統邀仲模在士林外雙溪翠玉山莊見面，話題都環繞在司法改革會議的後續執行、進行議決諸事的情狀；我看他急切的樣子，知道他要印證當時在中國國民黨中央黨部烏雲影子籠罩，要李主席圈選國建班第一期學員翁岳生大法官替換施啟揚的這一著棋，是否還可過得去（即：只求「忠貞」，不問「能力、經歷」）。我盡一切可能客觀、眞實的報告後，很清楚地表示擬「辭職」，李前總統語氣鏗鏘，三次告訴仲模「不能辭」、「就待在那⋯⋯」（我日記上有詳細明載）。
- 二〇〇三年四月四日（五）有政治、人事敏感度很靈敏的李姓、黃姓兩位，及自由時報記者項程鎭分別來電告知：陳水扁總統仍然會請翁、城續任大法官兼任正、副院長，家裡人強烈傾向我擔任大法官，而不必去承擔副院長的司法行政業務。
- 二〇〇三年四月七日（一）自由時報登載民進黨新政府組織中，司法院這一圈，翁、城將連任正、副院長；十七時五十分李前總統和仲模通了電話，我表示「司改已愈走愈深陷深淵，無論如何，仍須面對、負起責任；所以，對於再被提名的風聞，若是確實，仲模可能會有大動作⋯⋯」

他回以「可稍候一小段時間」。

‧二〇〇四年一月二十日最高法院繼續改善積案情形，附表件，正本送司法院。因翁院長要求盡速清理案件，刑事審查案件統計表呈現：平均約百分之五十清理結案。以同樣數量法官、辦案時間、審案經驗等，只「因長官政策要求」突然從嚴審查結案，就可能有大約一半的涉案者被「定讞」，是則，人權保障的品質將至如何程度，可想而知。確實如社會一般的認知，司法突然變成如此的「恐怖」，非常不像一個法治國家。

‧二〇〇四年一月二十一日報載專文，標題為「司法效率愈來愈差」中央日報每日一比「依目前司法改革方案，法院改組後，無須考量個人意願，即逕行以經驗傳承為理由將上級法院的法官調至下級，影響法官權益甚鉅；而且法院須採會議制，再加上刑事訴訟法修正改採『改良式當事人進行主義』，司法官人力明顯不足！尤其前一陣子又有法官因為過勞而遽逝，不禁令人對法官工作壓力太大，而感到擔憂。」

‧二〇〇四年二月十一日（三）十三時至十四時十分獅子會三〇〇三A區沐文會邀請演講，會眾六十人，仲模所定講題為：「走過生命卑微的歲月」；聽眾反應熱烈，仲模捐出了全部演講的報酬；從這題名應可感知我近時心情的沉重。

‧二〇〇四年三月二十二日（一）全臺政治社會已亂成一團，三天前的「臺南槍擊案」莫測高深，是否確定陳呂兩位連任成功，坊間議論，光怪陸離。《聯合報》刊出，司法院於上午九時特別召集重要主管祕會，研究因應；參加人據稱有翁院長、祕書長范光群、大法官楊仁壽、高院院長張信雄、民事廳楊隆順與公關室主任王酉芬等人。

- 二〇〇五年五月二十七日（五）十四時三十分高院法官（庭長）王〇〇告訴我「高院不少法官、庭長會陸續『辭職』落跑。」
- 二〇〇五年六月三十日（四）及七月二十一日（四）分別在文官所及法訓所舉辦法官及檢察官薦任升簡任有關「司法改革」的課程講座裡，仲模堅定表示「若年底前完全沒聽到司法改革將會召開總檢討會議」，我一定會適時選擇「辭職」。
- 二〇〇五年十二月二十六日（一）九時二十五司法院舉辦紀念月會，請梁丹丰教授來演講前，仲模對翁院長表示辭職，以示對半年前之所言，誠實回應；當日，翁院長告訴我說，司法改革總檢討會議一定會辦。
- 二〇〇六年二月三日（五）二十時三十分至二十二時四十八分，呂副總統在宅邸召見，關心司法改革近況；仲模無數次表示，司法權及司法制度如此的混亂無體，司改迄無關鍵性的突破，人民觀感依舊藐視司法人員，主事者的顢頇被外界所牽引，我實在須適時「辭職」負責，也可脫離這個危疑之地；但呂副總統卻力勸我「不能辭副座」。
- 二〇〇六年二月十七日（五）司法院院會從二時半開始到六時多，大法官沒人來參與，仲模陪著院長開著毫無時序、講些不知所云的話題、無視同仁下班交通車時點、法律議題被轉換爲宗教神祇成分的懵懂決議，連這種司法行政性質的院會都如此的陌生與毫無頭緒；這下，我非對自己自尊、自重不可了。

• 二〇〇六年三月九日法官論壇——刑事討論區標題：眞的好想辭職作者：亦同，「進入司法界已近二十年，雖說以前也不見得輕鬆，但仍覺得現在不但累，也充滿無力感；尤其在庭上見檢辯雙方乍是詳細之交互詰問過程，有時常不免好笑起來，好像都不是我寫判決所要的，證人也被問得莫名其妙；寫判決更是寫得不知爲誰而寫之概，法官不是重在判斷是事證有無，怎淪到只在乎細節，不寫詳細還會被上級審指名道姓批評，法官將青春花在判決書上，還眞想書類不及格當個公設辯護人。」

• 二〇〇六年三月十五日法官論壇——刑事討論區標題：眞的好想辭職作者：無言「今天情緒Down到谷底（仲模謹按：似指士氣低落）……去申請了法律扶助，基金會也如實幫被告安排了一位律師，卷付的輔助申請書上載明約定報酬三萬元，律師盡責地寫了三份一百五十字不到的辯護狀……當庭當日講一句話：辯護意旨如狀，領三萬元……但看看單單法律扶助這部分的大餅，我每個月只要有三件case就能抵過現在的薪資，更遑論付出的勞力及時間……也許就像大院長（指翁）講的，年輕人不要這麼在乎錢。」

• 二〇〇六年三月十六日法官論壇——刑事討論區標題：眞的好想辭職作者：好可怕對象／希望回應單位：司法院，「雖然我在檢方，但是我多年以曾聽院方的法官學長說再繼續做法官寫判決書下去會死人，所以他就趕快請調司法院辦事就輕鬆多了！而且確實很多法官到二審後紛紛生大病，甚至掛點也有，所以大家會爭取不需寫判決書的職務來幹，免得累壞身體。

如樓上學長所言，院方法官長期案牘勞形，在二審多有法官於五十歲即得癌症者，請司法院重視該問題，爲何如此？」

• 二〇〇六年三月十七日法官論壇──刑事討論區標題：眞的好想辭職作者：願景「學長們堅守崗位戮力付出，青春健康都賣給國家了，但辛苦了許多年，薪水卻與剛出道的學弟我差不了多少。換成民間企業，這麼深的資歷，薪水不知比新人多多少，尊榮不知比之前者高多少。眞是讓學弟感慨，也很爲您們抱不平。不知道我能不能也像各位這麼受得住寂寞，而不會在累積經驗、能力後，退下去當律師。其實我很獨斷的認爲，以目前法官福利、待遇、晉敘、管考等制度，要廣泛吸引優秀律師、教授學者投入此行，恐怕不易。我覺得薪水倒還其次，繁重的工作負擔賠掉許多法官的健康與家庭生活，不斷耗損對於工作的熱情與堅持，才是最可悲的。」

翁院長主持下的司法權與司法改革，已歷經七年餘，期間固然在國內發生了政黨輪替的政經社會文化的危厄渾沌，但理性地說，其與司法這一圈應無直接衝擊；可是卻引發了歷史上空前司法人員的辭職風潮，這是一個嚴重的司法動盪；主其事者群的任何一個人都逃不過史家的神筆。

※附錄一：二〇〇三年九月八日九時四十分至十時在立法院立法委員審查會中，仲模以口頭對全院立委報告的全文內容

司法院大法官兼副院長被提名人城仲模列席立法院全院委員會之說明資料

主席、翁院長、各位委員，今天有這樣一個難得的機會，來跟各位委員報告二十分鐘的個人理念、生長過程，非常感謝。

我出生於日治時期，並生長在一個非常恬靜，而且有文化氣息的地方臺南市，西元一九四五年三月一日我的家鄉遭遇美軍的轟炸，我的家剛好被炸彈命中，我的親人當場死亡，看到這樣一幕血淋淋的戰爭慘況，對個人一生當中的任何思維，或是讀書、做事，皆有重大影響，因爲那是六歲半所發生的事情。

初中時，因爲我祖母堅持要我到教會學校讀書，所以進入臺南的長榮中學就讀，那是一所基督教學校；早上、下午都要做禮拜，在做禮拜之三十分鐘內，一定會有一些菁英，包括律師、牧師、醫師及回國之學者，或者當時在國內、外活躍之文化界或政治界之領袖到學校指導或證道，因此從小時候就接受到不同之人生哲學、目標與做人道理之薰陶，與其他學校不完全相同。個人從高中時期就曾想到國外留學，但在高三那年因國家留學政策突然改變，不能出國去，因此留在臺灣求學。在那段時間，印象最深刻的是每天早上八點以前，就到臺北市新公園內省立博物館之圖書館讀書，

大一至大二幾乎每天上午都在那裡讀書，就像在自己的家一樣，當時讀的書包括胡適文存三大冊、留學日記四大冊還有很多國內外名家所寫的小說等都盡可能加以閱讀，因此對人生經驗及做人修養等等獲益良多。大學畢業後服過兵役即出國留學，最先到日本早稻田大學、東京大學，然後到歐洲維也納大學。這個轉折在此簡要報告，在日本讀書三年，感覺到日本很多之資料均來自歐美，深覺直接到歐美留學更好，故在日本學習刑法之後到歐洲改學行政法，主要理由在於，個人覺得一個國家要好起來，很可能要靠宗教信仰之力量及倫理道德之維繫，但法律之建制是最重要的，因此在歐洲看到許多國家包括共產國家，其典章制度相當完備，此爲法治對人類之重大貢獻，就如同以後個人所唸到一本書Francis Fukuyama: The Great Disruption（跨越斷層），提到的一句話「法治社會是西方文明最驕傲的成就」，故我選擇念行政法可能是正確的。在歐洲三、四年裡，對歐洲之立法及行政法發展之歷史有更多之認識，尤其是在德、奧、瑞士這一帶德國人所建立之文化、法律之體系有較多了解。在歐洲三、四年後，又到美國威斯康辛大學（位於Madison）學習（博士後研究）。這段時間正好是全世界青年最活潑的時代，即西元七〇年代，當時美國很多不同思維方式都可以自由表達，這一幕一幕留給我深刻之印象。正好當時行政院幾番書信邀請我回國服務，但在美國亦有幾所學校希望能聘請我在當地工作，這段故事許多人相當好奇，主要是因爲我在當地作研究時，有幾所學校的圖書館無人管理，圖書館藏有許多不同語文的書籍，其需要通曉各種不同語文之人才，例如歐洲的德文系統、東方的中文及日文系統，這些對個人來說，都可以應付。那些圖書館願意用一人半的薪俸聘請我，同時可以兼課。惟當時正逢國內發生釣魚臺事件，我決定馬上回國較好。當然，那時尚有我家人的因素，即須送我內人回國生產，因此我毅然決然回國，因爲這裡是我生長的地方。回到國內之後，我先在行政院服務，但是我一直希望能夠教書，所以在兩年之後，我擔任當時的政治作戰學校法律學系系主任一職，許多人勸我不要去，但是我覺得只要有一所學校可以讓我將在歐美所學之現代化憲政精神、憲政體系以及能將各國進步狀況介紹給我國，對我們社會的成長一定會有極大的幫助。在政戰學校服務期間，該校軍法教育水準可說提升了許多，此事在負責軍法的最高當局（謹按：係指國防部）乃至有關軍法的各種行政單位裡，皆可查考。目前軍法的許多主管，均與我有師生及朋友關係。之後，我在中興大學法律系、所服務相當長的時間，直至今日我仍在該校兼課。該校是國內參加國家考試錄取率相當高的學校，學生的素質良好，可是鼓勵學生往學術研究成長的機會，在過去的紀錄不是很多，因此我極力推廣此理念。現在該校畢業生有許多從事行政法學或其他法學領域研究而成爲教授者，與我當時一再鼓吹學生出國留學，往學術路線發展或有直接、間接之關係。

到省政府去服務是因緣際會，可是，一借調至省政府就是八年的時間，在全省各地奔走，故本人之自傳中表明我曾走過三百零九個鄉鎮。有人說哪有那麼短的時間走過那麼多鄉鎮，本人是勤務滿八年，在座之陳進興委員是我當時之同事，他可以作證。在省政府，我可以說對臺灣各地之情況了解較深入，也可以說了解其來龍去脈，因此在之後的各種公務當中，比如在法務部部長任內，馬上看出來國土保持這件事的重要性。在法務部服務當中，我很重要的政策，是希望把臺灣的土石流之問題及可能因此產生之災難先預作處理和準備，對我自己心愛之國家做一貢獻。那時候對土石流之防治及處置之工作，甚或危及生命，我還是毅然決然的去做，因爲那是我的責任。做一個讀書人或以公務員之立場言，我是絕對不讓步的，因對國土保持能做好，等於是對國家做好一奠基之工作。考試院是我們國家五院之一，有一些人對考試院之業務不一定非常了解，事實上考試院是要對整個文官制度之建立，以及如何使文官制度與世界先進之國家並肩進步的單位，故非常重要。本人到任後，提出了很多建議，包括將行政法列爲司法官之考試項目，這點當時未得到諒解，但事後來看，會發現這是很重要的一部分，假如我們的法治要生根、發展，只有將行政法列入國家考試中，使全民尤其是公務員了解行政法之重要，才能使國家更快邁入現代化之過程。從考試院至司法院服務，在翁院長之領導下，我敢跟各位委員報告，司法院這四、五年來，進步了不少，雖然這些進步，並不一定只有翁院長跟我個人之努力，全體我們的法官同仁、工作同仁及所有從事司法工作的人員都是功臣。司法，過去沒有受到信賴，但是一步一步在制度改革之後，能夠讓全民對司法之向心力一點一滴累積，雖然我們國家在司法這一塊沒有良好傳統，司法的問題涉及到我們國家人民、公務員、軍人及社會各階層之人員對憲法文化、法治社會之了解，而這些文化性質之工作絕非一下子可做好的。司法最重要之內涵應尋求眞實、探求眞理，查核事實證據後，由法官來做客觀、公平之審判，再實現眞正之正義。司法中事實之發現非常重要，眞實如何我們一定要查察驗證，眞相浮現之後法官持公平之心來捍衛正義，這是司法的任務，也是唯一的一條路。我們都知道，就世界各國言，司法爲全民景仰的三權中之一權，不管在美國、英國、德國、日本，司法都受到相當之尊敬；公元兩千年時，美國總統選舉，布希與高爾在最後勝敗決定時，以美國之技術、人力、科技，一定可以計算出誰贏誰輸，但是他們交給最高法院做最後之判斷，結果最高法院通過五票對四票，布希勝，高爾站出來表示服膺最高法院之決定。由此可看出，司法可使一個國家穩定，並成為全民同遵共守之國家最重要權力機構之一。假如我們國家也能在一步一步努力下，讓司法獲得全民共識，使大家都信賴司法時，我們國家一定會很快進入完善的憲政體制，社會的秩序會因此更趨穩定，安和樂利。我在這裡非常感謝貴院給我這個機會，於今天及明日上午的時間給予本人更多的指教，我相信只要是各位委員指教及賦予我的任務，在我能做得到且為職掌範圍內，本人一定不餘遺力做必要之努力及服務。今天國家正處於特別之時代裡，假如能夠仰仗各位之睿智來指導我們的司法，相信司法必定成功，未來的成就一定是非常可觀，謝謝。

※附錄二：翁院長被公開、具體指責的違法疑案

以上所列只不過是大傳平面媒體披露的一小角落，但至少也說明了社會大眾對於周案的一部分公認心聲；我很佩服記者們的善意、海涵、消極不加分析這段期間司法周遭大環境的觀感，尤其是翁院長早已陷入長期以來自己用心挖掘的泥淖裡頭：

- 法務部最高檢察署特偵組對翁自一九九九至二〇〇六年總共領取一千兩百六十一萬九百元特別費（部分撥入私人帳戶，曾匯寄美國上百萬元）的貪瀆疑案繼續追查中。
- 翁院長遭到資深法官「七壯士」所領導的抗議反撲：「七位三審資深法官跳出來指責司法院釋

字第五三〇號解釋（二〇〇一年十月五日；解釋文末端：『應自本解釋公布之日起二年內檢討修正，以副憲政體制。』仲模謹按：即二〇〇三年十月四日前應予修正！）嚴重違憲……此一事件有愈演愈烈的趨勢，各級司法同仁……認為司法改革走到『割袍斷義』這種地步還能說司法改革成功嗎？司法院還裝作沒這回事，難道不怕立委、全國民眾生氣……他們表示，現任司法院長翁岳生的改革方向與改革方法都與前任院長施啟揚的改革大相逕庭……司法院如果誤認所面對的只有七壯士，那可能錯估情勢。將來七壯士如果能按計畫引導各級司法同仁全面檢討改進司法院四年來的司法改革，以免人民淪為司法被害人，必然會在司法史上留下不可磨滅的一頁。九月四日親民黨法制委員會召集人呂學樟舉行記者會聲援『七壯士』，並質疑司法院老是放話立法院不配合通過司法院組織法，十月四日起將有一場空前的『憲政危機』是危言聳聽，他認為這只不過是翁岳生眼見時程迫近『為自己解套的說詞』何來『憲政危機』？不少立委私下表示，到時候真的很想見識一下司法院所說的『跨世紀的憲政危機到底長得什麼樣子』？國人有幸何妨拭目以待！」

- 二〇〇二年一月二十四日「司法院司法官退養給與辦法」院長批示生效第二條第一項第三款「六十五歲以上未滿七十歲者，給予百分之一百四十」之規定，而於同年六月底滿七十歲前第一位自己辦理適用該法規並繼續擔任大法官並為院長已迄二〇〇七年九月三十日（《中時晚報》二〇〇二年七月一日及《中國時報》七月二日記者臺北報導詳述），此一案件曾引發社會各界的公評與指摘，甚至在網路廣傳認係詐領退休金、退養金、司法官津貼的行為。

• 以現職司法院大法官身分遵從中國國民黨中央黨部革命實踐研究院國家建設研究班第一期三個月之調訓結業，如此祕密參與政黨重要思想教育訓練活動的經歷，被法學界及司法官實務機關審檢、律師等指摘爲破壞司法獨立、自主、尊嚴、品格的嚴重違規、缺德、失格行徑（仲模謹按：一、二〇〇一年除夕翁院長署名的「法官守則」，要求「法官應避免參加政治活動，並不得從事與法官身分不相容的事務或活動」。二、施啟揚著「源」三十年公職回憶頁六四稱：「革命實踐研究院是黨的訓練機構，培訓無數黨員及黨友……如果不是錫公（李煥）繼續努力，今天臺灣的社會、臺灣的天空不知是什麼顏色了。二十四年來二十八人（第一期）一條心，在工作上相互支援，在精神上共同勉勵，革命實踐研究院的教育是成功的，尤其我們這一期的學員終身受用不盡。」）

• 一九九九年三月挪用院內政風處經費一百二十七萬元修繕名門社區私宅，屋外空地建巨型雨棚停車，庭院加蓋RC結構之違章建築；社區民衆激憤提出檢舉，北市工務局請其自行拆除，卻派員關說通融，不久，再遭住民檢舉，乃自行拆除；但RC結構依然未拆，尙行文該局索取無違章建築證明，以掩人耳目；最大問題在於拆下之完整物料，未達報廢保固期十年年限，卻全部無影無蹤！外界就此傳說沸沸揚揚，並疑爲案外案的侵呑公物；（二〇〇五年九月十三日中央日報刊載：「司法風紀頻爆」，翁院長說：「希望全體法官謹言愼行，以高道德標準自我要求，共同維護司法信譽。因軍功路住宅修繕問題遭民衆檢舉涉嫌貪瀆，翁岳生強調：修宅問心無愧。」）

• 二〇〇四年十二月三十日（四）下午三時至四時二十分監察院監察委員到翁院長住宅專訪（問

案）（其詳未悉）；院長於下午四時四十五分返抵司法院，適我送二位立法委員蔡同榮、鄭寶清到司法院三樓下樓梯處遇見，訝異翁院長臉色蒼白、步履沉重、垂頭喪氣狀。

- 「司法院院長對司法經費應依法編列預算，公款公用，恪遵利益迴避之原則。惟查翁院長甫接篆上任，即指示司法行政廳編列補助某學會五百萬元之預算（嗣縮編四百五十萬元）」，原來該剛成立之學會，翁院長是理事長，故輿論界譁然，譏爲這等同是「五鬼搬運術」的翻版。
- 翁院長出任大法官後，改任臺大兼任副教授，占用臺大教授宿舍設施十餘年，任由臺大總務處催討拒還……又明知有文山區軍功路名門社區私宅一戶，不符配購公教住宅之資格，竟夥同……向行政院人事行政局住福會，購入北市復興南路公教住宅，有無弊端？是否涉及特權而對同時期公教人員不公？此疑案之事實、結果如何，迄未明朗。

以上數則，已讓翁院長「廢寢忘食」、「忐忑不安」、「自身難保」，卻突然因聽信院內身邊幕僚、高分院院長及相關庭長片面分說，而下此重手對待猶如同門學弟，法界人士看在眼裡，想起很多司法軼聞：曾有不少不肖「司法官」知道自己被盯上，品德確實敗壞，常常在緊急情況下，以最高量刑宣判被告罪責，以表彰自己清白的故技；是否眞是如此情狀，實在無法一口咬定；但俗話說：不教而誅之，謂之缺德、殘酷。

本章註釋

【1】一九九八年十二月十三日，《自立晚報》，十一版自立講臺。
【2】請參一九九九年五月，《另眼新聞》，楊貫仁法官權力新版圖上市，第六十一期，頁一〇至一二。
【3】一九九八年，新雙周刊，慕容宣文，第六十八期封面故事欄，頁二三。
【4】一九九八年十二月二十四日，《新新聞》，謝柏宏文，第六一六期，頁六五。
【5】二〇〇三年二月十九日冷眼集，記者王文玲，《聯合報》。
【6】同上記者，《聯合報》。
【7】二〇〇三年二月二十一日，《聯合報》，記者蕭白雪。
【8】二〇〇三年六月五日，《Taiwan News 總合周刊》焦點新聞，記者程欣媛。
【9】二〇〇三年六月五日，《Taiwan News 總合周刊》，記者孟玲依，頁五七。
【10】記者江原慶、陳免、卜華志，頁七六至七九。
【11】二〇〇三年六月五日，《Taiwan News 總合周刊》「本土意識惹來流言暗箭亂飛城仲模默默承受」，記者程欣媛，焦點新聞。
【12】請參二〇〇三年九月十一日，《Taiwan News 總合周刊》，記者龍琳毓，焦點新聞「大法官一役司法圈內爭上檯面」一文。
【13】請參二〇〇三年九月五日立法院第五屆第四會期第一次全院委員會公聽會院會紀錄，載於立法院公報第九十二卷第三十八期，頁一五九至二〇六。
【14】二〇〇五年五月二十六日，《中國時報》A11版。
【15】二〇〇五年八月十日，《聯合報》A2版社論「司法改革走對方向了嗎？」。

【16】二〇〇二年六月二十五日，特約研究員張學海「司法改革的再省思」國政評論 NPF Commentary。

【17】二〇〇三年九月十一日，《Taiwan News 總合周刊》焦點新聞，記者龍琳毓前揭文。

【18】二〇〇五年四月六日，「法律考古學」張升星法官，《中國時報》A15「觀念平臺」。

【19】二〇〇五年八月十日，前揭《聯合報》社論。

【20】二〇〇六年三月三日，《聯合報》A15，民意論壇聯合筆記，王文玲「失魂的司法改革」。

【21】二〇〇六年三月十四日，A8，記者王文玲臺北報導。

【22】二〇〇六年三月十四日，A8新聞眼，記者王文玲。

【23】引自「司法院和大法官要講清楚說明白」一文。

【24】請參二〇〇三年九月五日，《中華日報》，記者江建璋臺北報導。

【25】請參二〇〇三年十月七日，《聯合報》，記者王文玲「大法官推司改一把，反陷泥淖」一文。

【26】有關本案分析報導、記載，請參《臺灣時報》，記者林雅惠臺北報導；《自由時報》，記者賴仁中新聞分析；《聯合報》，記者蘇仁榮臺北報導，同報記者蕭白雪臺北報導；《中國時報》，記者劉鳳琴臺北報導等；日期均爲二〇〇四年七月二十九日。以下不再詳引出處。

第十四章 成竹在胸，雙辭司法公職，海闊天空

人性的反常，有時「信賴」「善心」「疼惜」也會得到適得其反的「回饋」

我父親有一位妹妹、四位弟弟，從小時候開始，兄妹間感情特別寵幸、疼惜有加，連長大後姑媽的婚事，也是家父的一票對全家長輩的反對而過關。我完全承繼了爸爸的DNA，對小我兩歲的妹妹富美子，異常的愛惜，所有最好吃的東西，我都分享給她；一九四五年三月一日美軍B29轟炸機的炸彈竟不長眼睛的丟進了我的家，讓我這小小的心靈裡自小失去了心中的無限寵愛；每天吵著爸媽還給我富美子，祖父母、叔叔們及同住的親戚聽了都會心酸同情。翌年年末，二妹果然應祈來報到，長相也和我很接近，才逐漸讓我童年的家居生活有了清新的歡欣。二〇〇五年十一月十八日（五）下午六時三十分開始，我們老朋友們的「春秋會」每月定期餐宴，暫時借用監察院後邊二樓宴會廳，請來行政院衛生署陳副署長專題演講「禽流感（SARS）的起源、流行地區與臺灣當前的情況」，會員來了約二十位，我和Grace及兒子三人參加。極少出席的史姓會員陪同一位F女士來到，該會會長是金車集團李添財董事長、仲模爲副會長、祕書長李伸一。史先生係苗栗人，

在中國上海的臺商，從事童裝製衣、販賣，據稱亦在天津某大學財經商科攻讀碩士學位，經常在臺灣、中國之間來往穿梭，交友頗廣，突然陪到的客人F女士，他簡單介紹是臺南人，南女畢業保送臺大理工學院念化工學系，畢業後經所長林教授推薦並得有獎學金赴英國倫敦，得有博士學位，現已返臺在雲林某大學任教，她自稱對音樂，尤其鋼琴很擅長。她坐在我們家人附近旁邊，稍有彼此禮貌性的寒喧交談。

- 二〇〇五年十二月九日（五）下午三時至三時二十五分F女士來司法院訪問我，告訴說：她現在一邊教書，一邊當研究生，在東吳大學法碩班，公法、民、刑、商事法均很有興趣，尤其對於專利、商標法，因未來她在生化這一塊擬成立研究性單位需要用到；她特別告訴我：法碩班開課的多位老師都曾經是我的學生……
- 二〇〇五年十二月十五日（四）下午五時三十分至五時四十五分，F女士再來訪，說是上課前順便來看我，也請我介紹一些當前法學界裡最知名教授的教科書或專論；因爲準備要參與律師高考。
- 二〇〇五年十二月二十二日（四）下午五時五十分F女士來訪，說她要趕去上課，但今天她要發表（專題報告）有關專利、生化間的諸種錯綜複雜關係，問我從行政法學上有何可以切入或特別注意的問題方向。
- 二〇〇六年一月五日（四）上、下午各來一通簡訊，均用英文書寫，希從我多學些行政法上的專業法學問題；一月九日（一）下午亦來了兩次簡訊，談學法很不容易融會貫通；我都禮貌性地回覆了她，並多方鼓勵有加。

- 二〇〇六年一月三十一日（二）晚間七時至八時四十分，Grace和我請F女士在金華街附近布查花園餐廳用餐；席間Grace請教她過去求學讀書背景，也告訴F女士說：我們城家很多女生也是臺南女中畢業，包括我宿妹也都是南女初、高中畢業，長得很像我，我很疼她……也請教F女士關於最近生化發展極其快速，也形成了風潮，供需都很熱切云云。F女士也告訴我們說：法碩班老師們都很稱讚城老師教學風範，他們都承受到城老師的提攜照顧；現在城老師也很關心她法學的學習進程，常介紹新書給她。
- 二〇〇六年二月七日（二）F女士去電家裡找Grace，談了很多最新最夯營養食品的事。
- 二〇〇六年二月十四日（二）贈送Grace一罐中型綠藻丸，說對婦人健康調理很有功效。
- 二〇〇六年四月一日（六）下午，我們家飯後，Grace與我和兒子們正好要觀賞日本很出名的「古畑任三郎」偵探片，F女士來電略稱：近日身體不是頂好，很想出門去兜兜風，可否去載她走走，我說明天上午九時我要參加臺日學會及國際哲學會研討會，後天清晨就要去臺大醫院做年度身體檢查，或許明日午後再看看。
- 二〇〇六年四月二日午後，我拿了兩冊主編的《行政法一般法律原則㈠、㈡》及四篇近作行政法論文一大包，開車去淡水F女士住宿的大型集體住宅，途中車行非常壅塞，停車後辦手續進入其住宿的層樓；一進門入其客廳，感覺很奇特，與一般留歐或遊學英倫學生最通常普遍的擺飾、掛圖、畫像、時潮攝影廣告偶像或布置，都不太一樣，倒是有一座很漂亮、光澤四射的鋼琴；倒了一杯茶水後，問我喜不喜歡貝多芬及蕭邦的古典名曲，F女士就開始彈琴了，連續彈了至少二十分鐘，然後介紹一些她一直以來的「信仰」，但是，那一些對我這個有基督教傾向的人而言，的確是聽不太懂其中的奧妙精微，我只是講一句話：任何宗教信仰都是在勸善施捨，但要適度、不宜過頭。我開始像上課一樣的告訴F女士：如何學好她經常說的「行政法太浩瀚，不好學」的訣竅，請先把法源篇裡的「一般法律原則」中最常使用的一、二十個，好好的熟讀貫通，把我主編的兩冊書籍，用心把它念完。因爲她正在選修這一門課，我還不厭其煩的舉了幾個最重要的原則、詳盡的舉例及如何適用。我已察覺她似有點分心的疲累態樣，她要否去休息一下，我把書放著，就回去了；她說想出去兜風，就這樣，我先下樓，其後十餘分鐘她下來，一齊走到外邊路旁我停車的地方，就開車往市區行進；也是因爲我對於路段不熟悉，又塞車再紅燈止步，需要很忍耐；她突然請我開往忠孝東路三段臺北科技大學路旁停車，說她有事須去校區跟朋友會晤並拿資料，約二十餘分鐘後她返回，車子繼續往前開，經臺北火車站，直駛上高架路往臺北縣五股方向（這一帶我實在不熟悉，平時都是司機載我在市區應酬，離開平面道路又不是臺北市內，我當然會比較慢速並小心駕駛與認路；這時，她低聲無力地說：我腹部很不舒服；我轉眼一看，F女士臉面蒼白、似稍發汗，此時車子循高架路已近彎入五股地帶，車多又無法靠最右線路邊，再往前行車時，我想起了她講過幾次：她的體質不佳，經常虛弱無力……我天生就像我父親，很會用心照料弟妹親人的，此時，不管如何，先「救人」要緊，再前行，看到一家有點破陋的汽車停休館，她說可以去那邊梳理一下；車下是泥濘不很乾淨，似在整修中的狀態，就入內指定一個房間；我在室內一角落打開電視看新聞報導，她離開浴室出來的時候，臉色似乎已恢復了平時的氣色，載她返回淡水的途徑，但又逢大塞車，她就說自己可以搭捷運回去，於是，載F女士到淡水線的唭哩岸站送她搭上車返淡水去，我再回頭返家。當天夜裡，為了準備明晨臺大醫院的體檢，需服用兩公升的瀉藥水，弄好之後，就如一般日子一樣的入眠去了。

- 二〇〇六年四月三日（一）八時二十分至十五時三十分在臺大醫院全程身體檢查；十五時四十五分即趨司法院辦公室上班，十八時三十五分按平時作息時間下班；晚上八時四十五分至十時十分到大安公園去快步運動、走路近萬步再回家；途中，巧遇高等法院陳祐治庭長伉儷，大家為了健康、抒心到公園散步運動，彼此原係老友，熱切地寒暄了一番。翌日，九時三十分至十時五十分司法院加開人審會，和往常一樣，委員間的攻防、褒貶人選與議案，不減火力。午後，院內呈現一片靜寂；我於十九時下班返家。大約十九時四十分樓上電話在響，上樓接聽時已掛斷；二十一時四十五分及二十二時二十分有一位自稱是《蘋果日報》記者謝〇良，兩次來電找我，Grace接電話時問他是誰，不作聲，只說要直接和我通電，我接電話筒後，他說我們見過面，是《蘋果日報》記者，他堂兄是我的同事，聲音很急促：你昨天、前天在哪裡？這時，我在想：會不會是不法之徒在查勘、探路？我完全無法精準判斷此人究竟是誰，也無必要、無義務告訴一個陌生人電話中的訊問何時在何處，就覆以我都在家，也不再囉嗦就掛上了電話後又下樓看電視去。可是，到了四月五日清晨二時多（我是高中三年級後養成了迄今依然未改變的深夜看書、寫作的習慣，每日清晨三時後才休息睡眠）各電視臺、廣播電臺排山倒海地放映與播報我四月二日午後車子出門、路經途徑等一直跟蹤的消息；這下我才驚覺百分之百的被設計而掉落了有心人的陷阱裡去。仲模在上午九時打了個電話給F女士，非常簡短的請她實話實說，沒有什麼需要隱瞞的。等到晨間閱報，刊登的拍照、詳細記載、無中生有的意想情景、記者的無盡誇大其辭、虛誕不實的形容記事全部出籠；一個我完全無法預料的劇情事故，竟然這麼有陰謀籌策地射了過來，不由得讓我想起了「大偵探福爾摩斯」（Holmes）、「名偵探柯南」、「日本名劇古畑任三郎」及美國最風行的「越獄風雲」（Prison Break）中的情節塑造及破案祕辛，很想探知這是怎麼樣的一齣編劇、設計、費用報酬與目的，幕後主導是何方神聖？直接、間接的配角又是何種身分？積極故意入列追蹤者群及消極旁觀等待戲碼進展的爺們，是否竟然可能是生活在同一社會環境裡的人？已經有被害人，主謀組合卻還躲在陰暗處。我終於莞爾地笑了起來，這對我而言，不啻正好讓我求仁得仁，「辭職」遠離幾年來一直在思索的這樣的司法環境，讓我可以解脫困頓；只是所用手段與方式，竟然是那麼的野蠻、惡毒而失去了文明社會核心的文化教養，除了這個超大、普遍認知上的惆悵懊惱之外，仲模仍深感編劇者群所撒出的這件原本是爲緊急救治健康稍有狀況的人脫離困境的單純非常措施，卻被世俗民粹的大傳媒體故意或以訛傳訛解讀成那樣不堪的煽惑、造謠之事端，以逞傷害良善之初衷；我們所處的當下大環境，時移勢異、社會秩序強烈動盪，竟連司法院座位上亦有飛來暗槍橫禍傷人的厄運，這一點實在讓我深表抱憾。

二〇〇六年四月六日（四）八時三十分，仲模提早抵達司法院辦公室，等翁院長到院上班時，我特別再請范光群祕書長一齊來到院長室，把昨天午後由大傳媒體電視、廣播電臺等一而再的播報關於我載人進入某簡便旅邸之事，說明事實過程和狀況；然後即返我辦公室和立法院王金平院長通了電話，深切表示辜負了近三年來立法委員對仲模的支持勉勵，並誠摯請求王院長代轉我的謝悃與歉意，仲模也在電話中略表午間我自己將會有大動作，要請王院長以次諸立委多包涵，王院長長年在「政場」中服務，「官場環境、險惡鬥法、無所不用其極」的情狀，相信他一定了然於胸懷，他很懇切地回了我一句話：「媒體的情況，仲模兄你很清楚，現在是什麼狀況還未清晰，只是尚在炒作中，你任何舉止、講話與聲明，宜請特別慎重……」九時五分，司法院大法官審查會議一開始，仲模舉手表示臨時需做講話報告，乃把事實經過簡明扼要的做了說明，此一事端，讓大法官同仁及司法院以次全體司法及行政工作同事，受到震驚怵惕，深感不安並致深切歉疚，也附加說明我將於大法官審查會後召開記者會表明事件的來龍去脈、基本立場及如何負起責任。在如此氣氛下，我依然話語清晰、條理清楚、心無雜念或其他掛罣，尚能用心留意到每一位大法官同仁的眼神與表情，沒有任何一位大法官講話，只聽到翁院長突然冒出了一句話：「城副院長一定會適當的處理。」會後速返仲模辦公室，即電總統府，盼與陳總統、呂副總統通個電話，未果；再打電話到淡水臺綜院，祈向李前總統報告仲模即將正式對外作重要宣布，也未接通。

二〇〇六年四月六日（四）十一時五十分至十二時十分，仲模在司法院三樓會議廳召開記者會，表示在事端傳開來之後二十四小時內，我斷然決定「雙辭」司法院大法官及司法院副院長職務。媒體對於事實的扭曲、影射等其他一再地胡說八道、誇大喧嚷，我不便多說，只是答應按序於明後天接受必要的採訪。仲模隨即擬好辭呈（總統府令頒之特任官），請翁院長轉呈正、副總統；

陳水扁於當日午後從南部搭專機返總統府，完全未與仲模做必要的召見、會晤、電話、溝通、了解事由狀況，即予「批准」（據聞：呂秀蓮副總統曾向陳總統報告：事實尚晦暗不明前，宜請慎重處理）。仲模自一九七一年四月以一介留學生返國服務公職迄今，總共三十五年。

二〇〇六年四月七日（五）清晨、上午分別在金華街宿舍前及司法院前辦公室聚集了無數的媒體各種記者，仲模接受了TVBS鍾志鵬記者專訪，到夜間二十一時東森、民視及中視陸續來到，同時，平面報紙《自由時報》、《聯合報》、《中國時報》記者群也踴至；我還是溫文儒雅、吞聲忍氣地把這小段時間以來，我的家人、個人和F女士的認識、交友、視她如鄉親子女、珍惜才華，尤其是當前最重視生化、生技科學專業學者，當成新時代社會中的奇葩去呵護的心境，以及那天的全程行蹤都做了清楚的說明；甚至，有記者告訴我：《蘋果日報》記者追蹤群是從家門口一直跟蹤到旅邸，在淡水集聚大社區裡還聽到嘹亮鋼琴彈奏樂聖貝多芬交響曲的聲音（仲模謹按：那麼空曠地方是絕對聽不到某高樓層傳出來的聲音，除非早已套好要如此形容及報導），還進去「搜看」室內情狀，毫無異狀……還有詳細傳出F女士的背景、家事等等，另外，流言仍甚多，譬如：事發前院內某單位早已預知並傳說：三天內司法院會有大地震……？本案有對價，不會是白做的……於此，即可判斷「副院長」你是「被設計」的……我聽到採訪記者反而在爲我提供情報和解析，除了感謝、微笑以外，我沒做任何進一步的釋疑。很奇異、也很神奇的，今天從早到晚來採訪新聞的記者們，沒有人挖苦我，反而是同情了我的處境；竟有幾位男女記者都問了同一句話：「副院長，你爲何這麼快速的決定要『雙辭』，副院長職位不要當就可以了，不是嗎？」我嚴肅而簡短地覆了一句話：「仲模須顧全整體司法、大法官職務的尊嚴與社會信譽。」

有兩家周刊雜誌社確是跟著《蘋果日報》最原始的自編自導消息在撰述，其中的人、地、時、事、物都有很大的誤差或無中生有，仲模原擬用告訴於公庭的法律途徑來讓事實更呈現眞相，務使水落石出；但，我實在不願叨擾法院、不可加重過去司法同仁的負荷，何況兩社社長都來寒舍一敘，表示願在公開園地刊登「道歉啟事」，我也就從「信」、「善」、「行」，大家一起解開了心中的鬱悶；其中有一位社長，和姓謝的自始參與策動者有點交情，從謝氏人士（此事件之後，這人似就逐漸消聲匿跡在原來傳媒活動領域）探得了頗多「眞內幕」，社長全部都兜了出來讓我存參。可是，終究這些還都是形式上的「表象」而已，只是被利用的人頭；這齣戲的「主謀」或其背後小集團到底是誰？其目標的輻射範圍到底有多深、多廣？是誰，付了這筆可能不貲的謀略費用？仲模自童年以來，對於偵探故事特別提神探底、有幾位工商企業民事及政治場域中的首長，私下替我提供了不下十種的可能「計謀」；這一些也隨著歲月的輪轉，終於慢慢地浮出於現實社會生活的點滴行爲舉止上，讓其眞實情狀大白於世。

仲模近幾年來，在如此蛻變的司法大環境、人事更替裡，已有多少次萌生辭職遠離的意念；無如，幾位關心仲模心志的政經文化界領袖，一再的請我要「寬容」、「忍耐」、「稍等」；或許，有心人也沒得等了，正好「因緣際會」輾轉得知一絲消息情報，以爲這是一個可以施放弓箭攻擊的「阿基里斯的腳踝」（Achilles tendinitis）希臘歷史故事之機會，乃通力籌劃、設計、虛僞、造假而毫無情義、理氣的誇大渲染，而讓我這十足有個性、自尊並不戀棧的人主動辭職。

原本想要輕鬆、瀟灑的離開這公認已呈烏雲密布、人心惶惶的司法院及其周遭同夥，竟因一時的疏忽「信賴」，終於釀成踏入陷阱；無論怎麼說，是自己少年期以來學習培養「善心」、「疼惜」心境的理盲，所以致之，責任應自己承擔，是不在話下；但對於栽培、期待仲模為社會做出更大貢奉的任何一位長者、賢達、親友，我須毫不猶豫的彎腰頓首，由衷敬致抱歉、甚感遺憾；退休後的日子，仲模必將更盡心用力於長久以來未曾中斷的臺灣法治社會、人權保障的塑造與建樹之初衷，祈請社會各界不棄疏察前嫌、再遞予鼓勵與支持。

第十五章　投入法治教育與國家政策的研究

面對嶄新環境，創立臺灣法治暨政策研究基金會

真沒想到，才放下公職、遠離司法與政治繁瑣喧囂，很多法學界與法曹律師事務所負責人，不少是跟仲模有師生關係，來禮邀我去教書或主持所務，也有好幾位工商企業界的領軍頂層，祈請加入他們董事會行列；我個人自一九七〇年代中期即已執具律師資格，不少各界朋友、學隸的慫恿，希望一齊來開創一番新的國內外法曹辯護公司組織，以便爲縱橫國際商務、工業、科技、專利、商標的巨大各該事業體作周到的法律事務服務，所以，就在臺北火車站前不遠處預先承租了百坪寬闊的辦公事務處，擬一步步地羅致優異並志同道合的法律及會計專業才幹，組成牢固的合夥團隊。無如，在積極籌組、會晤各方才學能幹之士時，金融財政界發生了震撼的事故，臺北火車站附近擬形成都心最繁盛的頂級商圈，我已承租的地段樓層恰好位於其中，不久將會有幅度頗大的漲價，仔細評估之下，深悉非常難爲，何況我自幼節吃省用，生活很是簡樸，家庭開銷有限，「收入賺錢」對我而言，並不急切；律師工作的業務性質，事實上也和我的個性，有相當程度的乖違，尤其是林紀

東大法官、錢國成院長卸下公職從事辯護律師的極端複雜業務，發生了法界人士都耳熟能詳的法庭上不很自然的經驗；最後，仲模決定要轉個大彎，選擇法治教育之宣揚與國家政策之釐革。

二〇〇六年七月十八日籌措規劃的「財團法人臺灣法治暨政策研究基金會」終於定案。依該基金會暫定章程第二條規定：「以樹立健全民主法治之憲政精神、伸張公平正義、維護人性尊嚴、保障人民權益、深耕法治文化、促進國際法學交流爲宗旨。」（這段話亦是法人登記證書上「目的」欄上所揭示的總方位），並依有關法令規定辦理下列業務：

一、建立法治暨政策研究智庫。

二、獎助各項法學研究與法律教育活動。

三、舉辦各項法治暨政策研究之相關會議、研討與國際交流活動。

四、推動與歐盟國家間法政與經濟之學術研究與聯繫。

五、開拓東亞鄰近各國法制及法律實務之比較研究。

六、研擬國土保持相關學理，提供有效對策方案及法制，以確實保障國人身家安全。

七、出版有關法治教育及政策研究刊物、書籍。

八、其他符合本基金會設立宗旨之相關公益性教育活動。

期望的新機構終於成立，猶如一部動力新汽車，是需要認眞啟動暖車的；此後業績的良窳都要講究效能、效率，注意團隊的群策群力、合作無間，而更重要的是做法上每一個關鍵處的程序經過，是否緊湊紮實並具前瞻意義。仲模開始低頭彎腰、學習母校早稻田大學校徽所啟示：內心要像稻穗，一粒粒都很堅實，勢必為臺灣法治社會的循序漸進貢獻心力智能。於是，我不停蹄的拜訪績效卓著的數家基金會董事長、農工商等各式聯合會公會組織的理事長、談得來的幾家頗具規模的法律事務所負責人和中央、地方政府機關首長，請教創業時遭遇到欠缺經驗，是如何翻山越嶺以迄終端？如何募集所需經費以利業務推展？可能因地緣、人文、習俗的差異而發生意料之外的挫折？各種學門理論性及實務上講座，幾十人乃至數百人或更多，聽眾宜如何去招徠、吸引？我們這基金會以公益、法治教育及儘量填補政府施政所未逮之局部社會政策、法制、教育空隙等，作為積極持續、涓滴付出的指標境界。

第一節 財團法人臺灣法治暨政策研究基金會二〇〇七年工作重點

一、司法重建座談會研討會二〇〇七年四月二日舉辦座談會（一），陸續舉辦中。
二、國土保持研討會座談會二〇〇七年六月十日舉辦座談會（一），陸續舉辦中。
三、法治教育系列講座（國父紀念館）二〇〇七年七月始，每月舉辦一次專題演講。
四、法治教育專題講座（台灣本土法學雜誌）二〇〇七年七月始，每月刊載一篇論文。
五、國立臺北大學城仲模學術講座（法學家對談系列）一年兩次，邀請國外知名法學者來臺。
六、金融法制國際學術研討會預計二〇〇七年十月六日舉辦。

七、東南亞比較法學論文獎助每年持續舉辦博碩士法學論文獎學金獎助。

八、成立東南亞比較法學研究中心（正在籌辦中，預計年底前成立運作）包含論文獎學金、舉辦研討會、邀請東南亞國家法學專家來臺演講座談、發行年報，期刊以及相關法制書籍等。

二〇〇七年度工作內容分別詳述如下：

一、司法重建與法治社會系列座談．研討會

全球性思潮急速鉅變下的臺灣，憲政體制裡司法權及其建制之運作究竟是否符合了國民對於最起碼追求的公平正義之期待？一九九九年七月，剛上任不久的司法行政當局，為了應對要求，於倉促間舉辦了「全國司法改革會議」，聲言要加速改革司法、實現司法為民、建立權責相符、合理審判環境、公平正義訴訟及改造司法制度等。當茲，八載將屆，司法院耗費龐大人力、物力與鉅資，果眞初步臻於司法為民平亭曲直息紛止爭，以及保障人權貫徹法治之基本宣示？時空人物環境之重大移異，盱衡時勢變遷之必需，執司法者何能不與聞問，司法政策竟能固步自封一成不變？法學界、司法審檢實務及律師等法曹各界、社會輿情觀感，如何看待近年之司法現象？應是嚴肅驗證的時刻了。

以我國當世之發展局面，司法權逐步樹立起國民仰賴信任的國家制度重鎭之可能機會，可謂最可期待；無如近年來，各方對其矚望日益殷切。本基金會壹秉關心司法發展，確信法治文化維繫社

會祥和秩序的進步國家之經驗，乃期藉由系列座談（研討），禮邀素卓聲譽的法曹實務工作者以及學界專業人士等齊聚一堂，由民間來掀開一波波客觀、真實、負責的司法與法治實施之真相，並探討臺灣紮實司法重建與形塑法治社會之政策方略，逐步整理成冊公刊，提供諸方卓參。

主持人：城仲模董事長

邀請參與本次座談會貴賓包括有立法委員、考試委員、教授、法官、檢察官、律師等十四至十六位資深學術界及實務界人士參與座談。

時　間：二〇〇七年四月二日（一）下午一時二十分至五時三十分

地　點：福華國際文教會館／公務人力發展中心二〇一室

座談會議程：

01:20　蒞會

01:30~01:50　董事長致詞「司法重建與法治社會」

01:50~03:20　第一場：司法重建——全國司法改革會議之檢討

03:20~03:40　中場休息茶點時間

03:40~05:10　第二場：法治社會——人民對司法的期待，司法權在法治社會中的角色

05:10~05:30　主席總結

座談議題：

第一場：司法重建——全國司法改革會議之檢討
一、八十八年司法院推動的司法改革措施。
二、八年司法改革成效的總檢驗。
三、八年司法改革的瓶頸諸問題。
四、司法權存在意義在秉持公正、釐清眞相、實現正義。
五、當前我國司法制度改革的階段性策略。
第二場：法治社會——人民對司法的期待，司法權在法治社會中的角色
一、當前司法權在我國分權制度下維護國家憲法秩序保障人權的任務。
二、建構法治社會的前提（條件）與內涵。
三、司法權果眞扮演正確審判獨立的法治社會之角色。
四、司法制度漸進式改革的終極目標是「人民的信賴」。
五、法治社會的中流砥柱端賴司法權的正當行使。

二、關懷臺灣——國土保持之現況與對策座談會

主持人：城仲模董事長（前司法院副院長、前法務部長）
時間：二〇〇七年六月十日（日）下午一時二十分至五時三十分
地點：福華國際文教會館／公務人力發展中心二一〇四室

座談會議程：

01:20 蒞會

01:30~01:45 董事長開場致詞

01:45~03:15 第一場：臺灣國土保護的現況與問題點（九十分鐘）

03:15~03:30 休息、茶點時間

03:30~05:15 第二場：國土保持因應對策的提出（一百零五分鐘）

05:15~05:30 主席總結

本次座談會是本基金會針對國土保護政策，首次舉辦的活動，具有彙整各個有關國土保護問題點，並喚醒社會關注的作用，提供的具體政策方向，將彙整提供相關單位作爲重要政策參考。

座談會參考議題：

第一場：臺灣國土保護的現況與問題點

一、臺灣國土保護的現況面面觀

例如：九二一地震後之國土保持諸措施、對豪雨或集中降雨致生河川相關災情之防治、臺灣山坡地或河床生態工法的應用與評估、臺灣土壤沖蝕及農地水土崩塌控制情況、水土保持相關法規之研擬修正與適用等等。

二、臺灣與日本關於國土保護措施之比較觀察。
三、臺灣水土保持相關學理之研發成果及中央或地方政府相關機構之執法概況。
四、有關臺灣國土保護問題上，因「天然災害」或「人謀不臧」，究宜如何正視之解析。
五、其他國土保護的現況與問題點。

第二場：國土保持因應對策的提出
一、臺灣總體性水土保持事業的新思維。
二、臺灣山林地域違法興建工程應請依法管理及取締。
三、臺灣山林地域違法墾植或河川水堰魚塭養殖應請依法輔導管理。
四、土石流之潛勢資料建立與防治策略。
五、水土保持相關法規因不合時宜，應有的整體性規劃修正建議。
六、其他相關因應對策。

三、法治教育系列講座二〇〇七年活動企劃書

本基金會由前司法院副院長城仲模大法官籌設，致力於臺灣法治教育的紮根與落實，邀請臺灣各界法學俊彥，以及學有專精人士，以各種不同面向切入，透過系列講座期望能夠讓法治觀念深植人心，讓法治生活化，生活法治化。

活動宗旨：爲落實本基金會樹立健全民主法治之憲政精神、伸張公平正義、維護人性尊嚴、保障人

民權益、深耕法治文化、促進國際法學交流之宗旨，特與國父紀念館合作，推動一系列法治教育講座活動。

活動方式：以專題演講方式，邀請各領域專家以及資深教授學者，以活潑深入淺出的方式，將各領域的知識與一般民衆生活相結合，建立整體而全面的法治觀念。

聽講對象：一般社會民衆，以及全國公務員（申請公務員終身學習課程）。

聽講人數：免費自由入場，每一場最多容納二百人。

活動時間：二〇〇七年七月開始，每月一次（原則為每月第四個星期六），安排周六下午時段二時三十分至四時三十分，進行法治教育主題之講演。

活動地點：國父紀念館演講廳

二〇〇七年法治教育系列講座安排：

第一場（二〇〇七年七月七日）

主講人：城仲模（現任臺灣行政法學會理事長，前司法院大法官副院長，前法務部長）

講　題：司法權與國家發展——八年司法改革的總檢驗

第二場（二〇〇七年八月四日）

主講人：吳陳鐶（前士林地院檢察署檢察長、最高法院檢察署檢察官）

講　題：被害人可憐，加害人可惡——談我國當前刑事政策

第三場（二〇〇七年九月二十九日）

主講人：劉春堂（前行政院消費者保護委員會祕書長，輔仁大學學士後法律學系系主任）

講　題：消費資訊之規範

第四場（二〇〇七年十月二十日）

主講人：游瑞德（經濟部訴願會主委，前智慧財產局副局長）

講　題：創作無價～如何保護智慧財產權

第五場（二〇〇七年十一月十七日）

主講人：施文森（前司法院大法官，政大教授）

講　題：強制汽車保險之基本理念

第六場（二〇〇七年十二月二十二日）

主講人：劉宗德（國家通訊傳播委員會副主委，政大教授）

講　題：人民受害了！國家賠不賠？論國家賠償之理論與實踐

第二節　法治社會的基磐在法治教育的良窳

一、法治教育專題講座：司法權與國家發展——八年司法改革的總檢驗

演講題綱

壹、引言

- 一九九九年七月六日起三天在臺北世貿大樓國際會議廳召開「全國司法改革會議」。
- 迄今屆滿八載，很出奇地沒聽過稍具規模的團體主動或被動出面主辦對於司改會的局部性或全面性的回顧、驗正，或修正、調整改革內容的具體研討會。
- 我國中央政治體制的五權分治與西方國家的三權分立並不相同。以我國今日的國情及其發展而言，立法院與行政院在短程、中程期間裡的可期待性不高，但司法權（院）若加以積極改造及適當引領，要讓它成爲人民信仰的處所、信賴的機關或可靠的殿堂，以扮演中流砥柱的角色，並非全然無望。
- 今日臺灣正遭逢國家發展上嚴重失序：口號化的民主、法治、自由與人權主張；國民的國家意識？法律建制的雜沓；國際外交的挫折；面對中國時的懦弱；國家重大建設及其願景？經濟發展的期待？媒體惹來的社會負面影響等等，均在等待調整。
- 智者嘉言的啟示：

M. H. Abrams: The Mirror and the Lamp.
Peter Drucker: Managing in a Time of Great Change.
Charles Darwin: The Meaning of AQ.
Lester Thurow: Fortune favors the Bold.

貳、「全國司法改革會議」的基調與主軸

- 臺灣，近三、四十年來，開創了「經濟奇蹟」、「政治奇蹟」、「科技奇蹟」；而東亞地區乃至世界各國亦進步神速，大環境變化極大。因此，諸種的改革措施，蜂擁而來，譬如：教育改革、金融改革、稅制改革、國防軍事改革乃至心靈改革等是。司法改革亦難兗俗！眞是一個大改革的時代。問題就出在：爲政者一上任，就大談改革，以求表現政績，嗣時間一拉長，大家就忘了初始的信誓旦旦，竟連收尾或驗證都沒人理會！
- 近二十年來，司法界從黃少谷院長，經林洋港院長以迄施啟揚院長，陸續對法官的待遇、審判獨立、判決無需事先送閱、重要司法人事案的法官參與等，均有顯著的績效，卸任後留下的問題稍少。
- 十年前，當時的李登輝總統要求施院長具體實施司法改革並召開會議；施院長盱衡情勢，知其時機、格局、各方意見成熟度等，態度謹慎，未速予應對。突聞翁岳生先生繼任院長，未臻半載，召開全國司法改革會議，含蓋了施啟揚院長長久以來未便貿然採取的諸種重大改革措施。
- 司改會的基調：

1.加速司法改革。
2.實現司法為民的理念。
3.建立權責相符的正確觀念。
4.提供合理審判環境。
5.推動公正合理訴訟制度。
6.改造跨世紀的現代司法制度。

●司改會的主軸：
1.司法院組織及其審判功能的重新調整與歸屬。
2.刑訴上「改良式當事人進行主義」的轉折（推行「交互詰問」制度）。
3.民訴上「集中審理制度」的強力推展。
（結果，1.尚未有積極成果，2.3.仍在驗證性階段。但檢察官、法官已深感力不從心，律師苦於豆餅愈做愈小型化、硬板化、怨言無數。而人民普遍對司法仍無信賴。）

參、八年司法改革的總檢驗

●對於司改會「基調」與「主軸」的逐項檢討。
●司法權存在的意義在秉持公正、釐清眞相、實現正義。當我們平心靜氣、客觀檢討八年來的司法改革策略及各項既定措施，不難發現諸種瓶頸已一一浮現。從犖犖大者以觀：
——司法改革會議（一九九九年七月）為因應政府全面性政治革新而倉促籌辦。

——被改革者與改革者角色混淆。
——暴走式的改革措施。
——由上而下的改革不符民主原則。
——與人民對司法改革的迫切期望，落差太大，無法獲致認同。
——司法審判及行政的監督者，監察院？各種民間司法相關組織（譬如：民間司改會、全國律師公會、臺灣法學會、臺灣人權會、臺北律師公會……），因全國司改會而成立之監督小組……？為何幾年來均無特別的聲音、見解等的披露？
——司法院定位問題限時立法惹火了立法權。
——司法一元化與潮流悖離。
——司法行政能力不足。
——法官士氣低沉。
——各級法院積案甚多而仍無力順利紓解大量進用各級法院「法官助理」卻未予制度化。
——法官人事制度嚴重缺失、民事（訴訟）「集中審理」尚留頗多疑難有待解決。
——刑事（訴訟）「交互詰問」迄今仍無法讓審檢辯同稱順利上道。
——司改重要組織建構法案無法得到立法院的支持。
——院檢雙方雙頭馬車各自為政難享同心圓。
——法官操守、審判獨立及判決品質等仍受到相當質疑。

——司法院工作態度與效能無法應對現在社會之需求。

——亦未體認優異司法文化的扎實形成及其延續性的成長之重要意義。

——司法主事者之學養、見識、胸襟、處務經驗、品操、賢能氣質與領導風格輒在媒體上顯露竊竊偶語的窘狀。

——對法官及相關司法同仁的制度性關懷照顧異常匱乏、法官士氣更形低落。

——司法公關及各種宣傳廣告費用暴增顯與司法本質價值格格不入。

——各法院一窩蜂響應ＩＳＯ效率及品質認證措施徒增公帑支付等等，均悉社會大眾關注有關司法改革八年來績效如何的重大焦點。

——另外，司法主事者責無旁貸的時代任務——國家都會所在地司法園區的規劃設計成形迄無配合社會、文化發展需求的積極推動成果，眞正是不少法官同仁心中最感落寞的憾事！

• 司法制度改革最關重要的基礎問題：

1. 法學教育。
2. 考試制度。
3. 司法人員培訓等，惜未正式列入議程詳予探討。

• 當前司法改革的另些癥結：

1. 司法院組織法等重大改革法案，進度停滯且方向應再重新調整。
2. 大學法學教育的整體改革毫無進展。

3.法官法立法及法官人事改革的推動不力。
4.法官操守受到嚴重質疑，自律的功能不彰。
5.民、刑事及行政訴訟積案情形十分嚴重，司法院束手無策。
6.重大金融、經濟犯罪及社會矚目案件，遲遲無法定讞。
7.司法院、臺灣高等法院及臺北地方法院院宇的整體規劃。
8.刑事訴訟法第二、三審部分的修法工作，遭遇律師公會的反對。
9.法官量刑往往從輕量刑，未顧及社會公平正義。
10.民事集中審理、專家參審及訴訟當事人合意選任法官等制度有名無實。
11.司法行政管理不善及研考功能不彰。
12.律師再進修制度的建制。

肆、突破瓶頸的策略暨今後的方向

• 突破瓶頸的策略：
1.司法改革基本思維應有所改變。
2.關於司法組織，應與國際接軌，稱「憲法法院」、「最高法院」、「最高行政法院」（「最高公務員懲戒法院」）並維持多軌制之司法結構。
3.建立高效能的司法團隊，引進企業管理智能。
4.司法行政的精進與執行力的提升。

5.快速回應危機，維護司法公信力。

6.政府機關及民間力量醞釀重新研討穩健的司法制度改革方略。

•今後改革的方向：

1.今年秋季，司法院新人事底定之後，宜請盱衡民情、縝密籌備於明年秋冬時分，召開一次新司法改革會議，由外而內、由下而上，掌握問題的關鍵——

(1)長年以來，人民對於司法的冷漠不信任態度之現實因素。

(2)輕忽我國與歐美高度文化異質的實質要素之迥別與國民因現代文明發展而呈現的社會生活之落差程度，卻仍拼命囫圇吞棗似地言必稱歐美相關法制並予仿效之嚴重後果。

(3)以謙遜敬謹之心，反省近年來諸多司法改革策略上與方法上客觀、明顯的失誤；參考諸外國司法制度改革方略與經驗，縝密融入我國政治社會環境現況及人民殷切的期盼，逐步對八年來無著落的司法改革之窘狀，體察時勢銳變的新發展，作一檢討與檢驗，以去蕪存菁；尤其司法公信性的培植、司法權組織體及審判職能（是否採行多元多軌或其他）、法官士氣的提升等問題，各方意見尚呈紛歧的當前，更應請慎重研議規劃。

2.一元單軌的金字塔式司法組織架構，未必符合當前客觀的需求，應請再予斟酌。未來司法組織，可以現行制度，參考德、奧相關制度加以改良即可。

伍、結論

•司法院根據釋字第五三〇號解釋所主導的這波司法改革，以「建構下一代的訴訟制度」為主要目標，將重點放在「司法院組織法」及「法院組織法」的修正，其實並不符合人民「立刻提升裁判品質、法官操守」的需求，而顯得緩不濟急，這也是法律人直線式思考的模式下的產物。也是爲什麼這波司法改革之所以「評價不高」、「與民間期待有所落差」的主要原因。

- 近年來司法院經常強調「司法爲人民而存在」的政治性響亮口號，基此而進行一連串的司法改革。吾人認爲司法絕非僅爲人民而存在，司法實係爲維護社會公平正義、保障人權、法治而有其存在的崇高價值。
- 日本進行「他律性」的司法制度改革過程，值得我國參考注意，也就是由行政權與立法權充分合作來規劃司改的內涵與時程；這與我國半個世紀以來均由司法體系「自律性」的改造，且迄無明顯效果的情況，形成反思的對照。何況我國因司改而特置的監督小組迄未發揮應有的功能！結果，竟致司改成了毫無制約監督的失羈之馬匹！
- 司法院於八年前開始執行所謂的「司改會議結論」——縱觀其內容，約略可看出是片面採取日本現行的「舊制」，以作爲我國「司法改革」的「新制」，並未顧及審檢及相關法制（係來自歐洲德奧等國）等行之多年的現實環境之國情差異；這些，在在突兀了司法改革的不夠專業及未求縝密從事，其結果又是嚴重地減損司法公信力與威信，不可不慎。司法是政治的一環，也是社會定紛止爭的最大力量，人民對司法的信賴，是國家社會穩固發展的基石，故，司法絕對不能背離人民情感，不能不食人間煙火。司法存在的價值是在爲國家建造一座公平正義的殿堂，以捍衛國家法治秩序，讓普遍的社會民志有個驅兇避邪、淨化心靈信仰的所在；所以，司法務必超越世俗的、政治紛爭漩渦之外。司法信譽要好轉，除了法官形象等司法相關各界眞能令人尊崇而外，領導者靈活的處務經驗與知能，亦是成敗關鍵的一環，不能忽視。司法改革涉及廣泛，千頭萬緒，絕非一蹴可幾，也無法準確排定時程，更不是光有想像的目標或響亮的口號即可達成，必須創造一個漸進式的改革環境，讓人民亦有機會能夠參與此項國家重要興革大業。司法改革自一九九九年七月六日召開全國司法改革會議後，已屆八載，昔日熱誠已不復再現，藍圖亦已模糊，目標依然遙不可及，此時，我們有必要再一次的鄭重宣示，重擬司法改革的大方向及願景，喚起司法人員的改革意識，立下宗教般堅定無比的信念，包容探索不同利益團體（如律師界及個人（如法官、檢察官））都能認同的價值觀，縝密及務實的提出計畫，並更要將反彈視爲當然之事及創新的契機。以司法的重塑與再造，樹立國家最後平亭曲直，維護公平正義形象的碑碁，創造新典範及青史長存的偉大功績。

二、法治教育專題講座與台灣本土法學雜誌社協同刊行相關論著

全球性思潮急速鉅變下的臺灣，憲政體制裡司法權及其建制之運作究竟是否符合了國民對於最起碼追求的公平正義之期待？一九九九年七月，剛上任不久的司法行政當局，爲了應對要求，於倉促間舉辦了「全國司法改革會議」，聲言要加速改革司法、實現司法爲民、建立權責相符、合理審判環境、公平正義訴訟及改造司法制度等。當茲，八載將屆，司法院耗費龐大人力、物力與鉅資，果眞初步臻於司法爲民平亭曲直息紛止爭，以及保障人權貫徹法治之基本宣示？時空人物環境之重

大移異，盱衡時勢變遷之必需，執司法者何能不與聞問，司法政策竟能故步自封一成不變？法學界、司法審檢實務及律師等法曹各界、社會輿情觀感，如何看待近年之司法現象？應是嚴肅驗證的時刻了。

以我國當世之發展局面，司法權逐步樹立起國民仰賴信任的國家制度重鎮之可能機會，可謂最可期待；無如近年來，各方對其矚望日益殷切。今日財團法人臺灣法治暨政策研究基金會亦秉關心司法發展，確信法治文化維繫社會祥和秩序的進步國家之經驗，特由城仲模董事長禮邀素卓聲譽的法曹實務工作者以及學界等關心司法之專業人士，由民間來掀開一波波客觀、眞實、負責的司法與法治實施之眞相，並探討臺灣紮實司法重建與形塑法治社會之政策方略。期能對當前我們的國家法治發展、社會祥和成長有所裨益。

本計畫與《台灣本土法學雜誌》合作，一同對於臺灣司法的未來貢獻棉薄之力。

活動方式：以專題講座方式，邀請法學教授、律師，檢察官、法官等資深學術界與實務界，以各國司法改革之比較制度，以及臺灣的法治文化淵源等，將司法改革之問題點一一剖析，並提出解決方略。每則講座論文約六千至八千字以內（約占雜誌頁面篇幅六頁）。稿酬新臺幣六千元。

合作模式：由《台灣本土法學雜誌》提供雜誌版面（每期六頁），由本基金會安排議題以及聯繫稿件作者，並負擔稿酬。

活動時間：二〇〇七年七月開始，每月刊登一則。

三、國立臺北大學城仲模教授學術講座，法學家對談系列

設置目的：爲表彰城仲模教授對臺灣法學研究發展之卓越貢獻，並以樹立健全民主法治之憲政精神、伸張公平正義、維護人性尊嚴、保障人民權益、深耕法治文化、促進國際法學交流爲宗旨，特於國立臺北大學法律學院，設置「城仲模教授講座」，定期舉辦與宗旨契合之學術活動，藉以增進各界對相關議題的了解，並培養未來致力於法學研究人才。

活動內容：

㈠講座設置後，每年舉辦下列活動：

1. 城仲模博士講座學術研討

本講座每年針對當前重要公法議題召開學術研討會一次至兩次。研討會之舉辦經事前妥善規劃，邀請國內相關領域學者專家五至十人參與，深入討論演講者之學術論述及相關議題，以期產生相互激盪啟發之效果。講座研討會的錄音紀錄經整理後，一併收入演講專書之中。

2. 城仲模博士講座專題演講

邀請國內外知名學者、成功企業負責人以及國家機關首長等成就非凡聲譽卓著人士，每年兩次，即半年舉辦一次專題演講會。演講會活動包含公開演講及與談，其內容與受邀者長期從事之工作或專業研究有關，目的在傳達法學或其他社會科學研究成果和經驗累積、分享寶貴人生心得，並激發青年學子學術研究之熱忱。演講會內容錄音紀錄經整理後，一併收入演講專書之

中。

3.每年度蒐集研討會之內容以及專題演講之講稿，合併出版為城仲模博士講座專書。

㈡經費用途規劃：

1.講座主持人研究規劃費用：主持人統籌規劃之必要經費，每月兩萬元計。

2.受邀演講者之演講費用，依每位演講者之研究領域及專長之不同，酌予新臺幣一至三萬元之演講費。

3.學術研究費用：受邀參與學術研究之出席人員，依研究領域專長之差異，給予新臺幣一至三萬元之研究經費。

4.與談及研討會出席者，每位酌予以新臺幣二至六千元之出席費。

5.年度講座專書之印製，約印製五百本，憑據核實報銷。

6.交通、住宿，餐飲等經費支出，憑據核實報銷。

※臺北大學城仲模教授學術講座「法學家對談」系列

㈠「法學家對談」系列

本講座首次邀請曾任日本最高裁判所法官（相當我國大法官）的日本行政法學界以及實務界知名學者園部逸夫教授來臺，舉辦兩場演講對談，與國內資深法律實務與學術界相互交流，開創寬廣的國際法學視野。

系列對談一：日本的司法改革（「日本の司法改革」）

時間：二〇〇七年五月三日（四）上午九時三十分至十一點三十分

地點：臺北大學多媒體會議室

（臺北市民生東路三段六十七號，臺北大學教學大樓九樓）

系列對談二：行政資訊公開與日本住民訴訟（「行政情報公開と日本の住民訴訟」）

時間：二〇〇七年五月四日（五）九時三十分至十一時三十分

地點：銘傳大學國際會議廳

(二)二〇〇七年十一月二十二日（四）十三時三十分至十五時三十分

主講者：**Prof. Dr. Hassemer**（哈斯瑪教授，德國聯邦憲法法院副院長）

講題：**Status und die Arbeitsweise des Bundesverfassungsgerichts**（德國聯邦憲法法院的地位與其任務行使方式）

地點：臺北大學大講堂三樓

(三)二〇一一年一月二十二日，日本最高裁判所阿部泰隆大法官座談會

(四)二〇一一年十一月十五日，日本最高裁判所阿部泰龍教授來訪．臺日行政法研究座談會

第三節 厲行法治之政策研究暨法制齊備須具國際宏觀視野

一、金融法制國際學術研討會企劃與執行活動

活動目的：「拼經濟」這一詞已經是臺灣人朗朗上口的一句打從心裡希望達成的目標；政府大刀闊斧的金融改革，是在全球化的浪潮下，希望把臺灣帶向世界金融舞臺的重要政策，職是之故，完善金融法制的整備以及有效的金融監管機制是相當重要的議題。

臺灣是一個民主法治的社會，對於整體企業金流的問題，整體的金融法制度之於臺灣企業而言究竟是拼經濟的阻力？還是助力？邇來重大經濟犯罪不斷爆發的情形下，我們不禁思索，臺灣的金融法制度究竟是提供一個有效管理企業金融的手段？還是讓企業界遊走法律邊緣，在法律鋼索上求生存，導致金融秩序失序，不斷發生掏空臺灣的重大金融問題？我們的司法實務對於金融犯罪如何因應？本研討會邀請德國柯隆大學對於金融法有長期深入研究的學者Prof. Dr. Norbert Horn，引介歐陸德國的進步金融法秩序，並邀請國內關注研究金融法制的法學者，以及金融監管實務界人士，透過多元的研討與座談，期盼在企業發展公司治理與金融監管之間找到平衡點。

活動時間：二〇〇七年十月六日（六）上午九時至下午五時三十分

活動地點：臺灣金融研訓院菁業堂

二、國立臺北大學城仲模教授學術講座二〇〇七年金融法制學術研討會——公司治理與金融監管

時間	議程／講題	主持人／主講人
08:40—09:00	報到與領取資料（Registration）	
09:00—09:20	開幕式（Opening Ceremony）	城仲模教授
09:20—10:00	主題演講（Main Speech） 講題：金融市場發展的治理與監管	主講人：柯承恩教授 前臺大管理學院院長 公司治理協會理事長 中華經濟研究院董事長
10:00—10:20	茶敘（Tea Break）	
10:20—12:00	專題研討(一)（Proseminar）	主持人：城仲模教授
	第一場：金融法規能否有效遏止金融犯罪？ 研討一：新興經濟犯罪與防制對策　報告人　許永欽主任檢察官　士林地檢署 研討二：審理金融犯罪之應有思維　報告人　林盛煌律師　詮理法律事務所 與談人　陳志龍教授　臺灣大學法律學院	

時間	議程／講題	主持人／主講人
12:00 ｜ 13:30	午餐（Lunch）	
	專題研討(二)（Proseminar）	主持人：蔡明誠院長　臺灣大學法律學院
13:30 ｜ 15:00	第二場：金融法與公司治理 研討三：是誰讓投機一再得逞？——企業與金融法制的共業　報告人　謝易宏教授　東吳大學法律系／會計系 研討四：控制股東與公司治理——以關係人交易爲中心　報告人　張心悌助理教授　臺北大學法律系 與談人　陳長律師　前全國律師公會理事長	
15:00 ｜ 15:20	茶敘（Tea Break）	
	綜合座談（Symposium）	主持人：葉銀華教授　輔仁大學金融研究所
15:20 ｜ 17:00	主題：公司治理與金融監管之界線 子題：1.金融法制對於企業監管之現況 2.商業經營判斷之自由與約制 3.公權力機關所扮演的角色與任務	座談貴賓： 李俊毅立法委員 賴士葆立法委員 賴源河教授　政治大學法律系 劉連煜教授　政治大學法律系 李禮仲副教授　亞洲大學法律系主任 彭坤業參事　法務部／高等法院檢察署檢察官 張明道副局長　金融檢查局

時間	議程／講題	主持人／主講人
17:00 ｜ 17:10	閉幕式	城仲模教授

活動時間：二〇〇七年十月六日（六）上午九時至下午五時十分
活動地點：臺灣金融研訓院菁業堂（臺北市羅斯福路三段六十二號）
主辦單位：國立臺北大學城仲模教授學術講座、財團法人臺灣法治暨政策研究基金會

三、東南亞比較法學論文獎助金徵選要點

一、財團法人臺灣法治暨政策研究基金會（以下簡稱本會）為鼓勵國內東南亞比較法學相關領域之研究，以培養臺灣東南亞比較法學研究領域之研究人才，特訂定本要點。

二、論文獎助範圍：凡與東南亞各國（如：菲律賓、印尼、越南、馬來西亞、新加坡、泰國、印度等地區國家）比較法學相關之主題研究均在獎助範圍之內。

三、獎助對象、名額及期間如下：

㈠本要點採獎助論文寫作之方式，獎助國內各大學研究所博士班三年級以上學生及應屆畢業碩士班學生撰寫有關東南亞比較法學之各項學位論文。

㈡每年獎助名額，原則上以博士班學生三人、碩士班學生五人、獨立研究學者五人為限。惟評

審得視當年度之投稿論文計畫品質，不足額錄取。

㈢獎助期間以國內各學校之學年爲主，博士班學生以二年爲限，碩士班學生以一年爲限。單篇獨立論文：需於一年內完成發表。

四、申請時間及申請方式：

㈠申請時間爲每年七月一日至八月三十一日，以郵戳爲憑。

㈡論文書寫方式，原則以中文撰寫爲原則，如以外文撰寫，應於申請時，一併提出中文提要。

㈢申請人應備齊下列文件（申請表如附件），並裝訂成冊，一式兩份，向本會提出申請：

1.個人基本資料。

2.身分及學歷證明文件。

3.指導教授推薦函，須教授親筆簽名；申請獨立研究論文獎助者，可免推薦函。

4.計畫之研究方法、研究範疇、參考書目及執行進度（含擬完成論文時間）。

5.試寫篇章（須檢送論文主題具代表性之其中一章），並得附其他已發表之論文目錄，應送其中一篇供審核參考

五、評審方式及時間：

㈠由本會遴聘東南亞比較法學之學者專家五至九人，組成東南亞比較法學研究論文評審小組，負責申請案之審核。若評審委員爲申請人所屬學校之院所主管、論文指導教授或推薦者，於審核時應行迴避。

㈡爲避免重複獎助，論文審查期間，如申請論文已獲其他單位獎助者，不得再向本基金會提出。已提出申請者，該申請案將不再予以評審。如經本會遴選獲得獎助，再向其他單位申請補助者，應擇其一。

㈢申請期間截止後，原則上二個月內通知評審結果。

六、獎助金額及支付方式：

㈠通過評審之申請人，由本會提供獎助金。金額及支付方式如下：

1.博士班學生之獎助金額爲新臺幣十萬元（含稅），分三期支付。第一期款於通知評審結果後支付四萬元；第二期款於論文初稿完成後檢送本會，支付三萬元；第三期款於論文通過口試並修訂完稿後檢送本會（含紙本及電子檔各一份），支付三萬元。

2.碩士班學生之獎助金額爲新臺幣五萬元（含稅），分二期給付。第一期款於通知評審結果後支付三萬元；第二期款於論文通過口試並修訂完稿後檢送本會（含紙本及電子檔一份），支付二萬元。

3.獨立研究論文獎助金爲新臺幣五萬元（含稅），分二期給付。第一期款於通知評審結果後支付三萬元；第二期款於論文通過口試並修訂完稿後檢送本會（含紙本及電子檔一份），支付二萬元。

4.每期領款前，應檢送領據至本會，俾憑撥款。領據上需載明論文名稱，獎助金期別、金額，領款人姓名、撥款帳號（需檢附存簿正面影本）、出生年月日、身分證字號、戶籍與通訊地址，並親自簽名。

㈡未能於預定期限內完成論文者，應以書面敘明理由，向本會申請延期，申請延長以一次爲限，以一年爲限；若寫作中途欲變更論文計畫時，應事先函請本會同意。

㈢本會得視需要，要求受獎助人提供所蒐集之相關資料，費用由本會支付。

七、違約處理方式：

㈠受獎助人未於預定時間內完成論文，且未提出延期申請者，應退還已支領之獎學金，亦不得再申請獎學金。

㈡受獎助人應保證所完成之著作係自行創作，並未侵害他人著作權或其他權益，或違反法令之事。如有上述情事，受獎助人應自行負起一切法律責任，一切均與本會無涉，並應返還已支領之獎助金，亦不得再行申請獎助。

八、其他注意事項：

㈠受獎助論文出版或發表時，應於卷首或書名頁註明「本論文之寫作曾獲東南亞比較法學論文獎學金獎助」等字樣。

㈡獲獎助人應同意論文相關成果及資料，無償授權本會以非營利爲目的之任何形式的重製、展示與利用。

㈢所有申請資料及附件，本會不予退件。

㈣如有任何疑問，可電詢本會。

以上，係於二〇〇七年一月十九日董事會通過。

四、成立東南亞比較法學研究中心

臺灣之東南亞法政研究概況座談會開會通知

時間：二〇〇七年八月十五日（三）上午十時至十二時

地點：臺灣法治基金會會議室

議題：探討當前臺灣對於東南亞地區各國法政研究之現況

說明本會東南亞法學論文獎學金之設置目的

對東南亞地區各國法律制度研究中心之籌設

主持人：城仲模董事長

邀請學者專家名單：

陳鴻瑜　淡江大學東南亞研究所教授

顏建發　外交部研究設計委員會主委

陳佩修　暨南大學東南亞研究所教授

楊聰榮　中央大學客家學院政經所助理教授

簡玉聰　高雄大學財經法律系助理教授

黃兆仁　臺灣經濟研究院東南亞研究所研究員
蔡東杰　中興大學政治研究所教授
李明峻　臺灣國際法學會副祕書長

※附錄十次重要研討會相關資料提要

附錄一　二〇〇八年東亞行政法學會第八屆國際學術大會概覽

會議主題：
㈠行政調查之建制與人權保障
㈡行政訴訟之前置救濟方法與程序

主辦單位：臺灣行政法學會（理事長城仲模）、東亞行政法學會（三月十日第一次籌備會議至五月五日第九次籌備會議）

會議時間：
二〇〇八年五月二十三日（五）　日、韓、中國代表報到
二〇〇八年五月二十四日至二十五日（六、日）　東亞行政法學會第八屆國際學術大會
二〇〇八年五月二十六日（一）　一日遊（會後交遊活動）

二〇〇八年五月二十七日（二）歸國（城理事長現場歡送）

會議地點：公務人力發展中心

地址：臺北市大安區新生南路三段三十號

電話：八八六－二－八三六九－一三九九

會議參加者及規模：

㈠臺灣：臺灣行政法學會理監事及會員代表，共計六十人。

㈡中國：東亞行政法學會理事及會員代表，共計三十人。

㈢日本：東亞行政法學會理事及會員代表，共計三十人。

㈣韓國：東亞行政法學會理事及會員代表，共計三十人。

合計：約一百五十人左右。

接待事項：

㈠東亞會理事（日本六位、中國四位、韓國四位）：

主辦單位負責落地接待（含餐費、住宿費、資料費及一日遊費用）並補助國際旅費；國際旅費每人一律補助新臺幣兩萬元，請檢具機票、發票或其他相關購票證明。

㈡東亞會代表（非理事）：

非東亞會理事之中國、日本、韓國代表，自理國際旅費與住宿費（單人房，每日支付住宿費一千八百元）；餐費、資料費及一日遊費用由主辦單位全額補助。

㈢主辦單位負責中國、日本、韓國代表團體成員去程與返程來回桃園國際機場之統一接送。

酬勞標準：

㈠報告費一場次每人新臺幣一萬五千元，與談費一場次每人新臺幣六千元，主持費一場次每人新臺幣四千元。

㈡東亞會理事兼任主持人、報告人或與談人者，僅能自國際旅費、報告費、與談費或主持費擇一領取。

論文要求：

㈠本文字數約一萬五千字、一千字摘要及三個關鍵字，其中摘要、關鍵字及文章篇名並請附註英文版本。

㈡論文請以Microsoft Word（二〇〇三版本）軟體繕打，並於三月三十一日前寄至tala.secretary@gmail.com。

㈢主辦單位將於研討會結束後出版會議實錄，並保留會中發表論文之編輯權利。

會議語言：中文、日文、韓文

會議承辦聯繫人：劉宗德教授（臺灣行政法學會祕書長）

臺灣行政法學會

東亞行政法學會第八屆國際學術大會籌備小組

東亞行政法學會第八屆國際學術大會議程

時間：二〇〇八年五月二十四日、二十五日（六、日）

地點：公務人力發展中心前瞻廳

五月二十四日（六）　第一主題　行政調查之建制與人權保障		
08:30－08:50	開幕式	主持　城仲模（臺灣行政法學會理事長） 東亞行政法學會代表致詞
08:50－09:10	合影	
09:10－10:40	第一單元 主持　城仲模（臺灣） 　　　市橋克哉（日本）	報告人　郭介恆（臺灣，20分鐘） 題　目：行政調查與資訊隱私權——以美國法制爲例 與談人　梁津明（中國，10分鐘） 報告人　濱西隆男（日本，20分鐘） 題　目：日本行政調查之實際狀況及其應有之統制 與談人　金榮祚（韓國，10分鐘）
		自由發言

10:40 — 11:00	茶歇		
11:00 — 12:30	第二單元 主持 大久保規子（日本） 崔松和（韓國）	報告人 藤原静雄（日本，20分鐘） 題　目：日本之行政調查論——以資訊法觀點爲基礎 與談人 洪家殷（臺灣，10分鐘） 報告人 吳峻根（韓國，20分鐘） 題　目：關於韓國行政調查制度之行政法考察 與談人 馬懷德（中國，10分鐘）	自由發言
12:30 — 14:00	午休餐敘		
14:00 — 15:30	第三單元 主持 李鴻薰（韓國） 許安標（中國）	報告人 金載光（韓國，20分鐘） 題　目：關於行政調查基本法立法過程上主要爭點之考察 與談人 芝池義一（日本，10分鐘） 報告人 王　麟（中國，20分鐘） 題　目：行政調查中權力的可能邊界 與談人 林素鳳（臺灣，10分鐘）	自由發言

15:30—15:50	茶歇
15:50—17:20	第四單元 主持　陳計男（臺灣） 　　　李殿勳（中國） 報告人　蕭文生（臺灣，20分鐘） 題　目：鑑定人與行政調查程序 與談人　紙野健二（日本，10分鐘） 報告人　石佑啓（中國，20分鐘） 題　目：論行政調查與人權保障 與談人　金敞祚（韓國，10分鐘） 自由發言
18:30—20:00	晚宴（圓山飯店崑崙廳）

五月二十五日（日）　第二主題　行政訴訟之前置救濟方法與程序

08:30—10:00	第五單元 主持　金榮三（韓國） 　　　曾華松（臺灣） 報告人　金容燮（韓國，20分鐘） 題　目：韓國行政訴訟前之權利保障方法及程序 與談人　安本典夫（日本，10分鐘） 報告人　蔡志方（臺灣，20分鐘） 題　目：論行政訴訟先行程序之免除——以臺灣法制為探討中心 與談人　劉　莘（中國，10分鐘） 自由發言

10:00—10:20	茶歇	
10:20—11:50	第六單元 主持　本多滝夫（日本） 　　　賀安傑（中國）	報告人　高橋滋（日本，20分鐘） 題目：日本行政不服審查制度之改革及其特徵 與談人　黃海鳳（韓國，10分鐘） 報告人　呂錫偉（中國，20分鐘） 題目：行政復議制度的實施與展望 與談人　闕銘富（臺灣，10分鐘） 自由發言
11:50—13:30	午休餐敘	
13:30—15:00	第七單元 主持　金善旭（韓國） 　　　山田洋（日本）	報告人　金重權（韓國，20分鐘） 題　目：大韓民國行政審判制度概觀 與談人　辛尚民（中國，10分鐘） 報告人　木佐茂男（日本，20分鐘） 題　目：日本行政不服審查法之修正成果與今後之課題 與談人　簡玉聰（臺灣，10分鐘） 自由發言

時間	內容
15:00－15:20	茶歇
15:20－16:50	第八單元 主持　鄒偉（中國） 劉宗德（臺灣） 報告人　楊偉東（中國，20分鐘） 題　目：行政爭端解決體系化之構思 與談人　李京運（韓國，10分鐘） 報告人　陳清秀（臺灣，20分鐘） 題　目：論行政訴訟之先行程式——兼論課予義務之訴願 與談人　小早川光郎（日本，10分鐘） 自由發言
16:50－17:00	閉幕式 主持　城仲模（臺灣行政法學會理事長） 東亞行政法學會代表致詞
18:00－21:00	晚宴暨音樂會（遠東香格里拉飯店宴會廳） ※著名鋼琴家陳瑞斌、太極門舞蹈團武術團均經參與盛會表演

※二〇〇八年五月二十六日（一）

會後交遊活動（兩輛大型遊覽車ALOHA觀光巴士）

08:30　從新生南路中心會場出發

10:00 宜蘭蘭花試驗中心
11:00 宜蘭圓山李添財董事長金車集團總部，參觀Kavalan Whisky製造廠
12:20 李董事長歡迎午宴（十桌）
15:40 臺北昇恆昌免稅店
19:00 三重金色三麥德國式Beer Part（四國教授、代表歌場比賽）
21:40 盡歡散會再見

二〇〇八年十月七日（二）九時四十分至十一時四十分，城仲模學術講座邀請美國威斯康辛大學經濟學研究所Charles Irish在臺北大學民生校區九樓專題講座：美國總統選舉對臺灣經濟發展影響之分析。會後在西華大飯店二樓宴請Irish教授、仲模，侯崇文校長、江松樺董事長、徐惠怡教授、林國彬教授參與。

附錄二　臺灣的經濟前景座談會

活動時間：二〇〇八年十二月二十二日（一）下午一時四十分開始

活動地點：臺灣金融研訓院（羅斯福路三段六十二號捷運新店線，台電大樓站二號出口步行兩分鐘）

日期	時間	議程/講題	主持人/主講人
2008/12/22 （一）	13:40－14:00	報　到	
	14:00－14:10	開幕式	城仲模董事長
	14:10－15:00 （50分鐘）	專題演講：臺灣的經濟前景（暫定）	吳榮義　前行政院副院長 臺灣證交所董事長 臺灣經濟研究院院長
	15:00－15:20	茶敘時間	
	15:20－17:00 （100分鐘）	【專題座談子題】 現實面：當前臺灣面臨的經濟困境 法制面：「臺」、「中」簽訂四項協議等與相關法制對臺灣經濟之影響 政策面：臺灣經濟的未來願景	主持人　城仲模董事長 與談貴賓： 陳博志　臺灣智庫董事長 前經建會主委 張平沼　金鼎證券董事長 全國商業總會理事長 謝金河　財信傳媒董事長

日期	時間	議程／講題	主持人／主講人
			張清溪　臺大經濟系教授 黃天麟　前國策顧問 王塗發　前立法委員臺北大學經濟系教授
		綜合討論	
	17:00 | 17:10	閉幕式	城仲模董事長

附錄三　臺灣國際地位研討會（Taiwan's International Status Symposium）

時　間：二〇〇九年十一月二十一日（六）九時至十七時四十分

主持人：城仲模教授

地　點：臺灣金融研訓院菁業堂（北市羅斯福路三段六十二號）

主　辦：臺灣法治暨政策研究基金會、臺灣國際法學會、臺灣歷史學會、國立臺北大學城仲模教授學術講座、民主基金會

協　辦：臺灣歐洲聯盟研究協會

活動議程（Agenda）　大會司儀：廖林麗玲

時間	議程主題	議程內容
09:00－09:20	報到（Register）	
09:20－09:40	貴賓致詞	彭明敏教授、呂前副總統秀蓮
09:40－10:30	專題演講	主講人：城仲模董事長 臺灣法治暨政策研究基金會董事長、前司法院大法官、臺北大學法律學院兼任教授 講　題：還原臺灣國際地位眞相
10:30－10:50	中場休息（Coffee break）	
10:50－12:20	第一場次 【國際法觀點】	主　持　人：黃宗樂　臺灣國際法學會理事長 報告人 I：胡慶山　淡江大學亞洲研究所所長 題　　目：國際法「政府承認」制度下的臺灣國際地位 報告人 II：李明峻　臺灣國際法學會副祕書長 題　　目：臺灣現階段之統獨爭議——兼論中華民國之法地位 與談人 I：陳荔彤　海洋大學法律學研究所所長 與談人 II：廖福特　中央研究院法律學研究所副研究員

活動議程（Agenda）　大會司儀：廖林麗玲

時間	議程主題	議程內容
12:20—14:00	午餐（Lunch）	
14:00—15:30	第二場次【歷史觀點】	主　持　人：張炎憲　前國史館館長、臺灣師範大學教授 報告人Ⅰ：薛化元　國立政治大學歷史系教授 題　　目：由相關外交文書看臺灣的國際法地位 報告人Ⅱ：褚填正　政治大學東亞研究所博士候選人 題　　目：世紀之交的回顧：持續爭論中的臺灣國際地位研究 與談人Ⅰ：黃昭堂　前臺獨聯盟主席 與談人Ⅱ：鄭欽仁　前臺大歷史系教授
15:30—15:50	中場休息（Coffee break）	
15:50—17:30	【圓桌論壇】	主　持　人：城仲模董事長 與談人1：許世楷　前駐日代表 與談人2：許慶雄　淡江大學亞洲研究所教授 與談人3：陳荔彤　海洋大學法律學研究所所長 與談人4：李永熾　政大臺灣史研究所教授 與談人5：王雲程　臺灣國際地位研究者

活動議程（Agenda） 大會司儀：廖林麗玲

時間	議程主題	議程內容
17:30—17:40	閉幕式（Close）主持人：城仲模董事長	

※還原臺灣國際地位眞相

專題演講：城仲模

壹、引論

貳、國際強權對臺灣片面的政法主張

參、臺灣國際地位多面向的探討

肆、還原臺灣國際地位眞相

伍、臺灣人覺醒、自信並積極向建國功業邁進

陸、結論

附錄四 證券交易上市公司之資產掏空的早期預警偵測制度之建立（整合型研究計畫）

計畫執行：臺灣法治暨政策研究基金會

計畫總主持人：城仲模教授

計畫副總主持人：陳志龍教授
計畫共同主持人A組：陳志龍、陳銀欉
計畫共同主持人B組：陳顯武、宋守中
計畫共同主持人C組：常如玉、江如容
計畫共同主持人D組：謝立功、鄭文中
計畫共同主持人E組：劉啟祥
本專案之執行期間：自民國（以下同）九十七年六月一日起至九十八年三月三十一日。

附錄五　二〇一〇年美國觀察家新聞網絡專欄記者Michael Richardson訪臺

活動時間：二〇一〇年三月十八日至二十七日
活動形態：臺灣（臺北、臺中、高雄）共五場座談會

二〇〇九年五月，日本交流協會代表齋藤正樹在一場公開演講中發表了所謂的「臺灣地位未定論」，公開表達對於馬總統日前所謂「中日和約」是日本把臺灣主權讓渡給中華民國之說法的異議；齋藤正樹認爲，中日和約（即臺北和約）對於臺澎主權歸屬，並未超過《舊金山和約》規定，亦即仍是日本放棄臺澎主權，但未言明轉移對象。外交部立即發布新聞稿表示對齋藤之言論表示遺憾及嚴重抗議，中華人民共和國更趁此機會宣告「臺灣乃是中華人民共和國領土不可分割之一部

分」。

其實自二〇〇六年十月起，臺灣福爾摩沙法理建國會祕書長林〇昇等人已向美國最高法院提出訴訟，控告美國國務院應該依照《舊金山和約》，履行占領臺灣義務、保障臺灣人民人權一案：尋求美國政府承認擁有臺灣而且從未將此島嶼割讓給任何人，包括在臺灣的政府；訴訟主張：因爲臺灣爲美國的屬土，臺灣住民的地位是「非公民的美國國民」（non-citizen U.S. nationals），理應享有保護與特權。臺灣地位未定在一九六〇年著名的尼克森與甘迺迪總統大選的辯論中成爲重要議題，而中國海軍定期的軍事演習，同樣讓臺灣地位未定受到矚目。

而此次應邀訪臺的美國觀察家新聞網絡專欄記者Michael Richardson，長期對於臺灣議題有著深切的關注和評析，從臺灣在國際法上之定位的爭議、臺灣加入世界衛生組織的重要性，以及美國和臺灣之間的互動關係等，以精闢深入的報導使許多人對與臺灣相關的議題投注更多的關心和認識。

- 訪賓簡歷：

邁克・理察森（Michael Richardson）爲美國觀察家新聞網絡之專欄記者，對於美國選舉有著長期且深入的觀察和了解，並曾擔任前美國總統候選人拉爾夫・納德（Ralph Nader）之高級顧問。理察森過去在爲低收入者和殘疾人士服務之公益律師事務所服務長達二十年的時間，之後轉往新聞領域發展；亦曾爲人權委員會之成員，負責調查伊利諾州之違反人權事件。

目前擔任美國觀察家新聞網絡的邁克・理察森，長期對於臺灣議題有著深切的關注和評析，從臺灣在國際法上之定位的爭議、臺灣加入世界衛生組織的重要性，以及美國和臺灣之間的互動關係等，以精闢深入的報導使許多人對與臺灣相關的議題投注更多的關心和認識。

本基金會邀請邁克・理察森來臺的主要目的，冀望能借重其對於臺灣政治和外交長期觀察的觀點和想法，與國內政治領域之專家學者交流，激盪出臺灣在政治和外交上之應對之道的新思維；並透過舉辦專題演講的方式讓一般大衆及學子能更進一步地了解臺灣在國際法上的定位問題以及當前國際地位的困境。

在邁克・理察森訪臺行程中，本基金會亦安排拜會國內同樣關注相關議題之重要人士，以及參訪國內知名景點，希望透過更多的在地了解使其在相關議題的報導上更能客觀具體地評析論述。

附錄六 量刑正義與罪數認定學術研討會系列㈠

二〇〇五年修法廢除連續犯後之量刑評價研究

我國刑事法理論的研究，向來偏重可罰行爲成立要件的釋義學問題，忽視包括刑罰裁量在內的刑事制裁法方面的研究與國外理論引進，並缺乏足夠的實體與程序問題整合觀察。此處，實體刑法的競合（罪數）論與訴訟法上的案件概念，具有密切的關係，兩者各別也是困擾學說與實務的難題，更遑論兩者交錯後所帶來的難度。

二〇〇五年刑法修正，刪除牽連犯與連續犯，只留下想像競合與實質競合，而產生實體競合問題與程序案件判斷之連鎖效應。尤其，立法者在此次修法中對於數罪併罰關於有期徒刑合併之上限，從過往二十年調高爲三十年（刑法第五十一條第五款），將可能使得行爲人多數犯行面臨比過去更爲嚴苛之處罰。此處，連續犯廢除後，是否意味著必須以數罪併罰的方式來處理接連犯行，而在制定整體執行刑時，又應如何評價在舊法上具有連續關係之接連犯行，攸關刑罰正義的實現與被告權益，自值深入觀察研究。

會議時間：一〇一年九月二十二日
地　　點：臺灣大學法學院
　　　　　臺北市大安區羅斯福路四段一號（辛亥路及復興路口）
主辦單位：臺灣法治暨政策研究基金會、台灣本土法學雜誌有限公司
研討會議程（依姓氏筆畫排列）

時間	議程	
13:00－13:30	準備	報到
13:30－13:40	致詞	城仲模（臺灣法治暨政策研究基金會董事長）

場次	議程	時間
第一場次	題目：刑事法與刑罰論之縱觀 主持人：林永謀（前司法院大法官） 報告人：林東茂（東吳大學法律學系教授） 與談人：甘添貴（輔仁大學法律學系教授） 與談人：張淳淙（最高法院刑事庭庭長）	13:40－14:40
	中場休息	14:40－14:50
第二場次	題目：刑法釋義學之論證——如何透過刑事訴訟程序達到刑罰目的——廢除連續犯後之相關案例研究 主持人：許玉秀（前司法院大法官） 報告人：許澤天（成功大學法律學系副教授） 與談人：林鈺雄（臺灣大學法律學系副教授） 與談人：花滿堂（最高法院刑事庭庭長）	14:50－15:50
	中場休息	15:50－16:00

	議程	時間
第三場次	題　目：刑罰作爲秩序恢復的最後手段性之具體實踐——以美國法爲例 主持人：曾有田（前司法院大法官） 報告人：張明偉（輔仁大學學士後法律學系副教授） 與談人：李茂生（臺灣大學法律學系教授） 與談人：陳東誥（最高法院刑事庭法官）	16:00 ｜ 17:00
	賦　歸	17:00

附錄七　「合作國家之公私協力行爲法律爭議之處理」系列座談會

第一場：國家競爭力與責任政治的法律面思考座談會

一、時間：二〇一五年三月五日（四）九時三十分至十三時

二、地點：臺灣大學法律學院霖澤館一七〇九研討室

主　持　人：城前大法官仲模

引　言　人：廖義銘教授（高雄大學政治法律學系兼法學院院長）

與　談　人：陳清秀教授（東吳大學法律學系）

陳志龍教授（臺灣大學法律學系）
游進發副教授（臺北大學法律學系）
戴銘昇副教授（中國文化大學法律學系）
胡博硯助理教授（東吳大學法律學系）

第二場：「民事關係中國家地位之責任——論政府為民事爭議當事人對審判之影響及調整」座談會
會議時間：二〇一五年六月二十八日（日）九時二十分至十二時二十分
地　點：臺灣大學法律學院霖澤館一七〇一會議室

第三場：私法範疇下國家行為之界線與契約責任（座談會）
會議時間：二〇一五年八月一日（六）九時三十分至十二時二十分
地　點：臺灣大學法律學院霖澤館一七〇一會議室

附錄八　司法改革的新思構

會議時間：二〇一六年六月四日（六）九時三十分至十七時
活動地點：臺灣大學法律學院霖澤館一三〇一會議室（辛亥路、復興南路口）

主辦單位：財團法人臺灣法治暨政策研究基金會、臺灣大學法律學院歐盟法中心
贊助單位：臺灣民主基金會

時間	議程/講題	主持人/主講人	安排時間
9:30—09:40	報到與領取資料		10分鐘
09:40—10:20	專題演講　城仲模董事長		40分鐘
10:20—12:00（100分）	專題研討一：司法改革新思構	主持人： 城仲模　臺灣法治基金會董事長 引言人： 鄭傑夫　最高法院法官 陳瑞仁　新竹地檢檢察官 黃朝義　警察大學行政警察學系教授 【綜合討論】	主持10分鐘 引言60分鐘 討論30分鐘
12:00—13:00	午餐（Lunch）		

時間	議程／講題	主持人／主講人	安排時間
13:00 ｜ 14:40 （100分）	專題研討二： 法務檢察系統	主持人： 陳志龍　臺灣大學法律學院教授 引言人： 張斗輝　法務部常務次長 顏厥安　臺灣大學法律學院教授 羅承宗　南臺科技大學法律系副教授 李山明　臺北地檢署檢察官 【綜合討論】	主持20分鐘 引言60分鐘 討論20分鐘
14:40 ｜ 15:00	茶敘		
15:00 ｜ 16:40 （100分）	專題研討三： 司法審判實務	主持人： 城仲模　臺灣法治基金會董事長 引言人： 吳光陸　全國律師公會理事長 陳眞眞　高雄高分院庭長 陳運財　成功大學法律系教授 許惠峰　文化大學法律系主任兼所長 【綜合討論】	主持10分鐘 引言70分鐘 討論20分鐘

時間	議程／講題	主持人／主講人	安排時間
16:40 — 17:00	閉幕式：城仲模董事長		主持20分鐘

※專題演講題綱

壹、引論

貳、分權制度下司法權的本質與任務

參、臺灣二十世紀中葉以來的司法狀況

肆、歷次「司法改革」沒能成功的困阨因素

伍、新時代司法改革的新思構

陸、結論

附錄九　法治主義下「限制出境法制化」研討會

研討會時間：二〇一七年十月二十四日（二）十三時至十七時十分

研討會地點：東吳大學法學院第五大樓二樓會議室作楠廳（臺北市貴陽街一段五十六號）

會議主持人：城仲模董事長．前司法院副院長

時間	議程安排
13:00—13:10	報到
13:10—13:20	開場主題致詞　城仲模董事長（10分鐘）
13:20—15:00	第一場研討（100分鐘）
研討主題	主題：從法治原則——論我國限制出境諸措施 1. 我國限制出境的原始措施 2. 檢察官職權限縮後尚留限制出境權？ 3. 從兩公約、刑事訴訟法、自由法治原則等去體察「限制出境」對人權的嚴重侵害 4. 總結意見
參與貴賓	柯建銘立委、黃國昌立委、廖國棟立委、蔡易餘立委、羅秉成政務委員、陳明堂政務次長、錢建榮法官、張明偉教授、謝協昌律師
15:00—15:20	休息／茶敘
15:20—17:00	第二場研討（100分鐘）

時間	議程安排
研討主題	主題：從法治主義探索我國限制出境法制化 1. 限制出境的理論基礎 2. 我國當前的實務狀況 3. 日德美法的相關制度資料分析 4. 我國具體建制的方案芻議 5. 結論
參與貴賓	陳志祥法官、陳志龍教授、王乃彥教授，張明偉教授、胡博硯教授、鄭文中教授、謝協昌律師
17:00 — 17:10	閉幕/結語　城仲模董事長（10分鐘）

附錄十　「獄政改革座談會」

座談主題：從人權二公約談我國受刑人處遇條件之現況與建議

爲提升我國國際人權地位，順應世界人權發展之潮流，徹底實踐「公民與政治權利國際公約」及「經濟社會文化權利國際公約」，我國在簽署並參與兩公約後，對於探究受刑人處遇現況問題，應如何提升其人權保障，顯已成爲當務之急。本基金會在城仲模董事長的帶領下，長期關注人權保護議題，特此邀集長期關注研究此議題之學者與資深從事獄政實務人士，參與座談，期冀集思廣益，作爲獄政改革的寶貴建議。

討論子題：

1. 受刑人之基本人權
2. 祕密通訊自由（釋七五六）憲十一
3. 受刑人的工作權——維持監所外事業之營運
4. 受刑人的衛生健康權——就醫、私人衛生用品
5. 從二公約看我國受刑人之處遇——對被限制自由之範圍及條件

座談會時間：二〇一八年九月二十八日（五）上午十時至十二時三十分

座談會地點：立法院紅樓二〇二會議室

出席貴賓：

法務部張斗輝常務次長

矯正署周輝煌副署長

吳憲璋署長（前矯正署長）（提供書面資料）

賴擁連副教授（警察大學）

胡博硯副教授（東吳大學）

何志揚律師
黃隆豐律師
主辦單位：立法委員陳超明國會辦公室・臺灣法治暨政策研究基金會

第十六章　個人事小，未來臺灣政經社科文化國際發展須用心關懷護衛

遠離司法公職後，仲模一心一意關懷備至的臺灣法治社會形成的願景及國家南向政策的必要性，都已納入上揭法治暨政策研究基金會的綿密活動裡，簡賅記述；但社會各界，包括過往的長輩及幫我在國大、立法院審查司法院大法官資格時惠賜票源的老朋友，看我依然專心活潑，按照承諾在認眞執行每一項有公益性的社會服務及執教於大學研究所的課程，乃進而邀請仲模稍作騰出時段，協力促進同樣關心臺灣未來文化晉級及國力發展的義工性社會勤務。

第一節　接受複雜又無頭緒的「全國李登輝之友會總會」

• 二〇〇七年十二月十日晚間，李登輝先生來電表示：現在張燦鍙、彭百顯、陳敏惠都在其客廳思考誰來接手李友會總會長，共推仲模最適任；並約我明日午後見面。

- 二〇〇七年十二月十一日（二）十六時三十分至十七時五十分在臺北士林翠山莊，單獨和李前總統見面，禮邀我接替黃崑虎為全國李登輝之友會總會長，由我自己選任祕書長一人，襄助推動工作之進行，但請慎重點將任命，因「這個位置很關鍵也很重要」。至於其他，可請彭百顯和陳秀麗協助策劃。李先生會先助我百萬元當經費，以後自籌云云。李先生對陳水扁總統的施政及個人財務處理，有不少意見；仲模順勢、題外請教：日本明治維新時期，最佩服哪些人？（指對臺灣而言）他說：最了不起的是民政局長後藤新平；我追問：乃木將軍如何？答：他只是一介武夫而已，沒戰略、沒頭腦，對臺灣一無貢獻。
- 二〇〇八年四月四日（五）二十時李先生來電：請仲模積極組織、籌劃今後之李友會；並請與黃崑虎現任會長談談，也可請黃去面見李先生報告會務近況。
- 二〇〇八年四月二十二日（二）十八時李前總統來電，略稱：剛剛和黃昆輝前祕書長聯繫過，談到李友會之事，一致認為仲模應立即聯絡李友會諸會友等事，仲模表示：現在我連李友會會員都不是，全部名冊也屢次請李友會會務實際負責操作之人蔡小姐彙整給我，也都無下文。當天夜裡，我曾打電話給陳秀麗、張燦鍙及彭百顯，詢問打聽並告訴一些新近的相關信息。
- 二〇〇八年五月二日（五）二十時至二十二時三十分在李前總統翠山莊寓所，參與者除李先生、仲模之外，尚有黃昆輝、陳茂雄、楊思勤、林志嘉、黃振福等人。討論如何處理黃崑虎的李友會總會長之事（含工作重點紀錄、收支帳冊），結論，下周由李先生請黃會長來寓所一談，並表示擬請全體會務委員聚會，要仲模正式入會為會員，且決定由仲模接手擔當總會長。

• 二〇〇八年五月三日（六）黃崑虎在臺大校友會館召開「臺灣國際交流促進會」；其組織目的、人員及經費等均未明。
• 二〇〇八年五月十四日（三）二十時至二十二時在李邸、仲模與陳秀麗（她是臺北市李友會會長）；李先生擬於六月一日請八十位李友會會員吃飯，仲模須有三十名一齊與會，擬於六月五日或七日召開李友會會員大會，修改章程，把李友會改組好再出發，至於，張燦鍙和彭百顯擬組的政治性論壇，可暫緩，因為年底前不急於成立政團（因為不宜在民主進步黨最艱難時打狗落水）；李希望我和陳秀麗先配合好，其他，由黃千明組訓人員。
• 二〇〇八年五月二十八日（三）十五時在國賓大飯店一樓阿眉咖啡廳，參加人員包括黃崑虎、仲模堂妹婿臺大教授、蔡淑美、鄭欽仁、程正德、黃木壽等人；堂妹婿明確表示：不贊成我接總會長，此後也不繼續參加李友會；黃總會長出面宴請李友會會員，但只二十二位擬來！該宴會亦請李先生來參與並表謝意，但李先生因有事不克參加（此時，我在想李先生原擬六月一日宴請八十位會員乙事，依一切作業準備的情況，恐極難成事）；請先將擬加入李友會之名單遞交蔡淑美，俟六月間辦大會時，選出新總會長；現租房室租金及三位作業的助理薪水，每月至少十萬元以上，將來新總會長應負責處理；仲模表明：無論誰當選，宜請禮聘黃崑虎先生為「榮譽會長」；也為了樽節開支，實在無需特別租屋、聘用多名助理或祕書。
• 二〇〇八年六月黃崑虎所任全國李登輝之友會總會長第二屆到期，依規定不得再任。
• 二〇〇八年六月六日（五）仲模南下訪黃崑虎先生於其宅邸，決定同月十九日午後三時召開會員大會，選出新總會長聘請黃爲榮譽會長、蔡淑美爲理事。

• 二〇〇八年六月八日（日）在臺北六福客棧三樓，與日本李登輝之友會成員石戶谷愼吉、佐佐木里臣、中村多喜子、野口一、鍾肇雄、迫田勝敏等，談臺日李友會更緊密發展計畫。

• 二〇〇八年六月十三日（五）張燦鍙、彭百顯等擬成立「國家論壇」，將來促使成爲政團或政黨，參加者約二十二名。

• 二〇〇八年六月十九日（四）召開臺灣李登輝之友會第三屆會員大會並改選新總會長；第一、二屆黃崑虎總會長及執行長蔡淑美均到場；仲模以二十七票最高票當選，並行交接；地點在Mr. Brown，臺北市南京東路三段二一八號。

• 二〇〇八年六月二十日（五）二十時至二十二時四十分拜訪李前總統於翠山莊，仲模和Roger一起去報告第三屆臺灣李友會已交接完成；計畫於日後執行全島宣導，再日本、美國之順序安排，李先生暗示會資助，多少未提；仲模請問辦公室宜設在何處？答稱：在淡水其辦公室闢一空間。晤談中，李前總統談到四件事：1.他到法院交代拉法葉艦之事，李爲海軍下屬五人喊冤；2.他小時，看到農民來請求賜予續租農地墾耕種稻，心痛不已，萬分不捨；3.下定決心，有朝一日機會來時，必定爲臺灣貢獻心力，果然，有運氣當上了總統；4.李前總統決定說出「特殊兩國論」的時機，是爲了要阻止中國海協會理事長汪道涵來臺（避免其以上國大員來臺耀武揚威，傷害臺灣人的自尊等）。

• 二〇〇八年六月二十四、二十五日（二、三）會晤日本李登輝之友會，數位重要幹部，包括：片木裕一、早川友久、冨澤賢公（李武男、薛助理陪同）。

- 二〇〇八年七月九日（三）九時三十分，仲模和Roger去看紅樹林臺綜院三十樓李友會擬設置之辦公室；其後即趕到士林翠山莊李公館，適李先生在休息，作罷返臺北市區。
- 二〇〇八年七月十一日（五）至十五日仲模以臺灣李友會總會長身分，被邀赴日本東京、仙臺等地和日本李友會會員認識交誼；全程由日方李友會局長柚原正敬等人陪伴。
- 二〇〇八年八月一日（五）十八時三十分在仲模辦公室；張燦鍙、彭百顯、黃石城、許龍俊、李文英研擬組織「國家發展論壇」，將使其成爲政團或組黨。
- 二〇〇八年八月三日（日）仲模、蔡重吉、Roger、王文苑到高雄屏東會晤李友會成員，十四時至十六時三十分仲模在屏東公園演講一小時。
- 二〇〇八年八月五日（二）下午，李前總統來電：希毋以李友會名義把何瑞元、Roger主張的USMG爲理由控告US。十六時仲模在日本在臺協會晤齋藤正樹代表、堤尚廣祕書長，同行有蔡重吉、Roger、中村多喜子。
- 二〇〇八年八月九日（六）十七時三十分至二十二時圓山大飯店一樓，李登輝先生、仲模、張燦鍙、彭百顯等三十名研討「臺灣國家發展論壇」。
- 二〇〇八年八月十一日（一）十時至十四時三十分在仲模辦公室，陳秀麗、張燦鍙、許龍俊、彭百顯、中村多喜子，研究推動論壇組黨事宜。
- 二〇〇八年八月十六日（六）臺北市海霸王餐廳，臺北市李登輝之友會開會，陳秀麗會長，李登輝先生演講「領導者的條件」。會中該會執行長莊孟學猛烈攻擊批評李友會總會。

• 二〇〇八年八月二十一日（四）十八時三十分在臺北市林森北路華泰大飯店二樓，李登輝前總統召開「群策會」，仲模、黃石城、林長勳、黃昭堂、麥勝剛、黃天麟、吳東昇、陳秀麗、蘇天財、陳天貴等二桌。

• 二〇〇八年八月二十七日（三）上午十一時接到陳秀麗的傳眞，對李友會總會嚴厲批評，認爲「路線」偏離了李前總統的意願，還附言已有不少資深會員有同感。

• 二〇〇八年八月二十八日（四）十六時至十七時五十五分在翠山莊和李先生談了很多事：1.李即電陳秀麗，請她不可再和其執行長攻擊城，要協力合作；2.有八十四萬餘款尙在前李友會蔡執行長手中，需要追回（仲模謹按，九月二十二日蔡重吉前國大代表協力要回了七十五萬元，在國賓大飯店一樓阿眉咖啡廳）；3.是什麼緣故，仲模請Roger當李友會祕書長？一開始李先生就覺得非常不妥當，無論如何，請不要這樣把李友會和臺灣政治問題拉扯在一齊！李前總統每次和仲模晤談或通電，均特地表明他對Roger的多重疑慮。要請愼重；4.李友會不要使其變質爲政團，只要一般聚衆之會即可，先發展臺灣地區而後日本、美國等地；5.十月初擬召開李友會全球大會可不必太急，也不需請國外太多政要參加；6.八月三十日反馬大遊行，李友會不必介入；7.會請曾黃麗明多關心李友會諸事，也請陳秀麗、莊孟學不要再對李友會批評攻擊；8.李先生問仲模，退休後是如何生活的？我只告訴：我在法治基金會只是當義工，沒有支領薪水；李先生很嚴肅告訴我：應好好教育臺灣人更有文化素養和深度；9.仲模請問李先生：爲什麼專注在學「易經」？

答：是媳婦建議的，原本是希望深入學習如何解決極度疑難雜症之事務，尤其趁機思考另類思維方法，已學了兩年，但「沒學好」，用不上；10.李先生快速上樓去拿了三本書：《最高指導者の條件》、《*Taiwan's Statesman*》、《臺灣政治家李登輝》，一一簽名執贈於仲模。

- 二〇〇八年九月三十日（二）李友會總會在新生南路福華會館召開記者會，詳細公開說明李友會總會已擬定十月五日召開臺灣李登輝之友會總會首屆全球大會（其前，李友會籌劃決策小組已至少開過會議八次），記者來了十二位，共四十五分鐘結束；情況平順。
- 二〇〇八年十月五日（日）首屆全球李登輝之友會總會在臺北福華大飯店福華會館隆重揭幕，九時三十分李登輝前總統演講六十二分鐘，十時四十分仲模演說四十分鐘，嘉賓上臺祝賀十餘人，至午休、會餐，十七時二十分順利結束，最後曾有齊聲喊出「臺灣國運昌隆，李前總統嵩壽安寧」等，場面非常熱絡。二十時四十分晚宴歡樂散會。
- 二〇〇八年十月三十一日（五）十六時在李先生宅邸單獨、深入談了些近日事：1.他身邊親近的人對Roger印象都不佳，都能舉出事例說明，他聽了也很煩憂；2.李先生問：迄今全臺已有多少分會？請注意實質聚會而非只形式湊熱鬧，仲答：已有二百八十個，希望發展到四百個分會；3.李先生頗感現在身邊眞正人才不易羅致，反之，已很缺乏可以用上，且人品、知識上上之才幹，仲模亦表示「遭遇之情形完全一樣」；4.李先生問仲模：臺聯如何？答：沒能期待，因爲沒有認眞才幹志士，又極度短缺活動資金；再問：群策會？亦同答案；5.李前總統看到阿扁總統的八年，現在看到馬英九的兩岸間做法，憂心如焚，但已甚覺無力感，且年輕力壯的晚輩卻也沒能跟著循序而上，更使人感嘆；6.仲模緊接著插上了一句問話：這近四十年來，你一直想爲臺灣做些事，也都在縱向往前衝，可曾留意到橫面性積極組訓年輕晚輩或計畫培養拉拔眞才實學後起之秀？李前總統沉思未覆；7.報告十二月二十七日，李友會將在嘉義盛大召開聚會，也恭請李前總統蒞會演說。

• 二〇〇八年十二月二十七日（六）十四時至十七時三十分李前總統、仲模等十餘人南下嘉義，參與臺灣李登輝總會舉辦之會員群衆大會，借了市府大禮堂，人山人海；南部人都希望親眼、接近看到李先生「本尊」；李先生和仲模各花了一小時，全程以臺語演講，說明今日臺灣的政經社會文化處境、如何奮起救亡圖存之道及臺日美中國際政治發展。

• 二〇〇八年十二月二十八日（日）十九時在仲模辦公室，張燦鍙、彭百顯來研討「論壇」該何去何從？他們對近年來李前總統的指示、態度等均深表難以從推理去了解。譬如：臺聯要和民進黨合作召開「國是會議」，李先生又鼓勵施明德、楊憲宏、姚立明等人籌組舉辦另一「國是會議」（施可能是要組成政黨、他是反阿扁最激烈的「紅衫軍」總策劃人，成員中絕對多數不是臺灣本地人）從大的政治局面以觀，眞有丈二金剛摸不著頭腦的感慨。

• 二〇〇八年十二月二十九日（一）至二〇〇九年一月十四日（三）仲模以李登輝前總統臺灣李友會總會長身分赴美國New York、New Jersy、DC（首府華盛頓）Wheaton Maryland、San Francisco、LA（洛杉磯）、San Jose、San Diego、OSAKA（日本大阪）；同行有蔡重吉、蔡永泉及James曹，共十七天。此次美、日之旅都是應邀參與各該地區臺灣人同鄉會組織之季會或年會，仲模也趁此機會宣揚李前總統之政績、民主理念、逐漸政務改革之艱困、臺灣當前之情狀、司法改革及人權維護之眞相、臺灣在國際法上、國際關係上主權地位等諸論題；公開演講的場所大都藉用各該城市的「臺灣同鄉會會館（聚會所）」或基督教會，是場場爆滿、討論激烈但很理性，鄉親現場購書、附帶捐獻一日所得者不少。我們自抵達NY Newake機場，林興隆教授伉儷、涂國雄伉儷來接機開始，就立即進行拜會與演說（譬如參與第五屆筆會，二百六十名來參加，會長林興隆暨夫人Grace、蕭清芬牧師伉儷、蔡明峰伉儷、徐福棟林詠梅伉儷、King Hsu、陳信宏、杜茂新及李春紅會長等均在現場；黃春明先生亦被邀來演講），仲模也經特別安排會晤了知名衆議員Scott Garrell，拜見了王能祥會計師、王康厚伉儷及少爺、巧遇黃昭堂教授、陳文彥教授、蔡雲階先生、謝鎭寬會長、仲模堂叔城燦崑教授伉儷、堂兄城俊茂董事長伉儷、初中時老同學許鵬哲會長、徐謙先生，也去探訪堂妹婿龔中誠處長；在洛杉磯同鄉會館看到寬闊牆壁上掛了一幅「遙念故鄉」毛筆大字，令人感動不已。二〇〇九年一月六日（二）上午九時仲模在National Press Club也舉辦了一場演說對國際媒體介紹今日的臺灣。從洛杉磯逕飛日本大阪，九月十二日上午抵關西機場時，日本李友會兩派不同意見及帶領者野口一和曾根兩人同時來接機；我們四人先已得到情報，乃先隨野口先生車進城，住進Swissôtel Osaka，即去參加大阪市議會市議員新春大會並與川合議員並坐前排第一、二位置，川合議員女婿絹川先生三十五歲，是六家公司負責人，詳談了日本李友會的特殊發展情況，約近兩小時後，仲模又上六樓去和曾根先生商量明日見面事。十二日晚間川合議員新年會上也請到了副市長三輪和夫來致詞強調日臺李友會必將成爲民間交誼最懇切而重要的橋樑角色，希望培養更多知日熟臺的年輕友人，我們四人併坐——議員、女婿、副市長與仲模，談論異常起勁。十三日午後由曾根先生主辦的「大阪李友會分會」，在其辦公室大廳召開，來了約五十名臺日名人，仲模做了整整一小時的演說。十四日在「大阪CLUB」（建於一九二三年）大廳召開記者會，野口先生及吉村先生陪伴仲模邊討論邊答覆記者的問話：吉村先生特別強調戰後迄今，日本已六十五年成爲美國的「殖民地」，臺灣情勢更糟糕亦很危險，若非改造變革，必將有危機緊跟著來；幸虧貴國有李登輝總統撐住，並且進一步將民主政治與自由民主風氣上揚至最眞切境界，眞的要爲你們臺灣人民祝賀。野口先生和高田先生送我到關西機場，野口先生在聊天對話中因熟悉仲模、更讚許我對臺日政經文化的透徹理解，他極力鼓舞仲模要在臺灣繼續從事國家政務及司法的脫古改制。

•二〇〇九年一月二十二日（四）十八時三十分由李登輝先生的「群策會」祕書長郭生玉請客，宴請李前總統、黃昆輝臺聯主席、黃振福主任在晶華大飯店系統的「故宮府城餐廳」；李先生就美國總統歐巴馬（Obama）的就職演說講了他的感想，話鋒一轉，談到了李友會諸事，也說明了我對Roger及何瑞元（Charles Hartzell）的爲人、人品、政治主張的了解；黃主席對仲模負責主持下的李友會政治主張：臺灣國際地位未定論，非常有意見，認爲這是和李先生的「臺灣是主權獨立的國家」恰好南轅北轍；李先生再次表示對Roger此人「無法信賴」，希望仲模就李友會稍做轉向：宜做一些慈善、濟貧等施捨；最後，李先生對仲模講了三次抱歉，說今晚才第一次對李友會人事講了這麼露骨的話，眞不好意思，握了三次手後才離去。二〇〇九年二月二十日（五）

十時二十分李前總統來電關心擬召開全臺李友會新春年會，他勉勵宜請多經營地方；仲模在電話中報告：事實上，全臺各縣市已去親訪十餘處所並召開宣導會報，可說已全臺到處走透透。當天下午十六時，姚嘉文前民主進步黨主席來電表示：臺灣人手中掌握自己的國家主權而非美國所擁有。

• 二〇〇九年三月一日（日）仲模受邀赴日本東京和日本李友會做擴大聯誼，午間抵成田機場，機艙上碰巧和長榮航空總裁張榮發拼座，趁機介紹李友會。日本李友會冨澤賢公、薛格芳等人來接機。第一場，會見臺灣同鄉會會員，約五十人。大都均是開業醫師，仲模演講介紹今日臺灣現狀及李友會之任務。第二場，在午後六時，「臺灣時局講演會」由仲模、宮崎正弘（評論家、作家）黃文雄（拓殖大學客座教授）分別主講「臺灣の現在と未來、日本との關係」、「臺灣と中國の一中市場は可能なのか」、「臺灣が直面する三大危機」，關心臺日關係發展的友人約六十人參與談話會。夜裡，在旅邸（Hotel Arcarea）附近日本料理店，許世楷伉儷、金美齡、何康美、柚原正敬局長等會聚。翌日，十二時第三場研討會在Grand Palace貴賓室舉辦，參加人包括伊藤哲夫（日本政策センター）、西田昌（參議員）、八木秀次（教育理事長，早大）、岡田邦宏（センターの所長）；談論範圍除臺日美中外，還涉及歐盟諸國及中南美洲，仲模日記記載：很深廣、又富意義的臺日知識分子之聯誼研討；午後，會見日本李友會會長小田村、石井公一郎及柚原局長於二樓，交換、說明臺日李友會現況及未來展望計畫。三月三日（二）十八時三十分在池袋會見日本國建會二十名成員，會長蔡柱國博士也邀請石川教授蒞會；此時街道上大雪紛飄，仲模即席作了第四場演講，來參與者均是仲模舊識，也都曾返臺參加過國家建設會的在日教授，每一位都對臺灣國內外情勢發展非常清楚。三月四日（三）午十二時宮崎正宏等四位日本朝日、讀賣新聞記者請仲模吃飯，希望多了解李友會的組織及活動內涵；十四時三十分吉田、谷賀兩位都議員在二樓咖啡廳談論臺日美中時局，他們兩位都對中國興趣缺缺；十七時三十分中津川、鈴木、長島三位衆議員及大江參議員在東京銀座請仲模和黃文雄、薛格芳吃日本料理，餐宴中他們對臺灣近日的明顯傾中政策，非常擔心掛慮。十八時五十分長峰醫師在自宅，請到岡山醫師夫婦、何康美等近二十位醫界好友長談臺灣政情發展，他們對於李登輝先生總統十二年任內沒有更大刀闊斧改造社會及政治組織，頗有微詞，經仲模列舉實例詳予分析解說，曾表示：蔣介石、蔣經國父子和李登輝都是國家「總統」，但「層峰」以下各階層，包括黨工、特務、軍人、警檢調等的組織情況，則是完全不一樣，更何況非常時期的法制管控、獨裁專擅的威權措置和李先生其後的民主化大解放途徑、民意逐漸能夠充分宣洩等，當然不能讓李總統爲所欲爲；仲模日曆上記載：我返回旅館，直到深夜二時多才得盥洗就寢；今天過得很充實，整天都不停的在講話。三月五日夜十一時從東京成田機場搭長榮航空返抵臺灣桃園國際機場。

- 二〇〇九年五月四日（一）Roger在日本交流協會前聚衆聲援駐臺代表齋藤正樹，因爲他以「非正式外交官代表人身分」二次在臺灣表示：二戰以後舊金山和約中，日本只是放棄對臺灣、澎湖等島嶼的一切權利、權利名義與要求，並未移交給任何主權國家（即無接手國），故迄今國際地位未定云云，乃引起馬政府的嚴重抗議。Roger的這一強烈動作，已引起社會普遍的關注，因爲他的身分是否適宜？引發了相當多的爭議，造成了李友會的震撼。

- 二〇〇九年五月二十日（三）上午十時，仲模直接告訴來訪Roger：我到美加旅遊宣導李友會宗旨期間（五月九日至十八日），各方面對我期許甚多，對你在李友會裡的對外活動等做法，頗多意見；經我深思，須有一決斷才行。隔日，果然亞東關係協會理事主席彭榮次機要林哲偉來電轉告，對五月四日Roger非常政治性舉止，請我站在李友會之立場，要格外小心謹愼處置。五月二十四日（日）仲模整日爲李友會之發展，及這二、三十年和李登輝先生的朝夕互動、卯勁襄贊之情誼，而爲了自己也想實踐理想尋覓臺灣眞正的活路，竟至一身而兼任數職（均爲無給職的義工性質），心煩不已。
- 二〇〇九年五月二十七日（三）十時二十五分至十一時五十五分在淡水臺綜院李登輝前總統辦公室，李先生指示請仲模自今而後要自己經營李友會，包括經費籌措募款，仍然對Roger有意見；十時三十五分李先生主持群策會（自二〇〇二年創立迄今），討論最近發展措置並不理想的原因；也認爲仲模要告訴美國有關臺灣歸屬及眞實身分、國際地位等事，無濟於臺灣問題之解決。仲模因午間和Grace在臺北宴請訪臺的前維也納大學校長DDr. Günther Winkler於十一時五十五分提前離席。
- 二〇〇九年六月二十六日（五）十五時三十分前國大代表蔡重吉來訪，深談李友會Roger職務調整之必要，也討論到今後李友會經費募集等當前的關鍵問題。事實上，仲模已於日前，六月十九日（二）面晤Roger時告訴他，李友會之人事已非調整不可。

•二〇〇九年八月十四日（五）李前總統贊成由彭百顯接任臺灣李友會總會祕書長職務；仲模亦於同時表示倦勤之意；三天後過，即八月十七日（一）仲模同時辭去李友會總會長及群策會董事之職。

綜而言之，自二〇〇八年六月十九日正式接任李友會總會長，以迄二〇〇九年八月十七日，約一年兩個月期間，仲模確實是渾身解數在臺灣、日本、美國、加拿大等地盡可能地跑遍了各重要據點角落，拋頭露臉的聯繫、交誼、宣導李先生理念及懷抱著未來更多願景的開創機會。無如，李友會自成立伊始以迄仲模接事，活動內容與原本宗旨有間，帳冊未全，交接過程非常辛苦；所用重要幹部又被多方嫌厭；聚集群衆從事活動，時爾有臺灣總體政治問題與李友會擬要的內部紮實宣揚李先生國家主權定位大方針不同論調；仲模擬推展的重點規劃，又非有充裕資金可爲後盾，無以爲功，而其募集亦因「時不我與」困難重重；加上各式各樣的相近或類似團體，甚至政團紛紛竄出，各逞其意、各有主張，竟致仲模壯志未酬，未能盡力附和尊長的本意，也辜負了長久以來李先生對我多重的期許，令我甚感自責、遺憾。

第二節　公推、投票選舉擔任第三屆「臺灣歐洲聯盟研究協會」理事長

一九九三年《馬斯垂克條約》（即歐洲聯盟條約）生效，總共二十八個會員國的全歐政治經

濟聯盟於焉揭幕，造就了歐洲國家空前的歷史創舉。其後，歐洲將會如何對人類社會、歷史、文明及國際政治、外交、經濟事務產生影響力，全球各國均極度矚目關注其發展。一九九八年六月，張維邦教授登高呼應，倡議結合學術界人士及中小企業商務界聯合創立了「臺灣歐洲聯盟研究協會」（簡稱「臺灣歐盟協會」），並被推選爲首屆理事長。

歐盟不僅是臺灣第一個全方位針對臺灣與歐盟國家間之政治、經濟、社會、文化，乃至於貿易、能源等各項議題進行觀察與研究之非營利社團，更是我國唯一正在歐盟官方登錄之歐洲研究協會。張理事長更提出歐盟協會與政府、企業及學術界多邊合作的發展願景，期盼在歐盟國家主要所在的布魯塞爾成立「臺灣廣場」（Taiwan Plaza），作爲臺灣推動與歐盟國家關係的營運中心，以及臺灣文化等各項發展在歐洲的展示窗口。同時也在臺灣首府臺北成立「歐洲之家」（House of Europe）作爲在臺歐洲人士介紹歐洲文化及發展的中心，以及在臺歐洲人士與臺灣人民交流的平臺（引自該會對外介紹刊物裡「緣起」的說明）。總之，張創辦人鑑於臺北對美國、日本、韓國等重要國家文化、經濟、貿易等的學會與研究頗多，唯獨對歐洲古今文明、文化、經貿的了解甚爲有限，乃排除萬難並基於讓臺灣在世界舞臺上有一席之地，而催生了臺灣的「歐盟」。

臺灣歐盟於二〇〇一年選舉產生第二屆理事長洪鎌德博士、二〇〇七年六月二十四日（日）在臺北市忠孝西路四號十四樓，仲模獲九十四票當選爲第三任理事長，並即七月三日（二）午後三時交接完成。期間，熱心會員Lisa及Jack曾在永福樓宴請全體理監事並研商籌劃、募款及承辦各式活動、每兩周一次在孫文館（國父紀念館）辦理接近民衆生活的演說會，二〇〇八年四月二十五日（五）在上揭地點演講廳召開「國際論壇」，從九時十分至十七時三十分全天性的歐、美、亞時局研討會，情況熱烈，圓滿結束。爲更求臺灣歐盟協會的進展，也曾於古典玫瑰餐館齊聚副理事長李顯榮、祕書長吳志中、理事廖福特、李明峻、林正義、祕書巫蕙君、江惠如、黃詩君等人，研討未來展望諸事。二〇一〇年一月二日（六）十一時在孫文館二樓立德餐廳召開理監事會，出席者有陳志龍、劉國棟、鄭乃文、王思爲、廖福特、顏綠芬、李秀琴、李顯峰、陳淑燕、吳志中、廖林麗玲、洪茂雄、施正峰、廖崇宏等人；十四時三十分楊子葆演講：（歐洲人）「葡萄酒文化的密碼」，與會的各方人士特多，Q&A討論更是熱烈。其後，一來時局轉變，經費不易籌措，二來祕書長也異常忙碌於教學、研究、其他社會服務及升等教授等諸事，臺灣歐盟協會的活動逐漸稍停了下來。二〇一七年新春之後，重開理監事會，選出陳文賢教授接續爲第四任理事長，約四個月後，陳理事長因極度忙碌，辭去職務；再經選舉，由周朝國教授繼任爲第五屆理事長迄今。第五屆臺灣歐盟榮譽顧問，包括吳榮義、城仲模、洪鎌德、張維嘉；常務理事有王泰銓、羅致政、王思爲、余榮昌、吳煜宗、姚文智、施正峰、陳銀欉、程正德、魏百谷諸教授、先生，監事有許惠峰、林佳和、李明峻等教授，祕書長由曾志隆擔任。二〇一七年十月十四日（六）在臺北市國立臺灣師範大學圖書館校區綜合大樓五樓五〇八會議廳舉辦「張維邦教授八十歲冥誕紀念」學術研討會，自上午九時三十分報到開始以迄午後十七時結束，內容主題包括：歐洲人權法院與國家人權機構之互動、歐盟的難民政策、歐盟的國家承認、歐盟面對氣候變遷的政策因應：排放交易機制之現況、發展及挑戰、歐盟的中國政策、哲學教育在歐洲及歐盟之文化建構與認同。不久即經整理出書《歐盟的新發展》，由臺灣歐洲聯盟研究協會出版，二〇一七年十一月。

二〇一八年十月六日全天在臺北舉辦了盛大的臺灣歐盟協會學術研討會，地點設於臺北市和平東路一段一二九號師大科技與工程學院三樓會議廳，自上午九時二十五分至十七時，內容主題包括：瑞士公投世界典範、法國公投制度的演變、從蘇格蘭獨立公投及英國脫歐公投談公民投票的可能及局限、愛爾蘭公投制度與案例分析——並以一九九八年英愛協議爲例、拉脫維亞的公投制度與案例之探析、公民投票：波蘭民主化的橋頭堡、中東歐國家公投的歷史經驗與現況——以捷克第二共和及八九革命後爲例、義大利公投：歐盟的因素、獨立行不行？西班牙的公民投票與獨立運動，及歐洲國家的公投制度。此次研討會後，會即予整理彙編成書出版。

第三節　做個有尊嚴的臺灣人，推動組織建國理念與控美專案

美國首府華盛頓特區上訴審法院（即高等法院本院）法官Brown對於臺灣國民曾有如下的一段法庭意見：「美國與中國在過去六十年裡紛擾不止的關係，致使臺灣住民陷入了煉獄之中。在此期間，臺灣人民生活在未受普遍承認的政府統領之下。從現實角度以觀，他們在國際社會裡並不確定的地位，已然影響到這些人每天的生活。這種廣泛存在的渾沌狀況，促使本上訴法庭試圖具體確認他們的國籍身分與人權。」（America and China's tumultuous relationship over the past sixty years has trapped the inhabitant of Taiwan in political purgatory. During this time the people on Taiwan have lived without any uniformly recognized government. In practical terms, this means they have uncertain Status in the world community which infacts the population's day-to-day lives. This pervasive ambiguity has driven Appellants to try to concretely define their national identity and personal rights.）這是一位年約四十來歲美國聯邦高等法院女性法官，從未來到臺灣（謹按：仲模在高院開庭前巧遇她，告訴我的。後詳），但經仔細研閱相關資料後，極度嚴謹描繪出他對近代、現代東亞、臺灣蔣氏父子統治下人民生活身心横遭折磨、痛苦萬端的畫龍點睛，眞可說是同理心的極致。仲模在這幾十年來，無論在國內或國外，遇到文化進步文明現代化的外國朋友，他們都會異口同聲地說：受過高等教育以上的貴國知識分子，尤其是到過先進國家的，竟然能夠容忍歷來政府的愚蠢、欺騙的政治口號和宣傳，更奇特的是：司空見慣、見怪不怪，也不發生意識上的精神分裂症。日治時期，對臺灣現代化貢獻最大也最了解臺灣的後藤新平民政長官曾說過，臺灣人民族性：愛錢、怕死、愛面子（有人再加：易騙、難教、愛做官）；確實，是一言中的！因爲統治者當然會善予利用這些作爲馴服臺灣意識的「誘餌」。

一、做個有尊嚴的臺灣人

一九七一年返國後，這幾十年來，仲模邊當公務員邊教書，也日漸凝聚了心志，曾在無數的撰文或演說裡，一再強調「做個有尊嚴的臺灣人」，其內容包括有如下的意識思維：

㈠諾貝爾獎得主，哥倫比亞作家馬奎斯在其長篇小說《百年孤寂》中說：「無親人埋骨之地，即非故鄉」。

㈡前法國總統薩科吉（Sarkozy）在最後一場競選演說中說，我的父執輩認爲匈牙利是他們的家鄉或原鄉，但我早已認爲匈牙利是他鄉，法國才是故鄉及原鄉。

㈢臺灣原住民上千年來，即認臺灣是故鄉、家鄉也是原鄉；唐山人幸而溜過黑水溝，來到臺灣，還在念念不忘原鄉是福建、廣東，以此地爲他鄉；但二代三代之後，臺灣即成爲這些人的家鄉、故鄉，也是原鄉！

㈣我是臺灣人，對於臺灣，我有永遠摯愛與感恩的故鄉情；任何情事之下，臺灣都是我心繫不可割捨的母國。

㈤臺灣需要的是民主的，不是民族的；「民主臺灣」對抗「封建中國」，這是臺灣形成大國氣勢的保證。

㈥臺灣務求在時潮的大變遷中奮力崛起，並融入國際社會的新秩序之中，成爲一個有自主、尊嚴的國度，以承擔世界性及區域性應負起的責任。

㈦戰後臺灣人被中國政府篡改國籍，被占領軍無情屠殺，財產被肆意剝奪，被強迫服兵役。這些違反國際戰爭法的凌辱與殺虜，因戰爭而成爲征服者的美國，可不能逃避法律與歷史的責任。在臺灣的流亡政府怎麼來，美國最有義務將其帶走。

㈧新時代臺灣人，是指認同這塊土地，維護臺灣優先，認同民主價值的這一大群人，沒有本地人及外來人之分；臺灣人民是基於對民主理想的服膺而選擇共同生活在此；不是以地緣和血緣、語言、宗教等非民主因素而隨機湊合的。

㈨臺灣的問題不在藍綠，而在僵化且無積極進化跡象的大漢沙文意識形態的作祟。

㈩歷史的啟示錄裡，早已預警：臺灣必須與中國保持適當的距離。

(十一)近年中國國民黨當局的無能及傾中策略，已嚴重傷害臺灣人民半世紀以來含辛茹苦的建設臺灣家園的期待；全民為了生存生命及生活的起碼尊嚴，勢須及時挺身站立出來，強力監督這顢頇的仗勢者。

(十二)臺灣人最大的榮耀與喜悅，是終於可以大聲地向全世界各國喊出：我們是有理想、有尊嚴的臺灣人。

人與人的邂逅、相遇、交友都是機運、際遇與運氣，這些並沒有一定的必然，及可以主宰規劃的進程。但，若心存強烈的政治意識、愛鄉情懷與奉獻信念，或許也有機會遇上終身真摯共事邁向相同目標的仁人志士。

二、積極推動組織，邁向法理建國理念

一九九四年仲夏大傳媒體傳出了司法院第六屆大法官被提名人的全部名單，仲模是其中之一。依法定程序，全數人均須經國民大會代表半數以上同意方稱通過而後就任。這個消息，引起我去注意到「選票來源的國大代表」的實際組織動態、靜態以及黨、派立場等組合關係；報載：國大裡的

草山聯誼會組織牢固，成員約四十名，會長蔡重吉國大代表頗富領導才幹，該會有人針對那個開口閉口「法治優先、臺灣第一」的「城〇〇」有意見，可能發動杯葛云云。眞的是出於無奈，我是被動站了出來，經過國大代表裡的熟悉好友、學隸們的熱心奔跑，終於拜訪到了蔡會長；方知，他是性情中人，急公好義，雖曾擔任憲兵隊隊長，但頗富家鄉情懷，深信民主、自由、人權維護的實踐，可以讓臺灣更加快腳程參與文化國家的行列。經過一小段時期的磨合，彼此的政治意念竟然非常的接近，更進而成爲經常可以坦誠表白公、私生活情誼的莫逆好友，彼此互訪、餐宴酬酢、討論時局相互加持。

二〇〇七年九月八日（六）十八時三十分，黃崑虎先生宴請陳楷模醫師、陳唐山立委、仲模、李勝彥伉儷、何瑞元（Richard W. Hartzell）陳燕銀伉儷及陳母陳秀喜、蔡重吉、Roger Lin；席間談論都環繞在臺灣政經文化發展及國際地位晦暗的問題。此後，蔡、林及偶爾來臺的王明雲（中山茂雄，日本東大工學博士、美國ＭＩＴ工學博士，出生於臺南）、何瑞元等就藉著仲模與蔡國代的關係，常來辦公室找我聊談大家關心的臺灣國際時事。

Richard W. Hartzell是德裔美國人，爲人耿直、講究誠信、自主自信，因與臺灣人結了緣分，也自然的異常關心臺灣局勢的演化，尤其是長期被外來政權胡亂操縱、扭曲的世界舞臺上臺灣應享有的公正地位，何瑞元先生基於正義感的驅使更是深惡痛絕，因而起身仗義直言。憑他學習中文成功，不止可以流利講中國普通話，還寫了數冊以中文出版的政論及觸感小品文字著作。他因緣際會認識了不少關心臺灣國際地位的內外學者，從國際公法、戰爭法、東亞二次大戰史實及國際習慣法等，加以比對研判，認定戰後半世紀以上的現實臺灣，是不折不扣依然留存在「USMG」（美國軍事政府）統領的掌握裡，也認爲從國際法上的「時空性原則或稱時際法原則」（Principle of Intertemporal Law）——戰爭時對壘雙方，贏輸之間勝者全拿的慣習，臺灣當然全入美國的甕中任其差使，從事實及國際公約，如《舊金山和約》（San Francisco Peace Treaty, SFPT-Treaty of Peace with Japan 1951.9.8）第23(a)條所稱「主要占領權國——美國」（The United State of America as the principal occupying Power）以觀，臺灣的主權固然屬於全體臺灣人民，但其國際地位未定，是尙在美國直接及間接管領支配及影響之中；爲此，務須從「法理建國」一途去爭得臺灣問題的徹底解決，否則在國際間，尤其中國軍政經濟壯大後的世界政治舞臺上將會愈不容易處理。

仲模從幼稚之年遭逢美軍B29轟炸機空襲而喪失了最摯愛的舍妹，目睹戰禍中民衆橫屍滿街的殘酷；在成長過程中一直潛藏著有朝一日必會伺機爲故鄉臺灣做點事的強烈情懷。我不大想要從學究理論裡去尋覓答案，讓事態永在墨水、口水間兜留徘徊；只要踏出去，有可期待性，我就會全神投入去嘗試成功或失敗，此時，必然忘記自身或是無我的境界；易言之，就是判斷有機會時，我會有膽識的奉獻自我。這是爲什麼我不想參與大小規模的抗議呼喊嚷叫口號的群衆行列之基本道理，因爲那只有揚名標榜的過程作用，距離目的地還很遙遠。於是，我開始用心去研閱相關資料、書籍、文獻著作，讓自己紮實地、廣泛地了解目前臺灣問題極度繁雜的緣起及可能解決的方案。我很注意C. W. Hartzell先生的見解分析，也承好友蔡重吉先生的引薦，介紹了關心臺灣未來的各路菁英，包括和蔡走得很近的Roger Lin這個人。從二〇〇七年秋天以後蔡、Roger（有時也加上Hartzell）常來我辦公室走動，終至請仲模出來組織「福爾摩沙法理建國會」、「臺灣平民政府」（TCG）其後修正爲「臺灣民政府」，合法登記爲「福爾摩沙法理建國黨」[1]，寄信給：1.（President Barack Obama）美國The White House；2.（Hillary Radham Clinton, Secretary） The Dept. of State；3.（Robert M. Gates）The Dept. of Defense；4.The National Security Council；5.（Director Leon E. Panetta）The CIA；6.（Eric H. Holder, Jr.）The Dept. of Justice；7.（Director William Stanton）AIT，告知臺灣人民循由法理建國的理論基礎，戰後國際法上規約，人民祈盼的普世價值——有尊嚴的國民自主之主權國家。二〇一〇年四月二十七日（二）甚至在桃園縣龜山鄉舉辦了「臺灣民政府全球代表大會兼華盛頓D.C.代表處成立大會」，彭明敏教授、陳唐山前外交部長等均蒞會演說祝賀，空前盛況。仲模曾三度赴美在各地域：包括中南北加州、中西部、東部Boston、Washington D.C.、New Jersey、New York等處宣揚臺灣民主自由法治人權及建國願景；也曾二次到美國華盛頓特區National Press Club（美國國家新聞俱樂部）去發表嚴肅臺灣人民心聲的記者會及專題演說——二〇〇九年一月六日（二）九時仲模演講主題是「司法權與人權以及今日臺灣的現實政治危機」，Q＆A亦環繞在這主題上，二〇〇九年二月五日（四）十三時至十五時十分仲模演說：「Declaration of the Taiwanese People, We need Truth and Honesty」（臺灣人的聲明——我們要眞實及誠實）和前次一樣，全程以英語會話進行，好友謝鎭寬、陳辰光等人均一齊參與。譯成中文，資作存眞印參：

美日太平洋戰爭以後六十四年，第一次，臺灣人終於能夠以「臺灣人權問題」站在美國聯邦上訴（高等）法院。敬佩美國厲行優異的三權分立制度，讓臺灣人有機會，也讓全世界以及高度成熟有自由、民主、人權施展法治的美國了解臺灣人所遭受無國籍人民的苦衷，並莊嚴地見證法院能替臺灣人伸張人權，追求自由與尊嚴。

臺灣，地處東亞，天險要隘，自古以來，即爲強權所覬覦的龐大島嶼。從一六二四年以來，臺灣人經歷荷蘭人、西班牙人殖民統治、大清帝國管轄、日本統治，以迄一九四五年日本戰敗，美國允許來自中國的流亡政府繼續占領。臺灣人本性善良、誠實、辛勤、刻苦。百餘年來，持續地構築美夢：渴望有朝一日，期能當家做主。一個嶄新的研究發現：臺灣的國際地位依舊是在戰後USMG體制下殘喘苟延；最終國際地位的確定尚須美國最後斟酌；對於此一事實眞相及其法理邏輯，臺灣人必須站出來說話；臺灣終究是臺灣人的家園，臺灣人理性尋求以司法上力爭的英勇途徑，取代恐怖暴力破壞激烈抗爭的手段，讓美國的司法成爲牽引臺灣人實現美麗夢想的捷徑。

從臺灣近代史及現代史以觀，其於美國、日本及中國之間的關係錯綜複雜；但從最近的六、七十年來看，日本已消極的僅從事經貿和臺灣交易，而不過問政治關係，倒是美、中兩國卻仍積極的介入或關注臺灣的政軍發展。從文化歷史及國際社會關係來說，臺灣的問題確實非同小可，但若撇開義和團式的失智抵禦，而從國際法律關係以論，臺灣就只有一途——找美國說個清楚。在地球村裡，中華民國早被國際組織除名，事實上，臺灣早已成爲居住在此地的臺灣人的臺灣。可是，她是誰？她在國際社會被認可的DNA是什麼內容？她的正式芳名？生活在此處臺灣人都很愛她，也稱呼她爲大地母親，只是還不知如何使她名符其實。

相信臺灣人民會願意遵奉：1.臺灣主權歸屬最終當數臺灣全體人民；2.戰後，決定臺灣地位歸屬，當數《舊金山和平條約》；3.該條約對戰後臺灣國際地位已有完整的規範；4.美日戰爭期間，美國單獨軍事攻擊臺灣的行動，是被列爲「征服者」，或條約所稱的「主要占領國」；5.蔣介石元帥只是接受麥克阿瑟「一般命令第一號」而率中華民國軍隊暫時代替美軍軍事占領臺灣，一九四九年變成流亡中國政府在臺灣；6.中華民國在一九四九年十月一日被中華人民共和國消滅，喪失了代表中國合法法人地位，而中華人民共和國未曾參與對日作戰，沒能參與舊金山和平條約的簽署；7.中華民國憲法沒有包含臺灣領土在內，當然臺灣領土更與中華人民共和國毫無牽扯；8.美國的「一中政策」、「三個公報」、「臺灣關係法」，諒係其國正確的外交政策，臺灣人沒有理由不給予支持；9.從國際戰爭法、美國憲法有關歷史上因戰爭而贏得土地之相關判決以觀，美軍至今還沒有結束軍事政府對臺灣地區的管轄權；10.臺灣人祈求這場官司，美國的發揮正義勇氣，解放臺灣人仍陷無國籍人民之苦。

戰後，臺灣人被中國政府篡改國籍，被占領軍無情屠殺，財產被肆意剝奪，被強迫服兵役。日本在對美太平洋戰爭敗北，其因降伏所將遭受的凌辱與苛待，俄傾間，轉換成由臺灣人來承受中國那一而再的重大浩劫，與昏天黑地命運的災難！臺灣人諒會對於過去六十餘美國政府無心的錯誤予以完全包容和諒解，但是，因戰爭而成爲征服者的美國，可不能逃避法律與歷史的責任——在臺灣的流亡政府怎麼來，美國就有義務將其帶走！以還給臺灣人原本誠實活潑，且具海洋國家特色的自信與尊嚴，來重建家園；這樣臺灣人能挺直自己，人人成爲有自己思想的主人，進而參與國際事務，並分擔地球村良好秩序與繁榮發展的責任。

一個國家的成就愈大，國力愈強，則其行誼處事就應更爲光明磊落，符合公平正義；若不把事實攤在陽光下，凡事拖拉推諉卻明顯犧牲他國或他人權益，則任何人就無法也無心去讚揚分享其成就。誠如，美國新任總統歐巴馬在宣布當選的演說中所言：國家眞正的力量，來自理想的永續，民主、自由、機會與永不讓步的希望。今日，臺灣眞正的對口只有美國；臺灣人需要關於臺灣國際地位的事實眞相，臺灣人已很認眞的應用各種可能途徑——尤其是美國最信賴的法律正當程序之手段——在尋覓它，臺灣人很需要美國在評估國家利益後，尚知其開國元勳所追求的公道義理，掏心眞誠相待。

二〇一〇年九月八日（三）爲了更團結及糾合熱愛臺灣的海內外人士，也針對舊金山和約初步簽署完成的第五十九周年慶，臺灣民政府（TCG）的組織特意舉辦了一個盛大豪華的雞尾酒宴會，同時祝賀TCG在美國華盛頓特區開幕的辦公廳揭牌。十八時三十分大會隆重揭幕，首由仲模演講，論題環繞在：1.臺灣領土的法律地位，及2.在臺灣寄生的「中華民國」之法律地位，這兩個已紛擾六十年的主題上。茲將當天我演說的精要重點全錄如下（地點在華盛頓特區近郊的著名大飯店Four Seasons Hotel嘉賓來了約一百六十位，包括Victoria Kao（郭勝華）、John Hsieh（謝鎭寬）、曾根憲昭醫師、Nieco蔡明法、中山茂雄、Richard W. Haetzell、蔡吉源等）：

Good evening.

First of all, let me thank all of our distinguished guests, members of Congress, Executive Branch officials, representatives from leading think-tanks and research organizations, supporters, and other friends for their attendance here on this historic occasion.

We are here to celebrate the opening of the Washington D.C. Office of the Taiwan Civil Government. It is therefore appropriate that I recount some of the important events which have led up to our holding of this Cocktail Party on Sept. 8, 2010, the 59th anniversary of the signing of the San Francisco Peace Treaty, which ended WWII in the Pacific.

As everyone knows, the international legal status of Taiwan involves two separate but closely related topics: (1)What is the legal status of Taiwan territory? (2)What is the legal status of the Republic of China on Taiwan? Indeed, the discussions of these topics have been hotly debated for over sixty years.

In order to get everyone oriented, let me first mention some of the US government research. The State Dept. issued an official Memorandum on the legal status of Taiwan on Feb. 3, 1961. After doing a great deal of research, the author of that Memorandum advanced four theories, and discussed the pros and cons of each in some detail. Unfortunately, as he himself admitted in the closing pages, none of these theories is very satisfactory. In other words, he was unable to reach any solid conclusions.

Some ten years later, a Mr. Robert Starr of the State Dept. reviewed and expanded the contents of this earlier document, and issued a new Memorandum. This is commonly called the Starr Memorandum, and is dated July 13, 1971. That is nearly 40 years ago. However, up to the present day, it has not been revised, and it remains the most recent and most widely referenced State Dept. pronouncement on the legal status of Taiwan.

We also know that there have been many hearings in Congress regarding Taiwan, and these often touch on legal matters. On April 21, 2004, in the International Relations Committee of the House of Representatives, the Assistant Secretary of State for East Asian and Pacific Affairs reiterated the core principles of US policy toward Taiwan, Among the most important of these was the recognition that:

◆ The United States remains committed to a One China policy based on the three Joint Communiques and the Taiwan Relations Act;

◆ The US does not support independence for Taiwan or unilateral moves that would change the status quo as the US defines it;

To say that the native Taiwanese people are dissatisfied with their current ambiguous status would certainly be an understatement. Therefore we feel that the riddle of the Taiwan status should be solved once and for all. In order to do this, we must look at a certain body of law which the State Dept. Researchers failed to consider in their 1961 and 1971 Memoranda.

That body of law is "the customary laws of warfare of the post-Napoleonic period," or in. More common usage, simply "the laws of War,"

From this perspective, we can overview a great deal of legal precedents and court decisions of the past 200 years and obtain some important insights. In fact, I can say with certainty that the key to solving the riddle of Taiwan's status can be found in. The writings of US Supreme Court Chief Justice Marshall, who offered this penetrating analysis in the famous American Insurance Company case (1828):

"The Constitution confers absolutely on the government of the Union the powers of making war and of making treaties; consequently, that government possesses the power of acquiring territory, either by conquest or by treaty."

And more explicitly, in United States v. Huckabee (1872), the Court speaking through Mr. Justice Clifford, said:

"Power to acquire territory either by conquest or treaty is vested by the Constitution in the United states. Conquered territory, however, is usually held as a mere military occupation until the fate os the nation from which it is conquered is determined......"

Indeed, the American Insurance Company (1828) case is cited in Joseph Story's Commentaries on the Constitution (1833), in his explanation of the scope of application of the US Constitution's "territorial clause" (Article 4, Section 3, Clause 2), which states:

The Congress shall have Power to dispose of and make all needful Rules and Regulations respecting the Territory" other Property belonging to the United States......

and has been repeatedly cited in later US Supreme Court cases such as Fleming v. Page (1850), Downes v. Bidwell (1901), Dorr v. United States (1904), and others.

Looking at the historical record, after the Japanese attack on Pearl Harbor, the United States declared war on the Empire of Japan on December 8, 1941, during the war, all military attacks on (Japanese) Taiwan were conducted by United States military forces, so it is clear that the United States has acquired Taiwan under the principle of conquest.

The United States is the "conqueror," and according to the customary laws of warfare in the post-Napoleonic period, the United States will be the (principal) occupying power.

As defined by US Supreme Court justices in Ex parte Miiligan (1866), "military jurisdiction" under the US Constitution is of three kinds. In particular, so-called "military government" is "to be exercised in time of foreign war without the boundaries of the United States......"

Or, in more modem terminology, "military government" is the form of administration by which an occupying power exercises government authority over occupied territory.

In General Order No. 1 of September 2, 1945, the United States delegated the military occupation of Taiwan to Chiang Kai-shek (aka Chinese nationalists or Republic of China). The surrender ceremonies for Japanese troops in Taiwan were held on October 25, 1945, thus marking the beginning of United States Military Government (USMU) jurisdiction in Taiwan. Importantly, the authority for this occupation was handled separately from that of the four main Japanese islands.

Under international law, and indeed under United States law, it is impossible to understand why the flag of the Republic of China has been prominently displayed everywhere in Taiwan beginning in late October 1945, and why the flag of the "conqueror" and "principal occupying power" (the United States) is not flying on any flagpole.

As the Chinese Civil War continued to rage in those turbulent years, the People's Republic of China (PRC) was founded on October 1, 1949, and the remnants of the Republic of China regime fled to Taiwan, an area over which their military troops were exercising military occupation under the delegated authority of the United States Military Government.

Then in the post war San Francisco Peace Treaty, Japan renounced the territorial sovereignty of Taiwan, but no recipient country was named. Hence, Taiwan has remained under the jurisdiction of USMG as an interim status condition.

Under such a situation, and considering the established precedent in dealing with other territorial cessions in the history of the United States, the native Taiwanese people are entitled to come together to form their own Civil Government.

More information is available both on the handouts which we have prepared here tonight, and our website. Speaking for myself and the other organizers of the Taiwan Civil Government, we welcome your support in moving forward in this effort. I know. that many important tasks lay ahead of us.

Thank you very much.

當晚的雞尾酒宴會，因事先縝密籌劃、地點適中又極富品味的名人飯店，自然吸引了許多外賓及美國國務院、國安、法務單位人員的蒞會，惜他們都不願意曝露身分以免惹到中國外交人員的抗議。當夜的酒宴，客觀的觀察應是賓至如歸、成功的一次。

三、確立臺灣的核心思想十二大方略

二〇〇六年春季，我辭去公職，緊接著就一心一意期盼爲臺灣這一甲子的霉運做些振衰起弊的工作，適遇好友前國大代表蔡重吉先生的引薦，直接或間接地結識了各方關心臺灣未來生存之道的友人，而且，在一下子之間像滾球般地、別開生面地認識很多過去在公務界很不容易碰上的新進友人，包括歐、美、日、韓、加、紐、澳等國際人士；重吉兄與Roger Lin也從此開始每周至少三至五次、上午十時至十一時半，頻頻來訪，討論國內外時局的演變；其後更加入了臺灣女婿身分的Richard W. Hartzell，這一位的一些有關臺灣於戰後歲月中如何被冷落演化成「國際孤兒」甚至「棄嬰」，及如何試圖突圍等，有一套外國人有別於傳統理論邏輯思維系統的觀點，足供吾人振聾發聵驚醒振作。其後，再共同推銷研究、開始組織、找個理想的地段處所、招攬關心臺灣命運前程的各階層、事業別之志士；開班宣示我們的信念、法理建國思想，並公推仲模爲「臺灣民政府」主席，成立「城仲模研究智庫」，積極運作，甚至進而依法組成政黨，確立核心思想——建國十二大方略（臺灣主張）：1.人權（Human Right）自然賦予；2.尊嚴（Human Dignity）根本要求；3.自由（Liberty）與生俱來；4.民主（Democratic）主要方法；5.法治（Rule of Law）建立制度；6.公義（Justice）人性根源；7.團結（Solidarity）永恆要求；8.國際（Internationalism）自救昇華；9.環保（Environment）人類共識；10.安全（Safety）生存需求；11.科技（Hightech）能量彰顯；12.富裕（Prosperity）幸福條件（以上方略係仲模親撰、簽署）。關於政黨、組織、培訓、課程安排、經費收支開銷、報稅、各方捐獻等，仲模僅只負責政策規劃、思維方向及精神意志的集中，其他，包括人事安排、籌募資金、財務事項等，我早已對全體重要成員表示：一概不予涉入；因爲我本人只是義工性質，最多當成號召的看板，想培植臺灣繼起之秀；一旦逐步漸進佳境，就會完全交由年輕輩分優異成員緊接持續發展，簡單的說，是當個「精神堡壘」而已，三、四年來，我雖然已有各方好友的通風報信，包括李前總統熟悉的友人紛紛提報這些組織裡實際運營的狀況、所謂美國官方的各項支持、甚至「USMG」理論上的尚待驗證等諸多疑慮，困擾著我的思緒，但總會在蔡國代和Roger頻頻來訪談論問題時，經過蔡先生使力要求Roger務必改善修正，予以直接的制約，事情就會多少緩和下來。二〇〇九年秋季，靈活、善辯、精神飽滿的蔡國代突然傳來健康出了狀況，有重大肝疾需住院診療，從此時以後，每周來訪我的就經常只有Roger一人，他表面上是「言聽計從」，事實上，他講的話、送達的消息、事實眞相及未來展望如何，我是無法完全置信的；只有蔡先生偶爾勉強陪Roger來室談事時，我才能比較放心。可惜，到了二〇一〇年新春前後仲模這位莫逆摯友已被醫生要求需住院治療，從此，Roger在做什麼事的身邊監督或甚節制，就完全解除鬆綁。蔡前國大代表重吉先生於二〇一〇年五月十六日逝世。雖然Roger還是一樣經常的來看我談事、報告組織裡的近況，可是，人與人之間的信賴基礎已發生重大軟化。二〇一一年四月十六日（六）十時至十一時四十五分在桃園南崁附近的臺灣民政府中心，召開重要會議，Sone先生、Nieco先生、Roger的重要幹部全到齊，管理財務的鄭〇〇先生（原係學校教師出身，年紀約六十餘）可能因爲不專業、又多少受掣肘或事情本身就是講不清楚的東西，解說起來非常吃力、條理也不通順，我問他收入與報稅情況，他答非所問，卻講到他是如何辛苦理財，也埋怨了一些題外話；我直覺他似已方寸大亂，請他節約時間盡快報告完畢，他並不理會，又繼續冗長講題外事務，經三次警告依然如故；已失去了肅穆莊嚴開會、遵守會議秩序的起碼禮貌，我請他立即停止發言，按原定程序由其他人持續報告所管業務。會後，仲模對臺灣民政府重要幹部表示：此後我不會再參與本組織的任何活動，會餐也不用等我，先告辭了。仲模的這個舉止之間，已非常清楚的表明：這種已具規模且與日美等國都有正式書信通報、擁有遠大抱負與理想的組織，其財務無法清楚交代、報稅情況講不出來、組織改組等情況如入五里霧中，我還可以和他們共事嗎？所以，這是我斷然與臺灣民政府組織隔離、各自分道揚鑣的時刻。仲模的基本態度是：臺灣民政府等組織已因我的參與而逐漸成形茁壯了起來，但回首一看，這裡頭的一切都和原創時的理念與崇高意識爲臺灣未來開創願景的一片眞誠，論其人、地、時、事、物均與理想境界，相距甚遠；總之，一段還不算太短的時期裡，讓這懷抱理想目標的組織，名噪一時，這是尙可告慰予各界的一件事，但在最終結果並未成功，這當然要歸咎我的智慧不如、開創經驗未逮及努力不夠等諸原因，所以致之，我仍須勇毅承擔責任。一個經我用心體察之後判斷，已呈變形又不堪的臺灣民政府組織，已無必要我再去繼續呵護，仲模須做我自己，並遞予默然的祝福。

第四節　從國際法理的靜態研究到動態控美的司法訴訟

一九三九年及一九四一年，地球上所稱的歐西及東亞各爆發了人類歷史上最慘烈的血腥烽火，第二次世界大戰，由德、義、日軸心國對抗英、美、法同盟國，經過一千多天的攻略廝殺，勝負的雲霧逐漸開朗，同盟國的領袖們緊接著召開密會研擬戰後國際、重整復元的籌備規劃。一九四四年及一九四五年艾森豪將軍及麥克阿瑟將軍分別建立了軍事優勢奇功，壓抑了納粹政權及極東東條英機的猛厲囂張；但因蘇聯史達林於最後時刻的宣布參戰及中國內戰方殷，終至蔣介石父子逃離中國挺進臺灣，成爲俗稱的外來政權之「流亡政府」。際此之時，東方與西線，均呈渾沌不安、你爭我奪的國際失序狀態，尤其對於戰後臺灣應如何終極處理，更成爲西方民主國家最棘手的議題，從國際公法、戰爭法、國際慣例及當時國勢軍事武力強權而論，美利堅合衆國按理應對國共政黨政權、臺灣歸屬問題等，運用聯合國組織予以必要的調度，應無太大的難處；無奈，美國新任總統杜魯門行政當局慌張失措、中國人毛澤東、周恩來、鄧小平及中國國民黨蔣介石集團（含宋美齡）歷年來對美國政軍經文化各階層的深化交誼，加以臺灣政治菁英、核心領導人物的未及出現（二二八事件中已被消滅殆盡），臺灣人的運命之途，竟被輕忽而沉入深淵裡。一九七一年十月二十五日中華民國常務理事國席位被聯合國驅逐、一九七二年二月二十八日中華人民共和國與美國發布「上海公報」、一九七九年一月一日中華人民共和國與美國發布「建交公報」、同時美國國內法「臺灣關係法」生效、一九八二年八月十七日中華人民共和國與美國發布「八一七公報」，成立美中關係的主軸，但美國絕未外交承認「臺灣是中國的一部分」；一九九六年三月二十三日在臺灣以中華民國名分，全民直接推選出國家總統，一九九一年五月一日至二〇〇五年六月十日總共七次由臺灣本土選出的國民大會代表全新制定中華民國憲法增修條文，總共十二條，一九九九年七月九日李登輝總統對外宣稱臺灣與中國係「特殊國與國關係」。

但是，中國一再強調並認爲臺灣應歸屬於其國理由：

一、臺灣自古以來即屬中國。

二、蔣介石已於一九四一年十二月九日宣布廢除日清《馬關條約》。

三、《開羅》及《波茨坦宣言》，已同意戰後臺灣歸屬中國。

四、根據「日本無條件」降書，臺灣應歸還中國。

五、一九四五年十月二十五日國民政府受降，「臺灣光復」；至少日本是向中國或同盟國投降，而非向太平洋戰爭中的戰勝國美國投降。

六、中華人民共和國繼承了中華民國，臺灣自然成爲中國的領土。

七、國際社會公認臺灣屬於中國。

八、基於上述理由，以及認定臺灣問題是中國內戰所遺留，乃於二〇〇五年三月十四日制定「反分裂國家法」，並即生效。

一甲子以上的時間，臺灣知識界代表性人物，對臺灣國際地位的看法或主張，臚列如下：

一、當然獨立說。

二、狀態獨立說。

三、演進獨立說。

四、中國國民黨稱「中華民國」及民主進步黨稱「臺灣」，李登輝認爲臺灣歷經持續演進的過程（包括憲法增修條文及民選總統），所以已成爲一個主權獨立的國家，臺聯黨前主席亦如是看法；學者陳隆志、黃昭堂、張燦鍙亦同，陳荔彤認爲「臺灣是事實上的國家」。

五、一九九六年人民直接選舉總統後，迄今已六次全國性人民直接直選國家元首，故應認「國民主權獨立說」。

六、中華民國已無存在於國際間，而臺灣亦非國家和主權獨立國家，所以應以「臺灣共和國」加入聯合國（許慶雄、楊基銓）。

七、民主進步黨主張中華民國即TAIWAN，TAIWAN即中華民國，時移勢易，臺灣已因民主化、全民選舉國家總統，因此，是事實國家、主權國家。
八、有稱「臺灣事實獨立，法理尚未獨立」。
九、有贊成維持現狀（status quo）（許世楷），譬如：Made in Taiwan，臺灣已成世人心目中的國家。
十、沈建德獨立論：他反對「臺灣國際地位未定論」，認為依聯合國憲章第七十七條(b)，即從敵國分離應即獨立。

「上訴諸說已延續一甲子以上；迄今，大致上仍各說各話，各有確信，毫無相互容讓合縱的機會。而擬出面串連各說成一體，使集中成普遍接受的通說者，卻迄未成功。問題是，各自堅持下，事實上臺灣建國或獨立大業依然無法產生共同信仰而凝聚臺灣群眾動態的具體效果。徒讓眾多關心著急的臺灣人，時時仰望變天出人頭地的機運之來到。臺灣建國問題，在國際關係上——尤其當茲美中日臺極度錯複雜的平面及立體面之因素交相互動影響下，絕非一般手腕即可迎刃而解；復以中國共產黨及在臺中國國民黨正持續在加速『統一』的各種步調，情勢確實不易控制，並已發展至紅色警戒危急信號的階段。」[2]

這麼多年以來，當一大夥仁人志士真誠熱心關注臺灣國際地位的現實問題時，卻發現了一個極大的漏洞——眞正熟悉美國司法制度裡司法眞實運作、訴訟程序的學者專業法曹人士，並不多得；

彭明敏教授、陳隆志教授都是國際法的知名學者，但也未曾發議循由美國司法訴訟的「法理方法」與「訴訟手段」去嘗試解開臺灣國際地位之迷；因爲六十餘年來，行政與國會並未能爲臺灣解開一絲絲的枷鎖。從二〇〇六年春夏之交，經由Richard W. Hartzell、旅美學者謝鎮寬及其美國關心臺灣解脫困境的法學者、律師、中山茂雄、國際友人及Roger Lin等研究如何腳踏實地去應用美國三權分立制度中司法訴訟的這一環繞的作用，以求別開生面的去嘗試從未經驗過的問題解決之途徑。在理論上研究確認《舊金山和約》（SFPT）中隱含的字裡行間，及現實臺灣目前和美國政府存在的「極密切關係」中，那美國軍事政府（USMG）依然不折不扣存在於美臺政府諸種作業中（譬如租稅制度的交互計算、通融），乃決定於二〇〇六年十月二十四日以臺灣居民和臺灣建國黨部分成員爲原告遞狀到美國華盛頓特區地方法院，請求解釋舊金山和約、條文及其他立法、行政上之聲明，以決定移民及國籍法、行政程序法、美國憲法對彼等之適用。二〇〇八年三月十八日判決稱：「聯邦法院係一有限管轄權的法院，而訴因是在這有限管轄權範圍之外。實質管轄乃法定要件，沒有當事人之訴訟事由可以因之授與聯邦法院實質管轄權。基於欠缺實質管轄權，辯方也請求駁回本案的申請，故原告負有舉證責任證明本院有審查本案之管轄權限。原告盼望本院對此項政治問題發表聲明並介入極爲複雜的美、中、臺三方關係，只是，系爭爭點非屬司法權之範圍。參照Jones v. United States判決要旨：『誰對一個領土擁有法律和事實主權，係政治問題（political question）而非司法問題。任何立法和行政首長之決定，毫無爭議地拘束法官、其他官員、公民，以及該政府機關。本院一向秉持此項裁判原則，這是經過各種情況之權衡後確立。對於一個地區主權的認定，最高法院已做出判決，其屬立法和行政部門之權限。』……原告等人的國際身分未明，並非因為他們被美國或其他國家所忽略，而是中國前主席毛澤東和中國共產黨戲劇性改變臺海關係，以及製造中國與美國之間長期緊張之故。當美國與中國共產黨在韓戰中作戰立場相左，兩國間殘餘無幾的正常關係也嘎然而止；一九七一年一月一日美國與中國簽立之建交公報，美國外交上對臺北的承認遂移轉至北京。隨著臺灣關係法的通過，以及美國在臺協會之設立，美國一直與臺灣保持非官方之關係。面對這些年來的外交談判和複雜微妙的協定，倘一名法官相信其擁有可以對臺灣主權做出政策選擇的管轄權限，那無疑是個魯莽的作為。美國外交關係係委由美國總統、行政及立法部門去決定。本院不可能在行政部門這麼多年來沒有敦促對臺灣的主權下，少了宣示性意圖和重視，便貿然決定原告之訴求。任何司法上宣稱原告於美國憲法下享有權利，縱使有，在欠缺本院平行的行政部門表達尊重之前，是不可能發生的。本院爰結論政治問題原則阻礙了對原告修正之訴審查的考慮。」[3]本案於二〇〇八年五月五日上訴到華盛頓特區上訴法院（高本院）；九個月後，即二〇〇九年二月五日（四）該Roger Lin, et al., v. US案在DC聯邦高本院開言詞辯論庭，仲模偕同謝鎮寬、陳辰光及蔡重吉等逕入法院大廈，在走廊上巧遇本案承辦法官Brown，事先她已獲悉我個人資歷並將蒞庭，她迎面而來，略帶禮貌性的微笑、招呼，並一眼盯著我的領帶說：呀！你是哈佛大學的？我說：不，是歐洲維也納大學法學院出身；你到過臺灣嗎？她很羞澀、客氣地說：審判業務太忙，尚無機會訪問貴地，但總有一天會去的……仲模很快遞給她一張我的名片，並竭誠歡迎她蒞訪臺灣。

九時三十分至十時十五分準時開庭，審判長 Henderson（女性）約五十六歲，坐中間，授命法官坐右側，左邊是Griffith法官約五十五歲，我方律師Cherles H.Camp及助理，對方是一位哈佛法學院畢業的年輕女性Madison，國務院邀聘的律師。仲模坐在聽衆席位第一排正中間：庭上攻防之間表現最傑出的是審判長和受命法官，問了很多中國國民黨蔣介石、蔣經國在二戰後如何占領臺灣、如何對待民衆及近日狀況，尤其對於國籍、服兵役、新臺幣以及國土政策、農耕佃農，及本案所要求審理判決的理氣與證據，連環提出詢問，我甚覺攻防雙方律師均未讓我滿意，Camp律師辯解時，讓仲模幾度很想站出來代打，令我緊張不已。二〇〇九年四月七日高院判決，略謂：「（巡迴法院法官、即高院法官Brown）美國與中國過去六十年間爭吵不休之關係，讓臺灣住民陷入煉獄中，在此期間，臺灣人民生活在無普通承認的政府統治之下。以實務角度言之，他們在國際社會中並無確定的地位，已影響到這些人的日常生活，此一無所不在的混沌狀態，促使本上訴法庭試圖確認他們的國籍身分與人權。起先，個別上訴人尋求適當的救濟，即他們要護照。更具體的，他們要國際承認的護照。然而，目前上訴人要求更多。他們想成爲擁有一切相關權利和特權的美國國民，包括美國護照。考量上述人的國籍，將是我們跨進具爭議性的美國外交政策領域，才能解決行政部門在過去六十年中有意不處理的問題，即，誰對臺灣行使主權。本法庭並無此權力（This we cannot do.）由於政治問題原則（political question doctrine）阻止我們考慮上訴人的訴求，本法庭在不得已之下，只能駁回不受理上訴人對於管轄權的實質控訴。

一九四九年的中國革命，中國國民黨人與共產黨人間的中國內戰結束。中國落入共產黨人手中，並建中華人民共和國，同時迫使蔣介石逃亡至臺灣，並重建流亡的中華民國。

上訴人主張這白紙黑字寫在第三條，只是條約與法條解釋的問題，是法庭的權限。對此主張，我們認爲：是，也不是。基於謹慎的思考與許多相關案件，政治問題原則剝奪聯邦法院的管轄權限。我們並非反對上訴人『法庭檢視條約與條文結構，可以解決這案件』的主張……我們只是因爲牽涉政治問題，被剝奪管轄權而無法審理本案……一旦行政部門決定臺灣主權爲何，法庭就可立即判決上訴人相應的地位，以及該有的權利。對於何國對爭議性領土具有主權一事，司法部門通常追隨行政部門。一旦主權被政治性決定並宣布之後，法庭就能檢視相應的，獨立判決對於該區域適用的法律。但多少年來，確實如上訴人所稱，從舊金山和約簽署後，行政部門就不予理會也避免有所決定，或透露臺灣人民地位的任何消息。上訴人堅持，他們並非要法庭判決臺灣的主權。不過，若無法確定上訴人的地位，法庭就無法勾勒出上訴人該有的權利。

確認臺灣的主權，是判決上訴人主張的前提。這讓法庭有幾種選擇。我們可以拋棄美國長久以來對臺灣的外交政策，即戰略模糊，並宣布一個主權。但這看起來是魯莽的（imprudent）。由於司法部門並未被賦予戰爭權力，基於司法自制（judicial modesty）與原則讓我們必須放棄這一爭議性的途徑。

起先，的確很難挑戰上訴人的推論。事實上，大家能輕易察覺，在Boumediene案件中，法庭在國家安全與外交政策面上，遠遠超越其局限的歷史性角色……在判例中，無論法理主權或事實主權，都是政治問題；確實，是很典型的政治問題。

有關上訴人的主張，需要確認臺灣的主權者。行政部門對此議題謹慎的保持沉默，法庭無法侵犯其決定。因此，如同地方法院正確的判決一般，上訴人的主張因爲政治問題而予以駁回。」[4]

本案於二〇〇九年七月六日上訴到美國最高法院並放入檔存（was placed on the docket July 8. 2009. as No. 09-33）；被告，即美國國務院於二〇〇九年八月三日拋棄答辯，全案等同走盡了法律上合法、正當程序而告結束；但本案卻造就了一個永遠存檔的主要案例（loading case）。

臺灣知識分子各界用盡智慧、學識與經驗，企圖突破美國及國際社會對臺灣長期以來的忽略與遺忘、即欠公正公道的冷酷對待，且已毫無跡象可能改變美國國家政策時，爲拒絕坐以待斃、並積極尋覓機會，我們終於糾合了不少仁人志士，想到了二、三百年前歐陸三賢——英儒洛克（J. Locke）、法儒孟德斯鳩（Ch. de Montesqueau）、瑞儒盧梭（J. J. Rousseau）創建權力分立論中的司法權；美國是世界近代史上實踐這原則最成功、最有規模，也最像樣的模範生，應有一絲絲的可能期待性，有機緣能戳穿僵局，爲臺灣開創一盞希望的曙光；我們是盡了心力，全神貫注去衝擊美國的司法制度，可惜，無功折返，終至未能如願以償。

本章註釋

【1】仲模曾於二〇一一年六月二十四日親自為日本關東、東北三一一海嘯地震賑災募集三十七萬兩千元新臺幣（約一百萬日元）善款專用逕交日本交流協會臺北事務所逕轉日本紅十字會轉交受災機構。

【2】引自拙文：〈還原臺灣國際地位眞相〉，二〇〇九年十一月二十一日，頁二十八。

【3】以上中譯文曾參考張瑋心教授之譯稿。

【4】以上中譯文全引自王雲程先生的譯述稿。

第十七章 臺灣民主先生李登輝與法治開拓城仲模的因緣際會

我將這一篇殿於憶往的厚厚書目最後部分，是經過深思熟慮的。跟以上各章節都注意到標明人地時事物，以描述事實過程，不太一樣；我衷心盼望把心中蘊藏著的事實眞相、意識思緒與從來不爲人知的典故，一一呈現攤開，除非確有必要不再去引經據典說明仔細來龍去脈的緣由起因。

第一節 和李登輝政務委員的初次見面

一九七二年入冬時分，我去大稻埕延平北路、南京西路附近金陵大飯店參加婚宴，一踏入會場就看到不少社會名流嘉賓已陸續來到；沒多久，臺南同鄉長老吳三連先生告訴我：坐在你正背後的那位是剛剛被任命的行政院政務委員李登輝先生，我轉頭看到他瘦高身材、皮膚稍呈黝黑，吳對李說：「這位是去年才從歐洲留學返國，我臺南市的鄉親城某某，他也曾留學日本及遊學歐陸維也納及美國威斯康辛，前後八年。現在行政院法規及訴願會擔任參議核稿等工作」，李先生笑臉迎面回問我說：「你是專攻法律的嗎？」我回以「在日本學刑法，奧地利學行政法，副修法律哲學，在美國作博士後的法律學進修」，他說：「哦，那行政院正在再次大整頓法規，一定有很大的幫助；我也在院裡辦公，以後方便時請隨時來坐」（全程用臺灣話對談、言簡意賅）。因爲場合特殊又匆促，他已知我在李元簇主委下擔任參議；我不習慣此時即掏出名片。這是我第一次景仰會面，他，予人既嚴肅端莊又和藹可親的長者印象。

五年多後，我已離開行政院，專心教學去了；某晚，突然看到電視裡正在採訪剛發表爲臺北市長的李登輝先生，將爲臺灣首府的大家長，當然特別引起我的注意；有國內外幾家平面、立體傳媒聯合採訪；只見他笑容可掬，決心把臺北市帶上有文化氣質、文明交通及多深入市民生活領域、多方體恤傾聽民間意見。他偶爾穿插臺語與普通話，我當場覺得李準市長的記者會並不成功，因爲頭緒有點凌亂、李先生口才並不便捷、清晰，邊笑邊講也欠端莊嚴肅，眼神裡也看不出銳利鋒芒；頓時讓我稍顯失望。這又是我對李先生的另一次印象；從此以後有機運、機會的接近與接觸所獲得之了解、體會，它是未給認識的最低一次印象。

第二節　李先生邀仲模到北市選委會幫忙法規專業性業務

李登輝先生當了市長一小段時日之後，內政部負責主稿的選舉罷免法在立法院修正通過，臺北市首當其衝，既需成立法定的選舉委員會，更需訂定許多相關選舉的行政命令等「子法」。恰好在這段時期，我經常在各大報或雜誌、演講裡、電視上分析問題癥結表明改善建議；或許因爲如此，被李先生認爲這個小他十五歲，也到過歐美留學學習新潮思維的我，並非讀死書的、不予聞問社會諸事的稻草人或蛋頭學者，更沒與中國國民黨有任何依附瓜葛從屬關係，決定請我加入他市政建設的行列；在毫無預警及期待下，突然被徵調任命爲臺北市選委會委員而與多位資深各界大老前輩如魏火曜、羅光等人每周兩次在市長主持下開會研討釐定選罷法規、選務策略、督導公正選舉及總體性制度的建立。我因在維也納大學所研閱及在行政院法規會工作，均與法規法制的系統研究和擬定有關，又北市選委會委員除曾陳明汝（臺大法學院國際私法教授）外，都與法律法規較有隔閡，乃兩、三次開會發言後，李市長每次都等仲模最後意見陳述即照樣通過，也就逐漸形成委員們不太講話，由我將反覆研閱、思慮、參考國外相關文獻後，提出有根有據的結論見解，由主委即市長宣布確定。我以一個兼職的工作卻極其用心地反覆摸索建議如何建置首都選罷法規，並在中央選罷法律的精神與容許範圍內，盡情地發揮民主選舉的精髓；這也難怪李市長早就心中有譜：凡行政法規之訂立就需勞駕仲模幫忙；一年多以後登輝先生奉命轉調臺灣省政府主席就這樣禮邀我去協助，並把省府選罷法規如同臺北市一樣完整地斟酌建立了起來。仲模私忖：這是登輝先生與我之間有可信任與默契的開端。

一九七一年十月，登輝先生奉邀加入國民黨，十年後他以該黨中央常務委員身分被提名爲臺灣省政府主席，他要組成的省府委員會委員十餘人中至少百分之七、八十已由黨中央內定，所以，他能伸展鴻圖放眼徵召志同道合的人進入「小內閣」的可能彈性非常有限，但他還是指定並邀我從中興大學法商學院法研所借調仲模擔任省府委員，無如，在國民黨中央委員會最終審查全部人選時，我被認定是「黨外人士」、被挑剔為「自由主義者」，並不具黨性DNA，而成為唯一被清刷掉的人（再緊急補提臺大法研所楊日然教授）；過了半年，楊省府委員被提名司法院大法官，李主席再用罄其圓融處事手腕，終於成功讓仲模有機會在省府貢獻專業、學習磨練地方行政實務。本段回顧的意旨無他，是在說明八〇年代伊始，臺灣仍然覆蓋在黨國掌爪緊控之下，國民黨最高政策及人事權全在中常委手掌中，登輝先生以一位頗受黨主席蔣經國信賴、明顯擬予大力栽培的省主席身分光環，仲模又是省政急需延攬參與襄贊之人，第一輪次依然無緣晉用。一個瞑瞑然黨國巨靈的實際操控力量，非我黨族，絕不延用的硬道理，是何其廣布恢誕；對登輝先生這位深諳日本政治場域歷史過往典故的人而言，是真的被這東方古國政治文化傳統強烈的震撼到了，也多少提醒了他：今後在臺灣，為政需多觀察，小心思量四面八方而來的冷箭應如何預防和對應。

第三節　李先生再延攬仲模到省政府協力，增長了仲模頗多的見識

在省政府兩年多的時間，仲模有幸直接追隨李主席全省各地走動，有時翻山越嶺視察水庫、攔沙壩、攔河堰、道路施工建設，看到他總是在探求民瘼、傾聽民怨，時時看到他的大將之風，大膽

決策、細心執行；有一次，主席應邀到中部軍營去察訪座落及土地權狀，邀仲模同車前往，途中他一再提到「泵浦原理」——策略方法及「農業大軍」——政策方針，頗受其創意、時時爲民衆著想的服勤態度所感動，但因山路崎嶇顚簸，我需轉頭來去談論，甚感眩暈，實在受不了震盪，不得已請暫時停車外出嘔吐，李主席立即隨我下車、輕拍我背部、細聲問我是否比較舒服，那種是長官、又是長輩的細心照護，讓仲模深感登輝先生在公務磅礴氣勢背後亦有如此柔優婉約的兄長情，著實使人難以忘懷。另外，在府會裡時常會由建設廳或經濟動員委員會主稿提出全省各地水庫泥沙淤塞入庫致使預定使用壽命減去一半甚至已嚴重到只剩三分之一的年限，若要清理，需時甚長且費用呈天文數字，以中部地區爲例，禍首集中在梨山的果農與菜農之耕作，其分布地域廣闊且百分比極高係屬違法濫墾、濫伐改種、通常都是退輔官兵、原住民和出資墾殖上山去之公司商號老闆串聯起來繼續向外擴大再延伸，完全不顧地形破壞、預留大小溝渠、沙土的移位或留住等都不遵守相關法規的規範。府會終請中將退役經動會主任委員解顯中全權上山協調整理。二個月之後，報表出來，顯示情況更爲嚴酷，而農作之家甚至聯合省議員在醞釀大規模抗爭：號稱要生活、求生存。李主席經縝密蒐集農作全部收入、對照水庫遭破壞後的復原經費，後者竟超過至少十倍以上，而且無法完全恢復原貌。李主席經與幕僚運籌帷幄、詳密考量農民生計、國土保持與水庫延命等因素的輕重比例權衡，決定親自上山，在梨山召開擴大調解會議。以省府主席的聲望、身分、責任及農經豐富學養，要面對、說服一般社會常識的農民——只專注農技生產、改善生活條件及祈求擴張土地面積、墾殖高經濟價值的蔬菜水果，本質上就已存在對立場景，原本就具極高難度，是不太可能的任務；

這下，久仰的李登輝主席勇於任事、親征駕到，農民們真的信賴主席的承諾而回歸到法規範的作業程序和地域範圍內，並做好水土維護的工程；省政府也酌量按實際狀況給予經費上的資助，解決了一年多來紛爭最激烈、最具針對性、也讓省府最感棘手的含爆彈解開了引信、除去了引線，終致和平落幕。如今憶往，李主席對二十餘位農民代表的說理分析，是做到了「說清楚講明白」的境界，語帶柔和但堅毅，聲調鏗鏘鎮懷；讓仲模目睹而獲得了至寶的抗爭紛擾下如何解開桎梏繩索的公務經驗，也著實在我心中迴盪了無與倫比的震撼。

第四節　仲模卯足勁學習李先生在政治、社會、文化場域的優雅風範

李登輝先生於一九八一年十二月五日宣誓就職臺灣省政府主席，一九八四年二月十五日國民黨中央委員會提名為副總統候選人，同年三月二十二日當選為中華民國副總統，並於五月二十日赴任；合計在省政府的服務期間共約兩年半；仲模因為遲誤了半年才到省府李主席麾下報到，故追隨共事期間也就只僅僅的二年。我雖然是依法借調，但中興法商學院的授課義務仍需履行；質言之，是加重了我在省府襄贊李主席吩咐交辦、研究、草擬省法規及省政釐定策略時費神提供意見等繁重負擔，也是讓我有「實戰經驗」，自我鍛鍊人生、公務歷練的難逢機會。在省政公務上，我是卯足勁兒去觀察、學習有生以來從來未參與過的「政治社會文化場域」之諸種酷似萬花筒的大千世界，

當然更重要的是用心使力及注意登輝主席格局氣度、服務態度。二年下來，及其後一大段時期經常就近奉命提供智能所知、分析事態、研判未來；自然累積了相當可觀的對於登輝先生的貼切了解：謙和有禮、尊重專業、充分授權——不涉過程、就看結果、異常的讀書癖、廣泛知天下事、節制內斂、誠實信賴、重視心靈陶冶、愛好音樂藝文、篤信宗教、珍惜理哲、光明磊落、傾心公平正義、凡事將心比心、借力使力、避開疾言厲色傷害人性尊嚴。以上所言各種人格特質，均可舉例以對，惟為避免影響編撰上之繁複冗長，茲僅就記憶中烙印深刻者，載述如下。

一、非常含蓄有禮貌地「詢問」部屬

有一個星期二近午，加開的專案會議結束，祕書來告知主席有請，並一齊午餐。一進主席辦公室，他已在等我。先問近況，都平安順利否？繼之問我知否天母「石濤園」建設的弊案？答：最近在研究德、奧公法上的「裁處」（der Bescheid）疑義，較少注意到臺北的社會糾纏新聞。他說：這裡有一本剛出版發行的著名商業性周刊，記事上說：涉案人包括臺北市建管處長，因他是你的姑丈，警調檢合力偵查時頗感費神，理由是辦案人員很多曾是你的學生。答：那位確實是我的遠親姑丈，不常來往；學生們各就各位，我從未確知誰在哪個單位工作，那些報導可能都是記者們「想當然爾的敏銳臆測」；從來也沒有人來跟我親自探聽印證。主席和藹的臉孔笑了起來問：你會不會去跟雜誌社反駁或抗議？我也笑說：我又不是閒閒沒事做的人，絕不會製造社會多餘的垃圾消息，更不會去浪費司法資源控告該報導的揑造聳聽。此時，主席話鋒一轉，緊接談下了去，說：從政最重要的是心態公正、奉公勵行、心手乾淨、反應敏銳及速做判斷裁處；至於得罪了下三濫之類的人或有其他利益衝突者，作怪誣陷或通謀媒體損傷人格尊嚴等各式花樣，必然會接踵來到；我（主席）贊成你初步對應的態度。仲模心裡在想：李主席知道我思維、行止原則是可以信賴的人，並不懷疑我會去說項影響司法正當程序，不可能「藉勢」妨害偵辦（其實我只有赤手空拳和夠用的腦袋，何來「仗勢」，一介書生而已），問了仲模之後更確信是雜誌亂編胡說，所以，在用餐時沒有任何一句再追加的詢問，表現出了一位機關首長的恢宏氣宇和識人精準的能力。仲模的姑丈因該案被誣指，曾有公務界的「不屑之人」還想扮演司法黃牛去「活動」；一段刑事被告的嚴重名譽上冤受傷害之後，司法是做到了還給他清白的無罪判決定讞。

二、細心傾聽、順便了解部屬建言

一九八四年元旦過後省政府會議結束，李主席示意有事商量，仲模趨前請示有何吩咐，他先問我：明天有無省府專案會議？答：無；再說：你晚上返回臺北嗎？答：是的，我會搭乘國光號巴士逕至臺北站再轉市區車返天母；主席即時告訴我：就搭我的車一起往臺北走。車行中，李主席問我：屏東的伍澤元警官你教過他嗎？是的，我返國後很快的就在廣州街中央警官學校兼課（是接續管歐教授學期後半段之行政法課程），其後另有一警監班之類的短期調訓，我亦上了十二小時的憲法、行政法案例解析課目，以我印象所及：他瘦高寡言、禮貌周到，但我開過的這類似Seminar（研習課）裡，他從來沒有開口發言過，所以成績是中上而非大學部時的優異。主席似有什麼事困擾著他的心神，他續說：我們省府交際科長伍○○即是伍澤元的胞弟，是從臺北市工務局調過來的；屏東縣有一個叫鄭太吉的地方流氓，警務處和檢調單位都在極度注意其囂張惡霸程度，必要時非鐵腕處理不可，因爲連蘇貞昌縣長也頗因鄭之爲非作歹而甚感頭痛，偏偏伍澤元據說是很用力「加持」鄭太吉，鄭這個人在屏東地區開設有酒家、賭場等，還到處強要「抽頭」、「保護費」，對方一有怠慢或遲延，其結果小者搗毀棄攤、重者殺成重傷，已慢慢的形成傳說中的「屏東皇帝」，甚至有「過高屏溪，殺人無罪」的驚悚豪恣、狂妄肆虐，已到了無法無天、無人可爲節制的屏東地表上之地雷，地方政府或省府再不費神處置，恐將延燒到各縣市去而形成星星之火釀成燎原之勢。仲模即刻意識到李主席身爲中國國民黨中央常務委員，亦爲省府最高階首長一定有人會要求他分析高屏地區的政治菁英及各種變異快速的「頭人間之兄弟情或結仇難消」情狀，作爲即將來到的地方全面性選舉推薦賢能才幹的參考；他明顯是爲更多了解蘇貞昌、伍澤元、鄭太吉三人的恩怨情仇背景及現況糾纏關係，以謹愼斟酌蘇尋求連任時，誰最能抵擋阻礙，又可避免有「黑道掛鉤」、「黑白雙道形成的地方自治政府」之惡名，當然，也包括聽聽我對於鄭太吉步步漂白擬進軍議會並維持黑道惡霸囂張行徑，宜如何對應的妙計。我建議說：1.宜讓蘇貞昌連任，屏東縣會相安無事，鄭由蘇管制纏住，地方會更安寧；2.伍澤元本人尙稱善良，但因地方家世關係，和鄭太吉走得太近，將來恐形成尾大不掉的局面，使中國國民黨更失去民心。宜請特別愼重伍的被提名；3.鄭的惡行惡狀已無藥可救，他必會不知節制的愈做愈聳人聽聞的驚駭放肆行爲而至愈陷愈深，無以自拔，要請警調檢組成專案小組，隨時盯著，俟一旦發生重大觸犯重傷、殺人時，即予迅雷不及掩耳之勢，強予攻堅或逮捕歸案，偵查起訴，由司法程序審判，以符法治國之正當行使。

三、李先生問仲模「當前對臺灣政治的基本信念」是什麼？

有一次李主席在臺北市大安寓所宴請幾位學術界朋友，在大家還熱絡地談笑風聲中，主席突然問起：一年多前經軍法審判黃信介等人有罪判決後，有八百零一位大專院校教授署名簽字提出嚴厲譴責該「數典忘祖」的「背叛行爲」，人家告訴我：城教授不只自己不簽署，反而去影響了不少人亦未署名云云，我默然未予回應，當場有好幾位直認自己是不得已才選擇簽了算，然後一陣笑聲，唯獨我依然不語。話題一下子問就轉了好幾個層次而延伸到美、日、蘇聯、中國的國際關係新發展。宴會後留下仲模一人，另加主席女婿賴國洲先生和李先生談論臺灣社會各界起伏動靜及媒體的血腥社會新聞、政論性偏激報導，已逐呈幾何級數的增繁多涉，連仲模參加的「新聞評議會」都甚感束手無措。李登輝先生告訴我中國國民黨黨內老臣異常頑固保守，對於我堅不簽名連署乙事及在報章雜誌、電視上活躍的鼓吹法治主義、自由民主與人權保障，分明就是在直接攻擊中國國民黨的非常體制和動戡戒嚴政策。他問我基本的信念是什麼？答以：1.剛才吃飯時的十位教授都是主席您的擁護者，其中有六位是簽名隨黨意罵黃信介等人的，一九八〇年六月二日各報詳細刊出的簽署者名單，我還留存著以供未來作爲歷史文件存參之用，我尊重彼等的態度立場與困惑處境，但實在無法打開心扉去深交這種人；2.我完全服膺主席對民主臺灣的期待，一步步走向類如戰後日本脫古改制之康莊有序的安寧社會，然後讓臺灣築起紮實的法治長城；3.中興大學法商學院法律學系暨法研所，仲模已投注了心血提升法學學術研究的地位及學生畢業後在朝、在野法曹法官、檢察官、律師法、法制專業才幹及在各行各業裡都有傑出社會貢獻，我多少成了標竿性的樣板，若我未研閱過判決書全文而矇著眼睛簽署那個公開譴責的文件，是等同全體授業學生均與不知自重、無品的渾球沒有差別，關於這一點，我也直接向中興大學校長羅雲平報告過：當他要求仲模務必簽署時，我表示過嚴正的立場；4.軍法大審時十五位辯護律師，我曾在忠孝東路一段陳林法學基金會會議室詳細解說過戒嚴、解嚴令、戒嚴法與國家緊急命令等各國非常體制的小心節制使用實況，以及我國實施戒嚴過程的未符法律規定，仲模特別呼籲各位大律師從公開審判庭時發出這樣嚴重質疑的第一炮……果然，效果奇佳，這是當權者始料所未及的窘狀事態發展；5.我以國外留學在理論上或案例實務上所獲得的確信、返國後頻頻接觸頗多「異議分子」之心得認知及經驗累積，深諳軍法大審中的被告諸君，均悉信奉自由、民主、法治、人權維護的社會菁英，是當世臺灣的良能良知之人、是自由民主思想的信徒，頂多是確信民主政治的「良心犯」，他們都手無寸鐵，如何能造反叛國、推翻國政？又如何能該當內亂或外患的主觀故意（存心）及客觀暴行？6.比較國際間抗暴革命歷史，甚至對照孫文武裝推翻滿族的統治，從一九七〇年代中後期以降在臺灣發生的各種群眾抗議活動，眞的是小巫見大巫的民眾自發性抗暴之雛型，那次美麗島事件中十餘人竟致被移送適用軍事審判程序的總體性綜合觀察，應係中國國民黨嚴重逸脫時潮、懵懂世事，仍在緬懷囊昔高壓鎮抑手段必能讓民眾喪膽懾服而回復平靜的誤判，從法理上的「時空原則」以論，這種冥頑不靈、不諳世局大勢所需的遲鈍程度，必定會在臺灣現代史上留下鮮紅的註記，並提供最具體霸道與愚蠢統治的直接證據。

以上幾點仲模內心存藏著的眞實思維之發抒，相信對日後李先生宜如何對我相應共事，讓我參與襄贊何種公務最爲適當等的抉擇意向，必定會有極大的栓著之影響。

四、省主席交付仲模「不可能的任務」，終仍達成使命

一九八三年秋冬之交，臺灣各大報社會新聞版綜合報導欄連續數日推出桃園、新竹以南以迄雲嘉南及省政府所在地的南投地域，色情行業極度猖獗，且像傳染疫情般的蔓延擴張。李省主席接到情報，指示建設廳鄭水枝廳長、民政廳劉裕猷廳長及警務處長胡務熙即刻研究對策處置。府會中，該三廳處合署提案，要更嚴厲察查、禁止咖啡茶室、三溫暖、酒家、酒吧及舞廳等行業的營業規則、時間限制、接待程度及定期衛生檢查等；在府會中，各省府委員七嘴八舌講了很多，但我仔細聽起來，發言盈帙，似常識之談，因爲沒機會經驗過，都是傳來的二手信息，實非行家的「侯脈診斷、對症下藥」，而仲模事實上也完全外行（大二升大三暑假，各大學法律系愼選五名，共十五名由臺大法學院院長韓忠謨教授與公懲會委員陳珊教授領隊，共三天。帶我們遊臺北寶斗里、江山樓，經臺中、臺南新町、高雄後車站「風化區」現場去參觀過，印象極爲新奇深刻，但也只不過是鳳毛麟角的傳統特殊行業中的一種而已），乃默然而不作聲；眞沒意料到李主席聽畢大家的意見，即予裁決：請城仲模省府委員、陳正雄、張賢東、林保仁、陳孟鈴委員組成任務編組、鄭廳長、劉廳長、胡處長一齊參與，派祕書、科長、專員、專門委員、科員具體研究處理、城委員擔當召集人，辦理結果並提府會專案報告。府會完畢，我即去主席辦公室據實報告：什麼叫八大行業？連正

確精準名稱都講不出來，更何況連經過或進去看一下都不曾有過，這怎麼辦？但，我立即知道方法是去幾個不同性質的現場裝成來玩的或其他消費的客人，仔細打聽問問，附近居家年事中老年人打聽、開幾次不公開的聽證會，把「事實」、「現象」等搞清楚後，再進入修改相關法規的程序……仲模終於第一次清楚「八大行業包括視聽歌唱業、理髮業、三溫暖業、特種咖啡茶室、舞廳業、舞場業、酒家業及酒吧業」；然後請胡處長精挑幾位警界經驗豐富的優秀幹員整天分別對小組說明、分析事理、經驗、難查理由、利潤、女性侍者之來處、衛生檢查等；我和各省府委員分工、分組編成不同組別，便衣探訪各八大營業場所。我挑了三溫暖、特種咖啡茶室及酒吧三種，分別在大屯、西屯及市區自由路三處查訪，有警官及熟悉該等營業之人士，在守密而不洩漏身分情況下，裝成「尋芳客人」自然進去做「有限度」的消費，譬如在西屯的一家咖啡茶座，我第一個推門入內時，燈光幾呈伸手不見五指、眼鏡於瞬間濃霧遮蓋（因熱氣、水蒸氣罩著），只聽到「鶯燕」熱情溫柔的迎賓聲音，尤其手臂、身體「撞、摸」到的，全是女侍的胴體，等到我們五個人坐定即來了五位陪侍女性，僅僅點燃了一支小蠟燭，俟我把眼鏡擦拭乾淨，那五位陪侍者都只掛穿三點，還笑嘻嘻的問我「貴姓、何種行業……」這一些，都是經過為了公務目的而報備核准的；也是我生命過程的第一遭和最後一次的「特種經驗」。我們這個任務小組，經歷了非常用心、多次、忙碌的開會、研討、建議案之釐審決定，於四個月內彙整完竣；仲模親自擬定的修訂「臺灣省（八大行業）特種營業管理辦法」之省法規原則重點如下：

㈠色情行業是人類社會的天生自然現象，不能用人為法令予以徹底禁絕或甚消滅（基本認知，非法條）；本任務編組的終極目標在維護社會公共安全、管理特種營利事業。

㈡「立法要從寬、執法須從嚴」，意即做得到才立法，法立了之後就務必貫徹、忠實執行。

㈢八大行業須有一定的地域性之規範，絕不得設置在人口密集生活和住宅的都會中心地區。

㈣八大特殊行業須訂定周密監督、嚴格管理之法令，尤其環境整頓、不定期臨檢及侍者定期身體檢查。

㈤行業經營之負責人須爲直接經理人，不得有可代替的配偶等借用他人名義，有特殊相關前科者，不得爲經營者。

㈥該當行業之違規處罰，須以吊銷執照、金錢上重罰爲主，觸犯刑章者依該當法律移送偵審。

㈦負責管區之員警、警官須精挑、並經常短期調職，有違規者應即他調並不得再涉此類職務。

㈧地方自治民選首長與民意代表之業務、業績，須將轄區內八大行業之監督與管理狀況紀錄列入，送內政部經常性查閱審核。

李主席交付關於臺灣省特種營業修法、建制的本案，仲模以召集人身分與其他省府委員同仁、廳處長、一齊同心協力的省府、警員同事，最後把修正草案很盡責、完整地提出於府會通過施行。

第五節　李先生與仲模的主從、交誼互動，約略分其時段如後

仲模自國外返臺的翌年，一九七二年經介紹認識了行政院李登輝政務委員以迄二〇一八年，屈指一數倏忽已逾四十六寒暑；一九七九年臺北市依方剛定頒的《選罷法》由市長李登輝先生指派我爲選罷會委員，歷經臺灣省政府、登輝先生擔任國家副元首、總統、政權交替退隱後極度關心臺灣民主型塑的持續，組織群策會（民間則於稍早組成李登輝之友會），直至二〇一四年我辭去該兩會之義工兼職，約三十六年間和李登輝先生的主從、交誼互動關係，可約略分時段如下。

一、一九七九年至一九八四年（初識謀合期）

㈠擔任第一屆臺北市選罷委員會委員，全力投注於選罷法規的研擬、起草、討論、議定發布，因係首都高品質選罷法令之建制，頗受李市長當衆稱讚並爲其時臺灣省政府研訂相關法規時重要的參考。

㈡李市長曾有延攬仲模擔任臺北市政府副祕書長之議，但我從未參與過考試院考選部任何一種公務人員考試，未具公務人員資格，且從事公務與我志望不符，婉謝之（若我答應赴任，以當時延攬學者入公務界制度尚欠健全嚴謹，並非絕無其他變通之方式）。

㈢李主席邀仲模擔任考試委員，主要係借重我對法律、法令研擬、審查、修正、組織法條成規章省令等等之專業能力；但逐漸熟悉省政業務及府會中就廳處提出議案時，我的評審、研擬內容漸受

各該單位尊重改正後，李主席輒將比較重要案件交付我召集審查或參與研審小組，這或許是他對我有意栽培磨練的肺腑之旨，李主席經常全省各縣市鄉鎮、重大建設、道路開拓或驗收時蒞場勛勉，仲模多次被邀扈從同行學習。

㈣李主席倡導訓練八萬農戶爲農業建設大軍，積極開拓訓練工作；香蕉盛產滯銷問題的調運、收購、成功處理；五家省營事業——唐榮、高雄硫酸亞中興紙業、農工企業，自來水公司之整頓；稻田轉作六年計畫的研發實施等重大政策之規劃與付諸實施執行，都有我積極參與討論、研究改善及負責成果驗收督察的記載。

二、一九八四年至一九八八年（提供意見期）

㈠二十世紀八〇年代中期，臺灣政治體制仍然在非常時期的戒嚴、動戡獨裁專制下持續做高壓統治，但幾年前的「中壢事件」、高雄「美麗島事件」已露出了激烈要求政治民主、自由與人權保障的公民社會運動，加以蔣經國的健康早已因糖尿病等病情纏身，已明顯日趨衰頹，蔣氏黨國天下究將何去何從，各方極度猜測；至於經濟成長及島內建設工程，則出奇的方興未艾。突然，中國國民黨中全會奉旨提名李登輝省主席爲國家副總統候選人，是跌破了政治圈內人的眼鏡；並順利當選、就職。此段時期，國內外的大環境，異常詭譎多變。

㈡關於副總統，其職權、義務責任有多少？依憲法上之明載：第四十九條規定，「總統缺位時，由副總統繼任，至總統任期屆滿爲止……」、「總統因故不能視事時，由副總統代行其職權。」僅此而言，尚無進一步職務之襄贊等根本性規範。其時，全國黨政軍特警調乃至中央五院、所謂民間社團如中國青年反共救國團、婦聯會、紅十字會、工商產業公會、農田漁牧水利會、重大工程建設、金融匯兌匯率管制及大傳媒體相關事業等，國家命脈所繫的資產控制，都集中在呈現「唯我獨尊」、「發號司令」總樞紐的黨主席、國家元首之指掌嚴控裡。「政」有俞國華、「黨」有李煥、「軍」有王昇、郝柏村等支撐經國總統多少未逮之處的細節部分。這樣切身烏雲密布、籠罩遮蓋下，副總統職務工作內容，就僅只聽命於總統的信任與指派一途，沒有一分一毫自由伸縮機會。

㈢仲模在這段期間，深悉國內外大環境的現實與現象，曾就以前及最近讀書觀察、蒐集民間智慧經驗累積所得，趁副總統召見時，適當地陸陸續續依情況提出「心得報告」，將意見直接、間接地呈報：

1. 日本戰國時代織田信長、豐臣秀吉、德川家康故事（我留學日本時，每周六天黃昏傍晚時刻，最重要國營電視臺NHK都在詳演「戰國時代」連續劇及其後的「宮本武藏」錦集），我深深感受到這些時代英雄豪傑內心的堅強、勇毅，外表的溫敦、若愚，其間的特徵是從容、忍耐、等待、應對。

2. 紀元前三世紀時，馬其頓亞歷山大大帝（Alexander des Großen, 356-323 B. C.）建立橫跨亞、歐、非三洲大帝國，在其征途上被下毒，臨終時有意不指定繼承人的詳細歷史故事之政治統治上深邃意義，輒被喻爲獨裁專制術上的「第一課」要義。

3.日本遠征帝俄時，乃本希典將軍（日治時期第三代臺灣總督）的決斷、表現（二位兒子均經前後戰死於沙場）及明治天皇出殯時，乃本夫婦「自盡精忠」的故事，登輝副總統作何感想？他說：「這是他的事，我沒特別感應，因爲乃本總督對臺灣現代化建設並沒有重大功績；倒是近藤新平民政長官才是心服口服的日治時期最重要的功勞者。」

4.談話中，曾提到身邊重要協力者群，仲模曾一一真誠分析所觀察及社會一般評語，尤其緊跟著在李副總統職位的最近距離的幾位時，他說：「你說，除了連戰之外，尚有哪一位綜合起來的條件比他更好的？」我毫不猶疑地答以：「是副總統沒發覺到，或經介紹認識的高手，其實，臺灣人才多的是……只是還被埋沒在民間、公務界或學術機構裡，未經用心延攬而已。」

5.仲模曾對李副總統報告：中國國民黨統治下的臺澎金馬，和臺北市、臺灣省是截然不同的任務與工作服務內容，尤其國防、外交、兩岸關係，更是國內省、市行政所未逮之部分；將來總統必隨時垂詢相關意見，資作「大變遷」時代最符合民意祈望、需求時釐定長遠政策時的參考，也可順勢表現出「政治家」的格調與見識。我建議去找幾位見過國際世面的好朋友，組成隨時可以提供副總統垂詢的智囊義工性質小組；李先生允諾了。首先，我先找兩位在大學裡任教的留德和留日的法學博士，並積極再找尋、評估、學養、意識等均係上乘者來加入、參與研討浮動不拘的國內外事務。才剛出手沒幾天，李先生急電請我面談，問我說：那件組織提供意見的小組乙事，進行到如何程度、階段？要請即刻止步停下，因爲經國先生身邊人已在向副總統親信問詢此事究係何種構想下的設計？俟經我認眞追查，眞的是捏了一大把冷汗，原來是該留德老友聞訊即向同為留德的蔣緯國將軍透露消息，再由蔣輾轉告知其兄經國先生。幸虧工作分配、籌研重心、撰擬報告及會晤開會談論等均未開始作業，未釀成對副總統絲毫的傷害。從這件事得到的教訓，可眞讓我其後更低調、沉穩、小心翼翼地交友、處理任何一件公私事務。

在這時期，李副總統奉命處理假釋美麗島事件受刑人林義雄及高俊明牧師；中國國民黨中全會成立十二人小組，積極進行充實中央民意機構、地方自治法制化、國家安全法令、民間社團組織、社會風氣及中國國民黨的中心任務等改革議題；民主進步黨正式成立；已實施三十八年的臺灣省戒嚴令解除；副總統被指派擔任中國國民黨中常會「大陸政策專案小組」召集人（負責審議民眾赴中國探親問題的原則與意見）；逾四十二年的禁制——去中國探親解禁、停徵田賦、放寬外匯管制，並開放報禁、准許新報紙登記。蔣經國總統這一連串極重大國家政策之急轉彎，都可意識到李副總統從中襄贊進言的側影。

三、一九八八年至二〇〇〇年（國政諮詢期）

李總統從就任接篆之日起，立即開始了長年以來極思擬將中國國民黨在臺灣所實施的仿古絕對黨國權威專制霸道體質，逐步扭轉改造成符合現代化進步國家政、經、社會、心靈、文化、媒體的向上昇華的民主、自由、法治、人權保障的國度；而這些可以將國家帶領出險境的心中憧憬之臺灣未來願景大目標，也正是仲模留學以來、返國服務學習、經歷的專業專長學科，恰好可以派上用場去提供李總統治國所需要的適當、正確之新穎知識。

一九八八年方剛揭露晨曦曙光沒數日，總統蔣經國逝世，斯時，臺灣國內外大環境的險阻，要不是繼任李登輝豐碩的學養與義氣，是絕無安然「存活」無恙的，也不可能在任期內抵達平安的彼岸，更不用說要有更崇高脫古改造社稷的祈願。但他依然樹立了臺灣今後的國家大政方針，並劍及履及，成功實踐了初始的承諾：

(一)由獨裁專制移變為民主政治，實際業績包括：

1. 主持國家安全會議，裁示應訂立第一屆資深中央民意代表自願退職辦法。
2. 立法院通過第一屆資深中央民意代表自願退職條例。
3. 一九九一年十二月十六日第一屆中央民意代表全數退職。
4. 學生發起「野百合運動」，要求解散國民大會、廢除臨時條款、召開國是會議、訂定政經改革時表等，都從善如流，順水推舟逐步實現。
5. 第二屆立委全面改造。
6. 國民大會臨時會三讀通過第九任總統由公民直選的修憲案，並在公民直選中獲五百八十一萬票，得票率百分之五十四，使國家的全民政治步入正軌。

(二)由心靈閉鎖移轉為自由體制，眞實改造包括：

1. 積極處理解除戒嚴令後的後續連串桎梏、枷鎖等的解放工程。

2.宣布動員戡亂時期的終止。

3.提出「心靈改革」的主張並將其融入於自由多元社會。

4.提出「新臺灣人」的觀念——「自由民主社會本身，只有從對個人的肯定開始。集合自由意志的個人，才能凝聚起生命共同體。」「一九四九年前後來臺的軍民，都是因為投置在此經營理想家園，對生活目標擁有主觀理性欲求，其最起碼的共同點是追求自由的意志，經過融合凝聚而逐漸形成臺灣意識的。」「建造公平正義的民主社會，和諧美麗的自由家園……依照國際人權標準，自由決定我們的政治地位，並自由謀求我們的經濟、社會和文化的發展」。

5.發表與日本作家司馬遼太郎的對談，提到中國國民黨是「外來政權」及「生為臺灣人的悲哀」，表示這一歷史的進程事實，今後務必以實際的施政予以糾正與轉變。

㈢由封建人治移轉為法治社會，顯然成果包括：

1.總統府祕書長沈昌煥在中國國民黨中常會震怒陳詞，以極端封建思維出發，嚴厲批評務實彈性外交，會後辭職獲准。

2.俞國華、李煥、郝柏村三位行政院院長在職位上無法長久，是與彼等意識、觀念及思想均與快速進步的新時代、新現象與新事物無法兼容並蓄。

3.依法並面對現實國際關係，宣示推動務外交。

4.邀請民主進步黨主席黃信介、祕書長張俊宏、國大代表陳重光到總統府晤談，就國是問題作初步溝通；就任第八任總統，即表明修憲決心，並依法頒布特赦令予呂秀蓮、陳菊等二十人。

5.增修憲法、修改總統、副總統選罷法，依循之而完成「自由地區全體人民直接選舉」的正當手續。

6.由國民大會通過精簡省府組織、取消立法院閣揆同意權、增加倒閣權、總統可解散立法院、取消教科文預算下限等，讓國家中央政府組織之重大移異均有憲法上明確之依據。

7.臺灣發生規模七點三的大地震，造成重大傷亡及全國民心之慌恐，由總統依憲法發布緊急命令，全力救災並安定人民生活，使國家遭逢之危機得有轉機、化險為夷。

8.到處積極宣導萬勿再因循舊章、托古改革，因國人普遍對現代化法治主義異常陌生，而須改為「脫古改造」，適用國家法制以求立足於社會，從而亦要求中央至地方各級政府重視法規之整備，對「司法改革」尤其用心關注，務求實踐法治的具體龍頭能出現新氣象。

(四)由生殺予奪移轉為人權保障，最積極績效包括：

1.中國國民黨中常會在李登輝主席提議下，設置「中央大陸工作指導小組」，開始更積極從事臺灣與中國間人民經商、探親、求學等的接觸磋商，以實踐憲法上所明定的人民居住及遷徙之基本權利。

2.中國發生的天安門事件，解放軍屠殺手無寸鐵的年輕學子，全球譁然；我國政府等各界亦即時與世界各國同步嚴厲譴責其暴行，並要求停止繼續追查及隆重理恤受害人或其親屬，以確保普世價值對生命意義的尊重。

3.提前實施農民保險。
4.允諾臺灣及中國紅十字會首次在馬祖及馬尾展開中國偷渡客遣返作業。
5.李總統於府內親自接見二二八受難者家屬的代表。
6.行政院研究二二八事件小組「二二八事件研究報告」出爐；舉辦二二八紀念音樂會。
7.立法院通過刑法第一百條修正案，刪除思想叛亂罪之規定。
8.「國家安全法」大幅度修正，解除黑名單，裁撤警備總部。
9.二二八紀念碑落成，李總統代表政府向二二八事件受難者家屬公開道歉。
10.李登輝先生在美國母校康乃爾大學發表「民之所欲，長在我心」演說。
11.立法院通過「二二八補償條例」，並明定二二八為「和平紀念日」，使成國定假日。
12.亞洲首座人權紀念碑在綠島動土，翌年十二月十日國際人權紀念碑落成，李登輝總統前往揭幕致詞。

㈤由上揭一、二、三、四片段再加上五本段，奠基臺灣成為國家和平、政治自主、經濟繁榮、社會安寧、文化多元、科技昇華的美麗之島，成就公認統稱的「臺灣民主先生」之令譽：

1.來臺民眾得赴中國探親政策的實施。
2.成立對中國工作指導小組，派遣人員與中方相對人士接觸；設置財團法人海峽交流基金會負責與中國海協會溝通洽談有關事務。
3.宣示推動國家務實外交；在臺北舉辦第一屆亞洲展望研討會；以「臺澎金馬關稅領域」名義

向關貿總協（GATT）提出入會申請。

4. 四星上將郝柏村卸下軍職軍權就任行政院院長。

5. 國家統一綱領明確承認臺海兩岸分處不同地緣的政府，是兩個不同的政治實體。

6. 在經濟繁榮自由、人民安居樂業的大前提下，開始實施國家建設六年計畫。

7. 在紐約時報刊登廣告，公開表示臺灣願意暫時接受「雙重承認」；以「中華臺北」名義申請加入亞太經合會（APEC），獲准。

8. 制定「臺灣地區與大陸地區人民關係條例」。

9. 用心、用力、全神貫注處理蔣氏中國國府對臺灣施加二二八殺戮事件的和平落幕諸措置、接見被害者或其家屬、籌設和平紀念音樂會、公開正式道歉、建置二二八紀念碑、制定法律補償被害者或其家屬、設二二八為國定和平紀念日、歷史學者彙集出書報告二二八的始末及元兇。

10. 辜汪會談在新加坡舉行。

11. 第一次闖關聯合國大會組織，聲請我國重返聯合國。

12. 公布未來施政目標以參與國際組織、「南向政策」為第一要義。

13. 李總統堅毅執行前往菲律賓、印尼、泰國進行為期八天的「破冰之旅」；再前往尼加拉瓜、哥斯大黎加、南非、史瓦濟蘭訪問，展開為期十三天的「跨洲之旅」。

14. 在臺灣和日本同時出版李登輝總統人生及政治哲學之書《臺灣的主張》（日文版，共二百二十九頁），詳細內容包括：李先生學習易經，對三民主義、馬克斯思想、中國文化及基督教的看法，什麼是臺灣繁榮與和平的原動力，對中國、美國及日本的祈望，明確反對「一國兩制」，臺灣日本美國對整體亞洲必能做出重大貢獻，心中祈祝二十一世紀臺灣總體性的空前進步發展。

15. 接受德國《明鏡周刊》（*Der Spiegel*）專訪，說明我國是主權獨立的國家；另，接受德國之聲專訪，首度提出臺灣、中國是「特殊的國與國關係」（仲模謹按：李總統曾談到中國國民黨是「外來政權」，時任副總統的李元簇默不吭聲，所以被總統尊稱他是「沒有聲音的人」；但現在此語一出，已退職的他就發出了怨尤之鳴，亦即哪有這種說法，怎會這樣說）。

16. 第三屆國民大會進行第五階段修憲：國大代表自第四屆起改爲政黨比例代表制、立法委員自第五屆起任期改爲四年，並制定國大代表婦女保障名額。

17. 完成我國首度政黨輪替，將政權作和平圓滿的轉移。

18. 在國家總統職務尚在位並繼續進行時，提前辭去中國國民黨黨主席職務。

四、二〇〇〇年至二〇一四年（盡心續奉期）

千禧年開始不久，李登輝先生辭去了黨職，再是政權交替，卸下了公職，每日生活作息當然會有重大變異；那時表象上見到的阿扁先生年輕幹練、競選手腕精準敏捷，俟聞其於總統府前第一次國家大政方針演說，李先生告訴我說：心中茫然，再經一小段時間後，發現新政權的總體施政方針與實際呈現內國政務實施，與理念想像所寄相去甚遠；容忍了半載、一年之後，李先生閒不下去，開始推出自己在位時未盡的計畫，一一展開，認眞續爲臺灣未來奉獻智能，仲模毫不猶豫，盡心續奉。

- 赴英國參加「國際熊彼得學會」年會。
- 二度分別在捷克與臺灣會晤西藏宗教領袖達賴喇嘛。
- 赴美參加母校康乃爾大學「李登輝科學研究中心」成立典禮。
- 「臺灣團結聯盟」（政黨）成立，最尊奉爲精神領袖。
- 民間成立「李登輝之友總會」於臺北；嗣在日本東京另成立「日本李登輝之友會」。
- 在李登輝先生直接應允下成立「群策會」；發表「臺北二十一世紀國家總目標」，在群策會之下成立「李登輝學校」並正式招生開學，第一期領袖學院「國政研究班」開課；該會並曾提出十大國會改革方案，明確贊同老百姓有創制、複決權，主張制定「臺灣基本法」，彙編由二十四位學者撰稿的《*A New Constitution for Taiwan*》（臺灣新憲法）英文版巨著——中文版以《群策會國際研討會論文集》形式公刊，內附陳水扁總統——邁向正常、偉大而完整的現代化國家，及李前總統——制定新憲法化解主權爭議兩篇開幕致詞，該書書序由李前總統執筆；其他，出版了Lee Teng-hui and Democratization of Taiwan, Taiwan's International Status: History and Theory, Taiwan is not Chinese! (A History of Taiwanese Nationality), Rethinking "One Chinea" Edited by John J. Tracik, Jr.（重估「一個中國」政策，美國學界政界對一中政策的挑戰）；總計，以「群策會叢書」或「李登輝學校」出版的相關著作，至少四、五十冊，譬如：「從臺灣民主化到國家正常化」、「公投制憲」、「民主臺灣 vs. 中華帝國」、「臺灣經濟的迷思與出路」、「臺灣，不是中國的（臺灣國民的歷史）」等，如此以龐大規模藉助相關學者專家通力合作編撰的一系列臺灣民主化、本土化改革之著作，確實空前；群策會亦宣稱：「在李前總統帶領下，不僅發揮智庫功能，廣納對公共政策提出建言，更付諸行動，以『行動智庫』自詡，扮演學界菁英與民間互動之橋樑，深耕基層，凝聚群衆力量，以建立臺灣主體性，推動國家正常化。此外，近年來更致力於國際交流，除邀請國外學者專家來臺參加研討會外，更積極翻譯各種有關臺灣之書籍，將臺灣的聲音向世界推廣出去。」李登輝先生亦論撰了《最高指導者の條件》，也由自由時報總編輯鄒景雯著述了《李登輝給年輕人的十堂課》，國民若都能親澤此類心理修練課程，深信會「讓你變得不一樣」。

- 登輝先生曾於二〇〇三年八月二十三日提出「中華民國不存在」的思維看法。
- 擔任「臺灣正名」運動總召集人，號召群衆遊行，主張制定新憲法。
- 主持「臺灣發聲，頭家制憲」討論會，以全民公投方式通過新憲法。
- 參加「二二八百萬人手護臺灣」，並擔任總召集人。
- 參加「臺灣制憲運動」誓師大會，並擔任總召集人。
- 擔任「制憲、正名、臺灣國」大遊行總召集人。
- 仲模在辭去公職後，經指定並獲選擔任「李登輝之友會」總會會長，並兼群策會董事。

・除了財經金融外，凡法治相關學理及國內外實務經驗等，其他李前總統想要垂詢探知的民瘼事故、人事異動之來龍去脈、仲模均經全神貫注、細心蒐集情報資料，盡一切可能精準地提供參考審閱。

第六節 綿密監控，挫折李先生人事布局初衷；但對臺灣民主轉型成功政績，將永被景仰懷念

「臺灣民主先生」李登輝先生與仲模返國後誓爲臺灣開拓法治社會的三十餘歲月裡，一路上，經由介紹、認識、察覺、提攜、初步任命、磨練於臺灣省政府，以迄考試院、司法院、法務部，後返司法院及李登輝之友會、群策會，讓我充實了學理所無法經歷的法政大千世界裡的萬花筒之變幻理路，也使我促膝在其麾下聆教人生與政治哲學之奧祕；這些都是仲模終生感銘並知無以回報的恩澤。

茲就我長期在登輝先生的環周、近距離學習、觀察、思考、研究所知心得，盡可能排除主觀、偏見而以客觀、理性、公正立場，抒發負責感想如下：

一、一九七〇年代伊始，蔣家隱潛少主經國先生開始相中李登輝先生，栽培、扶持、付予重任，是經過極度縝密身家調查、比較當代臺灣菁英、環顧國內外局勢緊迫、蔣家氣勢、經國先生本人

健康狀況後，所做理性、開明、富創意性與前瞻性的重大抉擇。

二、李登輝省主席曾被歸類爲技術官僚出身，完全沒料到僅只二年多後，竟能被提名爲副總統候選人以輔扶經國先生，更無法想像三年半後繼任爲第七任總統，並順理擔任中國國民黨黨主席；其時方剛解除臺灣三十八年來的戒嚴令，政經財金社會媒體極度動盪，政黨復辟之聲四起，強敵中共虎視眈眈；其後三年間是李總統全力溝通、耐心面對、整頓內國最錯綜複雜之事務，亦是新政權得否消極安然維繫的關鍵期，幸虧，最難過者都能關關過，讓所有關心臺灣政情發展的人，莫不嘖嘖稱奇。

三、李登輝先生出生於臺灣頂端地域三芝，二十二歲以前是日治時期，自然具日本國籍；自願入陸軍受訓一年餘，官拜少尉，曾留學京都大學、臺大農經畢業、前後二度赴美進修於愛荷華（Iowa）及康乃爾（Cornell）大學，獲農經學博士學位，其論文被美國農業經濟學會膺選爲「年度最佳論文」；在臺大任教並長期服務於農復會，全臺各地農莊都曾有他的足跡。他除了農經專業而外，平日讀書治學、又好學不倦、博覽史哲文學、藝術藏書；凡事喜好思維，崇尚新渡戶稻、矢內原忠雄之武士道、修身教育，座右銘之一是誠實、自然；李先生本人亦寫過一冊「武士道」，認爲其精神的重要本質在於「撥亂反正、改善人心」，又其根幹在於「實踐躬行、率先垂範」，均是日本人的精神所寄；應衷心推展「脫古改新」、摒棄「託古改制」之議，故對「亞洲價值」的認知，和新加坡總統李光耀的理哲見解不同。李先生重要著作之一是《最高指導者的條件》，強調在上位者最需深諳「行動原理」，包含：誠實、忍耐力、惻隱之心、掌握大局、開創的構想力、思維轉換、強烈起而行的意志、實踐改革才有進步，要進展就需革新；政治社會的佼佼者均需具備宗教家的情操、行公義、慈悲、寬容、光明正大的人生哲學之胸懷。以仲模對李登輝先生經常近距離的理解體會，他每天閱讀國內外當代巨著、雜誌、消息資料、除法律學上實定法外，他豐富的知識經常呈現超過該當專家學者，眞令人訝異與驚奇；在當今的政治人物裡，書讀得比他多的、比他所涉獵更寬廣深邃的，恐怕不易尋著。他曾對我特別叮嚀過：他最喜歡的同仁是「認眞做事」、「忠誠無私」及「武士道」型塑的人物；他用人從來不分亦不問省籍，只關注能力和接近上揭三種人格特質之人。

四、臺北市長李登輝因爲經常閱報看到仲模的撰文專論以及不少人談起了我，才請我參與第一屆臺北市選罷會，俟確實觀察到我的專業、勤快、單純援助選務法規等的建制，而不拖泥帶水分心旁騖涉入其他；乃於他奉命赴臺灣省政府主政時，指定仲模同往南投，雖曾有小挫折，仍在「堅持硬要此人」後讓我得以成功順利借調省府。在此期間亦明確驗證這個壯年人是可用的，所以，開始傾向重用、凡關鍵性大案都要我參與審查或負責召集報上府會，且每當案情繁複、發言踴躍後，經仲模慎重訂謨斟酌如何終結發言，其內容就成爲李主席擇裁的結論。就在如此順暢配合、逐步扭轉省府長久以來略帶停滯性官僚作業，李主席恰正專注於八萬農業大軍再深入分項執行時，大傳媒體傳出了蔣經國總統蒞訪李主席大安會館的消息，進而確定了副總統的提名。繼之，我被留在省政府續做「資深省府委員」，以迄被提名北返參與考試院第八屆之組成、浸淫在文官院考銓業務人事組織總樞紐之政策形成核心考試委員之職責裡；在這段時期間，李登輝先生曾有二次意欲把仲模推薦提名到法務部擔任部長甚或低就法務部政務次長之職位，均遭中國國民黨祕書長、行政院長（前後同係李煥先生）否決作罷。嗣司法院第五屆大法官屆期，我轉爲第六屆司法院大法官，其間曾奉調轉任法務部長、再調回司法院擔任副院長——大法官兼副院長等的崎嶇顛簸。在這一段不算短的時期，又逢我生命過程中最珍貴的時段，除了法務部長是獨任首長、須負責政策及執行的成敗之外，其他，從省府委員、到考試委員、大法官等，均悉合議體制，由不得個體運作政務、發揮智能、貢獻社稷。

五、李登輝先生擔任副總統期間，僅能一心一意聽命、尊奉經國先生的旨意或提供垂詢時之參考意見；這段日子裡，副總統的自我修涵——閱讀和多元聽取多方民間心之所向，最爲紮實、忙碌；也是我內外出籍、雜誌、學刊、報紙研閱最頻繁的時期，因爲李先生隨時都會遞交幾冊書讓我研讀，然後指定撰寫相應眞相報告和眞意陳述；我個性也從未開口向他要求任何職位，更未像其他「官場裡」禮贈貴重物品。我被繼續滯留在南投竟達五年多的時光，是進退維谷、莫可奈何的尷尬時段。嗣李先生擔任總統，心想積極栽培、拉拔我之時，又面對極端政情、民情及國際情勢的洶湧澎湃、集聚在李總統身邊的新人也多了起來、七嘴八舌之間難免影響抉擇方向、中國國民黨黨中央及行政體系的極度保守、封建官僚氣息並行發作；而最要命的可能是仲模自己的愛臺思維、臺灣優先、故鄉第一的情操，一點也不鬆弛，在報章雜誌上的深論細說、在各大電視臺的專訪議論，充分爲新時代所趨做了完全的、客觀的、正直的表述，而且，個性耿直、不忮不求、自信自尊、厚道不阿、不慕榮利、絕非可操控的乖乖牌；可能讓總統在未來黨政通盤安撫穩定之時，尚有不少的顧忌。最鮮明的事例，應是從法務部到司法院的這個人事案上：李總統已信誓旦旦要仲模放心籌組新氣象的司法院並策劃司法改革重大案件的基本構想，可是，最後面諭：有人已在中國國民黨完整訓練出身，並已在司法院廝守近三十年，你（仲模）以一個與黨無關聯且是被中國國民黨登記有案的人而言（黃信介等高雄事件之審判定刑，有八百零一位大專教授具名簽字譴責，仲模嚴拒署名乙事），還是屈就一下，情勢很快就會改變……事實上李總統還是為了更大局勢的寧靜、和緩善引，直至他政權和平交接，仍然掛意該件事在心頭。

六、事實上，總統蔣經國精挑細選下指定李登輝先生做他的副手，是一著極高超、深謀遠慮的決策棋藝，因為論人品、學識、農經專業、長像、農復會時全臺走透透、日英語外文能力、國際關係的接觸、暢通、家居背景、宗教信仰與大老們一致的薦舉，李先生都是被排名於前茅。對於政權的交付、未來臺灣的國內外走向、國家穩健繁榮發展，已呈非他莫屬的境地。

至於仲模所最佩服、尊敬的人——李登輝先生，非常感謝他為臺灣的民主轉型及循序漸進「寧靜革命」（是相對於暴力流血的革命）的方法、手段之抉擇及堅毅如武士般英勇事蹟，讓「臺灣」、「Taiwan」在日美歐澳等國際間出人頭地、揚名世界；並被崇隆尊稱為「臺灣的民主先生」。只是有一點未竟之事工，叫人為他留下多少的惋惜：登輝先生自一九七一年秋初加入中國國民黨，未久，即晉級中央委員而至中常委，由臺北市長、臺灣省主席而躍升為副總統、成為國家元首，近三十年間，按理應有意識到運用相當充裕的時間、能力去栽培、訓練、觀察、付予重任，鼓勵培養年輕菁英以接續臺灣無限歷史的長河。時至今日，回首瞻視，李登輝先生提拔的政治圈內人士，中央五院及中國國民黨黨部裡頭都有，但實在爲數不多，且其中多人已被史實驗證不只沒能「克紹箕裘」，甚至「背道而馳」；就以「司法改革」這一著棋而言，天秤上的兩邊——司改是國家重要政策與中國國民黨黨意人選的要求，何者爲重？李先生顯然是冒險的賭上了後者，結果造成了社會普遍的憾喟。

作爲「民主之父」最讓我信仰崇拜的臺灣政壇哲人先驅，沒能特別注意到後起之秀的積極提攜以撐起李登輝先生爲臺灣所做豐功偉業的續詔大纛，致使往後日子，一片空虛幻渺之感，這是任何關心臺灣要在未來國際政治環境裡更求躍進時，最感沮喪的一件事。幸虧，李登輝先生離開公職後，創辦了「群策會」及「李登輝學校」，邀約了無數臺灣學界菁英，振筆撰述及講座授徒，讓臺灣的民主、自由、法治及人權捍衛得以在青少壯年間繼續潛移默化、流傳於社會鄉里民間，當作臺灣民主先生精神意境永不熄滅的臺灣政治「光明之燈」。

附錄

壹、城仲模教授年表

- 一九三八年十月三十日　出生於臺灣臺南市本町
- 一九四五年三月　臺南市大宮町武殿——中區關帝廟內附設的「全臺第一所公立幼稚園班」結業
- 一九四五年九月　臺南市進學國民小學入學
- 一九四六年九月　臺南市永福國民小學轉學入學
- 一九五一年六月　臺南市永福國民小學畢業
- 一九五四年六月　臺南市私立長榮中學初中部畢業
- 一九五七年六月　臺南市立中學高中部畢業
- 一九六二年六月　（臺北）東吳大學法學院比較法律學系五年制第一期畢業
- 一九六二年七月　教育部五十一年留學考試優等合格
- 一九六二年九月　（臺北）軍法學校預備軍官役第十一期入伍

- 一九六二年十一月　（臺北）軍法學校預備軍官第十一期結訓；少尉軍法官兼軍法學校法學教官
- 一九六三年十月　退伍
- 一九六四年一月八日　赴日本東京留學
- 一九六四五年四月　日本東京都早稻田大學法律研究所入學
- 一九六五年八月　膺選爲朴正熙大統領邀訪及考察韓國一個月「亞洲親善會議」之中華民國留日學生代表
- 一九六六年四月　獲日本早稻田大學法學院法學碩士
- 一九六六年四月　入日本東京大學法政學院研究
- 一九六七年二月二十六日　赴歐洲奧地利維也納大學留學
- 一九六九年八月至九月　在維也納Autofina分期付款銀行（Teil-zahlungsbank）從事滿二個月之法律案件實務處理訓練
- 一九七〇年二月　維也納大學行政法學博士口試通過
- 一九七〇年五月　獲維也納大學行政法學傅士（畢業典禮）並即留校擔任行政法學研究助理

- 一九七〇年九月四日　赴美國，威斯康辛大學（麥迪森）法學院博士後研究
- 一九七一年二月至四月　美國威斯康辛州Carroll College客座講座
- 一九七一年五月八日　應聘爲行政院參議
- 一九七一年八月　兼任東吳大學法學院副教授、兼任中央警官學校副教授
- 一九七二年八月　兼任國立中興大學法商學院法律學系副教授
- 一九七三年一月　派兼行政院法規委員會委員派爲行政院專門委員（同年八月兼任科長）
- 一九七三年四月　應聘爲行政院原子能委員會法規委員會委員
- 一九七三年十二月一日　聘任爲政治作戰學校法律學系系主任
- 一九七三年十二月　應聘爲司法院司法與學術結合工作小組委員（研修行政訴訟法）
- 一九七四年二月　應聘爲行政院「行政執行法」研究修改委員會（以後改由內政部、法務部接續研究擬修業務）
- 一九七四年十月　應聘爲考試院六十三年特種考試軍法人員考試典試委員會委員
- 一九七四年十一月　應聘爲司法行政部民法研究修改委員會委員
- 一九七五年八月　教育部審定爲教授資格

- 一九七五年十二月　應邀赴日本參加世界教授和平促進會舉辦之第五屆國際會議（The Professors World Peace Academy, the 5th Inter-national Conference on World Peace）並發表論文「The Meaning and Substance of Peace」
- 一九七六年一月　應聘爲中華民國、臺灣省、臺北市各建築師公會法律顧問
- 一九七七年一月　考試院律師考試及格
- 一九七七年七月　應聘爲內政部法規委員會委員
- 一九七七年八月　聘任爲國立中興大學教授兼法律學系系主任
- 一九七八年二月　應聘爲內政部公職人員選舉罷免法草案起草研究小組委員
- 一九七八年九月　當選爲本年度國際青年商會中華民國總會十大傑出青年
- 一九七九年八月　聘任爲國立中興大學法商學院法律學研究所所長
- 一九八〇年一月　應聘爲法務部司法官訓練所講座
- 一九八〇年十月至一九八一年三月　應奧地利內閣總理府科學及研究部（Bundesministerium fuer Wissenschaft und Forschung）之邀請，以客座教授（Gastprofessor）名義赴維也納大學法律系及法政研究所，主講比較行政法及依法行政之原理
- 一九八一年七月　應聘爲司法院行政訴訟制度研究委員會委員
- 一九八一年十一月　應聘爲經濟部顧問並兼任訴願委員會委員

- 一九八二年一月　應聘爲經濟部中央標準局業務研究改進小組委員
- 一九八二年六月　應聘爲行政院衛生署優生保健策劃委員會委員
- 一九八二年七月一日　任命爲臺灣省政府省府委員（在中興大學仍爲專任教授）
- 一九八二年八月　應聘爲內政部消費者保護法草案研究小組委員
- 一九八二年十月　赴德、法、奧地利考察地方自治、政務及政黨運作
- 一九八三年一月二十二日至二月一日　赴美國參加總統Ronald Wilson Reagon於二月三日在華府D.C.舉行的早餐會，此團成員包括陳履安、章孝慈、鍾榮吉、馬英九等
- 一九八三年三月　應聘爲內政部社會團體法草案起草小組委員
- 一九八三年六月　應聘爲內政部社會安全立法計畫綜合小組委員
- 一九八四年五月二十七日至一九八四年七月一日　應美國在臺協會（AIT）理事主席David Dean之邀請赴美考察訪問（含白宮、國務院、參眾兩院國會及最高法院等）
- 一九八六年十一月　應聘爲內政部研究修正動員戡亂時期公職人員選舉罷免法專案暨工作小組委員
- 一九八七年三月　應聘爲教育部大學院校法學院法律系所追蹤評鑑委員
- 一九八八年九月　應聘爲司法院司法制度研究修正委員會（包括法官法草案之研擬審議）委員

- 一九八八年十一月二十九、三十日　奉派赴香港，與中共代表孝費通、李愼之等六名深論臺、中今後之發展
- 一九八九年五月　赴日本（大阪、東京）美國（舊金山、芝加哥、紐約、華盛頓首府）邀約華橋社會各階層代表性人士，廣開討論會聽取對於大陸民主、自由、人權等發展情勢之意見並作成考察研究報告，提供政府應對決策之參考。
- 一九八九年七月　應聘爲經濟部法規委員會委員
- 一九九〇年八月　應邀爲「憲政改革策劃小組法制分組」委員，研擬中華民國憲法增修事宜，並撰寫專案報告。
- 一九九〇年九月一日　特任爲考試院考試委員
- 一九九〇年九月　特派爲七十九年（一九九〇年）特種考試臺灣省基層公務人員考試典試委員長
- 一九九〇年九月　應聘爲經濟部所屬事業人事制度改進研究專案小組委員兼召集人
- 一九九一年六月　赴美國夏威夷參加夏大亞洲國際事務研究中心彭明敏教授主辦的亞洲各國及臺灣政局之發展策略研討會議

- 一九九一年七月　應美國亞洲基金會（Asia Foundation）之邀請赴美國舊金山在Santa Cruz舉辦的世界各國民主化促進會議，並訪問加州高等及最高法院
- 一九九一年九月　考試院考察北歐（俄、瑞、芬、丹等國）文官制度訪問團團長
- 一九九二年一月　擔任考試院審查「公務員基準法草案」專案小組召集人
- 一九九二年五月　仲模在教育部相關委員會公推出任全國最高教師申訴會主席
- 一九九二年八月　特派爲八十一年（一九九二年）特種考試中醫師營養師考試典試委員長
- 一九九二年九月　應聘爲考試院考選部考選工作委員會委員
- 一九九二年九月　赴美國參加民主黨總統正副候選人Clinton, Gore在NY Watson家酒會隔日在全國黨員大會與他們鄰座
- 一九九三年三月　擔任考試院研擬「行政中立法草案」專案小組召集人
- 一九九三年九月　擔任考試院有關中南歐（德、奧、瑞、義等國）國家文官中立制度專案研究考察訪問團團長
- 一九九四年五月　特派爲八十三年（一九九四年）金馬地區現職公務人員銓定資格、公務人員升等、公立學校職員升等考試典試委員長

- 一九九四年八月　應聘爲行政院研究發展考核委員會委員
- 一九九四年十月一日　特任爲司法院第六屆大法官
- 一九九五年二月　赴日本名古屋參加東亞行政法學會之成立大會，並爲發起人之一；同時亦參加第一屆學術總會，並發表有關臺灣國家賠償制度之論文
- 一九九五年六月　應聘爲考試院公務人員退休撫卹基金監理委員會顧問
- 一九九六年九月　應聘爲教育部學術審查委員會委員
- 一九九六年十月　應聘爲教育部私立學校諮詢委員會委員
- 一九九七年三月　應聘爲司法院公務員懲戒制度研究修正委員會委員兼召集人
- 一九九七年五月　赴韓國漢城參加東亞行政法學會第二屆學術總會，並訪問韓國最高法院及憲法法院
- 一九九七年九月　膺選爲東吳大學特別設置之「嚴家淦先生法學講座」教授
- 一九九七年十二月二十五日　受邀在總統府大禮堂爲慶祝行憲五十周年暨紀念孫中山先生月會發表演說，論題爲「提升憲法文化建構法治社會」
- 一九九八年七月十五日　特任爲行政院法務部部長
- 一九九八年九月　法務部、內政部合力主導大規模掃黑行動

- 一九九八年十月　赴金門參加「反賄選督導列車」遊行造勢宣傳
- 一九九八年十二月二十九日　搭直升機視察國土濫墾盜採砂石，在關西嶺岳差點摔機
- 一九九八年十二月　參加中華水土保持協會在臺大森林學系大教室的年會
- 一九九九年一月　法務部、教育部合作主辦「一九九九民主法治教育年記者說明會
- 一九九九年二月一日　奉調司法院特任副院長
- 二〇〇〇年三月　仲模開始用力實踐「司法園區」思構
- 二〇〇三年十月一日　仲模出任大法官並爲司法院副院長
- 二〇〇五年三月　國家正副總統邀約仲模據實寫司法改革相關報告
- 二〇〇六年四月六日　仲模雙辭司法院大法官及副院長
- 二〇〇六年七月　創辦「財團法人臺灣法治暨政策研究基金會」
- 二〇〇七年六月　出任臺灣歐洲聯盟研究協會理事長
- 二〇〇八年五月　以臺灣行政法學會理事長身分在臺成功舉辦第八屆「東亞行政法學會」
- 二〇〇八年六月　當選爲「臺灣李登輝之友會總會」會長
- 二〇〇八年十月　首屆全球李登輝之友會總會在臺北福華會館隆重揭幕

- 二〇〇八年十二月　仲模以李友會總會長身分赴美、日演說
- 二〇〇九年一月六日　在U.S. D.C.特區National Press Club（美國國家新聞俱樂部）專題演說「司法權與人權及今日臺灣的現實政治危機」
- 二〇〇九年二月五日　在U.S. D.C.特區National Press Club（美國國家新聞俱樂部）專題演說「Declaration of the Taiwanese People, We Need Truth and Honesty」（臺灣人的聲明——我們要眞實及誠意）
- 二〇〇九年三月　仲模受邀赴日本，與該國李友會擴大聯誼
- 二〇〇九年十一月　舉辦臺灣國際地位研討會（Taiwans’ International Status Symposium）
- 二〇一〇年四月二十七日　在桃園舉辦「臺灣民政府全球代表大會兼華盛頓D.C.代表處成立大會」
- 二〇一〇年三月　美國觀察家新聞網路專欄記者Michael Richardson訪臺
- 二〇一〇年九月八日　在U.S. D.C. Four Seasons Hotel舉辦豪華雞尾酒宴會祝賀TCG在U.S. D.C.開幕辦公室的揭牌儀式並演說：1.臺灣領土的法律地位；2.在臺灣的中華民國之法律地位
- 二〇一六年六月　仲模在臺大法學院霖澤館演講「司法改革的新思構」
- 二〇一九年三月～　在臺灣法治暨政策研究基金會續為臺灣民主、法治、人權奉獻心力

▲城阿宙（前排左一）　▲城阿全（前排左二）　▲城再發之子洋水（後排左三）　▲城阿全女婿許伯英（後排右三）　▲1939年於臺南市寶美樓酒家

▲大姑（城阿全長女）城許謹治、女兒　許秀琮

▲祖父　城天壽、祖母　城陳招

▲父親　城燦桐、母親　城莊添治　結婚照1935年於臺南市本町目

▲外祖母黃氏鶯與母親

▲父母親於陽明山

▲父母親於自宅

▲父親

▲祖父與仲模

▲父親

▲祖母

▲祖母與仲模

▲父親與仲模

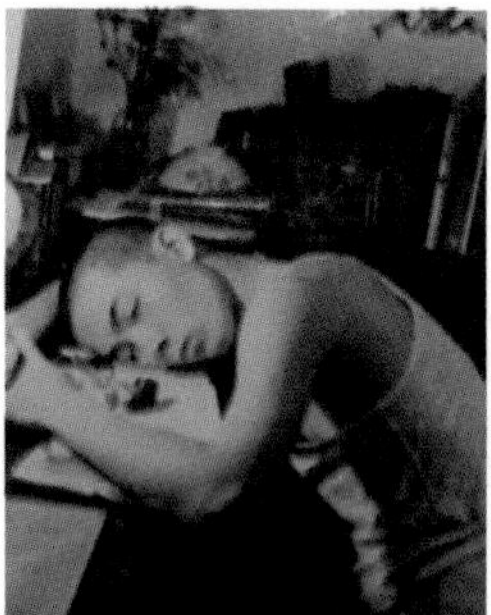

▲仲模累了還在追夢

▲父親與仲模

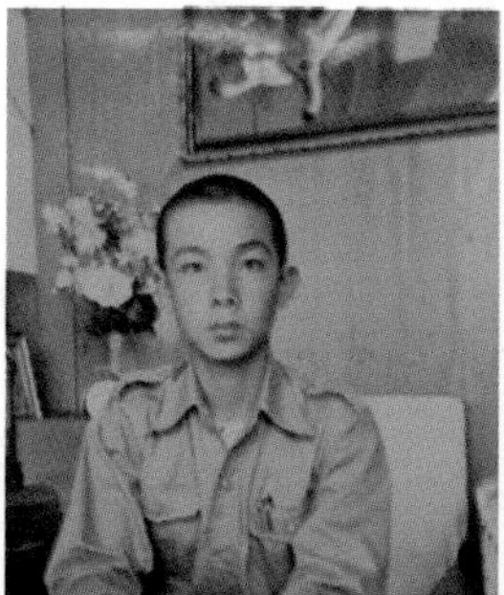

▲仲模　高一時

▲祖母為仲模做十六歲成年禮

▲惠畹、母親、雅惠

▲1950年代城天壽系全家福

▲阿仲、祖母、雅惠、母親、
阿嬸、阿叔

▲母親、惠畹、父親

▲1950年代城燦桐系全家福
（忠志尚在母親腹中）

▲惠畹訂婚

▲1950年代城天壽系全家福
（四叔燦樹　攝）

▲惠畹與母親

▲仲模

▲母親與惠畹

▲仲模　永福國小棒球選手

▲仲模在長榮中學正門花叢

▲永福國小棒球隊強盛期仲模
站在二排左一

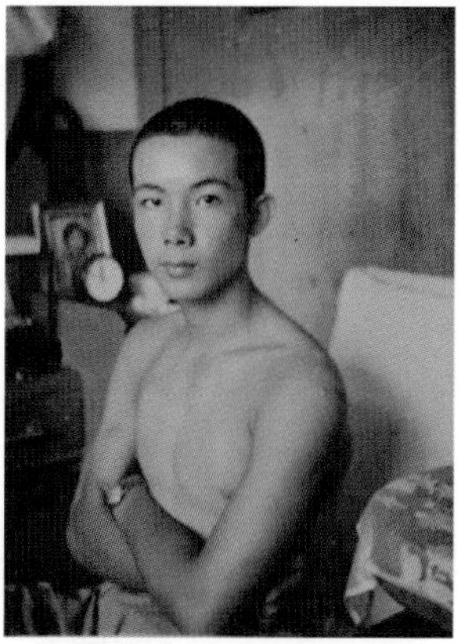

▲長榮初二、三年時單手獨撐小火車鐵輪

▲喜好短跑的我（前端紅褲者）

▲市中高二時喜歡比腕力
（正面者　仲模）

▲仲模是單槓高手

▲大四時班上同學與桂裕教授
（仲模中立著白色襯衣者）

▲仲模在二排左一
後排李祥生、謝新周、陳正英

▲仲模和班上同學

▲仲模學野戰射擊

▲大一時　攝於總統府臺階

▲大學畢業學士照

▲大三時軍事集訓
仲模前排左二

▲預官受訓時遊碧潭

▲江韶哲、城仲模、倪燿鐘
頒獎者　汪道淵中將

▲二十五歲服兵役時留影

▲仲模（中立者）蔡柱國（右）

▲齋藤金作教授（右三）暨金陵會友

▲1964.1.8.仲模赴日留學

▲在早大校園（大隈會館前）

▲和研究生赴奧多摩遠足

▲參訪鮪魚拍賣場

▲仲模與同學吳英哲

▲山中湖划船背著富士山

▲在東京大學，藤木英雄教授（右一）

▲東大校門前

▲仲模在漢城（首爾），鄭康子（右一）

▲東大鐘樓前

▲駐日大使魏道明餞別仲模赴歐留學

▲仲模、魏大使、林恩顯、宋越倫

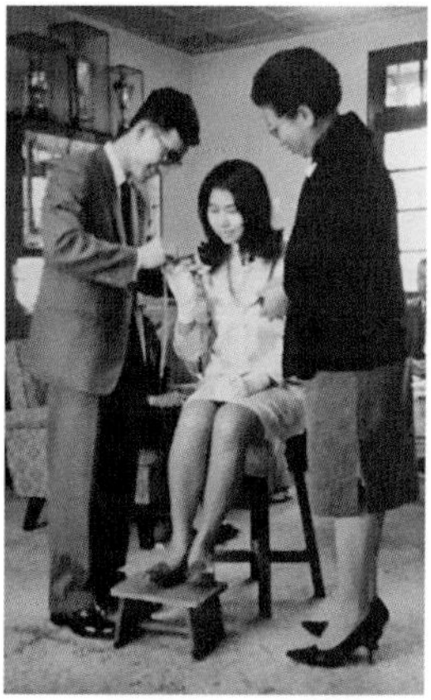

▲訂婚儀式後合影
祖母、父母、岳父母、城碧環姑媽

▲自日返臺赴歐前訂婚

▲秀華（Grace）仲模訂婚照

▲秀華、祖母、惠畹

▲維也納近郊Kalenberg

▲赴歐路經H. K.

▲與好友Peter Kant伉儷在多瑙河戲水

▲去Tirol Hopfgarten摯友Sepp Flatacher（左一）
學習大割草及豐收囤集

▲維也納市中心天主教宿舍五樓五虎將
左起Sepp、Hans、仲模、Beatel、Karl

▲1968.10.9.維也納　仲模、秀華結婚

▲在法國巴黎香榭大道

▲在Neusidlersee

▲Salzbergwerk Dürrnberg-Hallein

▲1969和Swobota伉儷在維也納郊區古羅馬廢墟Carnvntvm

▲在Schloss Laxenburg舊皇居遨遊

▲DDr. Prof. Günther Winkler前維也納大學法學院院長、校長與仲模相見之喜悅

▲Dr. Peter Aistleiter, Roswitha, Grace

Dr. Leni, Grace, Hans Otto Schmidt

Hans, Grace, Chung-mo

▲維也納大學1365年建校，校總部於1885年改建竣工

▲1970.2.博士論文及口試及格通過
1970.5.授予博士學位儀式

▲胡炳三、秀華、仲模、吳尊和

▲Leni, Chung-mo, Hans, Grace

▲Leni Schmidt 母親（左一）

▲Grace, Chung-mo, Amos, Brigitte Boga

▲張文賢、王雪真、秀華、仲模、胡炳三、吳尊和

▲行政院法規會主委管歐教授
介紹仲模到院

▲行政院副院長蔣經國在院內茶敘

▲法規會同事來家餐敘
（士林幸福街16巷）

▲呂諮議秀蓮（中）、吳英花（左二）

▲詹參議逸常、張諮議昌邦
孟仲潔諮議、蘇良井專員

▲母親和倆幼孫

▲拜會東吳法學院呂曉光院長

▲法規會同仁的聚會

▲政治作戰學校法律學系系主任
（1973~）

▲舉辦大學校際足球比賽

▲第十六屆十大傑出青年

▲國立中興大學法律系所主任

▲院際教師賽跑冠軍

▲教授　林詠榮、仲模、黃東熊、梁宇賢

▲邀請學生到我家包水餃餐敘

▲助教林素鳳（站者）
研究生周威良、呂太郎等

▲必定下廚煮玉米湯、酸辣湯

▲臺北市議員陳雪芬（法研所畢）
與教授們

▲中興法商學院長
張書文、仲模、蘇義雄

▲林務局長許啟佑、省府委員侯金英

▲1979北市第一屆選委會成立
李登輝市長（主委）（前排左四）、
仲模（左一）

▲業務巡迴視察臺南市

▲1982宣誓就任省府委員

▲邱創煥主席（左二）　仲模（右二）
建設廳長李存敬、經動會蔡兆陽主委

▲民政廳長劉裕猷（右）
社會處長蔡憲六（左）

▲視察中　左起：解顯中、黃福壽、林保仁、張賢東、仲模

▲1980~1981仲模受邀擔任維也納大學客座教授

▲Dr. Leni u. Hans Schmidt表妹Frl. Bei

▲Grace冬季在Wien

▲仲模在考試院考試委員辦公室

▲考試院院長邱創煥
省長宋楚瑜與全體考試委員

▲教授蔡墩銘、郭麗珍來訪

▲考試院副院長林金生
試委郭俊次在日本北海道

▲1994.10.司法院大法官

▲施院長主持會議　仲模伉儷與會

▲司法院院長施啟揚（右一）
副院長呂有文（右二）仲模（右三）

▲呂副院長主持慶生會　大法官陳計男、仲模與會

▲攝影大師郎靜山的壽宴

▲部長辦公室

▲高雄高分檢座談會

▲參加故宮博物院南部巡展開幕
與秦孝儀故宮院長

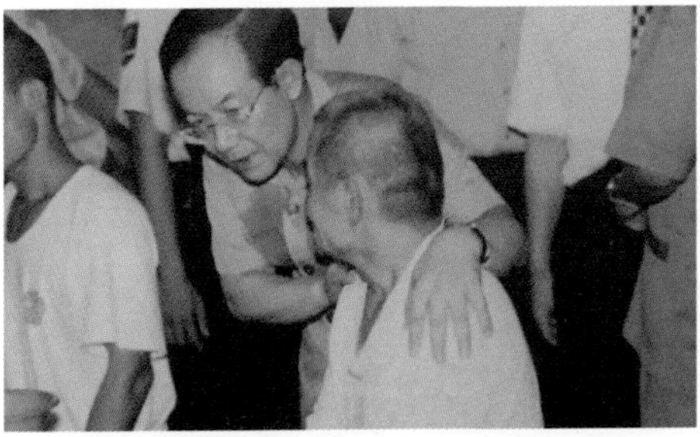

▲傾聽年邁受刑人的心聲

▲濕透青年裝仍繼續視察獄政

▲法務部反賄選首站在金門

▲檢察官闞銘富、仲模、福建吳金贊主席

▲1998大畫家陳輝東的畫作

▲執行國土保護政策

▲仲模於法務部

▲學生蔡靜玫、蔣瑞琴律師來訪

司法院第六屆大法官就職紀念
中華民國八十三年十月四日
第六屆大法官與施院長啓揚合影

▲攝影大師柯錫杰　攝

▲攝影大師柯錫杰　攝

▲仲模在司法院辦公室

▲仲模、徐國勇律師

▲林菊枝教授、仲模、
楊日然大法官

▲郝伯村先生與大法官楊慧英、施文森、曾華松、臺大法學院陳志龍教授

▲仲模、楊日然大法官

▲雕塑家康木祥
副總統李元簇與大法官們

▲仲模六秩華誕
祝壽論文集發表會

▲日本最高法院法官
園部逸夫、仲模

▲司法院副院長辦公室同仁

▲臺南長榮中學林茂生教授書法展

▲旅日臺南畫家東方昭然畫展會

▲仲模、李伸一在伊斯坦堡旅次

▲仲模、鄭乃文在英倫旅次

▲洪良浩、高志尚、高國輝在仲模宅

▲高玉樹會長、金美齡在早慶迎春會

▲與大畫家陳輝東在臺南畫室

▲第一屆遠東建築獎決選主席仲模

▲田弘茂、郭惠美伉儷在駐英代表處

▲吳陳鐶、仲模、蔡清祥在陽明山

▲金石會郊遊活動

▲喜寫大巨筆字楷書以怡情

▲經常與學生登山健行交遊

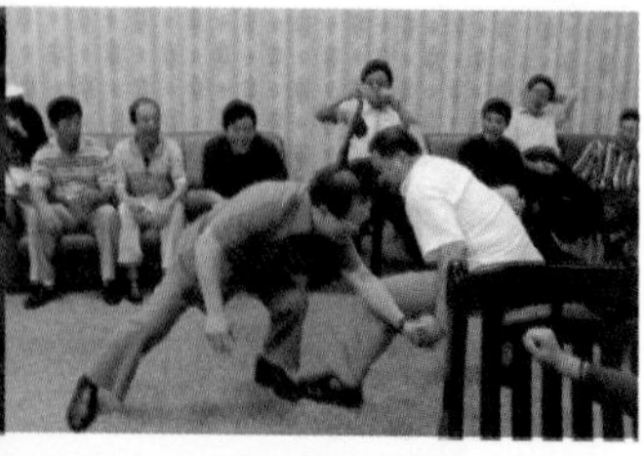

▲喜歡比腕力運動

▲在Dr. Beatel. Olga Pinkafeld, Öst家宅

▲Prof. DDr. Günther Winkler 在陽明山

▲在Wien Prof. Dr. Sepp u. Helga Flatscher家

▲Prof. Dr. Osenbüll, in Taipeh

▲Dr. Hans Otto Schmidt, Dr. Leni全家福

▲Dr. Sepp, Chung-mo, Beatel

▲Bill Clinton, Chung-mo, 1992

▲Leni Hans, Grace

▲Prof. Dr. Dean
仲模在南美以美大學

▲Prof. Dr. H. Scholler, Frl. Wagner在仲模家中

▲Opa Oma u. Grace, Wien

▲河田、金子、塚原、吉田忠子、貞男、吉澤三枝早大同學在東京

▲2008東亞行政法學會在臺灣　仲模主辦

▲教授園部逸夫、室井力、仲模等

▲總統李登輝薦舉仲模

▲劉宗德理事長、李建良教授

▲1980年代仲模與董保城在Bonn Uni.

▲仲模與李伸一、張樂綺在馬德里旅次

▲前副總統呂秀蓮訪問李前總統府邸

▲呂前副總統、行政院長賴清德、祕書長卓榮泰

▲仲模參加文化活動

▲林山田教授、仲模、秀華赴德途中

▲臺灣最南端
鵝鑾鼻燈塔

▲1990年代全家福在自宅

▲臺南赤崁樓

▲仲模兄弟妹全家福

▲仲模與莊秋雄
於Frankford Uni.

▲臺南孔廟

▲日本大相撲橫綱朝青龍於蒙古首府

▲日本早稻田大學水曜會參訪臺中霧峰林宅

▲仲模與學生們爬山郊遊

4Q13

城仲模八十歲月劄記

作　　者　城仲模
出 版 者　城仲模
地　　址　10049台北市忠孝東路一段85號10樓之一
電　　話　(02)2391-8020
傳　　真　(02)2391-8070

總 經 銷　五南圖書出版股份有限公司
地　　址　10670台北市大安區和平東路二段339號4樓
電　　話　(02)2705-5066
傳　　真　(02)2706-6100
網　　址　http://www.wunan.com.tw

出版日期　2019年 6 月初版一刷
　　　　　2019年 7 月初版二刷
定　　價　新臺幣600元

國家圖書館出版品預行編目資料

城仲模八十歲月劄記／城仲模著. -- 初版.
-- 臺北市：城仲模，2019.06
面；　公分
ISBN 978-957-43-6651-4（精裝）

1.城仲模　2.臺灣傳記

783.3886　　108008099